高等教育“十三五”规划教材

立信精品教材

证券投资学教程

主编　冯登艳

副主编　张靖霞

立信会计出版社

LIXIN ACCOUNTING PUBLISHING HOUSE

图书在版编目(CIP)数据

证券投资学教程 / 冯登艳主编. —上海: 立信会计出版社,2019.5(2022.1 重印)
ISBN 978-7-5429-6170-9

Ⅰ. ①证… Ⅱ. ①冯… Ⅲ. ①证券投资—教材 Ⅳ. ①F830.91

中国版本图书馆 CIP 数据核字(2019)第 107205 号

策划编辑　陈　旻
责任编辑　陈　旻

证券投资学教程
ZHENGQUAN TOUZIXUE JIAOCHENG

出版发行	立信会计出版社		
地　址	上海市中山西路 2230 号	邮政编码	200235
电　话	(021)64411389	传　真	(021)64411325
网　址	www.lixinaph.com	电子邮箱	lixinaph2019@126.com
网上书店	http://lixin.jd.com		http://lxkjcbs.tmall.com
经　销	各地新华书店		

印　刷	苏州市古得堡数码印刷有限公司
开　本	787 毫米×1092 毫米　1/16
印　张	17
字　数	413 千字
版　次	2019 年 5 月第 1 版
印　次	2022 年 1 月第 2 次
书　号	ISBN 978-7-5429-6170-9/F
定　价	42.00 元

前　言

证券投资学是一门理论性、实践性、操作性、实用性都很强的课程。本书在保持理论体系完整性的同时，注重理论联系实际。在全面、系统地介绍证券投资基础理论和基本知识的基础上，努力做到证券投资理论与实务有机结合，力求既易于读者理解，又结合证券投资实际，尽可能用真实世界中的实例来阐述一些重要理论，以求学以致用。由于证券市场发展日新月异，大量新知识、新观点和新品种不断涌现，证券投资理论也处于不断发展创新过程中，本书在王章留、冯登艳主编的《证券投资学》的基础上，重新修订为《证券投资学教程》，充分吸收了金融证券领域的新知识，并力求贴近和反映我国证券市场近年来的发展和改革实践。本书既可以作为高等院校财经类各专业特别是金融学专业的本科教材，也可以作为证券投资者系统学习相关理论知识的参考用书。

本书由冯登艳担任主编，张靖霞担任副主编，具体写作分工如下(按章节排序)：

盛昌琴：第一章；张安忠：第二章；张靖霞：第三章的第一至第三节和第五章；米文通：第四章；冯登艳：第三章的第四节和第六章；郝会会：第七章。

书中疏漏之处，希望广大读者批评指正。

编者

2019 年 3 月 10 日

目　录

第一章　证券投资概述

学习目的

读者通过本章的学习，理解证券的定义与分类、有价证券的特征、证券投资与投机的区别与联系、证券投资收益与风险，掌握证券投资课程的性质、研究对象及研究内容。

第一节　证券概述

一、证券的定义

证券是各种权益凭证的统称，是用来证明持有人享有某种权益的法律凭证。

证券实质上是权利的证券化，具备两个最基本的特征：一是法律特征，即它反映的是某种法律行为的结果。首先，证券必须具有合法性；其次，证券中包含的特定内容具有法律效力，出券人和持券人或第三者都无权拒绝接受证券中所赋予对方的权益或否认对方曾经发生过的行为，否则将受到法律的制裁。二是书面特征，即必须采取书面形式或与书面形式有同等效力的形式，并且必须按照特定的格式进行书写或制作，载明有关法规规定的全部必要事项。随着电子科技和信息技术的发展，现代社会出现了证券的"无纸化"，证券投资者已几乎不再拥有任何实物券形态的证券，其所持有的证券数量或者证券权利均相应地记载于投资者账户中。

二、证券的产生

证券是商品经济与信用经济发展到一定阶段的产物，并随着市场经济的发展而演变。商品经济运行过程中，由于季节、市场及管理等诸多因素，各个主体在同一时刻对货币的需求量和持有量往往相背离。货币溢余方与货币短缺方一旦达成一致，便同意将手中闲置的货币暂时让渡给对方使用，并得到一定的补偿，即利息。证明借贷关系的各种凭证——证券就产生了。货币信用关系的建立提高了资金的使用效率，同时也使货币信用手段得以不断丰富，证券种类也不断多样化。随着交易规模不断扩大，一些大型投资项目需要大量稳定和长期的资金，单个投资人无法提供，也无力承担相应的风险，股份制应运而生。

1603 年，世界上第一个联合的股份公司——荷兰联合东印度公司成立。公司决定发行股票进行融资。筹集资金的方法是在本子上记下人们借出的钱，公司承诺对这些股票分红。通过向全社会融资的方式，东印度公司成功地将分散的财富变成了自己对外扩张的资本。荷兰政府也是东印度公司的股东之一。政府将一些只有国家才能拥有的权利，折合为 25 000 荷兰盾，入股东印度公司，这就大大增加了东印度公司的权限和信誉。10 年后，公司第一次给股东派发了红利。前 10 年东印度公司没有支付任何利息，仍然得到了投资者的认可。因为，荷兰人同时还创造了一种新的资本流转体制。1609 年，世界上第一个股票交易所诞生在阿姆斯特丹。只要愿意，东印度公司的股东们可以随时通过股票交易所，将自己手中的股票变成现金。

证券产生的历史，在中国最早可追溯到春秋战国时期，当时国家向大户举贷以及王侯给平民放债，形成了最早的债券。汉唐以后，国家因军事需要临时向富商举借巨款的事已不再是偶然现象。随着商业的发展，飞钱、会票、当票等商业票据出现，证券的品种更加丰富。特别值得一提的是，明末清初，在一些投资大、收益高，且又具有一定风险的行业，如上海沙船业，四川井盐业，云南、广东矿冶业和山西金融业，已经较多地采用"招商集资、合股经营"的经营组织形式。这种组织形式明显地具有股份制特征，而"集资合股"的参与者之间签订的载明权利责任的契约，则是中国股票的雏形。但真正具有现代意义的证券的出现，在中国则是 19 世纪 40 年代以后的事。1840 年鸦片战争后，广州、厦门、福州、宁波、上海相继对外开埠通商，有价证券及其交易就跟着第一批进入所开商埠的外国洋行在中国出现。外资在华设立的各类股份制公司企业，把西方国家已普遍采用的股份制公司的生产经营形式和集股筹资的方法带到了中国。在中国最早出现的股票是外商股票，最早出现的证券交易机构也是由外商开办的上海股份公所和上海众业公所。上市证券主要是外国公司的股票和债券。1872 年设立的轮船招商局是中国第一家股份制企业。1918 年，中国人在北平成立了自己创办的第一家证券交易所。1920 年，上海证券物品交易所得到批准成立，是当时中国规模最大的证券交易所。中华人民共和国成立后，于 1952 年，关闭了所有的证券交易所，随后，也停止了有价证券的发行。此后的 20 多年中，我国不再存在证券市场。直到 20 世纪 80 年代初，证券的发行才逐渐恢复。1981 年恢复了国库券的发行，此后，债券发行种类由国家债券扩展到金融债券、企业债券、国际债券。1984 年开始了股票的发行。1986 年证券场外交易市场开始恢复交易。

三、证券的分类

证券按其性质不同，可分为无价证券和有价证券，如见图 1－1 所示。

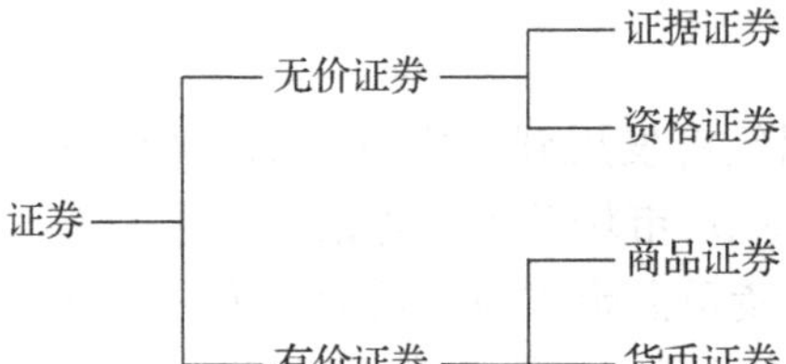

图 1－1　证券的分类

（一）无价证券

无价证券又称凭证证券，是指证券本身不能使持券人或第三者取得一定收入的证券。政府或国家法律通常限制无价证券在市场上广泛流通，并且规定持有人不得通过流通转让来增加收益。它可以分为两大类：① 证据证券，它只是单纯地证明某种事实，如借据、收据等。② 资格证券，是表明证券持有人具有行使一定权利资格的书面凭证，如各种类型的资格证，以及机票、车船票、电影票等。

（二）有价证券

有价证券有广义和狭义之分。

广义的有价证券是指代表一定的价值，持有人依据券面所载内容享有一定权益的凭证。按照有价证券所载内容可以分为三大类，即商品证券、货币证券、资本证券。而狭义的有价证券仅指资本证券。

1. 商品证券

商品证券是指证券本身能够表明持有人对特定财物所有权和各种请求权的凭证。取得这种证券就等于取得这种财物的所有权，证券持有者可以按法律规定占有、使用或支配该证券所代表财物的各项权利，如货运单、提单、仓库的栈单等都属于商品证券的范畴。

2. 货币证券

货币证券是指能够转化为货币索取权的证券，证券持有人可以取得一定货币索取权。货币证券主要包括两大类：商业货币证券和银行货币证券。商业货币证券主要包括商业本票和商业汇票；银行货币证券主要包括银行汇票、银行本票和支票以及其代用品。货币证券主要是短期凭证，最初是为节约现金周转时间和方便携带而产生的，其基本功能是用于交易结算，后来随着发展，在市场经济发达国家有一些信誉卓著的金融机构和公司企业发行无交易行为的货币证券去融通短期资金，并形成一定的货币市场。

3. 资本证券

资本证券是指标有票面金额，用来证明持有人具有某种权利并能获取收益的凭证。与货币证券相同的是，资本证券的标的物也是货币额，但与货币证券不同的是它侧重于投入一定的本金所带来的收益的请求权，往往代表一定量的长期资金。因此，资本证券一般会因为持有人对证券本身的拥有而获得一定的收益，主要包括股票、债券以及证券投资基金等。

本书涉及的证券就是狭义的有价证券——资本证券。

四、有价证券的特征

（一）产权性

产权性是指有价证券记载着权利人的财产权内容，代表着一定的财产权利，拥有证券就意味着享有财产的占有、使用、收益和处置的权利。证券持有人虽然并不实际占有财产，但可以通过对证券的持有，获得财产的所有权、债权或其他权利，并且可以通过证券的转让，将这种权利转移。

（二）收益性

收益性是指持有证券本身可以带来一定的收益，这是投资者转让资本使用权的回报。证券收益的来源有多种途径，如购买股票可以获得股息、红利，购买债券可以获得利息收入等。此外，证券的收益也可以来源于资本利得（买卖差价获利）。

（三）风险性

风险性是指证券持有人会面临不能获得预期收益，甚至损失本金的可能性。证券的风险性是由未来经济状况的不确定性导致的，任何证券投资活动都存在着风险，完全回避风险的投资是不存在的。

（四）流通性

流通性也称变现性，是指证券持有人在市场上将证券售出变现。证券流通性的作用主要表现在两个方面：一是证券持有人可以随时将所持证券转换为现金，满足证券投资者变现的需求；二是可以满足投资者在不同情况下对证券偏好选择的要求，使得证券持有人能够及时调整证券持有结构。

（五）虚拟性

有价证券本身没有价值，只是代表着一定的价值，因此被称为虚拟资本，它间接地反映实际资本的运动。虽然其本身没有价值，但具有价格，可以在证券市场买卖，给持有者带来一定的收益。虚拟资本的定价方式比较特殊，往往取决于人们的预期和心理。证券的价格与投资者对公司未来盈利情况的预期有关。虚拟资本的运行被称为虚拟经济，是一种预期经济，容易产生非理性的价格波动，导致经济“泡沫”。

第二节　证券投资

一、投资的定义

投资是指为了在未来获得收益而在当期向某一特定领域投入资金、实物或无形资产的经济活动。

投资主体可以是政府、企业或个人。投资可分为实物投资和金融投资两大类。实物投资是指经济主体为获取收益，投入一定资金、实物或无形资产并直接形成实物资产的投资活动。金融投资亦称证券投资，是指经济主体为获取预期收益或股权，用资金购买股票、债券等金融资产的投资活动。

二、证券投资的定义

证券投资是指经济主体购买股票、债券、基金等有价证券以及金融衍生品以期获得收益的投资行为和过程。

作为一种长期信用活动，证券投资是投资的一种重要形式。证券投资能够极大地动员社会闲散资金，化短期资金为长期资金，化消费资金为建设资金，最终使得资金能够用于实物资产的投资。在一个发达的市场经济社会里，证券投资是最主要和最基本的投资方式，起着十分重要的作用。

证券投资属于非实物投资的范畴，投资者付出货币资金，购入的标的物是有价证券，而不是机器、设备、黄金珠宝等实物资产。人们通过证券投资活动，获得的收益包括利息、股利、资本利得等。他们所获得的收益来自其所投资本在再生产过程中的增值，除了这些有形的收益外，有些证券投资者的目标可能主要是为了获得一些无形的收益，如通过购买公司股票以获得对目标企业的控制权或管理权，有时其目的可能是为了提高自己的社会知名度、改善本企业资产负债结构等。

三、证券投资与投机

在很多人的观念里，投资和投机是截然不同的两个概念，通常认为投资是一门科学，进行投资是一种正当的活动，而提及投机则认为是一种不正当的行为，是进行投机倒把和投机取巧。实际上，在西方的投资理论中，往往视短期投资为投机，投机者被界定为积极参与证券短期买卖的投资者。从现代社会的经济视角来看,投机是以承担较大风险为代价来获取买卖差价收益的一种行为,是一种特殊的投资方式。

(一)证券投资与投机的关系

投机与证券投资是相伴而生的。投机很早就在人类社会中存在了,早期的投机活动较为简单,由于不同国家或地区存在着不同种类产品生产与需求的较大差异,投机者主要靠赚取地区间的差价谋取收益。进入商品社会后,随着经济活动范围的扩大,投机活动也日趋深入,逐步延伸到产品的生产、流通、融资等更广阔的领域,方式也是花样翻新,手段更加复杂,对经济生活的影响也愈来愈大。

无论是投资还是投机,其目的都是为了获取收益。证券投机是利用证券价格的波动,短期内频繁地买卖以赚取差价收益为目的的行为。这种价格波动是每个投资者都会面临的机遇,但事实证明,只有少数人准确把握住了市场机会获得高额利润。主要的原因在于,他们敢于承担剧烈的市场风险,当然他们对市场的熟悉程度和丰富的经验也在其中起到了重要作用。但知识人人都可以学到,经验可以积累,而承担风险的能力和勇气则非每个人都相同。敢于向风险挑战以赚取高额收益就是投机者的信条,而对于大多数人来讲,由于不愿承担更大的风险,往往偏重于具有相对稳定收益的投资行为。

判断一个具体的行为是属于证券投资还是投机,主要从以下几个方面进行区别。

1. 交易目的

证券投资者在市场上购买证券的目的是为了获得正当的股利或债息,他们在市场上出售前期所购买的证券,是为了避免因证券价格过度下跌而造成的损失。证券投机者在市场上购买或出售证券,目的不在于获得证券所能带来的股利或债息,而是为了赚取证券买卖的差价收入,他们出入证券市场进行证券买卖,着眼于寻找谋利机会。

2. 承担风险程度的大小

收益与风险成正比。普通投资者更加关注投资的安全性,出于避免风险的考虑,主要购买那些股息和红利以及价格相对稳定的证券,即承担的风险相对较小,因此,是一种较稳健的投资活动;投机者则主要购买那些收益可能很高但价格却极不稳定的证券,因而,其所承担的风险相对较大。由于证券市场的不稳定性,从总体上讲,投机者失败的概率也比较高,是一种高风险投资。

3. 持有证券时间的长短

证券投资者持有证券的时间相对较长,如经常持有数月、数年,或更长时间,因为他们持有证券的目的是为了获得稳定的股息、红利或利息等收益;而投机者持有证券的时间相对较短,一般仅为几天或几周,甚至更短,因为他们持有证券的目的是为了获得价差收益,因此缺乏长时间持有证券的耐心。

通过以上的分析可以发现,证券投资与投机并没有本质上的差别。不过有人不愿承担较大的风险,希望获得股息、红利或利息等较为稳定的收益,买了证券后就长期持有;有人看重价格涨跌带来的资本利得,为此频繁在市场上进行证券买卖,而不会长期持有。在证券市场剧烈动荡的时期,人们为了避免更大的风险而频繁进行操作,从这一点来说,证券投资与投机的界限变得模糊,很难将两者严格区分清楚。

(二)对证券投机的认识

长期以来,在我国常把投机与赌博、欺诈等行为联系起来,认为投机是非法的,是不道德的行为，甚至把证券市场看作投机者的乐园，是一个赌博与相互欺诈的场所。为此，新中国成立以后曾长期禁止证券交易和证券市场的存在。

这种认识既扭曲了投机的本质与功能，也不利于证券市场的发展，因而很有必要对证券市场上的投机行为进行再认识。

1. 投机并不等于欺诈

虽然欺诈行为与投机都是为了谋取利益，但两者有着本质区别。欺诈是不道德的、非法的，欺诈收益的获取是以损害他人利益为前提的。投机是正当的、合法的，投机收益的获得主要依靠投机者的眼光是否准确，是否能抓住时机，是否敢冒大多数人不敢冒的风险。当然，由于投机是以短期获利为目的，某些投机者有可能采取欺诈等不正当手段来达到目的，这种行为是要受到法律制裁的。

2. 投机并不等于赌博

赌博以运气为基础，受侥幸心理的驱使，希望在短期内毫不费力地获得收益。赌博充满着盲目性、偶然性和冒险性，赌博的风险是人为的。与此不同，投机者为了获利，就必须进行大量的市场分析工作，同时密切关注影响证券价格的诸因素的变化。也就是说，投机收益是建立在客观分析基础之上的，而且投机的风险是市场中客观存在的。尽管投机活动也存在着偶然和冒险的因素，甚至不排除投机者也会出现赌博心理，但投机并不等同于赌博。

3. 投机在证券市场中具有积极作用

(1) 投机者分担了价格变动的风险。不同的证券风险程度是不一样的，投机者为了谋取更大的利益，往往购买那些风险较大的证券。但证券市场上证券价格变幻莫测，所以投机者根据经验结合技术分析，也不能保证所预测的证券价格涨跌都是正确的。如果没有投机者承担这种风险，不论是新证券的发行还是旧证券的转让流通，都会受到极大的限制，证券市场也就不可能存在了。

(2) 有助于平衡市场价格。证券市场上的价格涨跌，在很大程度上是人们的心理预期所致。当行市看涨时，人们都想买进，这种群体行为会加剧价格上涨的程度；当行市看跌时，人们为了规避风险，会竞相卖出，而这无形中会使价格进一步下跌。这种心理预期往往使证券价格波动幅度加大甚至出现暴涨暴跌。投机者则敢冒风险，他们往往逆市而行，涨价时卖，跌价时买，客观上起到了调整需求，平抑市场价格，抑制极端的价格扭曲和市场变态，稳定市场价格的作用。这就是所谓的投机的价格均衡功能。正因为投机具有这样的功能，故人们称投机是稳定证券市场价格的保险阀。美国著名经济学家弗里德曼也认为，只要不是全体投机家同时以高价买进、低价抛出而蒙受持续性损失，通过他们的活动将会减小价格波动的幅度。

(3) 是证券市场发展的动力。投机活动有利于增强市场流动性，活跃市场交易。由于投资者持有证券时间较长，不随意换手，如果市场上都是投资者，则市场的交易量就会很小，交易很难活跃甚至会停止。投机者频繁买卖使得市场交易活跃，保证市场交易的持续性。适度的投机具有活跃市场、增强证券流动性的作用。

投机是证券市场不可缺少的部分，具有上述积极作用。但是过度投机必然会产生一些消极作用。

4. 投机的消极作用

(1)不利于社会安定。由于投机的风险很大，投机活动会使一些投机者在短期内暴富，也会使一些投机者在短期内遭受巨额损失，不利于社会安定。

(2) 造成市场秩序混乱。在投机过度的情况下，一些投机者为了牟取暴利，可能会通过各种非法手段进行内幕交易，制造谣言进行虚假交易，甚至操纵证券价格。违背证券市场“公平、公正、公开”的三公原则，造成市场混乱过度，给证券市场的健康发展制造隐患。

(3) 导致经济泡沫甚至引发经济危机。投机过度，会导致证券价格严重脱离现实的经济条件，脱离公司业绩，不断上涨，形成虚假的市场繁荣，产生经济泡沫。而一旦泡沫破裂，势必给广大投资者造成严重损失，危害整个国民经济的稳定运行。

综上所述，投资和投机是客观存在的两种投资策略和方式。证券市场离不开投资，也不能没有投机。如果没有投机，证券市场将会是一潭死水，毫无生机。在现实中，投资和投机的界限很难划清，在很多情况下，两者可能会互相转化。投机不是贬义词，但要保证证券市场的正常运行，必须抑制过度投机和惩治违法投机行为。

第三节 证券投资的风险与收益

进行证券投资的目的就是要获取最大化的收益，但收益与风险是证券投资中的一对最基本的矛盾。风险的存在可能会导致投资者的实际收益严重偏离其预期收益，因而，投资者必须在收益与风险的矛盾中进行权衡，确定能承受的风险和期望的收益。投资者在进行投资决策时，一般遵循的原则是：在收益水平相同的证券或证券组合中，选择风险最小的进行投资；在风险水平相同的证券或证券组合中，选择收益最高的进行投资。

一、证券投资的风险

(一) 风险的定义

根据奈特(Frank H.Knight)《风险、不确定性和利润》中关于确定性、风险和不确定性的解释：

确定性是指自然状态如何出现已知，并且行动所产生的结果已知。它排除了任何随机事件发生的可能性。

风险是指那些涉及以概率或可能性形式出现的随机问题，但排除了未数量化的不确定性问题。即对于未来可能发生的所有事件，以及每一事件发生的概率有准确的认识。但对于哪一种事件会发生却事先一无所知。例如，一般状态下股票价格的波动就是一种风险，因为在正常的市场条件下，根据某只股票交易的历史数据，我们就可以知道该股票价格变动的概率分布，从而知道下一期股票价格变动的可能状态及其概率分布。

不确定性是指发生结果尚不可知的所有情形，也即那些决策的结果明显地依赖于不能由决策者控制的事件，并且仅在做出决策后，决策者才知道其决策结果的一类问题。即知道未来世界的可能状态(结果)，但对于每一种状态发生的概率不清楚。例如，公司突然宣布新的投资计划而引起股票价格的波动就是一种不确定性的表现，因为决策者无法预知公司将要宣布的新投资计划的可能方案，或者即便知道了投资计划的可能方案也无法预知每一种方案被最终宣布的概率。

由于对有些事件的客观概率难以得到，人们在实际中常常根据主观概率或者设定一个概率分布来推测未来的结果发生的可能性，因此，学术界常常把具有主观概率或设定概率分布的不同结果的事件和具有客观概率的不同结果的事件同时视为风险。即风险与不确定性有区别，但在操作上，我们引入主观概率或设定概率分布的概念，其两者的界线就模糊了，几乎成为一个等同概念。

（二）证券投资风险的概念

证券投资风险是指投资者达不到预期的收益或遭受各种损失的可能性，即证券投资收益的不确定性。

在证券投资过程中，并不严格区分风险和不确定的差异。一般认为，证券投资的风险就是其未来收益的不确定性。

（三）证券投资风险的种类

与证券投资相关的所有风险统称为总风险，通常把总风险分为系统风险和非系统风险两大类。

1. 系统风险

系统风险是指由于某种共同因素的影响导致证券市场上绝大多数或所有证券的价格下跌，致使投资遭受损失的可能性。由于系统风险对市场上绝大多数或所有证券都发生作用，这种风险难以通过投资组合加以分散，故又称不可分散风险或不可避免的风险。例如，宏观经济不景气，会导致证券价格普遍下跌。不过，各类证券受系统风险影响的程度并不相同。一般来说，固定收益的证券，如债券、优先股等，受系统风险的影响较小，而浮动收益的证券，如普通股，则受系统风险的影响较大；在股票中那些经营状况和财务状况良好的绩优股票受系统风险的影响也较小，而那些经营状况和财务状况较差的垃圾股受系统风险的影响较大。系统风险的种类主要有：

（1）政治风险。政治风险是指由政治因素引发的系统风险，诸如政局的变化、领导人的更替、战争爆发等各种政治行为都会引起证券市场动荡。例如，受美国“9·11”恐怖事件冲击，使整个世界的证券市场发生大跌，美国证券和商品交易市场当天全部关门。

（2）政策风险。政策风险是指由于政府政策引起证券市场发生价格波动，给投资者带来的风险。国家的宏观经济政策、证券监管当局的证券市场调控政策都直接或间接地对整体的证券市场产生影响，从而造成证券市场价格波动。

（3）市场风险。市场风险是指证券投资活动中最普遍、最常见的风险，是由证券价格的涨跌直接引起的。证券市场的总体行情会随着宏观经济形势的繁荣和衰退的周期性变化而发生相应的改变。

（4）利率风险。利率风险是指利率波动导致证券价格发生相应变动，从而给投资者带来的风险。

（5）通货膨胀风险。通货膨胀风险又称购买力风险，是指由于发生通货膨胀，使货币贬值、购买力下降、证券价格下跌，从而使投资者实际持有收益率下降所带来损失的可能。

2. 非系统风险

非系统风险是指由于某些特定因素的影响导致某种或某类证券价格下跌，造成投资损失可能性的风险。这些特定的因素通常来自某个行业或某个公司内部，其他行业或公司则不会受到影响。此外，这种局部风险可以通过证券投资组合将其分散，因为不同证券的非系统风险之间没有内在联系，个别证券的非系统风险可以彼此抵销，所以，这种风险也被称为可分散风险或可回避风险。非系统风险特定性主要表现在：第一，风险是由特殊因素引起；

第二,只影响特定证券的收益;第三,可以通过证券组合来消除或回避。

非系统风险主要类型有:

(1) 信用风险。信用风险也称违约风险,是指证券发行人在证券到期时无法还本付息或造假而使投资者遭受损失的风险。信用风险主要受证券发行人的经营状况、盈利水平、发展前景及规模大小等综合因素的影响。

(2) 经营风险。经营风险是指由于企业经营业绩恶化而造成投资者收益下降的风险。企业经营风险可能是由于公司经营决策失误、管理混乱致使产品质量下降、成本上升等内部因素引起的,也可能是由公司以外的客观因素引起,如政府产业政策的调整、竞争对手实力的变化使公司处于相对劣势的地位等。

(3) 财务风险。财务风险又称财务杠杆风险,是指公司财务结构不合理、融资不当而导致投资者预期收益下降的风险。对于一个公司来说,在总资产中负债比率越高,即财务杠杆越高,则财务风险越大,所以投资者可以通过对企业的资本结构进行分析而确定其财务风险的大小。

(4) 操作性风险。不同的投资者投资可能会出现截然不同的结果,有的盈利丰厚,有的亏损累累,这种差异很大程度上是因投资者不同的心理素质与心理状态、不同的判断标准、不同的操作技巧造成的。由于这些原因造成的投资者投资收益的差异,称作操作性风险。操作性风险中最重要的是心理因素的影响。

(四) 证券投资风险的测算

每一项投资不仅要考虑预期收益,而且一定要比较投资的风险。有价证券的收益与风险可以用数学方法表示。风险大小主要看投资收益波动幅度的大小,或者说收益这个变量相对于其预期值的离散程度,即可以把风险定义为投资收益率的波动或离散程度,用统计学上的方差、标准差来衡量。

首先,定义预期收益(或期望收益):

$$E(x)=\sum_{i=1}^{n}x_i p(x_i) \tag{1-1}$$

随后,可以给出标准差和方差的计算公式:

$$\delta^2=\sum_{i=1}^{n}(x_i-E(x))^2 p(x_i) \tag{1-2}$$

其中:$E(x)$ 表示某项投资的预期收益(期望收益);

x_i 表示该投资在第 i 种情况下的收益;

$p(x_i)$ 表示第 i 种情况出现的可能性(概率)。

标准差 σ 就是收益相对于它的预期收益的离散程度,一般以其作为风险的测度。

举例来说,甲投资在赚的情况下能得到收益 25%,赔的情况下收益为−15%,两种情况各有 50%的可能性,甲投资的预期收益为 5%。乙投资在赚的情况下能得到收益 50%,而在赔的情况下收益为−40%,各有 50%的可能性,其预期收益也是 5%。自然,乙投资的风险要大于甲。具体可用方差和标准差来衡量。可以计算出:

甲投资的方差 $=(25\%-5\%)^2\times50\%+(-15\%-5\%)^2\times50\%=(20\%)^2$

甲投资的标准差 $=20\%$

乙投资的方差＝$(50\%-5\%)^2\times50\%+(-40\%-5\%)^2\times50\%=(45\%)^2$

乙投资的标准差＝45%

由此可见，方差、标准差越高，风险越大，也就是投资的不确定性越大。通常假定投资者都是理性的。换句话说，投资者都是不愿意承担风险的，除非预期有足够的补偿，即在预期收益相同的情况下，对大多数投资者来说，风险小的证券更有吸引力。

（五）证券投资者的风险偏好

风险偏好(risk preference)是指人们对待风险的态度，也是人们在承担风险时对回报的态度。具体来讲就是，人们在承担风险时对收益有怎样的要求。要根据人们对风险和回报的态度来判断他们对风险的态度，就要了解风险升水这个概念。

风险升水对应的英文是 risk premium，在理论界还有其他几种翻译，如风险补偿、风险回报、风险溢价和风险价值等。风险升水是现代金融投资学和风险管理学中一个非常基本而又重要的概念，是指具有风险的投资产品的预期回报率中高出无风险产品预期回报率的那部分，是对投资者购买这种风险性投资产品承担风险的相应补偿。所谓与风险成正比的收益正是这种作为风险补偿的风险升水。

根据风险升水的定义，可以把人们对风险的态度分为三种状态：风险厌恶(risk averse)、风险中立(risk neutral)和风险爱好(risk lover)。如果人们在承担风险时要求有风险升水就是风险厌恶者；对风险不在乎，即风险升水为零时也愿意承担风险的就是风险中立者；而在风险升水为负的情况下也愿意承担风险的就是风险爱好者。

1. 风险厌恶者

风险厌恶是投资者对投资风险反感的态度。风险厌恶者对于具有相同收益率的不同投资项目，首先选择风险小的投资项目。风险厌恶者认为，项目的风险会减少项目的效用，即风险只会给他们带来负效用。他们认为，从确定性的一笔财富获得的效用大于在不确定性下获得的效用。如果要让风险厌恶者放弃无风险项目而选择有一定风险的项目，则需要支付给其一定的额外回报作为承担风险的补偿，这个补偿就是风险升水。

风险管理的前提是假设投资者都是风险厌恶者。但是，必须对风险厌恶者有正确的理解，不能把他们理解为对风险的完全回避和不承担。风险厌恶者对风险的回避，是指在其不能获得足够的风险补偿前提下对风险的回避。如果他们能够得到足够的风险补偿，那么在其可以承受的范围内，他们也愿意承担风险。因此，风险厌恶也可以理解为在得到足够的风险补偿前提下才愿意承担风险。

2. 风险中立者

风险中立者通常既不回避风险，也不主动追求风险。他们选择资产的唯一标准是预期收益的大小，而不管风险状况如何，这是因为所有预期收益相同的资产将给他们带来同样的效用。

3. 风险偏好者

风险偏好是主动追求风险，喜欢收益的波动性胜于收益的稳定性。风险偏好型投资者选择资产的原则是：当预期收益相同时，选择风险大的，因为这会给他们带来更大的效益。

二、证券投资的收益

所谓证券投资收益，是指投资者从事证券投资而获得的报酬。证券投资收益来源于两个方面：一个是持有收益，简称分派收益，另一个是价差收益，即资本利得。

分派收益是投资者持有证券定期获得的现金流，又称经常性收入。例如，债券持有人按期获得的利息收入、股票持有者获得的股利等。资本利得是指低买高卖证券获得的差价收益。

证券投资收益的高低，通常用收益率来衡量，收益率是收益额与投资额之比（通常计算的是年收益率）。

证券投资收益主要分为股票投资收益、债券投资收益和证券投资基金投资的收益等。

股票投资收益是指股票持有人因拥有股票所有权而获得的超出股票实际购买价格的收益，由股利、资本利得和资本增值收益组成。

债券投资收益是指投资人因持有债券而获得的报酬。债券投资收益来自两个方面：一是债券的利息收益，这是债券发行时就决定的。除了保值贴现债券和浮动利率债券，债券的利息收入一般不变。二是资本利得，即因债券价格上涨而得到的资本收入。

证券投资基金的收益来源主要有两个，一个是由于买卖基金的价格差异所产生的资本利得，另一个是因为基金分配所产生的收益。

三、证券投资风险与收益的关系

风险和收益是投资的两个基本属性。在经济社会里，人们大多是在同等预期回报下追求风险最小化的理性投资者，所以各项投资的收益和风险之间会形成一种平衡，即高收益高风险、低风险低收益。否则，如果市场上出现低风险高收益的项目，就会引起投资者资金的流动，在一定程度上抬高该投资项目的投资价格，减少该项目的收益水平，最后形成风险与收益的平衡状况。正是鉴于投资中的这种高风险高收益、低风险低收益的平衡关系，投资者在进行投资时不得不在风险和回报之间进行权衡。若想获取高收益就必须承担高风险，要想投资安全，风险小，一般就只能获得较低的收益。这种风险管理中的平衡关系被称为风险和回报的权衡。

在证券投资中，收益和风险形影相随，收益以风险为代价，风险用收益来补偿。投资者投资的目的是为了得到收益，与此同时，又不可避免地面临着风险，证券投资的理论和实战技巧都围绕着如何处理这两者的关系而展开。证券投资收益与风险的基本关系是：收益与风险相对应。也就是说，风险较大的证券，其要求的收益率相对较高；反之，收益率较低的投资对象，风险相对较小。但是，绝不能因为风险与收益有着这样的基本关系，就盲目地认为风险越大，收益就一定越高。风险与收益相对应的原理只是揭示风险与收益的这种内在本质关系：风险与收益共生共存，承担风险是获取收益的前提，收益是风险的成本和报酬。

第四节 证券投资课程的性质与研究内容

一、证券投资课程的性质

（一）证券投资课程是一门综合性学科

证券投资课程是一门以众多学科为理论基础，广泛吸收多学科知识，具有理论体系复杂、实践性与操作性强等特点的学科。证券投资课程涉及经济学、管理学、投资学、金融学、财政学、会计学、统计学、计量经济学等学科的相关知识。因为证券投资是整个国民经济运行的重要组成部分，证券市场是金融市场的一个重要子市场，投资者进行证券投资时总会选择具体的企业，决定购买哪个公司的股票或债券前，投资者需要了解其经营、管理和财务状况，运用定性及定量的分析方法，制定投资决策。所以学习过程中需要综合运用各学科知识，才能掌握证券投资课程的精要。

（二）证券投资课程是一门应用性学科

证券投资课程虽然也研究一些经济理论问题，但从学科内容来看，它属于一门应用性较强的学科，侧重于对经济事实、现象及经验进行分析和归纳，研究的主要内容是证券投资者所需要掌握的具体方法和技巧。如何选择证券投资工具，如何分析各种证券的投资价值，如何对证券发行公司进行财务分析，如何使用各种技术分析方法分析证券市场的发展变化，如何科学地进行证券投资组合等，这些都是操作性很强的具体方法和基本技能。

二、证券投资课程的研究内容

证券投资课程的研究对象是证券投资活动过程及其规律。具体而言，就是研究投资者如何正确地选择证券投资对象，如何参与证券市场运作，如何科学地进行证券投资决策，如何成功地运用证券投资方法与技巧，如何有效地进行证券投资组合等。

证券投资课程的研究内容是由其研究对象所决定的，具体包括以下四个部分。

1. 证券投资工具

主要研究股票、债券、基金等基础投资工具和金融期货期权、认股权证、可转换债券等衍生投资工具的特点、功能及投资技巧等。

2. 证券市场

主要研究证券市场结构，包括证券发行市场和证券流通市场的构成要素、特点、功能作用与运行机制，以及证券市场价格指数、证券交易行情。

3. 证券投资分析

主要研究证券投资的分析方法，以便为进行证券投资决策提供依据。证券投资分析包括基本分析和技术分析。这部分是证券投资课程的核心，它提供证券投资决策分析的基本策略技巧和基本方法。

4. 证券投资组合理论

主要研究证券投资组合选择及其理论，包括证券投资的收益与风险分析、投资组合分析以及资本资产定价理论和套利定价理论。

本章小结

1. 证券是各类权益凭证的总称，是用来证明证券持有人有权取得相应权益的凭证。证券按性质可以分为有价证券和无价证券。

2. 狭义的有价证券，是指标有一定票面金额，代表一定的财产权、债权或其他权利，能为持有人带来一定收益，并可在市场上自由转让或买卖的凭证。它具有产权性、收益性、风险性、流通性和虚拟性等特征。

3. 证券投资是指经济主体购买股票、债券、基金等有价证券以及金融衍生品以期获得收益的投资行为和过程。

4. 证券投资与投机并没有本质上的差别，只不过两者在程度上存在着一定的差别。

5. 证券投资收益是指投资者从事证券投资而获得的报酬。证券投资风险是指投资者达不到预期的收益或遭受各种损失的可能性，即证券投资收益的不确定性。证券投资风险可以分为系统风险与非系统风险。

6. 证券投资课程的研究对象是以证券类资产为主要投资对象的投资活动及其规律。证券投资课程既是一门综合性学科，又是一门应用性学科。

7. 证券投资课程的研究内容主要有证券投资工具、证券市场、证券投资分析和证券投资组合理论。

思考题

1. 什么是证券？它有哪些种类？
2. 什么是有价证券？它有什么特点？
3. 证券投资与投机有什么区别与联系？
4. 什么是证券投资收益？
5. 什么是证券投资风险？有哪些种类？
6. 简述证券投资课程的研究对象与研究内容。

第二章　证券投资工具

学习目的

掌握包括股票、债券及证券投资基金在内的证券市场常见投资工具的概念、特征和分类；初步了解金融衍生投资工具的功能和类型；了解我国证券市场上的投资工具及其发展情况。

第一节　股票

一、股票的定义

股票是股份有限公司发行的用于证明投资者的股东身份和权益，并据以获得股息和红利的凭证。

《中华人民共和国公司法》规定，股票采用纸面形式（见图 2－1）或国务院证券监督管理机构规定的其他形式。股票应当载明下列主要事项：公司名称、公司成立的日期、股票种类、票面金额及代表的股份数、股票的编号。股票由法定代表人签名，公司盖章。发起人的股票应当标明“发起人股票”字样。

图 2－1　股票例样

股票的持有人即股东，是股份公司的所有者，有权参与公司的经营决策，分享公司的盈利，同时也分担公司的经营风险。投资者一旦投资入股，就不能中途要求退股以抽回资金，但可以通过在市场上转让收回投资。

股票是资本市场的主要融资工具，同时也是重要的投资工具。

二、股票的性质

（一）股票是有价证券

虽然股票本身没有价值，但代表着一定的权利和价值。股票的持有者——股东可以依其持有的股票享受股息和红利的分配权，同时也拥有股份公司一定价值量的资产。

股票与其代表的财产权有不可分离的关系，它们两者合为一体。换言之，财产权的转让与股票占有权的转移同时进行，不能只转移股票而保持原来的财产权，也不能只转让财产权而不转移股票。

（二）股票是要式证券

股票应具备《中华人民共和国公司法》规定的有关内容，如果缺少规定的要件，股票就无法律效力。而且，股票的制作和发行须经国务院证券监督管理机构的核准，任何个人或者团体不得擅自印刷、发行股票。

（三）股票是证权证券

证券可以分为设权证券和证权证券。设权证券是指证券所代表的权利本来不存在，而是随着证券的制作而产生，即权利的发生是以证券的制作和存在为条件的。证权证券是指证券是权利的一种物化的外在形式，它是权利的载体，权利是已经存在的。股票代表的是股东权利，它的发行是以股份的存在为条件的，股票只是把已存在的股东权利表现为证券的形式，它的作用不是创造股东的权利，而是证明股东的权利。股东权利可以不随股票的损毁遗失而消失，股东可以按照法定程序要求公司补发新的股票。所以说，股票是证权证券。

（四）股票是资本证券

发行股票是股份公司筹措自有资本的手段。股票是投入股份公司资本份额的证券化，属于资本证券。但是，股票又不是一种现实的资本，股份公司通过发行股票筹措的资金，是公司用于营运的真实资本。股票独立于真实资本之外，在股票市场上进行着独立的价值运动，是一种虚拟资本。

（五）股票是综合权利证券

股票既不属于物权证券，也不属于债权证券，而是一种综合权利证券。物权证券是指证券持有者对公司的财产有直接支配处理权的证券。债权证券是指证券持有者为公司债权人的证券。股票持有者作为股份公司的股东，享有独立的股东权利。股东权利是一种综合权利，包括出席股东大会、投票表决、分配股息红利等权利。

三、股票的特征

股票作为有价证券的一种，它具有以下几个主要特征。

（一）收益性

收益性是股票的基本特征。股票的收益来自两个方面：一是股票持有人凭借其股东身份从股份公司领取股息和红利所获得的投资收益。股息和红利的大小取决于公司的经营状况、盈利水平以及分配政策。二是来自股票流通，即买卖股票的差价收益，也称为资本利得。

（二）风险性

股票的风险性是与股票的收益性相对应的，投资者投资股票既有可能获得较高的投资收益，同时也要承担较大的投资风险：一是股份公司经营亏损，甚至破产的风险；二是股票市场价格波动而造成损失的风险。

（三）流动性

股票作为一种有价证券，可随时在二级市场买卖转让，亦可作抵押，所以持票人在他需要现金时可立即在股票市场上售出股票以收回投资。可见,股票是一种流动性很强的有价证券。

(四)权责性

1. 参与经营权

股票持有人(股东)有参加股东大会的权利,有投票表决权、选举与被选举权、管理权等。

2. 盈余分配权

股东有参与公司盈利分配的权力,即股东可凭其持有的股份向股份公司领取股息和参与分红。

3. 剩余财产分配权(索偿权)

在公司解散或破产时,在清偿了债权人的债务后,优先股及普通股的股东对公司剩余资产享有清偿请求权,该权力以各自持股的比例为限。

4. 有限责任

在公司解散或破产时,股东需向公司的债权人承担清偿债务的责任,但该责任指的是有限责任,以股东所持股份比例为限。

(五)不返还性

股票投资者的投资是没有确定期限的投资,原因是投资者一旦买入某一公司股票,在一般情况下,他是不能中途要求向股份公司退股的。所以,从这一意义上说,只要股份公司存在,他就不能直接向公司要求抽回资金。所以说,股票投资具有不可撤回性,是一种长期而又没有确定期限的无期性投资。

四、股票的分类

按照不同的标准,股票可以分为以下几种基本类型。

(一)按股东享有的权益和承担的风险分类

股票按股东享有权益和承担风险的不同,主要分为普通股和优先股。

1. 普通股

普通股是股份有限公司发行的最普通、最重要,也是发行量最大的股票,是其筹集资本的基本工具。普通股是指对公司全部财产都拥有平等权益,即对股东享有的平等权利不加以特别限制,并能随股份有限公司利润的大小而分取相应红利的股票。

一般来说,普通股的股东拥有的权利包括以下四项:

一是公司重大决策参与权。即有权就公司重大问题进行发言和投票表决。包括选举和被选举为公司的董事或监事,听取董事会有关财务和经营方面的报告,对公司的重大事项进行投票表决,还有权对董事提出诉讼。如果普通股股东不能参加股东大会,可以委托代理人行使其表决权。

二是资产收益权。即普通股股东有权按照实缴的出资比例分取红利,而红利的多少并不固定,要视公司的盈利情况及其分配政策而定。

三是剩余资产分配权。当股份公司因经营不善等原因而需要破产清算时,普通股股东有权按比例分得公司剩余资产,但在分配顺序上必须排在公司的债权人、优先股股东之后。一般来说,破产资产的具体分配顺序是这样的:首先,应支付清算中发生的各项费用;其次,付清所欠职工工资、社会保险费和法定补偿金;再者,付清所欠税款;接下来,偿还公司债务;

然后，返还优先股；最后，返还普通股。在现实中，当轮到普通股股东时，公司财产往往已所剩无几，普通股股东只能承受损失。

四是其他权利。除了上面三种基本权利外，普通股股东还可以享有由法律和公司章程所规定的以下主要权利：

(1) 股东优先认股权。优先认股权是一种原股东优先认购新发行股票的权利，即当股份公司为增加注册资本而决定增加股票时，原普通股股东享有的按其持股比例，以低于市价的某一特定价格优先认购一定数量新发行股票的权利。普通股股东是否具有优先认股权，取决于认购时间与股权登记日的关系。股份公司提供优先认股权时会设立一个股权登记日，在此日期前认购普通股票的，该股东享有优先认股权；在此日期之后认购普通股票的，该股东不享有优先认股权。前者被称为"附股权"或"含股权"，后者被称为"除股权"。赋予普通股股东优先认股权的目的是保证普通股股东在股份公司保持原有的持股比例，保护原普通股股东的利益和持股价值。

(2) 股东有权查阅公司章程、股东名册、公司债券存根、股东大会会议记录、董事会会议决议、监事会会议决议、财务会计报告，对公司的经营提出建议或者质询。

(3) 股东持有的股份可依法转让。股东转让股份应在依法设立的证券交易场所进行或按照国务院规定的其他方式进行。公司发起人、董事、监事、高级管理人员的股份转让受《中华人民共和国公司法》和公司章程的限制。

2. 优先股

优先股是相对于普通股而言的，其股东享有某些优先权利的股票。由于优先股一般在发行时即确定了固定的股息率，这一点与债券相同。因此，优先股是介于普通股和债券之间的混合类证券。优先股股票的发行一般是股份公司出于某种特定的目的和需要，且在票面上要注明"优先股"字样。

与普通股相比较，优先股的优先地位具体体现在以下两个方面：第一，优先领取固定股息。只要公司盈利并决定分配股息，在盈利分配顺序方面，优先股排在普通股之前。普通股的股息要视股份公司的经营状况和盈利水平而定，事先是不确定的；而优先股的股息在发行时已经确定，是固定不变的。若公司出现亏损，优先股股息可以不支付(即非累积优先股)或推迟支付(即累积优先股)。第二，优先清偿资产。当公司破产或解散清算时，优先股股东对公司剩余财产的分配权排在债权人之后、普通股股东之前。通常，优先股股东仍可以得到少量的剩余财产。

优先股虽有其优先之处，但也有不利之处。首先，优先股股东不具备普通股股东所享有的基本权利。优先股股东一般没有选举权和被选举权，通常也没有投票表决权，因而不能参与公司的经营决策。其次，优先股的股息是事先确定的，并且固定，当公司经营状况良好，盈利增加时，优先股的股息不会随之而提高，因而不能享受公司利润增长的利益。最后，公司增发新股时，优先股股东不享有普通股股东所具有的优先认股权。

尽管优先股存在不足之处，但是对投融资双方而言，优先股的作用还是不容忽视的。对于优先股股东来说，优先股股息一般高于债权收益，而风险小于普通股。因此，购买优先股股票是一种收益稳定并且相对安全的投资方式，所以它适合于无意参加公司管理的投资者。对于发行优先股的股份公司来说，优先股不分散对公司的控股权，其股息固定有利于筹集低成本长期稳定资金。对普通股股东而言，优先股具有财务杠杆作用。这是因为优先股具有领取股息优先权，且股息率固定，因此当总资本的盈利下降时，“杠杆作用”会使普通股的收益出现大于不发行优先股时的下降幅度。当然，如果总资本的盈利率增加时，“杠杆作用”将使普通股的股息收益有更大的增加。

优先股又可分为以下几种类型：

(1) 累积优先股和非累积优先股。累积优先股是指公司当年因没有盈利或所获盈利不足以分派优先股股息时，则未分派的股息累积于次年或以后实现盈利的某一年度，在普通股红利发放之前予以补付。比如，某公司共有 1 万股优先股，每股面值 100 元，年股息率为 8%，则该公司每年应付优先股股息 8 万元。上一年度公司因亏损无法支付股息，本年度公司税后利润扣除公积金后尚有 12 万元可用于支付股利，则这 12 万元全部用于支付优先股股息，其中 8 万元是补付上一年度所欠的股息，4 万元用于支付本年度的优先股股息。这两年内由于优先股股东尚未得到足额分派股息，所以分派顺序靠后的普通股股东分不到任何股利。非累积优先股是指公司以当年盈利为限分派股息，未能足额分派的股息则不进行累积，当然也就不存在以后年度补付的问题。

(2) 可转换优先股和不可转换优先股。可转换优先股是指按公司章程规定，发行后在一定条件下允许持有者将它转换成其他种类股票的优先股票。在大多数情况下，股份公司的可转换股票是由优先股票转换成普通股票，或者由某种优先股票转换成另一种优先股票。其一定条件一般包括转换权限、转换条件、转换期限、转换内容和转换手续等。不可转换优先股则是指那些发行后不允许其持有者将它转换成其他种类股票的优先股票。不可转换优先股票与可转换优先股票相对应，它没有给投资者提供改变股票种类的机会。

实际上，可转换优先股是公司给予优先股股东在一定时期内是持有优先股还是持有普通股的选择权。是否将所持优先股转换为普通股，全凭投资者自己决定。当公司盈利大量增加时，优先股股东可以按事先规定的转换比例把优先股转换成普通股，从中获得收益；而当公司盈利状况不佳时，他可以不进行转换，而是仍持有优先股，从而获得固定的股息收入。

(3) 可赎回优先股和不可赎回优先股。可赎回优先股是指在发行后一定时期可按特定的赎买价格由发行公司赎回的优先股票。当公司有了成本更低的融资渠道或者认为可发行新的更低股息率的优先股时，就会对现有优先股进行赎回。它有两种类型：一种是强制赎回，即这种股票在发行时就规定，股份公司享有赎回与否的选择权；另一种是任意赎回，即股东享有是否要求股份公司赎回的选择权。不可赎回优先股是指发行后根据规定不能赎回的优先股票。这种股票一经投资者认购，在任何条件下都不能由股份公司赎回。这种股票的发行保证了公司资本的长期稳定。

(4) 参与优先股和非参与优先股。参与优先股是指除了优先获得定额股息外，还有权与普通股股东一起参与分享公司本期剩余盈利分配的优先股。非参与优先股是指只能获得固定股息，无权再参与对本期剩余盈利分配的优先股。

(5) 股息率可调整优先股和股息率固定优先股。股息率可调整优先股是指发行后股息率可以根据情况按规定进行调整的优先股票。它的特殊性在于股息率是可以变动的。但是，股息率的变化一般又与公司经营状况无关，而主要是随市场上其他证券价格或者银行存款利率的变化作调整。股息率可调整优先股票的产生，主要是为了适应国际金融市场不稳定、各种有价证券价格和银行存款利率经常波动以及通货膨胀的情况。发行这种股票，可以保护股票持有者的利益，同时对股份公司来说，有利于扩大股票发行量。股息率固定优先股是指发行后股息率不再变动的优先股票。一般的优先股就是指这种股票。

（二）按股票是否记名分类

1. 记名股票

记名股票是指在股票票面和股份公司的股东名册上载有股东姓名的股票，如图 2－2 所示。我国《公司法》规定，公司向发起人、国家授权投资的机构、法人发行的股票，应当为记名股票。记名股票不得私自转让，若要转让，必须通过法定程序办理过户手续，将受让人姓名及其住所记载于股票票面和公司股东名册上；否则，转让无效。

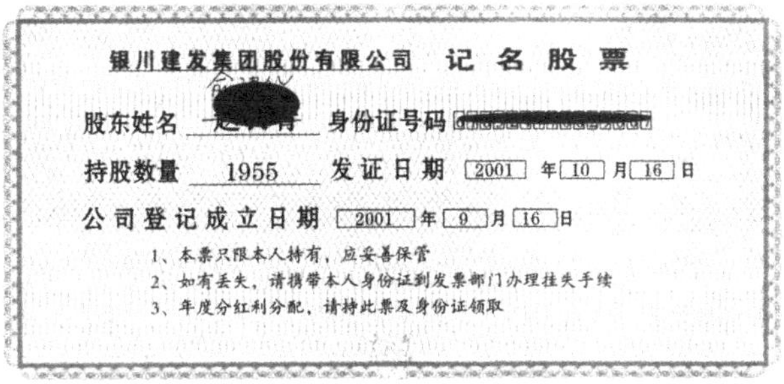
银川建发集团股份有限公司　记 名 股 票

股东姓名 [redacted]　身份证号码 [redacted]

持股数量 1955　发证日期 2001 年 10 月 16 日

公司登记成立日期 2001 年 9 月 16 日

1、本票只限本人持有，应妥善保管

2、如有丢失，请携带本人身份证到发票部门办理挂失手续

3、年度分红利分配，请持此票及身份证领取

图 2－2　记名股票例样

2. 不记名股票

不记名股票是指在股票票面和股份公司的股东名册上均不记载股东姓名的股票。我国《公司法》规定，公司向社会公众发行的股票，可以为记名股票，也可以为不记名股票。发行不记名股票的，公司应当记载其股票数量、编号及发行日期。不记名股票可以任意转让，无需办理过户手续，只要交付股票便发生转让的法律效力，受让人即公司股东。

（三）按股票有无面额分类

1. 有面额股票

有面额股票是指在股票票面上记载有每股金额的股票。股票面额为公司资本的基本单位，一般是以国家的主币为单位。大多数国家（包括中国）的股票都是面额股票。

2. 无面额股票

无面额股票是指在股票票面上不载明金额，只注明它在公司总股本中所占比例的股票。事实上，有面额股票与无面额股票仅仅在形式上有所区别，两者都是表明股东对股份公司资本总额的投资比例，股东所享有的权利是相同的。

五、我国目前的股票类型

目前，我国股票类型除了可以按照以上方法分类之外，常提及的类型还包括以下几种。

（一）按照股票上市地点和投资者分类

股票按其上市地点和投资主体地域的不同，可分为 A 股、B 股、H 股、N 股和 S 股。

1. A 股

A 股的正式名称是人民币普通股票。它是由中国境内的公司发行且在境内（上海、深圳）证券交易所上市，供境内机构和个人及国外合格的机构投资者以人民币认购和交易的普通股股票。

2. B股

B股的正式名称是人民币特种股票。它是以人民币标明面值，以外币认购和买卖(上海证券交易所用美元计价、深圳证券交易所用港元计价)，在中国境内(上海、深圳)证券交易所上市交易的外资股，B股公司的注册地和上市地都在境内。可以投资B股的投资者有境外机构和个人，我国香港、澳门、台湾地区的机构和个人，定居在国外的中国公民和在中国拥有外币的个人。

3. H股

H股也称国企股，是指注册地在内地、上市地在我国香港的外资股(因香港英文——HongKong首字母，而得名H股)。

4. N股

N股是指那些在中国大陆注册，在美国纽约(New York)的证券交易所上市的外资股票。

5. S股

中国企业在新加坡(Singapore)发行并上市的股票被称为S股。

(二) 按照投资主体分类

股票按其投资主体不同可分为国家股、法人股、社会公众股和外资股。

1. 国家股

国家股是指有权代表国家投资的部门或机构以国有资产向公司投资形成的股份，包括公司现有国有资产折算成的股份。国家股从资金来源上看，主要有以下三个方面：

(1) 现有国有企业改组为股份公司时所拥有的净资产。

(2) 现阶段有权代表国家投资的政府部门向新组建的股份公司的投资。

(3) 经授权代表国家投资的投资公司、资产经营公司、经济实体性总公司等机构向新组建股份公司的投资。

2. 法人股

法人股是指企业法人以其依法可支配的资产向股份有限公司投资形成的股权，或者具有法人资格的事业单位或社会团体以国家允许用于经营的资产向股份有限公司投资所形成的股权。法人股是法人相互持股所形成的一种所有制关系，又分企业法人股和非企业法人股。企业法人股是指具有法人资格的企业把其所拥有的法人财产投资于股份有限公司所形成的股份。非企业法人股是指具有法人资格的事业单位或社会团体以国家允许用于经营的财产投资于股份有限公司所形成的股份。

3. 社会公众股

社会公众股是指社会公众依法以其拥有的财产投入公司时形成的可上市流通的股份。在社会募集方式下，股份公司发行的股份，除了由发起人认购一部分外，其余部分应该向社会公众公开发行。《中华人民共和国证券法》规定，股份有限公司申请股票上市的条件之一是：公开发行的股份达到公司股份总数的25%以上；公司股本总额超过人民币4亿元的，公开发行股份的比例为10%以上。

4. 外资股

外资股是指外国和我国香港、澳门、台湾地区投资者向上市公司投资形成的股份。外资股可分为两种形式：境内上市外资股，是指经过批准由外国和我国港、澳、台地区投资者向在我国境内上市的公司投资所形成的股权，即B股。境外上市外资股，是指境内公司发行的供境外投资者用外币认购的并在境外上市的股票，有H股、S股和N股。

（三）按照股票转让是否有限售条件分类

在中国发行上市的股票分为有限售条件股票和无限售条件股票。

1. 有限售条件股票

有限售条件股票简称限售股，俗称非流通股，是指约定在持有一定期限（限售期）后方可自由买卖的股票。我国《公司法》规定：发起人持有的本公司股份，自公司成立之日起1年内不得转让。公司公开发行股份前已发行的股份，自公司股票在证券交易所上市交易之日起1年内不得转让。公司董事、监事、高级管理人员应当向公司申报所持有的本公司的股份及其变动情况，在任职期间每年转让的股份不得超过其所持有本公司股份总数的25%；所持本公司股份自公司股票上市交易之日起1年内不得转让。上述人员离职后半年内，不得转让其所持有的本公司股份。公司章程可以对公司董事、监事、高级管理人员转让其所持有的本公司股份做出其他限制性规定。

之所以对某些股票的流通设定限制条件，是因为这些股东获得股票的渠道和投资成本与一般股东不同。限售股可以流通时被称为解禁。限售股，特别是发起人限售股解禁可能对公司股票价格造成比较大的冲击，因为发起人股东持有股票的数量不仅很大，而且持股成本较其他投资者要低很多。每当限售股即将解禁时，一些投资者都会提前抛售公司股票，公司股价因此可能相应下跌。

2. 无限售条件股票

无限售条件股票是指流通转让不受限制的股票。投资者在上市公司发行新股份时认购的股票，以及从投资市场上买进的股票都是无限售条件股票，俗称流通股，即这些股票在市场上可以自由买卖。

案例：限售股解禁，这只千亿市值股票跌停！

2018年5月28日，包钢股份近百亿股限售股解禁，放出巨量，股价跌停收盘创年内新低。值得注意的是，未来3个月还将有近万亿元限售股解禁，其中也不乏一些巨量解禁股情况。届时部分股票的股价，或将面临严峻考验。

统计显示，未来3个月近400只股票将有限售股解禁，按照最新收盘价计算市值近9 600亿元。具体看，中国核电6月11日将有超113亿股限售股解禁，最新解禁市值高达728亿元，股票性质为首发原始股东限售股份。7月2日，绿地控股有超89亿股限售股解禁，最新解禁市值高达629亿元。6月26日，国泰君安将有近28亿股限售股解禁，最新解禁市值达477亿元。此外，美年健康、康弘药业、洛阳钼业等12只股未来3个月均有超过百亿元市值限售股解禁。

除了解禁市值对股价的影响有相关关系外，解禁股与最新流通股的比例，也存在一定相关关系。数据显示，康弘药业6月26日解禁股份是最新流通股本的8倍多，占比位居榜单首位；7月16日，华大基因将有2亿多股限售股解禁，是最新流通股本的5倍多。此外，起步股份、禾望电气、西藏珠峰等4只解禁股占流通股比均超过3倍。

限售股解禁对股价走势造成一定的压力。比如2017年第一创业巨额限售股解禁，造成连续3个一字跌停板，股价至今尤陷阴霾。上海银行2017年11月数百亿市值限售股解禁，股价一字跌停，市值单日蒸发百亿以上。

不过限售股解禁对股价的影响，并不一定都是坏的。比方说，中国核电限售股股东是首发原始股东，解禁压力或并不大。再有，绿地控股动态市盈率只有6倍多，远低于行业市盈率，限售股解禁或许影响也不大。更有甚者，资产质量优秀的股票，在出现限售股解禁时，可能出现吸引场外资金入驻抢筹引发股价大涨的情况。

反过来说，如果解禁股股东不是首发原始股东，解禁股动态市盈率较高，也不是资产稀缺型的股票，在面对较大的限售股解禁时，股价或将面临较为严峻的考验。

（四）其他的股票分类方法

除了上述分类方法以外，股票还有以下几种通俗的分类方法。

1. 绩优股与垃圾股

绩优股是指业绩优良且比较稳定的大公司股票。这些大公司经过长时间的努力，在行业内达到了较高的市场占有率，形成了经营规模优势，利润稳步增长，市场知名度很高。绩优股具有较高的投资回报和投资价值，其公司拥有资金、市场、信誉等方面的优势，对各种市场变化具有较强的承受和适应能力，绩优股的股价一般相对稳定且呈长期上升趋势，因此，绩优股总是受到投资者，尤其是从事长期投资的稳健型投资者的青睐。

与绩优股相对应，垃圾股是指经营亏损或违规公司的股票，这类上市公司或者由于行业前景不好，或者由于经营不善等，有的甚至进入亏损行列。此类股票在市场上往往呈现出股价走低，交投不活跃等特征，投资者在考虑选择这些股票时，要有比较高的风险意识。

绩优股和垃圾股不是天生的和绝对的。绩优股公司决策失误，经营不当，其股票可能沦为垃圾股；而垃圾股公司经过资产重组和经营管理水平的提高，抓住市场热点，打开市场局面，也有可能将其股票变为绩优股。也就是说，是绩优股还是垃圾股，依赖于上市公司本身的努力。

2. 蓝筹股与红筹股

在海外股票市场上，都有蓝筹股的说法。“蓝筹”一词起源于西方赌场。在西方赌场中，有三种颜色的筹码，其中蓝色筹码最为值钱，红色筹码次之，白色筹码最差。投资者把这些行话套用到股票上形成了“蓝筹股”。所谓蓝筹股，是指由那些业绩优良、金融实力强大，并且在本行业内居于主导地位的大公司所发行的股票。其特点是股价比较稳定，并有长期上涨的潜力，投资风险又较低，因此，广受投资者欢迎。蓝筹股并非一成不变，随着公司经营状况的改变及经济地位的升降，蓝筹股的排名也会变更。据美国著名的《福布斯》杂志统计，1917年的100家最大公司中，目前只有不到50家公司股票仍在蓝筹股之列，而当初“最蓝”、行业最兴旺的铁路股票，如今完全丧失了入选蓝筹股的资格和实力。在我国香港股市，现在纳入恒生三十三指数的股份，如汇丰控股、长江实业、恒基发展等，由于都属于各行业的佼佼者，因此大都可算作蓝筹股。而一旦有成分股开始走下坡路，如果变化较大，恒生指数服务公司会作适当的调整，即剔除某些股份，换进相同数量的新近发展较快的股份。

红筹股这一概念诞生于20世纪90年代初期的我国香港股市。中华人民共和国在国际上被称为红色中国，所以国际投资者把那些最大控股权直接或间接隶属于中国内地有关部门或企业，并在香港联合交易所上市的中资企业称为红筹股。随着内地企业陆续赴港上市，红筹股有了更严谨的定义，即必须是母公司在港注册，接受香港法律约束的中资企业发行的股票才称为红筹股，而公司在内地注册，只是借用香港资本市场筹资的企业发行的股票，另称为“H股”。但一般仍以红筹股广泛地作为在港上市的中资企业股票的代名。

3. 潜力股、成长股和热门股

潜力股是指某只股票以后有很大的上升潜力，此时买进过一段时间能获得丰厚回报的。

成长股是指发行时规模并不大，但公司的业务蒸蒸日上，管理良好，利润丰厚，产品在市场上有竞争力的公司的股票。这些公司处于成长阶段，通常技术实力较强，注重科研，留存大量收益进行投资，公司业绩呈上升趋势。

热门股是指交易量大、交易周转率高、股价涨跌幅度也较大的股票。热门股的形成往往有其特定的经济、政治、社会的原因。例如20世纪60年代，电子工业股的上升与当时美苏进行太空竞赛有关；70年代的石油股与中东战争、石油输出国组织大幅度提高油价有关。没有永远热门的行业或企业，不是所有快速成长的公司都能生存下来，许多红极一时的热门股后来都销声匿迹。

4. 大盘股、中盘股和小盘股

根据上市股本或市值大小可以将股票分为大盘股、中盘股和小盘股。这一概念随着股票市场的不断扩大也在不断变化，以中国股市为例，一般流通股本超过10亿股，就把它归于大盘股。流通股本小于5亿股，称之为小盘股。流通股本处于5亿～10亿股的，属于中盘股。如果是以市值来看的话，总市值大于1 000亿元的属于超大盘股，总市值大于500亿元以上的属于大盘股，总市值小于200亿元的属于小盘股。而处于200亿～500亿元总市值的股票，属于中盘股。当然，以后随着中国股市的发展，以上划分标准会发生变化，小盘股、中盘股和大盘股的概念也会发生相应的变化。

第二节 债券

一、债券的定义、票面要素与特征

(一) 债券的定义

债券是发债人为筹措资金而向社会发行的承诺按一定利率支付利息并到期偿还本金的一种债权债务凭证。债券反映的是债权债务关系，投资者是债权人，发行者是债务人。

(二) 债券的票面要素

通常，债券票面上有以下四个基本要素。债券例样，如图2-3所示。

图2-3 债券例样

1. 债券的票面价值

债券的票面价值是指债券票面标明的货币价值，是债券发行人承诺在债券到期日偿还给债券持有人的金额。

债券的票面价值包括以下两方面内容：

（1）票面价值的币种。票面价值的币种是指债券以何种货币作为计价单位，分为本币和外币两种，外币币种通常选择国际硬通货。

（2）债券的票面金额。债券的票面金额是指债券发行人承诺在债券到期日偿还给债券持有人的本金数额，也是债券计息的依据。票面金额定得较低，有利于小额投资者认购，但由于购买持有者分布面广，且债券本身的印刷及发行工作量大，费用可能较高；票面金额定得较高，有利于少数大额投资者认购，且印刷费用等也会相应减少，但却使小额投资者无法参与。

2. 债券的到期期限

债券的到期期限是指债券从发行日至偿清本息日的时间，也是债券发行人承诺履行合同义务的全部时间，过期不还即构成违约。发行人在确定债券期限时，要考虑资金使用方向、市场利率变化和债券的变现能力等多种因素。

3. 债券的票面利率

债券的票面利率也称名义利率，是指债券票面标明的利率，等于债券年利息与债券票面价值的比值，用百分数表示，形式有单利、复利和贴现利率。债券的票面利率并不一定等于债券的实际收益率，如果投资者以票面金额购进债券，则实际收益率等于票面利率；如果以低于票面价格购进债券，则实际收益率高于票面利率；如果以高于票面价格购进债券，则实际收益率低于票面利率。

4. 债券发行者名称

债券发行者是指发行债券募集资金的债务主体，在债权契约关系中为债务人，为债权人到期追回本金和利息提供依据。

上面四个要素虽然是债券票面的基本要素，但它们并非一定在债券票面上印制出来。在许多情况下，债券发行者是以公布条例或公告形式向社会公开宣布某债券的期限与利率。此外，债券票面上有时还包含一些其他要素，如还本付息方式、附有赎回选择权、附有出售选择权、附有可转换条款、附有交换条款、附有新股认购条款等。

（三）债券的特征

1. 偿还性

债券在发行时一般都有规定的偿还期。债券到期后，作为债务人的发行者必须归还债权人本金和付清全部利息。如果持券人想在债券到期之前将其变现，只能到流通市场将它转让。不过，债券的期限性也有例外，但只是个别现象。例如，英国就曾经发行过永久公债，这种债券没有固定偿还期，持券人只能按期取息，不能要求政府清偿，当然它可以转让。

2. 流动性

流动性是指持券人可以根据自己的需要和市场的实际变动状况，在债券到期前将其转让以提前收回本金。衡量债券流动性强弱的标准有两个：首先，要看这种债券是否能够方便地转让。其次，要看这种债券在变现时是否蒙受价值上的损失。

3. 安全性

债券的安全性是相对股票而言的，体现在持券人的收益相对固定，不随发行者经营收益的变动而变动，并可按期收回本金。一般情况下，债券的流动性越强则越安全，因为它不但可以较为迅速地变现，而且还可以按一个较为稳定的价格转让。

4. 收益性

债券能为持券人带来一定的收益，债券收益包括两个部分，其中，一部分是持券人在其持有期获得的利息收入，另一部分是持券人在债券到期前将债券转让，他有可能获得的价差收入。

二、债券的分类

（一）按债券的发行主体分类

债券按其发行主体，可分为政府债券、公司债券和金融债券。

1. 政府债券

政府债券的发行主体是政府。它是指政府财政部门或其他代理机构为筹集资金，以政府名义发行的债券，又分为中央政府债券（即国债）和地方政府债券。

2. 公司债券

公司债券又称企业债券，有广义和狭义之分。广义的公司债券泛指股份公司和一般企业发行的债券。狭义的公司债券则专指由股份公司发行的债券。

3. 金融债券

金融债券是指银行和非银行金融机构为筹集资金而发行的债券。在英、美等欧美国家，金融机构发行的债券归类于公司债券。在我国及日本等国家，金融机构发行的债券称为金融债券。

（二）按债券券面形态分类

债券按其券面形态，可分为实物债券、凭证式债券和记账式债券。

1. 实物债券

实物债券是指具有标准格式实物券面的债券。其券面要素主要有面额、利率、期限、发行人名称和还本付息方式等。国债实物债券的利率和期限可以不记载在票面上，而是在发行公告中说明。实物债券不记名，不挂失，可上市流通。发行期内，投资者可直接在销售债券机构的柜台购买，发行期结束后，实物券持有者可在柜台卖出。由于实物债券需要印制，比较麻烦，所以其发行者越来越少。

2. 凭证式债券

凭证式债券是指以收款凭证作为认购证明的债券，其特点是可记名，可挂失，不能上市流通，从购买之日起计息，可以到购买网点提前兑取。

3. 记账式债券

记账式债券是指通过电脑账户进行记录、没有实物形态的债券，具有交易效率高、成本低的特点，是未来债券的发展趋势。

（三）按债券的计息方式分类

债券按其计息方式，可分为单利债券、复利债券和累进利率债券。

1. 单利债券

单利债券是指只有本金作为计息的基础，所生利息不再加入本金计算下期利息的债券。

2. 复利债券

复利债券与单利债券相对应，是指除了本金生息，每一期所生利息都加入本金作为下一期计息基础，逐期滚动计算利息的债券。

3. 累进利率债券

累进利率债券是指以利率逐期累进方式计息的债券。这种债券的期限往往是浮动的，但规定有最短及最长持有期。债券利率视期限长短而不同，期限越长则利率越高。也就是说，利率会随时间的推移而递增，呈累进状态。

（四）按债券的付息方式分类

债券按其付息方式，可分为附息债券、零息债券和息票累积债券。

1. 附息债券

附息债券是指发行单位按票面金额和票面利率定时向持券人支付利息，到期后将最后一期利息连同本金一并支付给持券人的债券。这种债券上附有各期领取利息的凭证，在每一期利息到期时，将息票剪下凭以领取当期利息。国外大部分中长期债券采取附息债券的形式，我国 1996 年推出 10 年期和 7 年期的记账附息国债。

2. 零息债券

零息债券又称贴现债券，是指债券券面上不附有息票，在票面上不规定利率，发行时按规定的折扣率，以低于债券面值的价格发行，到期按面值支付本息的债券。从利息支付方式来看，贴现国债以低于面额的价格发行，可以看作是利息预付，因而又可称为利息预付债券、贴水债券，是期限比较短的折现债券。

3. 息票累积债券

息票累积债券又称到期付息债券，是指债券到期时一次性还本付息，存续期间不支付利息。息票累积债券有确定的票面利率，利息根据面值、票面利率和偿还期限计算，计算公式为：

$$利息=面额\times票面利率\times期限$$

（五）按债券票面利率是否固定分类

债券按其票面利率是否固定，可分为固定利率债券和浮动利率债券。

1. 固定利率债券

固定利率债券是指在偿还期内利率固定不变的债券。从债券发行日直至到期日，无论市场利率如何变化，持券人只能按债券票面利率获得利息。

2. 浮动利率债券

浮动利率债券是指债券发行时就将某一金融市场利率作为参照标准，债券的利率随该金融市场利率的变动而变动，通常几个月调整一次，利息也随之支付。一般来说，要规定一个利率调整的上下区间，这样可使投资者具有安全感，从而增强债券的吸引力。

（六）按债券偿还期限分类

债券按其偿还期限，可分为短期债券、中期债券和长期债券。

1. 短期债券

短期债券是指偿还本金的期限在 1 年以内的债券，如美国的国库券。需要注意的是，在美国，短期国债称为国库券；而在我国，国库券是国债的代名词，由于我国的国债期限以中长期为主，所以国库券在我国指的是中长期国债。短期国债是货币市场重要的投融资工具，也是一国公开市场的主要操作对象，通常有3个月、6个月、9个月、12个月等几种期限。

2. 中期债券

中期债券是指偿还本金期限在1年以上、10年以下的债券。

3. 长期债券

长期债券是指偿还本金的期限在10年以上的债券。我国企业债券中的中长期债券则是以5年为分界线。

在美国，有一种永久性政府债券，政府在发行这种债券时宣告，政府有权决定在合适的时候偿还债务。事实上，这是一种永久性公债。永久性公债是指中央政府发行的不规定还本日期，只是按期支付利息的公债，如英国的统一公债和法国的年金公债都是永久性公债。

（七）按债券的发行地点分类

债券按其发行地点的不同，可分为国内债券和国际债券。

1. 国内债券

国内债券是指发行者以本国货币作为票面货币在本国发行的债券。其特点是，国内债券市场的发行者和发行地点同属一个国家。

2. 国际债券

国际债券是指发行者（一国政府、金融机构、工商企业或国际性大机构）为筹措中长期资金而在国外金融市场上发行的以外国货币为面值的债券。其主要特点是，国际债券市场的发行者和发行地点不属于同一个国家，即发行者属于某一国家，发行地属于另一不同的国家，而债券面额的计值货币是除发行国以外的其他国家的货币。

（八）按债券记名与否分类

债券按照记名与否，可以分为记名债券、无记名债券和注册债券。

1. 记名债券

记名债券是指在券面上注明债权人的姓名，同时在发行公司登记在册的债券。到期支取本息时，需凭记载名称和印鉴才能支付，未到期前转让也需到发行公司处登记。这种债券的优点是较安全，一旦遗失可挂失，但转让手续繁杂，流动性差。

2. 无记名债券

无记名债券是指债券上不记载债权人的姓名，也无须在发行公司登记的债券。投资者以持有债券为拥有债权的证明，发行公司在还本付息时，向任何持有债券的人支付本息。这种债券转让手续简单，流动性强，但安全性较差，一旦丢失，债权人即损失债券认购时支出的本金和到期应得到的利息。

3. 注册债券

注册债券是指债券发行人委托注册金融机构将债券购买人的姓名、地址等登记在册，并发给债权人注册证书以代替发行债券。债券发行人只承认登记在册的债权人。注册债券也可以转让，债券持有人和购买者以书面签名方式转手，购买者到注册机构处出示正式转让文件并重新登记后，才能成为合法的债权人。注册债券可在发行时就不发行实际债券，投资者以注册登记方式认购债券，也可以将已发行债券改为注册债券，即注册机构在发给投资者注册证书的同时收回已发行债券。发行注册债券时，投资者一般有权自由选择是持有实际债券还是以登记方式证明其债权人身份。这类债券的发行手续简单，发行成本低，债券便于保管，不必担心丢失、毁损等事故发生，因而较安全，多为认购金额大、期限长的法人投资者所使用。

此外，按照有无担保分，债券可分为无担保债券和有担保债券，有担保债券又可分为抵押债权、质押债券和保证债券；按照募集方式不同，债券可以分为公募债券和私募债券；按照债券在一级市场、二级市场的归属不同，可以分为新发债券和已发债券；按照债券能否上市，可分为上市债券和非上市债券。

三、政府债券

政府债券是指政府财政部门或其他代理机构为筹集资金，以政府名义发行的债券，主要包括国库券和公债两大类。一般来说，国库券是由财政部发行，用于弥补财政收支不平衡；公债是指为筹集建设资金而发行的一种债券。中央政府发行的债券称为国债，地方政府发行的债券称为地方政府债券。

（一）中央政府债券

1. 中央政府债券的定义

中央政府债券是一国中央政府为弥补财政赤字或筹措建设资金而发行的债券，也称国家债券或国债。由于国家债券以国家的税收作为还本付息的保证，因此被视为零风险债券，也被称为“金边债券”。其流动性强，但利率比其他债券低。

2. 中央政府债券的分类

(1) 按照偿还期限不同，可以分为短期国债、中期国债和长期国债。

短期国债是指偿还期限为1年或1年以内的国债，具有周期短、流动性强的特点，在货币市场上占有重要地位。在国际市场上，短期国债的常见形式是国库券。

中期国债是指偿还期限在1年以上、10年以下的国债，或用于弥补赤字，或用于投资，不再用于临时周转。

长期国债是指偿还期限在10年及以上的国债，常被用作政府投资的资金来源。

(2) 按照流通与否，可分为流通国债和非流通国债。

流通国债是指可以在流通市场上交易的国债。这种国债可以自由认购、自由转让，通常不记名。转让价格取决于对该国债的供给与需求，一般在证券市场上进行转让。

非流通国债是指不允许在流通市场上交易的国债。这种国债不能自由转让，可以记名，也可以不记名。发行对象可以是个人或特定机构。以个人为发行对象的非流通国债一般以吸收个人的小额储蓄资金为主，故称为储蓄债券。

(3) 按照发行本位不同，可分为实物国债和货币国债。

实物国债是“货币国债”的对称，又称“实物公债”，是指以某种商品实物为本位而发行的国债。它是以货币计值，并按事先商定的商品折价，用实物偿还本金的公债，一般于币值不稳定时发行，以维持债信，方便发行。

货币国债是指以某种货币为本位而发行的国债。即以货币计值亦以货币偿付本息的国债。商品经济比较发达的国家，通常发行货币国债。

(4) 按照付息方式不同，可分为附息式国债和贴现式国债。

附息式国债是指债券发行时明确规定，在债券存续期内，对持有人定期支付利息(通常每半年或每年支付一次)的国债。期限在1年以上的国债为附息式国债。

贴现式国债是指券面上不含利息或不附有息票，以贴现方式发行的国债。

(5) 按照资金用途不同，可分为赤字国债、建设国债、战争国债和特种国债。

赤字国债是指用于弥补政府预算赤字的国债。其他方式弥补赤字，如增加税收、向中央银行借款、动用历年结余等手段易引起诸多社会问题。因此，国债常被政府用作弥补赤字的主要方式。

建设国债是指发债筹措的资金用于建设项目的国债。政府在社会经济中往往要承担一些大型基础性项目和公共设施的投资，这些项目耗资巨大，因此，常由政府通过发债筹集专项资金来建设。

战争国债专指用于弥补战争费用的国债。

特种国债是指政府为了实施某种特殊政策而发行的国债。

3. 我国国债的品种、特点和区别

我国发行的国债品种有普通国债和其他类型国债。

普通国债有储蓄国债和记账式国债两种。其他类型国债主要有国家重点建设债券、国家建设债券、财政债券、特种债券、保值债券和基本建设债券等。下面主要介绍普通国债。

(1) 储蓄国债。储蓄国债又分为凭证式国债和电子记账凭证式国债。

凭证式国债是指由财政部发行的、有固定票面利率、通过纸质媒介记录债权债务关系的债券，是不可上市流通的储蓄型债券。其特点是：购买方便，变现灵活，利率优惠，收益稳定和安全无风险。

电子记账凭证式国债又称储蓄国债(电子式)，是指财政部面向境内中国公民储蓄类资金发行的、以电子方式记录债权的不可流通的人民币债券。其特点是：① 采用实名制，不可流通转让；② 针对个人投资者，不向机构投资者发行；③ 采用电子方式记录债权；④ 手续简化；⑤ 付息方式较为多样；⑥ 收益安全稳定，由财政部负责还本付息，免缴利息税；⑦ 鼓励持有到期。

电子记账凭证式国债与凭证式国债的区别，如表 2-1 所示。

表 2-1 储蓄国债(电子式)与凭证式国债的区别

区别	储蓄国债(电子式)	凭证式国债
承办机构不同	已发售的储蓄国债(电子式)由经财政部会同中国人民银行确认代销试点资格的商业银行营业网点销售	由各类商业银行和邮政储蓄机构组成的凭证式国债承销团成员的营业网点销售
发行对象不同	仅限于个人	主要是个人，部分机构也可认购
申购手续不同	投资者须开立个人国债托管账户并指定对应的资金账户后购买	可持现金直接购买
债权记录方式不同	以电子记账方式记录债权	采取填制“中华人民共和国凭证式国债收款凭证”的形式记录债权
付息方式不同	比较多样化	到期一次还本付息
到期兑付方式不同	承办银行自动将投资者应收本金和利息转入其资金账户，按活期存款利率计付利息	投资者须前往承销机构网点办理兑付事宜，逾期不加计利息

(2) 记账式国债。记账式国债又称无纸化国债，是指由财政部面向全社会各类投资者，通过无纸化方式发行的，以电子记账方式记录债权并可以上市和流通的债券。其特点是：

① 可以上市转让,流通性好;② 可以记名、挂失,无券形式发行可以防止证券的遗失、被窃与伪造,安全性好;③ 通过证券交易所电脑网络发行,可以降低证券的发行成本;④ 期限有长有短,但更适合短期国债的发行;⑤ 上市后价格随行就市,具有一定的风险。

记账式国债与储蓄国债(电子式)的区别,如表 2-2 所示。

表 2-2 记账式国债与储蓄国债(电子式)的区别

区别	记账式国债	储蓄国债(电子式)
发行对象不同	机构和个人都可以购买	限于个人
发行利率确定机制不同	由记账式国债承销团成员投标确定	由财政部参照同期银行存款利率及市场供求关系等因素确定
流通方式不同	可以上市流通	不可以上市流通
变现方式不同	可通过上市交易、回购等方式变现	只能通过提前兑取、质押贷款等方式变现
到期前变现收益预知程度不同	可通过二级市场卖出方式提前终止投资,但二级市场价格不断波动,有可能高于或低于发行面值,投资者要承担市场利率变动带来的价格风险	投资者可通过提前兑取方式提前终止投资,且提前兑取条件在发行时就已明确规定,因此提前兑取所能获得的收益可预知,不承担市场利率变动带来的价格风险

(二) 地方政府债券

1. 地方政府债券的定义与发行主体

地方政府债券简称地方债券,也可称为地方公债或地方债,是地方政府根据本地区经济发展和资金需求状况,以承担还本付息责任为前提,向社会筹集资金的债务凭证,一般以当地政府的税收能力作为还本付息的担保。地方政府发行债券的目的主要是筹集资金用于地方的公共基础设施建设,所以地方政府债券又称市政债券。

地方政府债券的发行主体是地方政府。地方发债有以下两种模式:

(1) 地方政府直接发债。

(2) 中央发行国债,再转贷给地方。

2. 地方政府债券的分类

地方政府债券按资金用途和偿还资金来源分类,通常可以分为一般债券(普通债券)和专项债券(收益担保债券)。

(1) 一般债券(普通债券)。一般债券主要是地方政府为缓解资金紧张或解决临时经费不足而发行的债券,所筹集的资金主要用于满足地方政府基本职能的需要,不与特定项目相联系。这些项目本身不具有增值能力,还本付息完全由地方政府的税收承担,它的安全性主要由地方政府的税收状况决定。

(2) 专项债券(收益担保债券)。专项债券主要是地方政府为筹集资金筹建某项具体工程而发行的债券,一般用于某项特定的公用事业,如铁路、桥梁、水电煤等项目,它的本息是从投资项目所取得的收益中支取,往往还加上地方政府的税收做额外担保。此种债券的资信度往往低于一般责任债券,其收益率要高于一般责任债券。

此外,我国还具有所谓的准市政债券,即城投债,是指由地方政府投融资平台(一般是隶属于地方政府的城市建设投资公司)作为发行主体公开发行的债券,多用于地方基础设施建设或公益性项目。

四、公司债券

公司债券的期限一般都比较长，大多为10～30年。公司债券的流动性和安全性比各级政府债券以及金融债券都要差，因而利率较高。国家为保护投资者利益，对公司债券在发行时间、发行数额、债券利率、债券期限等方面都有比较严格的规定。可以依照一定的标准对公司债券做出进一步的分类。

（一）按担保形式分类

公司债券按其担保形式不同，可分为信用公司债券、保证公司债券、不动产抵押公司债券、证券抵押信托公司债券和设备信托公司债券等。

1. 信用公司债券

信用公司债券又称无担保公司债券，是指无需提供任何抵押品或由任何担保人出面进行担保，而是完全凭借公司的信誉发行的公司债券。这种债券主要由信誉良好的大公司发行，一般利率较高，期限较短。总体上，信用公司债券在全部公司债券中所占比重不大。

2. 保证公司债券

保证公司债券是指公司在发行债券时由第三方对该债券的还本付息做出担保的公司债券。担保人可以是政府、银行或其他企业。

3. 不动产抵押公司债券

不动产抵押公司债券又称抵押公司债券，是指以土地、设备、房屋等不动产为抵押品而发行的一种公司债。若公司到期未能还本付息，则债权人有权变卖抵押品以得到补偿。在现代公司债券中，抵押公司债券所占比重很大。对于抵押债券发行公司而言，当某一不动产价值很大时，公司可以将其作为同一抵押品设定若干个抵押权，并按偿债顺序分为第一抵押权、第二抵押权等。若最终变卖抵押品，所得的价款需要按次序清偿。

4. 证券抵押信托公司债券

证券抵押信托公司债券是指以公司持有的各种动产或有价证券作抵押品而发行的公司债券。用作抵押品的有价证券在抵押期间，股票的表决权以及获取股息的权利仍归公司所有，但证券本身必须交由作为受托人的信托机构保管。当债券发行公司到期不能清偿时，由受托人处理抵押证券并代为偿债。

5. 设备信托公司债券

设备信托公司债券是指公司为了筹资购买大型设备并以此设备为抵押品而发行的公司债券。公司以发行债券所筹资金购买设备后，即将设备所有权转交给受托人，后者再以出租人的身份将设备租赁给债券发行公司。发行公司则以承租人身份，按照事先签订的租赁契约的规定分期支付租金，由受托人代为保管并代为还本付息。直至债券本息全部偿清，设备所有权才转至发行公司。

（二）按债权人所享的权益分类

公司债券按其债权人所享有的权益，可分为参与公司债、可提前偿还公司债、可转换公司债、可交换公司债券和附新股认购权公司债等。

1. 参与公司债

参与公司债是指债券持有人除了能够得到固定的债券利息外，还可以参与公司若干红利分配的公司债券。公司决定发行这种债券，主要是因为公司经营状况不佳，股票难以顺利发售，只好以股东放弃部分红利为条件发行债券，从而吸引投资者。

2. 可提前偿还公司债

可提前偿还公司债是指发行公司在发行债券时即做出说明，在债券到期之前，可随时通知持券人提前偿还本金的债券。在现实当中，债券发行公司在提前偿还公司债时，很少用现金，多数是以新发行的低利率债券换回以前发行的高利率债券。

3. 可转换公司债券

可转换公司债券是指发行人依照法定程序发行，在一定时间内依据约定的条件可以转换成股份的公司债券。一般意义上的可转换公司债券是一种典型的混合金融产品，兼具债券、股票和期权的某些特性。它给投资者以选择的权利，可以继续以债券形式持有，获得固定的利息和到期还本；也可以按约定的条件转换为公司股票，更多地分享公司快速成长带来的收益。公司发行这种债券，主要是为了吸引更多的投资者，扩大公司债券发行量。可转换公司债券一般要经股东大会或董事会的决议通过才能发行，而且在发行时，应在发行条款中规定转换期限和转换价格。可转换公司债最早出现在英国，目前美国很多公司都发行这种公司债券。1996 年，我国政府决定要选择有条件的公司进行可转换债券的试点，并于 1997 年颁布了《可转换公司债券管理暂行办法》。

4. 可交换公司债券

可交换公司债券是指上市公司的股东依法发行，在一定期限内依据约定的条件可以交换成该股东所持有的上市公司股份的公司债券。

可交换公司债券与可转换债券的相同之处是发行要素与可转换债券相似，也包括票面利率、期限、换股价格和换股比率、换股期限等。对投资者来说，与持有标的上市公司的可转换债券相同，投资价值与上市公司价值相关，在约定期限内可以以约定的价格交换为标的股票。两者的不同之处，如表 2-3 所示。

表 2-3　可交换公司债券与可转换公司债券的不同之处

区别	可交换公司债券	可转换公司债券
发债主体和偿债主体不同	发债主体和偿债主体是上市公司股东，通常是大股东	发债主体和偿债主体是上市公司本身
发行目的不同	发行目的包括投资退出、市值管理、资产流动性管理等，不一定要用于投资项目	发行目的一般是将募集的资金用于投资项目
所换股份的来源不同	股份的来源是发行人持有的其他公司的股份	股份的来源是发行人未来发行的新股
股权稀释效应不同	换股不会导致标的公司的总股本发生变化，也不会摊薄每股收益	换股会使发行人的总股本扩大，摊薄每股收益
交割方式不同	在国外有股票、现金和混合三种交割方式	一般采用股票交割的方式
条款设置不同	一般不设置转股价向下修正条款。转股价向下修正条款是指当股价持续比转股价格低时，可以重新议定股价的条款	一般附有转股价向下修正条款
适用的法规不同	侧重于债券融资，适用法规是《公司债券发行与交易管理办法》	接近于股权融资，适用法规是《上市公司证券发行管理办法》

5. 附新股认购权公司债

附新股认购权公司债是指发行公司规定此债券持有人享有公司新股份认购权的债券。这种债券的购买者可以按预先规定的条件在公司发行股票时享有优先购买权。预先规定的条件主要包括股票的购买价格、认购比例和认购期间。按照附新股认股权和债券本身能否分开来划分,可将其分为可分离型和非分离型。可分离型是指本债券与新股份认购权是相互独立的,后者可以单独转让;而非分离型则不能单独转让新股份认购权。

五、企业债券

(一) 企业债券的定义

企业债券在国外通常称为公司债券,其原因在于国外企业法人多为公司形式,而我国则存在大量具有法人资格而未采用公司形态的企业和一些虽采用公司名称但并非依照《公司法》规范设立与运作的企业,这些企业发行的债券即企业债券。所以,在我国,企业债券是指发行主体根据《企业债券管理条例》(中华人民共和国国务院令第121号)发行的按规定还本付息的有价证券。根据规定,企业债券的票面应当载明:企业的名称、住所,企业债券的面额,企业债券的利率,还本期限和方式,利息的支付方式,企业债券发行日期和编号,企业的印记和企业法定代表人的签章,审批机关批准发行的文号、日期。

根据规定,企业可以发行无担保信用债券、资产抵押债券和第三方担保债券。企业债券的发行应组织承销团以余额包销方式承销。企业债券发行完成后,经核准可以在证券交易所上市,挂牌买卖,也可以进入银行间市场流通转让。

(二) 我国企业债券的种类

我国的企业债券有以下几个种类。

1. 短期融资券和超短期融资券

短期融资券是指企业依照《短期融资券管理办法》规定的条件和程序在银行间债券市场发行和交易,约定在一定期限内还本付息,最长期限不超过365天的有价证券。短期融资券的发行采取注册制发行,注册机构是中国银行间债券市场交易商协会。短期融资券可以在银行间债券市场机构投资人之间流通转让。

超短期融资券是指具有法人资格,信用评级较高的非金融企业在银行间债券市场发行的、期限在270天(9个月)以内的短期融资券。

2. 中期票据

中期票据是指具有法人资格的非金融企业在银行间债券市场按照计划分期发行的、约定在一定期限内还本付息的债务融资工具。企业发行中期票据应遵守国家相关法律法规。中期票据待偿还余额不得超过企业净资产的40%;企业发行中期票据所募集的资金应用于企业生产经营活动,并在发行文件中明确披露资金的具体用途;企业在中期票据存续期内变更募集资金用途的应提前披露。

3. 中小非金融企业集合票据

中小非金融企业是指国家相关法律法规及政策界定为中小企业的非金融企业。中小非金融企业集合票据是指2个(含)以上、10个(含)以下具有法人资格的中小非金融企业在银行间债券市场以统一产品设计、统一券种冠名、统一信用增进、统一发行注册方式共同发行的,约定在一定期限内还本付息的债务融资工具。中小非金融企业发行集合票据,应在中国银行间债券市场交易商协会注册。中小非金融企业发行集合票据应由符合条件的承销机构承销，并可在银行间债券市场流通转让。

4. 非定向公开发行债券

非定向公开发行是指具有法人资格的非金融企业(以下简称企业)，向银行间市场特定机构投资人(以下简称定向投资人)发行债务融资工具，并在特定机构投资人范围内流通转让的行为。在银行间债券市场以非定向公开发行方式发行的债务融资工具称为非定向公开债务融资工具。

5. 中小企业私募债

中小企业私募债是高收益、高风险债券品种，又被称为“垃圾债”，具体是指中小微型企业在中国境内以非公开方式发行和转让，发行利率不超过同期银行贷款基准利率的3倍，期限在1年(含)以上，约定在一定期限内还本付息的企业债券。

中小企业私募债有以下特征：

(1) 发行方式为非公开发行。中小企业私募债的发行方式为非公开发行，发行、转让及持有账户合计限定为不超过200个。

(2) 发行主体门槛低。发行主体定位为在境内注册未上市的符合工信部相关规定的非房地产、金融类中小微企业，对发行人的净资产和盈利不作任何要求。除此之外，中小企业私募债也不受发债规模不超过企业净资产40%的约束，对筹集资金的用途也未做限制，发行条款及资金使用更为灵活。

(3) 对投资者限制较少。投资人符合交易所规定的私募债券合格投资者资格后即可参与私募债投资。

(4) 发行实行备案制，审批周期更快。

(5) 对评级和审计的规定较宽松。

(6) 较高的违约率风险。

(三) 我国企业债券的管理规定

企业债券由1993年8月2日国务院发布的《企业债券管理条例》规范。依据规定，发行企业债券需要经过向有关主管部门进行额度申请和发行申报两个步骤。2008年1月，国家发改委下达《国家发展改革委关于推进企业债券市场发展、简化发行核准程序有关事项的通知》(以下简称《通知》)。《通知》指出，为进一步推动企业债券市场化发展，扩大企业债券发行规模，经国务院同意，对企业债券发行核准程序进行改革，将先核定规模、后核准发行两个环节，简化为直接核准发行一个环节。企业债券得到国家发展改革委批准并经中国人民银行和中国证监会会签后，即可进入具体发行程序。2015年5月25日，国家发改委办公厅《关于充分发挥企业债券融资功能支持重点项目建设促进经济平稳较快发展的通知》，将债券募集资金占项目总投资比例放宽至不超过70%。

(四) 我国企业债券与公司债券的区别

我国的企业债券与公司债券在以下几方面有所不同。

1. 发行主体的范围不同

企业债券一般是由大型的国有独资或国有控股企业为主发行的；公司债券由股份有限公司或有限责任公司发行的债券，发行主体不限于大型公司，一些中小规模公司只要符合一定法规标准，都有发行机会。

2. 发行方式以及发行的审核方式不同

企业债券的发行采取审批制或注册制；公司债券的发行采取核准制，引进发审委制度和保荐制度。

3. 发行定价方式不同

企业债券的利率不得高于银行相同期限居民储蓄定期存款利率的40%；公司债券的利率或价格由发行人通过市场询价确定。

4. 担保要求不同

企业债券较多地采用了担保方式，同时又以一定的项目为主；公司债券募集资金的使用不强制与项目挂钩，也不强制担保，而是引入了信用评级方式。

六、金融债券

金融机构发行金融债券，有利于对资产和负债进行科学管理，实现资产和负债的最佳组合。金融债券期限往往以中长期为主，发行各种不同期限的金融债券，是金融机构筹措资金的重要途径，并且有助于扩大长期投资性质的资产业务。金融债券在到期之前一般不能提前兑换，只能在市场上转让，从而保证了所筹集资金的稳定性。一般来说，金融债券的信誉介于国家债券和公司债券之间，低于前者而高于后者，所以，金融债券的利率通常低于一般的企业债券，但高于国家债券的利率。

金融债券诞生于日本，是在日本特定的金融体制下产生的债券品种。日本金融债券的发行主体具有浓厚的政府色彩。日本政府根据其经济发展的客观要求，不断地对需要发展的行业和企业给予强有力的支持，以提高其经营和竞争能力，从而为不同支持对象建立了稳定的资金供应渠道。日本的金融债券不同于该国的公司债券，遵循不同的法律法规。即便是就金融债券本身而言，不同发行主体发行的金融债券又遵从不同的法律法规，因此，金融债券是一个特殊的债券品种，在理论上不具有一般性。

中国从20世纪80年代引进金融债券。近些年来，我国金融债券市场发展较快，金融债券品种不断增加，主要有以下几种。

1. 政策性金融债券

政策性金融债券是指政策性银行在银行间债券市场发行的金融债券。自1999年起，以国家开发银行为主，我国银行间债券市场以政策性银行为发行主体开始发行浮动利率债券。

2. 商业银行债券

(1) 商业银行金融债券。商业银行金融债券是指依法在中华人民共和国境内设立的金融机构法人在全国银行间债券市场发行的、按约定还本付息的有价证券。

(2) 商业银行次级债券。2004年6月17日，《商业银行次级债券发行管理办法》颁布实施。商业银行次级债券是指商业银行发行的、本金和利息的清偿顺序列于商业银行其他负债之后、先于商业银行股权资本的债券。次级债券发行人为依法在中国境内设立的商业银行法人。次级债券可在全国银行间债券市场公开发行或私募发行。次级债券的承销可采用包销、代销和招标承销等方式。次级债券在全国银行间债券市场按有关规定进行交易。

(3) 混合资本债券。混合资本债券是指商业银行为补充附属资本发行的、清偿顺序位于股权资本之前但列在一般债务和次级债务之后、期限在15年以上、发行之日起10年内不可赎回的债券。

按照现行规定，我国的混合资本债券具有四个基本特征：

第一，期限在15年以上，发行之日起10年内不得赎回。发行之日起10年后发行人具有一次赎回权，若发行人未行使赎回权，可以适当提高混合资本债券的利率。

第二，混合资本债券到期前，如果发行人的核心资本充足率低于4%，发行人可以延期支付利息。如果最近一期经审计的资产负债表中盈余公积与未分配利润之和为负，且最近12个月内未向普通股股票股东支付现金红利，则发行人必须延期支付利息。在不满足延期支付利息的条件时，发行人应立即支付欠息及欠息产生的复利。

第三，当发行人清算时，混合资本债券本金和利息的清偿顺序列于一般债务和次级债务之后、先于股权资本。

第四，混合资本债券到期时，如果发行人无力支付清偿顺序在该债券之前的债务或支付该债券将导致无力支付清偿顺序在混合资本债券之前的债务，发行人可以延期支付该债券的本金和利息。混合资本债券可以公开发行，也可以定向发行。

(4) 小微企业专项金融债券。申请发行小微企业专项金融债券的商业银行应出具书面承诺，承诺发行债券所筹集的资金全部用于发放小型微型企业贷款。

3. 证券公司债券和证券公司次级债券

(1) 证券公司债券。证券公司债券是指证券公司依法发行的、约定在一定期限内还本付息的有价证券。证券公司债券不包括证券公司发行的可转换债券和次级债券。证券公司债券可以向社会公开发行，也可以向合格投资者定向发行。中国证监会依法对证券公司债券的发行和转让行为进行监督管理。

(2) 证券公司短期融资券。证券公司短期融资券是指证券公司以短期融资为目的，在银行间债券市场发行的、约定在一定期限内还本付息的金融债券。

(3) 证券公司次级债。证券公司次级债是指证券公司向股东或机构投资者定向借入的清偿顺序在普通债之后的次级债务，以及证券公司向机构投资者发行的、清偿顺序在普通债之后的有价证券。证券公司次级债券只能以非公开方式发行，不得采用广告、公开劝诱和变相公开方式发行。每期债券的机构投资者合计不得超过200人。次级债分为长期次级债和短期次级债。证券公司借入或发行期限在1年以上(不含1年)的次级债为长期次级债。证券公司为满足正常流动性资金需要，借入或发行期限在3个月以上(含3个月)、1年以下(含1年)的次级债为短期次级债。证券公司为满足承销股票、债券业务的流动性资金需要而借入或发行的短期次级债，按有关规定和要求减扣风险资本准备。

4. 保险公司次级债务

保险公司次级债务是指保险公司为了弥补临时性或者阶段性资本不足，经批准募集，期限在5年以上(含5年)，且本金和利息的清偿顺序列于保单责任和其他负债之后、先于保险公司股权资本的保险公司债务。保险公司募集次级债所获取的资金，可以计入附属资本，但不得用于弥补保险公司日常经营损失。保险公司计入附属资本的次级债金额不得超过净资产的50%，具体认可标准由中国银保监会另行规定。中国银保监会依法对保险公司次级债的募集、管理、还本付息和信息披露行为进行监督管理。

5. 财务公司债券

2007年7月，中国银保监会下发《企业集团财务公司发行金融债券有关问题的通知》(以下简称《通知》)，规定企业集团财务公司发行债券的条件和程序，并允许财务公司在银行间债券市场发行财务公司债券。《通知》规定，财务公司发行金融债券应当经中国银保监会批准，由财务公司的母公司或其他有担保能力的成员单位提供相应担保。财务公司可在银行间债券市场公开或定向发行金融债券，可采取一次足额发行或限额内分期发行的方式，并由符合条件的金融机构承销。金融债券发行结束后，经中国人民银行批准，可以在银行间债券市场进行流通转让。

6. 金融租赁公司和汽车金融公司的金融债券

2009 年 8 月，中国人民银行和中国银行保险业监督管理委员会发布公告，对金融租赁公司和汽车金融公司发行金融债券进行规范。符合条件的金融租赁公司和汽车金融公司可以在银行间债券市场发行和交易金融债券。中国人民银行和中国银行保险业监督管理委员会依法对金融租赁公司和汽车金融公司金融债券的发行进行监督管理。中国人民银行对金融租赁公司和汽车金融公司在银行间债券市场发行和交易金融债券进行监督管理；中国银行保险业监督管理委员会对金融租赁公司和汽车金融公司发行金融债券的资格进行审查。

7. 资产支持证券

资产支持证券是指由银行业金融机构作为发起机构，将信贷资产信托给受托机构，由受托机构发行的、以该财产所产生的现金支付其收益的受益证券。

七、国际债券

国际债券可以具体分为外国债券和欧洲债券两种。

(一) 外国债券

外国债券是指某国借款人在本国以外的某一国家发行的以该国货币为面值的债券。也就是说，外国债券的发行人属于一个国家，而债券面值货币和发行地则同属于另外一个国家。发行外国债券的好处在于：能够筹集到期限较长且可以自由运用的外汇资金。但是，由于其发行会引起两国之间的资金流通，因此，这种债券在发行时要同时受到本国以及发行所在国有关法规的双重约束。目前，常见的外国债券主要有扬基债券(在美国发行的外国债券)、武士债券(在日本发行的外国债券)、猛犬债券(在英国发行的外国债券)、熊猫债券(在中国发行的外国债券)。

(二) 欧洲债券

欧洲债券又称境外债券，是指一国借款人在本国以外的某一国家发行的以第三国货币为面值的国际债券。也就是说，债券发行人、债券发行地、债券面值货币分别属于三个不同的国家。欧洲债券票面使用的货币一般是可自由兑换的货币，如美元、欧元、英镑、日元等。欧洲债券一般不记名，债券面值货币又不是发行地所在国货币，所以这种债券不受发行所在国有关法规的约束。

欧洲债券的发行者主要是各国政府、国际组织或一些大公司，他们的信用等级很高，因此安全可靠，而且收益率又较高。欧洲债券自从 20 世纪 60 年代产生以来，发展极其迅速。目前在国际债券市场上，欧洲债券所占的比例远大于外国债券所占的比例。

第三节 证券投资基金

一、证券投资基金的定义与特征

（一）证券投资基金的定义

证券投资基金是指通过发售基金份额募集资金形成独立的基金财产，由基金管理人管理、基金托管人托管，以资产组合方式进行证券投资，基金份额持有人按其所持份额享受收益和承担风险的投资工具。证券投资基金现在已经成为各国金融市场最活跃的投融资工具之一，这与其本身所具有的特征不无关系。

（二）证券投资基金的特征

1. 集合理财、专业管理

证券投资基金汇集众多投资者的资金，委托基金管理人进行共同投资，体现了集合理财的特点。集合理财有利于发挥资金的规模优势，降低投资成本。

基金由受过专门训练、具有丰富经验的基金管理人进行投资管理和运作，从而最大限度地避免投资决策失误，保证投资者获得较为丰厚的收益。将资金交给基金管理人管理，中小投资者也能享受到专业化的投资管理服务。

2. 组合投资、分散风险

将一定数量的资金按不同的比例分别投资于各种不同的有价证券和多种行业，是实现投资组合降低投资风险的最有效手段，也是投资基金有别于其他投资方式最大的特点。

3. 利益共享、风险共担

证券投资基金实行利益共享、风险共担的原则。基金投资者是基金的所有者。基金投资收益在扣除由基金承担的费用后的盈余全部归基金投资者所有，并依据各投资者所持有的基金份额比例进行分配。基金托管人、基金管理人只能按规定收取一定比例的托管费、管理费，并不参与基金收益的分配。

4. 严格监管、信息透明

为保护投资者的利益，世界上不同国家和地区都对基金活动进行严格的监督管理。基金监管机构通过依法行使审批或核准权，依法办理基金备案，对基金托管人、基金管理人以及其他从事基金活动的服务机构进行监督管理，对各种有损于投资者利益的行为进行严厉的打击，并强制基金进行及时、准确、充分的信息披露。

5. 独立托管、保障安全

基金管理人负责基金的投资操作，不参与基金财产的保管；基金托管人负责基金财产的保管。这种相互制约、相互监督的制衡机制保障了投资者的利益。

二、证券投资基金的类型

（一）按组织形态分类

投资基金按其组织形态不同，可分为公司型基金和契约型基金。

1. 公司型基金

公司型基金是指具有共同投资目标的投资者组成以盈利为目的的股份制投资公司，并将资产投资于特定对象的投资基金。公司型基金本身是一家股份公司，基金公司通过发行股票的方式筹集资金，投资者一旦购买基金公司的股票，便成为该基金公司的股东，凭所持股份享有投资收益。美国的基金大多是公司型基金。

2. 契约型基金

契约型基金也称信托型投资基金，是指基金发起人(某基金管理公司)依据其与基金投资人、基金托管人订立的基金契约，发行基金单位而组建的投资基金。英国的基金大多是契约型基金，我国(包括香港和台湾地区)的基金也基本是契约型基金。

与公司型基金相比，契约型基金在以下几个方面明显不同：

第一，资金的性质不同。契约型基金的资金是信托财产，公司型基金的资金为公司法人的资本。

第二，投资者的地位不同。契约型基金的投资者购买受益凭证后成为基金契约的当事人之一，即受益人；公司型基金的投资者购买基金公司的股票后成为该公司的股东，以股息或红利形式取得收益。

第三，基金的运营依据不同。契约型基金依据基金契约运营基金，公司型基金依据基金公司章程运营基金。

（二）按基金的运作方式分类

投资基金按其运作方式，可分为封闭型基金和开放型基金。

1. 封闭型基金

封闭型基金是指基金规模在发行前已确定，在发行完毕后的规定期限内，基金规模固定不变的投资基金。基金投资者在规定期限内不能追加认购或赎回，而只能通过证券经纪商在二级市场上买卖基金。

2. 开放型基金

开放型基金是指基金设立后，投资者可以随时申购或赎回基金单位，基金规模不固定的投资基金。开放型基金一般不在交易所挂牌，而是在基金首次发行结束一段时间后，通过柜台市场进行交易。为了随时满足投资者赎回基金、要求变现的需求，基金总额中必须保留一定比例的现金资产，可能影响基金的总体盈利水平。

（三）按基金的投资目标分类

投资基金按其投资目标不同，可分为成长型基金、收入型基金和平衡型基金。

1. 成长型基金

成长型基金是指把追求资本的长期增值作为基本目标，较少考虑当期收入的投资基金。基金管理人一般将基金资产投向有长期成长潜力的股票或其他证券，以实现基金资产的长期增值。这种基金可以获得的收益较大，但风险也较大，主要适合于风险偏好型投资者。

2. 收入型基金

收入型基金是指以能为投资者带来高水平的当期收入为目的的投资基金。该基金根据资金投向的不同又分为两种：一种是主要投资于债券和优先股的收入型基金；另一种是主要投资于普通股的权益收入型基金。总体上看，收入型基金资产的长期成长潜力较小，不过损失本金的风险相应也较低，所以比较适合于保守型的投资者。

3. 平衡型基金

平衡型基金是指同时以取得当期收入和追求资本的长期成长为目的的投资基金。该基金具有双重投资目标，基金资产部分投资于债券或其他固定收入证券，其余部分投资于普通股，以谋求收入和成长的平衡。这种基金成长潜力不会很大，投资风险适中，能够满足多数投资者的投资需求。

(四) 按基金的投资对象分类

投资基金按其投资对象不同，可分为股票型基金、债券型基金、混合型基金、货币市场基金、指数型基金、衍生证券基金和黄金基金。

1. 股票型基金

股票型基金是指以股票为主要投资对象的投资基金。股票型基金是最原始也是最重要的基金品种。通过股票基金将中小投资者手中的小额资金汇集后投资于各类股票，从而实现降低风险的同时获得较高收益的投资目标。正是由于股票基金聚少成多，几只甚至一只大规模的基金就可能引发股市动荡，因此，各国政府对股票基金的监管都非常严格。

2. 债券型基金

债券型基金是指以债券为主要投资对象的投资基金。由于债券的利息收入固定，所以这种基金风险相对较低。不过，因债券价格与市场利率反向变动，所以债券基金的收益容易受市场利率变化的影响。

3. 混合型基金

混合型基金是指同时投资于股票、债券和货币市场等工具，以期通过不同资产类别上的投资实现收益与风险之间平衡的基金。其回报和风险要低于股票型基金，高于债券和货币市场基金，是一种风险适中的理财产品。混合基金根据资产投资比例及其投资策略再分为偏股型基金、偏债型基金、平衡型基金(股票、债券比例比较平均)和灵活配置型基金(股票、债券比例按市场状况进行调整)等。

4. 货币市场基金

货币市场基金是指以国库券、银行短期存单、商业票据、银行承兑汇票、公司短期债券等货币市场工具为投资对象的投资基金。货币市场基金的优点主要在于：购买限额低，管理费用低，流动性强，收益较高。

对于上述四种基金的区别，我国《公开募集证券投资基金运作管理办法》有具体的规定，该办法第 30 条规定："基金合同和基金招募说明书应当按照下列规定载明基金的类别：(一) 百分之八十以上的基金资产投资于股票的，为股票基金；(二) 百分之八十以上的基金资产投资于债券的，为债券基金；(三) 仅投资于货币市场工具的，为货币市场基金；(四) 百分之八十以上的基金资产投资于其他基金份额的，为基金中基金；(五) 投资于股票、债券、货币市场工具或其他基金份额，并且股票投资、债券投资、基金投资的比例不符合第(一)项、第(二)项、第(四)项规定的，为混合基金；(六) 中国证监会规定的其他基金类别。"

5. 指数型基金

指数型基金是指以某种证券市场的价格指数为投资对象的投资基金。指数型基金分散投资于目标指数的成份股，力求股票组合的收益率与该目标指数所代表的资本市场的平均收益率达到同样的水平。从理论上来讲，指数型基金的运作方法简单，只要根据每一种证券在指数中所占的比例购买相应比例的证券并长期持有即可。

指数型基金与其他基金的区别在于，它跟踪股票和债券市场业绩，所遵循的策略稳定。它的优势主要体现在：一是能更加有效地规避非系统风险。由于指数基金广泛地分散投资，任何单个股票的波动都不会对指数基金的整体表现构成影响,从而分散风险。二是交易费用低廉,这是指数基金最突出的优势。由于指数基金采取持有策略,不用经常换股,其管理费用和交易成本远远低于积极管理的基金。因此,从长期来看,其投资业绩优于其他基金。

指数型基金是成熟的证券市场上不可缺少的一种基金,在西方发达国家,它日益受到包括交易所、证券公司、信托公司、保险公司和养老基金等各类机构的青睐。近年来,国际市场上出现的证券交易所交易基金(Exchange Traded Fund,缩写 ETF)作为一种结构独特的指数化投资品种,在全球基金市场中正引起人们越来越多的关注。

6. 衍生证券基金

衍生证券基金是指以衍生金融工具为投资对象的基金。根据衍生金融工具的品种,该基金可分为期货基金、期权基金和认股权证基金等。期货基金是指以期货品种为主要投资对象的投资基金;期权基金是指以能分配股利的股票期权为投资对象的投资基金;认股权证基金是指以认股权证为投资对象的投资基金。由于衍生金融工具的风险高,所以衍生证券基金的风险较大。

7. 黄金基金

黄金基金是指以黄金或其他贵金属及其相关产业的证券为主要投资对象的基金。

(五) 按基金的募集方式分类

投资基金按其募集方式不同,可分为公募基金和私募基金。

1. 公募基金

公募基金是指以公开发行方式向社会公众投资者募集基金资金并以证券为投资对象的投资基金。它具有公开性、可变现性、高规范性等特点。

2. 私募基金

私募基金是指以非公开方式向特定投资者募集基金资金并以证券为投资对象的投资基金。它具有非公开性、封闭性等特点。

(六) 按投资来源及运用地域分类

投资基金按其投资来源及运用地域不同,可分为国内基金、国际基金和离岸基金。

1. 国内基金

国内基金是指以国内为筹资地,并以国内证券为投资对象的基金。

2. 国际基金

国际基金又称全球型基金,是指基金资本来源于国内但投资于境外金融市场的投资基金。其投资标的遍布全球,通常是以欧美日等国家为主要区域。该股票基金的特色在于可充分掌握各国股市上升的潜力,而且能够达到分散风险的目的。

3. 离岸基金

离岸基金是指一国的证券投资基金组织在他国发行基金单位并将募集的资金投资于本国或第三国证券市场的证券投资基金。离岸基金的主要作用是规避国内单一市场的风险,帮助客户进行全球化的资产配置。

三、证券投资基金的管理与托管

为了保证基金资产的安全,基金应按照资产管理和保管分开的原则进行运作,并由专门的基金托管人保管基金资产。基金主要投资于证券市场,为保证基金资产的独立性和安全性，基金托管人应为基金开设独立的银行存款账户，并负责账户的管理。

基金管理人是基金市场最主要的参与者。一般是作为专业从事基金资产管理的机构，最主要职责就是按照基金契约的规定，制定基金资产投资策略，组织专业人士，选择具体的投资对象，决定投资时机、价格和数量，运用基金资产进行有价证券投资。

自 2013 年 6 月 1 日起，我国开始施行新修订的《中华人民共和国证券投资基金法》，根据该法第 33 条规定：基金托管人由依法设立的商业银行或者其他金融机构担任。商业银行担任基金托管人的，由国务院证券监督管理机构会同国务院银行业监督管理机构核准；其他金融机构担任基金托管人的，由国务院证券监督管理机构核准。未取得基金托管资格的商业银行，不得从事基金托管业务。

取得基金托管业务资格的商业银行或者其他金融机构为基金托管人。基金托管人应当及时申请基金托管部门高级管理人员任职资格和执业人员的执业资格，并办理相应的任职手续。基金托管人应当依法采取措施，确保基金托管和代销业务相互独立，切实保障基金财产的完整与独立。

中国证监会、中国银保监会依法对商业银行及其他金融机构的基金托管业务活动进行监督管理。

四、我国目前的证券投资基金类型

证券投资基金作为一种大众理财工具，于 1998 年在我国证券市场正式面世。1998 年第一只封闭式基金诞生，到了 2000 年以后，管理层又倡导大力发展机构投资者，基金业得到飞跃式发展，2001 年开放式基金诞生，并且此后规模不断扩大。2003 年 10 月 28 日，《中华人民共和国证券投资基金法》获得通过，随着我国《基金法》的施行，证券投资基金更是得到了长足的发展。2004 年有了第一只 LOF 基金，2004 年年底有了第一只 ETF 基金，2007 年推出第一只 QDII 基金。我国目前发行的都是契约型基金，私募证券投资基金近年来也借道信托方式成功实现了阳光化。

（一）开放式和封闭式基金

我国第一只规范运作的证券投资基金产生于 1998 年。1997 年年底，为了解决我国基金发展中存在的问题，规范基金的运作，我国出台了《证券投资基金管理暂行办法》，该办法取消了长期以来束缚投资基金业发展的法规限制，确定了开放式、封闭式并存的基金经营方式，加强了对基金的监管。1998 年 3 月 23 日，按该办法要求设立的开元、金泰两家封闭式证券投资基金公开发行上市，标志着我国证券市场新的机构投资者——证券投资基金的出现，我国的投资基金开始了封闭式证券投资基金时代。1998 年，我国共成立了第一批 5 只封闭式基金：基金开元、基金金泰、基金兴华、基金安信和基金裕阳。

2001 年 9 月，经管理层批准，由华安基金管理公司成立了我国第一只开放式证券投资基金——华安创新，我国基金业的发展进入了一个崭新的阶段。

（二）上市型开放式基金

上市型开放式基金（Listed Open-Ended Fund，缩写 LOF）是指通过深圳证券交易所交易系统发行并上市交易的开放式基金。LOF 投资者既可以通过基金管理人或其委托的销售机构以基金份额净值进行基金的申购、赎回，也可以通过交易所市场以交易系统撮合成交价方式进行基金的买入、卖出。上市开放式基金本质上仍是开放式基金，基金份额总额不固定,基金份额可以在基金合同约定的时间和场所申购、赎回。上市开放式基金发售结合了银行等代销机构与深交所交易网络两者的销售优势。银行等代销机构网点仍沿用现行的营业柜台销售方式,深交所交易系统则采用通行的新股上网定价发行方式。上市开放式基金获准在深交所上市交易后,投资者既可以选择在银行等代销机构按当日收市的基金份额净值申购、赎回基金份额,也可以选择在深交所各会员证券营业部按撮合成交价买卖基金份额。

(三) 交易所交易基金

交易所交易基金(Exchange Traded Funds,缩写 ETF),上海证券交易所则将其定名为交易型开放式指数基金。ETF 是一种在交易所上市交易的、开放式的指数基金。ETF 结合了封闭式基金与开放式基金的运作特点,一方面,可以像封闭式基金一样在交易所二级市场进行买卖;另一方面,可以像开放式基金一样申购、赎回。不同的是,它的申购是用一篮子股票换取 ETF 份额,赎回时也是换回一篮子股票而不是现金。这种交易方式使该类基金存在一级、二级市场之间的套利机制,可有效防止类似封闭式基金的大幅折价现象。

ETF 出现于 20 世纪 90 年代初期。加拿大多伦多证券交易所于 1991 年推出的指数参与份额(简称“TIPs”)是严格意义上最早出现的 ETF,但于 2000 年终止。现存最早的 ETF 是美国证券交易所(简称“AMEX”)于 1993 年推出的标准普尔存托凭证(简称“SPDR”)。尽管出现的时间不长,但 ETF 发展非常迅速。

ETF 的特点包括以下几方面。

1. ETF 跟踪特定的股指

以某一选定的股票价格指数所包含的样本股为投资对象,依据构成股指的样本股种类和比例,采用完全复制或抽样复制的方法进行被动投资的指数型基金。

2. ETF 综合了封闭式基金和开放式基金的优点

投资者既可以向基金管理公司申购或赎回基金份额,同时,又可以像封闭式基金一样在证券市场上按市场价格买卖 ETF 份额,不过,申购赎回必须以一篮子股票换取基金份额或者以基金份额换回一篮子股票。一般只有机构投资者才有实力参与实物申购与赎回交易。

(四) 保本基金

保本基金是指通过一定的保本投资策略进行运作,同时引入保本保障机制,以保证基金份额持有人在保本周期到期时,可以获得投资本金保证的基金。保本基金的投资目标是在锁定下跌风险的同时力争有机会获得潜在的高回报。

(五) 合格境内机构投资者基金

合格境内机构投资者基金(Qualified Domestic Institutional Investors,缩写 QDII)是指在一国境内设立,经该国有关部门批准从事境外证券市场的股票、债券等有价证券投资的基金。它为国内投资者参与国际市场投资提供了便利。2007 年,我国推出了首批 QDII 基金。

与 QDII 相对应的是合格的境外机构投资者(Qualified Foreign Institutional Investors,缩写 QFII)。QFII 制度本质上就是对进入本国证券市场的外资进行一定的限制。这种制度要求外国机构投资者若要进入一国证券市场,必须符合一定的条件,得到该国有关部门的审批通过后,汇入一定额度的外汇资金,并转换为当地货币,通过严格监管的专门账户投资当地证券市场。

(六) 分级基金

分级基金又称结构型基金、可分离交易基金,是指在一只基金内部通过结构化的设计或安排，将普通基金份额拆分为具有不同预期收益与风险的两类（级）或多类（级）份额并可分离上市交易的基金。分级基金各个子基金的净值与占比的乘积之和等于母基金的净值，即：

母基金净值＝A类子基金净值×A份额占比（百分比）＋
B类子基金净值×B份额占比（百分比）

A类基金通常称为"××A"，或者"××稳健"，其收益率一般规定高于同期银行存款利率若干百分点，类似于债券。B类基金通常称为"××B"，或者"××进取"，其收益取决于整个基金收益状况，与投资市场波动密切相关。B类基金实际上是向A类基金借款投资，其风险（价格波动）要大很多。

（七）组合型基金

一般而言，证券投资基金的投资标的为股票、债券等有价证券，基金管理人通过对有价证券进行投资组合与管理从而分散风险并取得目标收益。与之不同，组合型基金却主要以其他精选基金产品或管理人为组合管理对象，是一种"优中选优"的创新证券投资基金形式，主要分为FOF与MOM两类基金。

2016年9月，中国证监会对外公布了《公开募集证券投资基金运作指引第2号——基金中基金指引》，在我国引发了新一轮的FOF热潮，在此之前，国内FOF多为私募系。无论是FOF还是MOM，组合型基金都更加强调资产配置的作用，通过选择多元的分散化产品或相关性低的策略，达到稳定风险、获取长期收益的目标。

1. 基金中的基金

基金中的基金（Fund of Funds，缩写FOF）是一种专门投资于其他证券投资基金的基金。根据《指引》，FOF需将80％以上的基金资产投资于经中国证监会依法核准或注册的基金份额，但不得持有具有复杂、衍生品性质的基金份额，也不得持有其他基金中基金。同时规定FOF持有单只基金的市值不得高于FOF资产净值的20％，且被投资基金（子基金）的运作期限不得少于1年，最近定期报告披露的规模应当高于1亿元。

FOF起源于20世纪70年代的美国，其最初形式是投资于一系列私募股权基金的基金组合。因为私募股权基金投资门槛较高，大多数投资者无法企及，后来第一只证券类FOF由先锋基金（Vanguard）于1985年推出，降低了投资初始门槛，FOF进入普通投资者视野。

得益于美国股市的繁荣以及监管政策的支持，美国FOF基金市场发展迅速，产品种类日益繁多。1990年，美国FOF基金产品仅有20只，总规模仅为14.3亿美元。经过20多年的发展，截至2016年年底，美国基金市场上的FOF数量已达1 445只，总规模也已达到了18 703.64亿美元。

促使美国FOF基金迅速发展的另一推手是401(K)计划的推出。该计划主要使用雇员与雇主共同缴纳养老金的模式，为之后养老金规模扩大以及入市都打下了基础。养老金资金对风险敏感度极高，与FOF分散风险、追求稳健收益的属性不谋而合。

2018年3月，中国证监会正式发布《养老目标证券投资基金指引（试行）》，明确了养老目标基金应当采用基金中基金即FOF形式。该指引指出，养老目标基金以追求养老资产的长期稳健增值为目的，鼓励投资人长期持有，采用成熟的资产配置策略，合理控制投资组合波动风险，而这些特征恰与公募FOF的特征较为一致。随着社保基金、企业年金、养老基金等追求长期稳定收益的资金入市，将为我国公募FOF带来巨大资金流量，也对FOF管理人的配置管理能力提出了更高要求。

2. 管理人的管理人基金

管理人的管理人基金(Manager of Mangers,缩写 MOM)是一种先通过长期跟踪、调研基金经理投资过程,挑选出长期贯彻自身投资理念、投资风格稳定并取得超额回报的基金经理,继而以投资子账户形式委托其进行具体账户管理的投资管理模式。

MOM 模式的投资理念体现为"多元资产+多元风格+多元经理",即在不同的市场周期配置不同的资产类别,采取不同的投资策略,配置不同风格的基金管理人。MOM 的灵活配置要求有一个非常专业的投资顾问团队,每个优选基金经理人只需专注于适合自己风格的投资产品,而母基金管理人的核心功能在于挑选适合当下市场风格的经理人并且进行动态调仓。

优秀的投资顾问是 MOM 成功的基础。区别于 FOF 以现有基金产品为主要研究对象,MOM 的主要研究单位是子基金经理人。既然是对人的判断,则不仅要对其历史业绩展开定量研究,更要建立在访谈和历史持仓数据定量分析基础上的定性分析,如个性、操作风格、市场应变能力和心理抗压能力等,以预测投资管理人的未来业绩分布。

对目标经理人进行长期的跟踪和绩效的评估会耗费大量成本,当市场行情有变,对子经理人的配置调整甚至更换也将相应地增加操作成本。因此,MOM 模式通常被规模较大、资金雄厚的机构所采用,而规模较小的机构则难以运作。目前,国内 MOM 发行人主要集中于私募基金公司,以自主发行、公募专户和信托三种类型为主。

FOF 基金和 MOM 基金在以下几个方面存在不同:

(1) 组合对象不同。FOF 的组合对象是基金产品,MOM 是集合优秀的基金经理人。通常来说,FOF 与子基金是购买关系,即 FOF 是子基金的申购者。而 MOM 与经理人是雇佣关系,MOM 聘请若干基金经理来构建投资组合。

(2) 管理者角色不同。FOF 管理人只在整体层面挑选基金产品进行资产配置,而具体基金的投资策略由子经理人制定。FOF 对风险的把控也只能体现在对不同基金仓位的调整或者更换子基金上,子基金层面的风险不可控。MOM 母基金的管理人对投资策略和风控的影响力更强,它负责制定产品的整体投资策略并把控风险,而优质子基金经理人则负责具体的操作和执行,起辅助作用。

(3) 费率机制不同。FOF 投资于现有市场上的基金产品,容易出现双重收费,即标的基金收费一次,FOF 基金收费一次,增加投资人负担。MOM 通过专户、虚拟子账户运作,两类基金经理共享管理费与业绩费提成,相对费率较低。

(4) 效率与透明度不同。FOF 无法实时观测非内部子基金,获取的信息有一定的滞后性,且由于子基金具有确定的申购赎回日,导致 FOF 调仓较慢,一般一周左右才可以对子基金设立临时开放日进行申购赎回的调仓操作。MOM 可实时了解底层交易数据,也可灵活动态地调整资金和策略,提升投资的效率和准确率。

整体而言,FOF 以合理配置和"优中选优"达到平滑极端净值波动,穿越周期获取稳健收益为目的,多采取被动管理的方式。MOM 则更强调灵活配置与动态调整,是一种偏主动管理的投资方式。

第四节　金融衍生工具

一、金融衍生工具的定义

金融衍生工具又称金融衍生产品、创新金融工具，是指建立在基础金融工具或基础金融变量之上，其价格取决于后者变动的派生金融产品。它是交易双方通过对利率、汇率、股价等因素变动趋势的预测，约定在将来某一时间按照一定条件进行交易或选择是否交易的合约。

对金融衍生工具可从以下三个方面进行理解：第一，金融衍生工具是一种合约，它规定了交易的性质和特定对象及结算方式。第二，合约的标的物是金融工具或其价格。金融衍生工具合约体现了一种债权债务关系，而这种债权债务关系最终都指向于某一种金融工具。第三，衍生金融工具都是需要在将来实现的，在时态上具有“未来性”。与传统的即期交易不同，衍生金融工具合约所约定的都是在未来某一时点或某一段时间内进行的交易，其时间属性是“未来的”。

二、金融衍生工具的功能

（一）套期保值

套期保值是指风险资产持有者为消除风险而利用一种或多种金融工具进行反向对冲交易。无论哪一种金融衍生工具都涉及未来某一时间金融资产的转移，跨期交易的特征十分突出。因此，套期保值是金融衍生工具的最基本的作用，也是金融衍生工具赖以存在、发展的基础。当经济活动的范围越来越广、规模越来越大时，由于利率市场化和汇率波动等各种不确定因素所导致的价格波动就会加大经济活动的风险，而套期保值的目的就在于减少或回避已经面临的风险，以保证经营活动的正常进行。

（二）投机套利

投机是指在利用对市场变化方向的正确预期而获利的一种交易行为。金融衍生工具的参与者只需交付少量的保证金或权利金即可签订远期大额合约或互换不同的金融工具，即用较少的资金就可以控制大量的资源，实现以小博大。这样，基础工具价格的轻微变化就能导致金融衍生工具账户资金的巨额变动，如果操作得当，市场行情预测无误，便可获得优厚的回报；反之，则会引起巨额损失。衍生金融工具的这种杠杆效应在一定程度上决定了其高投机性和高风险性。利用市场向预期方向变化进行投机，有时会产生重大的金融衍生工具交易风险事故，形成重大损失。20 世纪 90 年代以来，全球几乎每一场金融风暴都与金融衍生工具有关。在巴林银行风波前后，国际上曾发生过多起因金融衍生工具交易造成巨额损失的事件，如表 2 - 4 所示。

表 2 - 4　20 世纪 90 年代以来全球主要金融衍生工具交易损失事件一览表

公司名称	发现时间	损失额	交易内容
美国宝洁	1994.4	1.6 亿美元	利率互换
东京证券	1994.11	320 亿日元	债券期货

续 表

公司名称	发现时间	损失额	交易内容
英国巴林银行	1995.2	11 亿美元	日经指数期货
中国万国证券	1995.2	10 亿元人民币	国债期货交易
英国西敏寺银行	1997.3	1.4 亿英镑	期权交易
法国兴业银行	2008.1	49 亿欧元	欧洲股指期货

（三）价格发现

价格发现是金融衍生工具的一个重要作用。价格发现是大量的购买者和出售者通过竞争性的公开竞价后形成的市场均衡价格。金融衍生工具之所以具有价格发现的作用，是因为这些金融衍生工具的交易集中了各行各业的市场参与者，带来了成千上万种关于衍生工具基础资产的供求信息和市场预期，所形成的金融衍生工具的价格反映了人们对利率、汇率、股指期货等价格走势变化和收益的预测及对目前供求状况的综合看法。在国际市场上，价格信息是不受国界限制的，美国政府发表的关于联邦储备将松动银根的报告立刻为市场所吸收，并对美国政府长期国库券价格产生影响。由于期货市场对各方面价格信息反应最为敏捷，因此，期货价格也是国内及国际金融市场上最广泛的参考价格。

三、金融衍生工具的主要类型

金融工具衍生的种类繁多，品种不断翻新，目前，国际金融市场上已知的衍生金融工具已超过千种。

（一）按照基础工具的种类分类

按照其依据的基础工具的不同，金融衍生工具可以分为股权类产品的衍生工具、货币衍生工具、利率衍生工具、信用衍生工具以及其他衍生工具。

1. 股权类产品的衍生工具

股权类产品的衍生工具是指以股票或股票指数为基础工具的金融衍生工具，主要包括股票期货、股票期权、股票指数期货、股票指数期权以及上述合约的混合交易合约。

2. 货币衍生工具

货币衍生工具是指以各种货币作为基础工具的金融衍生工具，主要包括远期外汇合约、货币期货、货币期权、货币互换以及上述合约的混合交易合约。

3. 利率衍生工具

利率衍生工具是指以利率或利率的载体为基础工具的金融衍生工具，主要包括远期利率协议、利率期货、利率期权、利率互换以及上述合约的混合交易合约。

4. 信用衍生工具

信用衍生工具是指以基础产品所蕴含的信用风险或违约风险为基础变量的金融衍生工具，用于转移或防范信用风险，主要包括信用互换、信用联结票据等。

5. 其他衍生工具

在非金融变量的基础上开发的，如天气期货、政治期货、巨灾衍生产品等。

（二）按照金融衍生工具自身交易的方式和特点分类

金融衍生工具按其自身交易的方式和合约特点，可分为金融远期合约、金融期货合约、金融期权合约、金融互换合约和结构化金融衍生工具。

1. 金融远期合约

金融远期合约是指合约双方同意在未来日期按照固定价格交换金融资产的合约。金融远期合约交换的金融资产的种类、时间、价格和数量等合约条款都因合约双方的不同需要而不同。远期一般比较灵活，由双方约定，不用在交易所交易。远期合约按标的物的不同可分为远期外汇、远期利率以及远期股票合约。

2. 金融期货合约

金融期货是以金融期货合约为交易对象。所谓金融期货合约，是指由交易双方订立的、约定在未来日期以约定的价格交割一定数量的某种金融产品的标准化合约。

金融期货可以根据标的物的不同具体分为：

(1) 外汇期货。外汇期货又称货币期货，是以外汇为标的的期货合约交易，是金融期货中最早产生的品种，是为适应人们管理外汇风险的需要而产生的。

(2) 利率期货。利率期货的标的物是一定数量的某种与利率相关的证券，即各种固定利率的有价证券。固定利率有价证券的价格受到现行利率与预期利率的巨大影响，它们的价格变化一般与利率的变化成反比。

(3) 股票指数期货。股票指数期货是以股价指数为标的物的期货交易，是为适应管理股市风险，尤其是系统性风险的需要而产生的。采用现金结算的方式，其合约的价值通常是以股票指数乘以一个固定的金额来计算。股票价格指数期货之所以能规避股票交易中的风险，主要是因为股价指数的变动代表了整个股市价格变动的方向和水平，而大多数股票价格的变动是与股价指数同方向的。

(4) 个股期货。个股期货或股票期货，是指以单只股票作为标的的期货合约交易。它与股指期货等其他金融衍生产品一样具有价格发现、规避风险和资产配置等基本功能，可以用来对冲股票现货的风险、投机、套利和资产配置等。

3. 金融期权合约

期权又称为选择权，是指持有者能在规定的期限内按交易双方商定的价格购买或出售一定数量的某种特定商品的权利。期权交易就是对这种选择权的买卖，也就是在约定的期限内，以商定的交易对象、价格和数量，进行“购买权”或“出售权”的买卖交易的一种行为。

金融期权是指以金融商品或金融期货合约为标的物的期权交易形式。具体地说，其购买者在向出售者支付一定费用后，就获得了能在规定期限内以某一特定价格向出售者买进或卖出一定数量的某种金融商品合约的权利。金融期权的主要特征是：它仅仅是买卖权利的交换。买方付出权利金，获得选择权利，但没有必须买进或卖出的义务；相反，卖方只有义务而无权利。

20 世纪 80 年代，由于国际金融市场的剧烈波动而使得一些投资者纷纷采用期权战略进行保值，以降低投资组合的风险，而另一些投机者则利用期权作为投机工具，希望通过短线操作赚钱，这都促使期权交易迅速发展。

金融期权可以按照不同标准进行分类：

(1) 金融期权按选择权的性质不同，可分为看涨期权和看跌期权。看涨期权又称买入期权，是指期权的买方具有在约定期限内按照协定价格买入一定数量金融资产的权利。投资者之所以购买看涨期权，是因为他预期这种金融资产的价格在未来会上涨。看跌期权又称卖出期权，是指期权的买方具有在约定期限内按照协定价格卖出一定数量金融资产的权利。投资者之所以购买看跌期权，是因为他预期这种金融资产的价格在未来会下跌。

(2) 金融期权按其标的资产不同，可分为现货期权和期货期权。现货期权包括利率期权、股票期权、外汇期权和股票指数期权等。期货期权包括利率期货期权、外汇期货期权和股票指数期货期权等。

(3) 金融期权按合约规定的履约时间不同，可分为欧式期权和美式期权。欧式期权是只能在期权到期日执行，不能提前履约的期权。美式期权则是可以在期权到期日或到期日之前的任何时间执行的期权。

4. 金融互换合约

金融互换是指交易双方(有时有两个以上的交易者参加同一笔互换交易)按照商定的条件在金融市场上进行不同金融工具的交换，从而在一定时期交换一系列支付款项的协议。主要有货币互换和利率互换两种。

5. 结构化金融衍生工具

前述四种常见的金融衍生工具通常被称作建构模块工具，它们是最简单和最基础的金融衍生工具，而利用其结构化特性，通过相互结合或者与基础金融工具相结合，能够开发设计出更多具有复杂特性的金融衍生产品，后者通常被称为结构化金融衍生工具，简称结构化产品。

以上只是对衍生工具大范围的种类的一个总的概括说明，事实上，衍生工具相对来说是十分复杂的。常有大公司进行衍生工具交易导致巨额亏损的消息，如著名的巴林银行破产事件。这些都使人们对衍生工具产生不好的看法。但是，这样的看法只注意到了衍生工具一个方面。必须承认的是，衍生工具相对复杂，较难理解，并且绝大多数是利用了高度的财务杠杆。也就是说，基础交易标的物价格的一个微小变动，往往会导致衍生工具价格产生剧烈波动。如果操作不当，将会导致巨额损失。因此，衍生工具的这些特点决定了它既是一种不错的避险工具，也是一种方便的投机工具。

四、中国衍生金融工具的发展现状

20 世纪 90 年代初，随着股票市场、债券市场和商品期货市场的出现和不断发展，为衍生金融工具交易在中国的产生创造了一定的环境和条件。1992 年 6 月，上海外汇调剂中心率先创办了上海外汇期货市场，开办人民币汇率期货交易，同年 12 月，上海证券交易所推出第一张国债期货合约。1993 年 3 月，海南出现非正式的股票指数期货交易。1994 年 11 月，深圳证券交易所认股权证交易掀起热潮。此后，越来越多的衍生金融工具开始冲击成长中的中国金融市场。下面介绍一些中国主要衍生金融工具的发展情况。

(一) 外汇期货

1992 年 6 月 1 日，中国开始试办外汇期货交易，上海外汇调剂中心成为中国第一个外汇期货交易市场。由于当时的汇率实际上是双轨汇率，外汇期货价格形成难以直接反映汇率变动的预期，再加上外汇现货交易有许多严格的附加条件，使市场交易显得非常清淡。相比之下，全国各地涌现出的大量外汇期货经纪公司，它们的交易量则显得很大。为了使外汇期货正规化，1993 年 7 月，国家外汇管理局发出通知规定，办理外汇(期货)交易仅限于广州、深圳的金融机构，其他各地的外汇期货交易机构必须停止办理，金融机构办理外汇期货交易，以企业进出口贸易支付和外汇保值为目的，不得引导企业和个人进行外汇投机交易。企业和个人的外汇交易必须是现汇交易，严禁以人民币资金的抵押办理外汇交易，严禁买空卖空的投机行为。实际上，由于严格的管制办法，中国外汇期货试点处于停顿状态。

（二）国债期货

1992 年 12 月，上海证券交易所首次尝试国债期货交易，设计并推出了 12 个品种的期货合约，标志着上海国债期货市场进入了试行期。第一批获准参加交易的会员机构有 20 家，但是没有对个人投资者开放，再加上投资者数量不多且信心和操作经验都不充分，因此，国债期货市场初期交易十分冷清。从 1992 年 12 月至 1993 年 10 月，国债期货总成交金额只有 5 000 万元左右。1993 年 7 月 10 日，财政部决定对国债实施保值补贴，国债的收益率开始出现不确定性，市场炒作空间扩大，交易规模迅速扩大。随着国债期货交易的蓬勃发展，违规事件也相继发生，其中，1995 年 2 月 23 日爆发的“327 国债期货事件”轰动全国，令万国证券亏损 50 多亿元，走向倒闭，直接导致国债期货试点被叫停。

近年来，随着期货市场不断规范和发展、国债市场体系进一步完善、机构投资者日益壮大、期货法律法规体系初步形成，这些都为我国国债期货的重启奠定了基础。随着利率市场化进程不断加快，市场对国债期货这样的避险工具有着迫切的需求。另外，股指期货的上市为我国国债期货的重启提供了条件。在这种情况下，我国于 2012 年 2 月开始了国债期货仿真交易，并于 2013 年 9 月 6 日推出了 5 年期国债期货合约，国债期货在我国正式重启。2015 年 3 月 20 日，我国又推出了 10 年期国债期货合约，进一步丰富了国债期货的品种。

案例：327 国债期货事件

“327”是“92(3)国债 06 月交收”国债期货合约的代号，对应 1992 年发行 1995 年 6 月到期兑付的 3 年期国库券，该券发行总量是 240 亿元人民币。1992 至 1994 年中国面临高通胀压力，银行储蓄存款利率不断调高，国家为了保证国债的顺利发行，对已经发行的国债实行保值贴补。保值贴补率由财政部根据通胀指数每月公布，因此，对通胀率及保值贴补率的不同预期，成了 327 国债期货品种的主要多空分歧。

以上海万国证券为首的机构在“327”国债期货上做空，而以中经开为首的机构在此国债期货品种上做多。

“327”现券的票面利率为 9.5%，如果不计保值贴补，到期本息之和为 128.5 元。1995 年时，国家宏观调控提出 3 年内大幅降低通货膨胀率的措施，到 1994 年年底、1995 年年初的时段，通胀率已经被控下调了 2.5%左右。众所周知的是，在 1991 至 1994 中国通胀率一直居高不下的这 3 年里，保值贴息率一直在 7%～8%的水平上。根据这些数据，时任万国证券总经理，有中国证券教父之称的管金生预测，“327”国债的保值贴息率不可能上调，即使不下降，也应维持在 8%的水平。按照这一计算，“327”国债将以 132 元的价格兑付。因此当市价在 147～148 元波动的时候，万国证券联合辽宁国发集团，成了市场空头主力。

而另外一边，1995 年的中国经济开发信托投资公司（简称中经开，隶属于财政部）有理由认为它当时已经知道财政部将上调保值贴息率。因此，中经开成了多头主力。

1995 年 2 月 23 日，财政部发布公告称，“327”国债将按 148.50 元兑付，空头判断彻底错误。当日,中经开率领多方借利好大肆买入,将价格推到了151.98元。随后辽国发的高岭、高原兄弟在形势对空头极其不利的情况下由空翻多,将其50万口做空单迅速平仓,反手买入50万口做多,“327”国债在1分钟内涨了2元。这对于万国证券意味着一个沉重打击——60亿元人民币的巨额亏损。管金生为了维护自身利益,在收盘前8分钟时,做出避免巨额亏损的疯狂举措:大举透支卖出国债期货,做空国债。16时22分,在手头并没有足够保证金的前提下,空方突然发难,先以50万口把价位从151.30元轰到150元,然后把价位打到148元,最后一个730万口的巨大卖单把价位打到147.40元。而这笔730万口卖单面值1 460亿元。当日开盘的多方全部爆仓,并且由于时间仓促,多方根本没有来得及反应,使得这次激烈的多空绞杀终于以万国证券盈利而告终。而另一方面,以中经开为代表的多头,则出现了约40亿元的巨额亏损。

1995年2月23日22点,上交所在经过紧急会议后宣布:1995年2月23日16时22分13秒之后的所有交易是异常的无效的,经过此调整,当日国债成交额为5 400亿元,当日“327”品种的收盘价为违规前最后签订的一笔交易价格151.30元。这也就是说,当日收盘前8分钟内空头的所有卖单无效,“327”产品兑付价由会员协议确定。上交所的这一决定,使万国证券的尾盘操作收获瞬间化为泡影。万国亏损56亿元人民币,濒临破产。

1995年9月20日,国家监察部、中国证监会等部门都公布了对“327事件”的调查结果和处理决定,决定说:“这次事件是一起在国债期货市场发展过快、交易所监管不严和风险控制滞后的情况下,由上海万国证券公司、辽宁国发(集团)公司引起的国债期货风波。”决定认为,上海证交所对市场存在过度投机带来的风险估计严重不足,交易规则不完善,风险控制滞后,监督管理不严,致使在短短几个月内屡次发生严重违规交易引起的国债期货风波,在国内外造成极坏的影响。经过4个多月深入调查取证,监察部、中国证监会等部门根据有关法规,对有关责任人分别做出了开除公职、撤销行政领导等纪律处分和调离、免职等组织处分,涉嫌触犯刑律的移送司法机关处理,对违反规定的证券机构进行经济处罚。

(三) 认股权证

权证是发行人与持有人之间的一种契约关系,持有人有权利在某一约定时期或约定时间段内,以约定价格向权证发行人购买或出售一定数量的资产(如股票)的权利,认股权证是一种股票期权。购买股票的权证称为认购权证,出售股票的权证叫作认售权证(或认沽权证)。

我国股市曾引入过具有认股权证性质的配股权证。第一个权证产品是1992年沪市推出的飞乐股份股票的配股权证,以后是金杯权证、申华权证,1995年和1996年沪市又推出江苏悦达、福州东百等股票权证。深市陆续推出过厦海发、桂柳工、闽闽东、闽福发、丽珠、吉轻工、湘中意、宝安证等股票的权证。但是由于投机过度,证监会于1996年6月底叫停了权证交易。

自从2005年股改序幕拉开,权证再次出现。据统计,沪市有宝钢、武钢、招行、南航等17家上市公司,先后在股改中利用权证作为股改对价,相关大股东发行了21只权证产品,并在上交所挂牌交易。权证,作为成熟市场上的金融衍生工具,被我们引入用来解决股权分置,这属于我国的首创。2005年8月18日，宝钢股份(600019)实施股权分置改革方案，该方案规定公司流通股股东每持有10股流通股股票将获得上海宝钢集团公司支付的2.2股股份和1份认购权证。股改中的首只权证——宝钢权证诞生，于2005年8月23日上市交易。

（四）股票指数期货

中国的股票期货开始于1993年3月10日，是由海南证券交易中心推出的深圳证券指数期货交易。期货合约的标的物为深证综合指数和深证A股指数，每种标的物均有3月、6月、9月、12月份交割的合约，共计8个品种，一个点位盈亏额为500元人民币。当时，经过几个月的运作，海南证券交易中心发现，A股指数期货交易无人问津，综合指数期货交易虽呈上升趋势，但月成交量最高仅为千余次。由于投资者对这一投资方式认识不足，再加上中国股市发展的不稳定性，管理与运作不规范，容易引发投机行为，到1993年9月底，为维护股市的健康发展，股票指数期货交易被中止。

我国证券市场深度和广度不足问题，一直是证券市场发展的“瓶颈”，因此，建立多层次资本市场体系，完善资本市场结构，丰富资本市场产品，成为当前资本市场发展的内在要求。进入21世纪以来，随着我国经济的高速发展，股指期货的推出适逢其时。

2006年9月8日，中国金融期货交易所在上海成立，其宗旨是发展社会主义市场经济，完善资本市场体系，发挥金融期货市场的功能，保障金融期货等金融衍生品交易的正常进行，保护交易当事人的合法权益和社会公共利益，维护金融市场正常秩序。2010年4月16日，作为中国内地资本市场首个金融期货品种，沪深300股票指数期货合约在中国金融期货交易所正式上市。中国金融期货交易所沪深300指数期货，合约月份有当月、下月及随后2个季月，每点盈亏额300元。此后，为进一步完善我国证券市场发展，完善证券市场系统性风险管理体系，2015年4月16日，中国金融期货交易所同时推出2支股指期货——上证50股指期货、中证500股指期货，其标的现货资产分别为上证50股指、中证500股指。

（五）外汇远期

1997年4月，与中国外汇管理政策相配套的、具有中国特色的外汇与人民币之间的远期合约——人民币远期结售汇业务推出，标志着中国外汇远期业务的正式开始。当时是以中国银行总行及其11家分行为试点，币种包括美元、日元、德国马克和港币，期限分为7天至4个月。1998年1月后，中国银行全辖分行均可进行远期保值外汇买卖业务。1999年1月，又增加了欧元与人民币之间的远期结售汇业务。1999年4月，国家禁止资本项目下的远期结售汇业务，只允许从事经常项目下的远期结售汇业务。

2005年7月21日，中国人民银行发布“我国实行以市场供求为基础、参考一篮子货币进行调节、有管理的浮动汇率制度”。与此同时，中国人民银行也正式启动了人民币汇率形成机制改革。随着汇率市场化的推进，人民币汇率波动日益加剧，为了应对这种局面，中国人民银行于2005年8月8日公布了《关于加快发展外汇市场有关问题的通知》，至此之后，我国银行间市场允许进行远期外汇业务，远期外汇合约亦即我国的第一个外汇衍生品，由此，我国外汇衍生品市场得到了初步的发展。远期外汇交易是指交易买卖双方按照合约中事先约定的外汇金额、交易币种、外汇汇率，在未来某一约定日期交割的人民币对外汇的交易。交易币种包括了人民币对美元、港币、英镑、欧元、日元、澳元和加拿大元7种。

根据上述我国衍生金融工具的发展情况，我们不难发现，与国际衍生金融工具快速发展的局面相比，我国衍生金融工具则处于一种时断时续、谨慎推进的状态。造成这一局面的原因主要有以下方面：其一，中国衍生金融工具的交易是在不发达的现货市场上进行的，市场的自我调节能力较差。其二，交易多以投机为目的，缺乏套期保值功能，风险大，但又没有完备的风险监管体系。其三，市场的参与者不够成熟，盲目跟风者众多。其四，政策多变，缺乏原则性和一贯性。

本章小结

1. 股票是股份公司为筹集长期资金而公开发行的一种有价证券。股票是股份有限公司发行的、表明持有者的股东身份，并据以获取股息和红利的书面凭证。股票是资本市场的主要融资工具，同时也是重要的投资工具。股票的特征主要表现为期限的永久性、责任的有限性、决策的参与性、报酬的剩余性、交易的流动性、投资的风险和收益的同一性。

2. 股票的种类很多，按股东享有的权益和承担的风险不同主要分为普通股和优先股。普通股是最基本也是最重要的股票种类。优先股是在收益分配和剩余财产分配方面享有优先权的股票。按照股票的面额形态可分为记名股票和不记名股票、面额股票与份额股票；按照股票发行公司的业绩可分为绩优股与垃圾股等。在我国，按照投资主体的不同，将股票分为国家股、法人股、社会公众股和外资股等。

3. 债券是发债人为筹措资金而向投资者出具的，承诺按票面标明的面额、利率、偿还期等给付利息和到期偿还本金的债务凭证。它具有偿还性、安全性、收益性和流动性等特征。按不同标准可以将债券分为很多种类。其中，按债券发行主体的不同，可以分为政府债券、金融债券和公司债券；按债券券面形态的不同，可分为实物债券、凭证式债券和记账式债券；按债券计息方式的不同，可分为单利债券、复利债券和累进利率债券；按债券付息方式的不同，可分为附息债券、零息债券和息票累积债券等。

4. 证券投资基金是指一种利益共享、风险共担的集合证券投资方式，即通过发行基金单位，集中投资者的资金，由基金托管人托管，由基金管理人管理和运用资金，从事股票、债券等金融工具的投资，并将投资收益按基金投资者的投资比例进行分配的一种间接投资方式。

证券投资基金具有如下特点：集合投资、专家管理，组合投资、分散风险，利益共享、风险共担，严格监管、信息透明，独立托管、保障安全。

5. 按照不同的分类标准，证券投资基金可以分为不同的种类。根据组织形式的不同，可分为公司型基金和契约型基金；根据基金运作方式的不同，可分为封闭型基金和开放型基金；按照基金投资目标的不同，分为成长型基金、收入型基金和平衡型基金；按基金投资对象的不同，可分为股票型基金、债券型基金、混合型基金、货币市场基金、指数型基金、衍生证券基金和黄金基金等。

6. 金融衍生工具是指建立在基础产品或基础变量之上，其价格决定于后者变动的派生金融产品。金融衍生工具具有套期保值、投机套利和价格发现的功能。我们可以按照不同的标准对其进行分类。金融衍生工具按其基础工具的种类，可分为股权式衍生工具、货币衍生工具、利率衍生工具、信用衍生工具和其他衍生工具；按其自身交易的方式和特点，可分为金融远期合约、金融期货合约、金融期权合约、金融互换合约和结构化金融衍生工具。

复习思考题

1. 股票的定义是什么？其基本种类有哪些？
2. 债券的定义是什么？其基本种类有哪些？
3. 证券投资基金的定义是什么？其基本种类有哪些？
4. 比较证券投资基金与股票、债券的异同。
5. 金融衍生工具主要有哪些种类？
6. 金融衍生工具有哪些功能？又有何缺陷？
7. 简述股票、债券、投资基金、金融衍生工具的特征。
8. 我国证券市场上的主要投资工具有哪些？

第三章　证券市场

学习目的

读者通过本章学习，掌握证券市场的定义、功能、分类及参与者等基本知识，了解证券发行方式及证券发行价格的确定，掌握证券交易的程序，读懂证券行情表与分时走势图，掌握基本的K线图知识，会进行基本的行情分析。

第一节　证券市场概述

一、证券市场的定义与特征

（一）证券市场的定义

证券市场是有价证券及其衍生品发行与流通以及相应的组织和管理机制的总称。它包含如下三层含义：① 它是有价证券及其衍生品发行和交易的有形和无形的场所；② 它反映了有价证券及其衍生品的供给者和需求者之间的供求关系；③ 它包含了有价证券及其衍生品交易过程中所产生的运行、组织和管理等机制。

（二）证券市场的特征

证券市场相对于一般商品市场而言，具有下面四个基本特征。

1. 交易的对象是金融商品

商品市场交易的对象是具有价值和使用价值的商品，是“钱物交易”，一手交钱，一手交货，验明实物，钱货两清后，交易终止，交易的对象易于观察和评判。而证券市场交易的对象是本身没有价值的股票、债券、证券投资基金及其衍生品等金融商品，是一种虚拟资本，是信用交易，实质上是用现在的货币同未来的货币进行交换。

2. 交易目的是价值增值

产品劳务市场上购买者的目的是为了获得使用价值，即消费产品或劳务，而且购买者对某一产品或劳务的消费要受到一定量的限制，超过了一定的量，甚至会产生副作用。人们购买证券的目的不是满足人们的生活和生产消费需要，而是为了获得资本增值，满足投资或投机的需要。投资者对资本增值的欲望是永无止境的，所以，投资者对购买证券的欲望是没有限度的。

3. 交易价格是未来预期收益的折现值

一般商品的价格是由其价值决定的，即由生产该商品所花费的社会必要劳动时间决定，并受供求关系影响，价格围绕价值波动。因此，产品市场上价格波动的频率相对要低，波动的幅度相对要小，市场较为稳定。而证券不是劳动的产物，本身是没有价值的，它有价格的根本原因在于具有预期收益索取权，即证券的内在价值是其未来收益现金流的贴现值。这决定了证券价值的虚拟性、不确定性、预期性。证券的价格不仅取决于它的内在价值，而且还受宏观的、微观的、行业的等各种信息甚至投资者的判断、信心与行为的影响。由于影响证券价格的各种信息时刻处于变化运动之中，因此，证券交易的价格波动十分频繁。

4. 流动性强风险大

证券市场的流动性通常比商品市场要高得多，证券持有者可以随时转让证券。一般而言，证券市场越发达，交易规模越大，投资者越多，其流动性也越强。证券市场的风险大，影响因素复杂，具有波动性和不可预测性。而一般商品市场遵循的是等价交换原则，因而波动较小，市场前景具有较大的可预测性。

二、证券市场的功能

证券市场作为现代金融市场的重要组成部分，在现代金融市场体系中居于重要地位。在发达的市场经济国家，资金的融通主要通过短期金融市场（货币市场）和长期金融市场（资本市场）来完成，多数国家直接融资比重在50％以上，尤其注重发展资本市场的英、美等国占比更高，如美国直接融资比重达88％。而证券市场是资本市场的核心，股票和债券是金融市场上最活跃、最重要的长期融资工具和金融资产。因此，证券市场已成为金融市场中一个最为重要的组成部分，对一国经济和世界经济的运行具有重要的影响。

（一）筹集资金

企业通过在证券市场上发行股票和债券，能够迅速将分散在社会上的闲散资金集中起来，形成巨额的、可供长期使用的资本，用于支持社会化大生产和大规模经营。相对于以银行体系为中介的间接融资，通过证券市场进行资金筹措的直接融资具有收益较高、流动性强、筹资规模大、筹资成本低、不增加社会货币总量和资金稳定性强等特点，这些特点一方面能够吸引众多的投资者，另一方面也能够满足企业短时期筹集巨额资金的需要，因而，通过证券市场进行融资的规模不断扩大。

（二）资产定价

证券价格的确定，实际上是证券所代表的资产价格的确定。证券市场的有效运行，使得价格可以通过众多的证券供需双方在公开市场上的竞争最终确定，这种均衡价格的确定，显然要比个别成交更为公平。而市场价格统一合理，正是保障买卖双方合法权益和促进市场发展的重要条件。

证券发行价格通常是由证券发行人与证券承销商在对该证券的市场供求状况进行调查研究和预测的基础上，通过协商或投标确定承销价格和出售价格。发行价格的确定大多是经销商竞争的结果，有时也直接通过证券交易网络由投资者竞价产生。因此，证券一级市场具有证券发行定价的功能。

证券交易价格是证券买卖双方在同一市场上公开竞价，直到双方都得到认为满意合理的价格，买卖才能成交。在交易过程中，二级市场为买卖双方提供了场所、设备和服务。所以证券二级市场具有确定证券交易价格的功能。

（三）资源配置

证券市场的资源配置功能是指通过证券价格的影响，引导资金的流动，实现资源合理配置。证券市场的出现在很大程度上削弱了生产要素部门间转移的障碍，使得证券化的资产流动非常方便。在证券市场上，投资者为了谋求投资的保值与增值，必然会投资那些经营状况佳、财务状况良好、增长性好和发展潜力大的公司。这样，社会资金就会流向高效产业部门，从而促进产业结构的调整和优化，促进经济增长。而从证券发行人的角度看，由于投资者的“用手投票”和“用脚投票”，企业就必须加强管理，改善经营，提高资金的使用效率。如此，从整个社会来说，社会资源的配置得到了优化。

（四）宏观调控

从宏观经济角度来看，当前各国中央银行在对宏观经济进行调控时，经常通过证券市场进行公开市场操作来调节货币流通量，实现货币政策目标。当社会投资规模过大，经济过热时，中央银行可以在证券市场上卖出有价证券（主要是政府债券）以回笼货币，影响利率，紧缩投资，使经济回到良性发展轨道上来。当经济衰退、投资不足时，中央银行则在证券市场上买进有价证券，以增加货币投放，刺激投资，促进经济增长。

（五）风险管理

资金和风险总是联系在一起。当资金通过证券市场转移的同时，风险也在转移。证券市场还存在一些金融产品，它们本身就是为了转移风险而设计的。例如，期货、期权等衍生金融产品。另外，由于证券市场交易的产品具备良好的流动性、较低的交易成本、很高的财务杠杆和资金容量大等特点，因此，投资者还可以根据自己预先设定的目标来构造各种投资组合，以达到预定的风险管理目标，实现风险和收益的最佳组合。

三、证券市场的产生与发展

（一）证券市场产生与发展的原因

证券市场是社会化大生产和商品经济发展的产物，股份公司的产生和信用制度的深化，是证券市场形成的基础。

1. 证券市场是社会化大生产与商品经济的产物

在自给自足的自然经济条件下，生产所需的资本极其有限，生产者依靠自身的积累就能满足再生产的需要，不需要也不可能存在证券和证券市场。到了商品经济发展的初期，由于社会分工不发达，社会生产所需的资本除了自身积累外，可以通过借贷资本来筹集生产发展资金，但当时的信用制度是简单初级的，不需要借助于证券市场，证券市场也就无法形成。随着生产力的进一步发展，社会分工的日益复杂，商品经济日益社会化，社会化大生产需要巨额的资金，生产者依靠自身的积累难以满足资金的需要，依靠借贷资本也不能解决企业资本的需要，因此，客观上需要有一种新的筹集资金的手段以适应社会经济进一步发展的需求。在这种情况下，证券与证券市场就应运而生了。

2. 股份公司的产生和信用制度的发展是证券市场形成的基础

随着商品经济的发展，生产规模日渐扩大。传统的独资企业和封建家族式企业已经不能满足对巨额资本的需求，于是产生了合伙经营的组织，随后又由单纯的合伙组织逐步演变成股份公司。股份公司通过发行股票、债券向社会公众募集巨额资金，以用于扩大生产。

信用制度的发展，使大量的货币资本集中在金融市场上，这正是通过发行股票、债券等来筹集巨额资本的必要前提条件。同时，随着信用制度的发展，越来越多的信用工具随之涌现，也推动了证券市场的发展。

（二）证券市场的发展

从世界证券市场的发展历程来看，其发展大致经历了以下三个阶段。

第一阶段:自由放任阶段。

从17世纪初到20世纪20年代,证券发行量迅速增长,但由于缺乏管理而混乱。20世纪初,资本主义自由竞争过渡到垄断阶段,证券市场适应资本主义经济发展需要,有效地促进了资本积累,从而获得了巨大发展。同时,证券结构也出现了变化,股票和公司债券分别取代了公债和国库券,占据了主要地位。但是,由于缺乏对证券发行和交易的管理,当时的证券市场处于一个自由放任的状态。证券业呈现无序竞争的局面,证券交易所纷纷成立,各种证券鱼龙混杂,证券价格远离其实际价值,证券欺诈和证券投机现象十分严重。1929年10月29日经济大危机时期,证券市场发生了"黑色星期一"事件,股票市场的暴跌对经济危机起到了推波助澜的作用。在危机过后的相当长时间内,证券市场仍然处在萧条之中。

第二阶段:法制建设阶段。

从20世纪30年代到20世纪60年代,市场危机促使各国政府开始全面制定法律,证券发行和交易活动开始进入法制化管理阶段。在经济大危机过后,各国政府意识到了加强对证券市场监管的重要性。于是,一系列有关证券业法律、法规纷纷出台,包括美国的《证券法》(1933年)、《证券交易法》(1934年)、《公共事业控股公司法》(1935年)、《信托契约发》(1939年)、《投资公司法》(1940年)、《投资顾问法》等,英国的《反欺诈(投资)法》(1958年)、《公司法》(1948年和1967年)等法律法规。

第三阶段:迅速发展阶段。

自20世纪70年代以来,随着发达国家经济规模化和集约化程度的提高,发展中国家经济的蓬勃兴起以及计算机、通信和网络技术的进步,证券市场进入了迅速发展阶段,其作为资本市场核心及金融市场重要组成部分的地位由此确立。股票市场规模迅速扩大,发达国家的股票市值与各自国内生产总值的比率基本都达到了80%以上,而一些新兴发展中国家的这一比率也达到了较高的程度,有些国家甚至超过了发达国家的水平。同时,国际债券市场也有了长足的发展。

(三) 我国证券市场的发展历程

1. 旧中国证券市场的产生和发展

我国证券产生的历史最早可追溯到春秋战国时期,当时国家向大户的举贷和王侯给平民的放债,形成了最早的债券。明末清初,在一些投资大、收益高且又具有一定风险的行业,如上海沙船业,四川井盐业,云南、广东矿冶业和山西金融业,已经较多地采用"招商集资、合股经营"的经营组织形式。这种组织形式明显地具有资本主义的股份制特征,而"集资合股"的参与者之间签订的载明权利责任的契约,则是中国股票的雏形。当然,真正具有现代意义的有价证券及其交易,是在1840年鸦片战争后,随着外国洋行的进入在中国出现。19世纪70年代,为借助于民间私人资本,解决国家财力不足,洋务派仿效西方股份制,兴建了一批旨在"求富"的中国近代民用企业。1872年,北洋通商大臣、直隶总督李鸿章,委派上海商人朱其昂、朱其诏筹建上海轮船招商局。随着该局的成立和第一期股本的认定和筹集,中国第一家近代意义的股份制企业和中国人自己发行的第一张股票诞生。证券一经产生,证券交易不久也随之出现。早在1861年以前,上海等地就已有证券买卖交易活动。而1891年上海股份公所的成立标志着外商在华组织的证券市场初步形成。该市场仅仅买卖外商在华所设各事业公司的股票。而中国华商进行的证券交易,在19世纪70年代初就零散出现。1882年9月,上海平准股票公司的成立标志着中国商人组织的证券市场的初步形成。

公债制度也在1894年前后移入中国。1894年，清政府为筹措甲午军费，仿效西方，向国内发行公债。但是由于政府公债发行量小，加上购买公债被视为对朝廷的报效和捐助，所以未形成交易市场。随着外国在华发行的外资证券规模迅速扩大和1895年后中国近代化第二次高潮的出现导致发行的证券规模的扩大，证券市场的组织形式和交易规模都有了较大的进步和发展。其标志是外商众业公所的设立(1904年)与发展以及华商"茶会"这种交易市场组织形式的形成与发展。

总之，中国证券和证券市场自19世纪40年代产生后，经历了40多年的发展，于19世纪末20世纪初初步形成。中国最早出现的证券是外国在华企业公司发行的外资证券，最早的证券交易也是外商之间的外资证券买卖，稍后才出现华商证券和华商证券交易。这个阶段证券市场的形成与发展为后期证券市场的进一步发展奠定了基础。

2. 中华人民共和国证券市场的产生和发展

中华人民共和国成立以来，中国当代证券市场经历了由利用尝试到否定摒弃，最终到恢复和发展的曲折过程。

(1) 中华人民共和国成立初期对证券市场的改造和利用。中华人民共和国成立后，面临着极其严峻的政治、经济形势。国民经济基础非常脆弱，社会经济秩序十分混乱，财政赤字严重。为了引导社会游资投向生产、恢复国民经济和实现财政状况的好转，中央政府决定对证券市场进行改造加以利用。

1949年6月，政府在接收原天津有价证券交易所官僚资本的基础上，在原交易所旧址设立了天津证券交易所。上市的证券主要是启新洋灰、开滦矿务、江南水泥和东亚企业等近十种公司股票。这是中华人民共和国设立的第一个证券交易所。1950年2月，基于同样原因，政府在北京设立了北京证券交易所。交易的股票是天津证券交易所挂牌上市的股票。由于政府对交易所进行了改造，加上对证券市场和经纪人的严格管理，证券交易规模不断缩小。随着国家财政状况的好转和国民经济的恢复，以及社会游资大部分开始转向正常的生产和流通，证券市场日趋清淡，政府先后于1952年7月和10月关闭了天津和北京证券交易所。

另外，为了平衡财政收支，1950年，中央政府和东北先后发行折实公债。这是政府利用公债市场的第一次尝试。后来在1954年至1958年，政府连续5年发行了国家经济建设公债，总额35.54亿元。除此之外，政府大力开展合作化运动，产生了大批形式多样的合作社股票。而对资本主义工商业的社会主义改造也采用了发行股票和发放固定股息的证券市场行为。这些私股是又一种特殊股票形式。1955年，政府取消了商业信用，同时限制国家信用，1958年又完全否定了国家信用，原公私合营时划定的私股，也于1966年8月停止支付股息。至此，证券和证券市场作为资本主义特有的东西而被排斥在社会主义经济之外。

(2) 中国证券市场的发展。从20世纪80年代初开始，中国证券市场经历了几十年的发展历程，从不成熟逐步走向成熟，从监管缺位到监管逐步完善，从初具规模到发展壮大，证券业已成为中国国民经济中的一个重要行业，对推动国民经济增长做出了重大贡献。这期间，中国证券行业的发展主要经历了五个阶段，基本情况如下：

第一阶段：中国证券市场的建立。

20世纪80年代初，国库券开始恢复发行。1984年9月，北京天桥百货股份有限公司成立，并发行了股票。同年11月上海飞乐音响股份有限公司向社会公开发行股票。1986年6月，沈阳信托投资公司第一次面向社会开办了证券交易业务。1986年9月26日，上海建立了第一个证券柜台交易点，办理由其代理发行的延中实业和飞乐音响两家股票的代购、代销业务，这是新中国证券正规化交易市场的开端。1990年11月26日，新中国第一家经批准成立的证券交易所——上海证券交易所成立，并于1990年12月19日正式营业。1991年4月11日，经国务院授权中国人民银行批准，深圳证券交易所成立，并于1991年7月3日正式营业。以沪深交易所成立为标志，中国证券市场由分散的场外交易进入集中的场内交易。

第二阶段：全国统一监管市场的形成。

1992年，中国证监会的成立，标志着中国证券市场开始逐步纳入全国统一监管框架，全国性市场由此开始发展。中国证券市场在监管部门的推动下，建立了一系列的规章制度，初步形成了证券市场的法规体系。1993年，国务院先后颁布了《股票发行与交易管理暂行条例》和《企业债券管理条例》，此后又陆续出台若干法规和行政规章，初步构建了最基本的证券法律法规体系。1993年以后，B股、H股发行出台，债券市场品种呈现多样化，发债规模逐年递增。与此同时，证券中介机构在种类、数量和规模上迅速扩大。1998年，国务院证券委撤销，中国证监会成为中国证券期货市场的监管部门，并在全国设立了派出机构，建立了集中统一的证券期货市场监管框架，证券市场由局部地区试点试验转向全国性市场发展阶段。

第三阶段：依法治市和市场结构改革。

1999年至2004年，是证券市场依法治市和规范发展的过渡阶段。1999年7月《证券法》实施，以法律形式确认了证券市场的地位，奠定了我国证券市场基本的法律框架，使我国证券市场的法制建设进入了一个新的历史阶段。2000年，设立代办股份转让系统。这一阶段，证券监管机构制定了包括《证券投资基金法》(2003年)在内的一系列的法规和政策措施，推进上市公司治理结构改善，大力培育机构投资者，不断改革完善股票发行和交易制度，促进了证券市场的规范发展和对外开放。

第四阶段：深化改革和规范发展。

2004年至2008年，是改革深化发展和规范发展阶段，以券商综合治理和股权分置改革为代表事件。为了贯彻落实国务院相关政策，2004年8月，中国证监会在证券监管系统内全面部署和启动了综合治理工作，包括证券公司综合治理、上市公司股权分置改革、发展机构投资者在内的一系列重大变革由此展开。2004年2月，国务院发布《关于推进资本市场改革开放和稳定发展的若干意见》，明确了证券市场的发展目标、任务和工作要求，是资本市场定位发展的纲领性文件。2004年5月起，深交所在主板市场内设立中小企业板块，是证券市场制度创新的一大举措。

2005年4月，经国务院批准，中国证监会发布了《关于上市公司股权分置改革试点有关问题的通知》，启动股权分置改革试点工作。股权分置改革后A股进入全流通时代，大小股东利益趋于一致。2006年1月，修订后的《证券法》《公司法》正式施行。同月，中关村高科技园区非上市股份制企业开始进入代办转让系统挂牌交易。2006年9月，中国金融期货交易所批准成立，有力地推进了中国金融衍生产品的发展，完善了中国资本市场体系结构。2007年7月，中国证监会下发了《证券公司分类监管工作指引(试行)》和相关通知，这是对证券公司风险监管的新举措。

第五阶段：多层次资本市场的建立和完善发展。

2009年10月，创业板的推出标志着多层次资本市场体系框架基本建成。进入2010年，证券市场制度创新取得新的突破，2010 年 3 月，推出融资融券；4 月，股指期货的推出为资本市场提供了双向交易机制，这是中国证券市场金融创新的又一重大举措。2012 年 8 月和 2013 年 2 月转融资、转融券业务陆续推出，有效地扩大了融资融券发展所需的资金和证券来源。2013 年 11 月，中共十八届三中全会召开，全会提出对金融领域的改革，将为证券市场带来新的发展机遇。11 月 30 日，中国证监会发布《关于进一步推进新股发行体制改革的意见》，新一轮新股发行制度改革正式启动。2013 年 12 月，新三板准入条件进一步放开，新三板市场正式扩容至全国。国家主席习近平于 2018 年 11 月 5 日在首届中国国际进口博览会开幕式上宣布设立科创板，这是独立于现有主板市场的新设板块，并在该板块内进行注册制试点。设立科创板并试点注册制是提升服务科技创新企业能力、增强市场包容性、强化市场功能的一项资本市场重大改革举措。2019 年 1 月 30 日，中国证监会发布《关于在上海证券交易所设立科创板并试点注册制的实施意见》。

随着多层次资本市场体系的建立和完善，新股发行体制改革的深化，新三板、股指期权等制度创新和产品创新的推进，中国证券市场逐步走向成熟，证券市场为中国经济提供投融资服务等功能将日益突出和体现。中国证券市场在优化资源配置、促进企业转制、改善融资结构、加速经济发展等方面正在发挥着重要作用。

四、证券市场的分类

按照不同的标准，可以对证券市场进行不同的分类。

（一）按照证券市场的职能分

按照证券市场的职能不同，分为证券发行市场和证券流通市场。

证券发行市场又称一级市场或初级市场，是指证券发行者为扩充经营，按照一定的法律规定和发行程序，向投资者出售新证券所形成的市场。

证券流通市场又称二级市场或次级市场，是指已发行证券进行交易的场所。通过证券流通市场，各类证券得以顺利流通，并形成一个公开、合理的价格，以实现货币资本和证券资本的相互转化。

证券的发行市场和流通市场存在着密切的联系。发行市场是流通市场存在的基础和前提，发行市场的规模决定了流通市场的规模，影响着流通市场的成交价格。而流通市场的交易规模和成交价格，又决定或影响着发行市场的规模、发行价格和时机等。没有发达的交易市场，发行市场就难以生存和发展。因此，发行市场和流通市场是相互依存、互为补充的整体。

（二）按照证券市场的组织形式分

按照证券市场的组织形式不同，分为场内市场和场外市场。

场内市场也称交易所市场，是指为证券的集中竞价交易提供场所、设施并履行相关职责的社团法人单位。证券交易所的组织形式可分为会员制及公司制两种。交易所市场的特点主要有：具有集中、固定的交易场所和严格的交易时间；交易制度一般采用公平、持续的双向性拍卖撮合竞价成交或者实行做市商报价制度；交易对象限定为符合特定标准并经过审查批准在交易所上市的证券；交易者为具备一定资格的会员证券经纪商，非会员投资者不能直接在交易所买卖证券，而只能委托会员经纪商进行买卖；证券交易所具有严格的组织和管理；交易所还提供各项服务，如为投资者提供有参考价值的信息。

场外市场是指在交易所场外进行证券交易的市场，常指柜台市场、第三市场和第四市场。相对于交易所市场而言，场外交易具有以下特点：场外交易市场往往是一种分散的市场；交易的品种众多，既包括大量未上市证券，也包括一部分上市证券；证券投资者既可委托证券经纪商进行买卖，也可直接同经纪商进行交易；证券交易管理规则比较宽松，但也必须在证券监督管理机构监督下进行。

（三）按照证券市场交易的对象分

按照证券市场交易的对象不同分为股票市场、债券市场和基金市场。

股票市场是指发行和交易股票的市场。债券市场是指发行和买卖债券的市场。基金市场是指进行基金证券发行和转让的市场。

（四）按照证券市场交割方式分

按照证券市场交割方式不同，分为现货市场和衍生品市场。

现货市场是指市场上的买卖双方成交后须在若干个交易日内办理交割的金融交易市场。衍生品市场是指各种衍生金融工具进行交易的市场。

五、证券市场的参与者

证券的发行、交易和证券市场的管理都有不同的参与主体。一般而言，证券市场的参与者包括证券市场主体、证券市场中介机构、自律性组织和证券监督管理机构等四大类。

（一）证券市场主体

证券市场主体包括证券发行人和证券投资者。

1. 证券发行人

证券发行人是指证券市场上的资金需求者和证券供给者，它们通过发行股票、债券等各类证券，在市场上募集资金。证券发行人包括公司、金融机构、政府部门和其他经济组织。

2. 投资者

证券投资者是指证券市场上的资金供给者，也是证券的购买者和需求者。它们构成了证券发行和交易的市场基础。按照投资者的特点，可以分为个人投资者和机构投资者。

个人投资者是指从事证券投资的社会大众。机构投资者主要有政府部门、企事业单位、金融机构和基金等。与个人投资者相比，机构投资者一般具有以下几个特点：资金实力雄厚；收集和分析信息的能力强；能够分散投资于多种证券来建立投资组合以降低风险；影响市场能力较大。

（二）证券市场中介机构

证券市场中介机构是连接证券投资者和筹资者的桥梁，是证券市场运行的核心。证券中介机构主要是证券经营机构和证券服务机构。

1. 证券经营机构

证券经营机构又称证券商，是指依法设立可以经营证券业务的、具有法人资格的金融机构。其主要业务包括代理证券发行、代理证券买卖或自营证券买卖、为兼并收购活动提供策划、研究及咨询服务和其他代理业务等。证券经营机构根据业务内容划分，有证券承销商、证券经纪商和证券自营商三类。随着金融自由化的深入，许多证券经营机构往往集发行、经纪、自营以及基金管理等业务于一身而成为综合证券商。我国目前证券经营机构分为经纪类券商和综合类券商，并且我国规定公司股票上市必须选择证券商担任保荐人。

2. 证券服务机构

证券服务机构是指依法设立的从事证券服务业务的法人机构。其主要包括证券交易所、会计师事务所、律师事务所、资产评估机构、证券评级机构、证券登记结算公司、证券投资咨询公司和证券信息公司等。

（三）自律性组织

自律性组织一般指的是行业协会。它发挥着政府与证券经营机构之间的桥梁和纽带作用，维护投资者和会员的合法权益，促进证券业的发展。目前，我国主要有中国证券业协会和中国国债协会。

（四）证券监督管理机构

现在世界各国证券监管体制的机构设置，可以分为专管证券的管理机构和兼管证券的管理机构两种形式，它们的职能都是对证券市场进行监督和管理。在我国，证券监管机构是指中国证券监督管理委员会及其派出机构。中国证监会于 1992 年 10 月在北京成立，并在上海、深圳设两个证券监管专员办事处。同时，中国证监会还在各地设有派出机构。

第二节 证券发行市场

一、证券发行市场的定义与构成要素

（一）证券发行市场的定义

证券发行市场是指证券从发行人手中转移到认购人手中的场所，又称初级市场或一级市场。证券发行市场实际上包括各个经济主体和政府部门从筹划发行证券、证券承销商承销证券、认购人购买证券的全过程。证券发行市场使股票、债券等证券数量和种类不断增加，把众多的社会闲散资金集聚起来转变成资本，集中体现了证券市场筹集资金的功能。在发行过程中，证券发行市场作为一个抽象的市场，其买卖成交活动并不局限于一个固定的场所；它是一个无形的市场，为资金使用者提供了获得资金的渠道和手段。

（二）证券发行市场的构成要素

证券发行市场由证券发行人、证券认购人、证券承销商和专业服务机构构成。

1. 证券发行人

证券发行人又称发行主体，是指为筹措资金而发行股票或债券的企业单位、政府机构、金融机构或其他团体等，也包括在本国发行证券的外国政府和公司。证券发行人是证券发行市场得以存在与发展的首要因素。

2. 证券认购人

证券认购人是指以取得利息、股息或资本收益为目的而根据发行人的招募要约，将要认购或已经认购证券的个人或机构。它是构成证券发行市场的另一个基本要素。在证券发行实践中，证券投资者的构成较为复杂，它可以是个人，也可以是团体；后者主要包括证券公司、信托投资公司、共同基金等金融机构和企业、事业单位以及社会团体等。在证券发行市场上，投资者人数的多少、购买能力的强弱、资产数量的大小、收益要求的高低，以及承担风险能力的大小等，直接影响和制约着证券发行的消化量。当证券进入认购者或投资者手中，证券发行市场的职能也就实现了。

3. 证券承销商

证券承销商是指媒介证券发行人与证券投资者交易的证券中介机构。证券承销商是联结发行人和认购人的桥梁和纽带，接受发行人的委托，通过一定的发行方式和发行渠道，向认购人销售发行人的证券。我国目前从事证券承销业务的机构是经批准有承销资格的证券公司、金融资产管理公司和金融公司。

4. 专业服务机构

专业服务机构包括证券服务性机构、经济鉴证类机构以及其他服务机构。证券服务性机构包括证券登记结算公司和证券信用评级机构等，其主要作用是为发行人和认购人进行股权或债权注册登记和评估发行人信用级别；会计师事务所的主要作用是为发行人进行财务状况审计，为认购人提供客观的财务信息；资产评估机构的作用是运用合理的评估方法确定发行人和某些认购人的资产质量；律师事务所的作用是以合法的手段排除发行过程中的法律障碍，并就发行人申请证券发行时所处的法律状态出具法律意见书。

二、证券发行方式

证券发行方式的选择对于能否顺利地发售证券、募足资金是非常关键的。按照不同的分类标准，可以划分出以下几类。

（一）按照发行对象的不同分

按照发行对象的不同，可分为公募发行和私募发行。

1. 公募发行

公募发行又称公开发行，是指向不特定的投资者公开发行证券的方式。公募发行一般数额较大，发行人通常委托证券承销商代理发行，因而，发行成本较高；公募发行须经过严格的审查，发行过程比较复杂，但信用度较高且流通性较好。如果公募发行的证券是债券，其发行利率一般低于私募发行的利率。

2. 私募发行

私募发行又称内部发行，是指向少数特定的投资者发行证券的发行方式。私募发行的数额一般较小，发行程序也比较简单，所以发行人不必委托中介机构办理推销，可以节省手续费开支，降低成本。但私募发行一般不允许上市流通。

（二）按照发现方式不同分

按照发现方式不同，分为直接发行和间接发行。

1. 直接发行

直接发行又称自营发行，是指发行人不委托其他机构，而是自己直接发售证券的一种方式。其特点是：发行量小，社会影响面不大；内部发行不须向社会公众提供发行人的有关资料；发行成本较低；投资人大多是与发行人有业务往来的机构；发行风险自行承担。

2. 间接发行

间接发行又称承销发行，是指发行人委托一家或几家证券承销商代其向投资人发售证券的方式。这种发行方式需要支付一定的费用，但是风险较小，筹资时间较短。按照受托券商对证券发行责任的不同，又可以分为以下几种具体方式：

(1) 包销。包销一般可分为全额包销和余额包销两种。全额包销是指由证券承销商将所发行的证券全部买下，然后再转售给社会公众投资者的证券发行方式。余额包销又称助销，是指证券承销商按照规定的发行额和发行条件，在约定的期限内向投资者发售证券，到销售截止日，如投资者实际认购总额低于预定发行总额，未售出的证券由承销商负责认购，并按约定时间向发行人支付全部证券款项。目前这种发行方式在我国运用得比较多。使用这种方式，证券发行风险完全由承销商承担。

(2) 代销。代销是指证券公司代发行人发售证券，在承销期结束时，将未售出的证券全部退还给发行人的承销方式。使用这种发行方式，证券发行风险由发行人承担，代销者对证券能否售出不承担任何责任。

(3) 联合发行。联合发行又称承销团发行，是指由证券主承销商牵头联合其他承销商组成承销团，共同承担责任，全额或余额包销代理发行证券的方式。参与联合发行方式的承销商至少在两个以上，一般由主承销商与发行人签订发行协议，再由主承销商与其他承销商、分销商签订分销协议。使用这种发行方式，证券发行风险由参加联合发行的承销商共同分担，形式有等额分担和按比例分担两种。我国《证券法》规定，向社会公众公开发行的证券票面总值超过人民币 5 000 万元的，应当由承销团承销。

(三) 按照证券发行价格确定方式分

按照证券发行价格确定方式不同，分为定价发行和竞价发行。

1. 定价发行

定价发行是指由发行人事先确定一个发行价格来发售证券的方式。根据发行价格同证券面值之间关系的不同，可以分为平价发行、溢价发行和折价发行，我国《公司法》规定股票不得折价发行。

2. 竞价发行

竞价发行又称招标发行，是指由发行人通过公开招标的方式，经过投标人的竞争，选择对发行人最有利的价格作为中标价格即发行价格的发行方式。一般政府债券的发行多选择此种发行方式。

三、证券发行价格的确定

(一) 股票发行价格的确定

1. 股票发行价格

股票发行价格是指股份有限公司出售新股票的价格。在确定股票发行价格时，可以按票面金额确定，也可以超过票面金额确定，但我国规定不得以低于票面金额的价格发行。

股票发行价格的高低受市场机制的影响极大，取决于公司的投资价值和供求关系的变化。面值发行即按股票的票面金额为发行价格。如果股份有限公司发行的股票，价格超过了票面金额，称为溢价发行。溢价发行股票就是以同样的股份可以筹集到比按票面金额计算的更多的资金，从而增加了公司的资本，因此，以超过票面金额发行股票所得溢价款列入公司资本公积金，表现为公司股东的权益，即所有权归属于投资者。如果发行价格低于股票票面额，就是折价发行(我国不允许)。

在国际股票市场上，在确定一种新股票的发行价格时，一般要考虑四个方面的数据资料：

其一，要参考上市公司上市前最近 3 年来平均每股税后纯利乘上已上市的近似类的其他股票最近 3 年来的平均利润率。这方面的数据占确定最终股票发行价格的四成比重。

其二,要参考上市公司上市前最近4年来平均每股所获股息除以已上市的近似类的其他股票最近3年平均股息率。这方面的数据占确定最终股票发行价格的二成比重。

其三,要参考上市公司上市前最近期的每股资产净值。这方面的数据占确定最终股票发行价格的二成比重。

其四,要参考上市公司当年预计的股利除以银行1年期的定期储蓄存款利率。这方面的数据也占确定最终股票发行价格的二成比重。

2. 股票发行价格的确定方式

(1) 市盈率定价法。市盈率定价法是参照拟发新股的所在行业平均市盈率结合拟发新股的收益、净资产、成长性、发行数量、市场状况以及可比上市公司二级市场表现来确定发行价格。按照以下公式计算确定:

$$发行价格=每股收益\times发行市盈率$$

(2) 竞价确定法。竞价确定法是指在股票发行时,只确定发行低价,由各股票承销商或者投资者以投标方式相互竞争确定股票发行价格。发行底价由发行公司和承销商根据发行公司的经营业绩、盈利预测、项目投资的规模、市盈率、发行市场与股票交易市场上同类股票的价格及影响发行价格其他因素共同研究协商确定。竞价确定法在具体实施过程中有网上竞价、机构投资者(法人)竞价、券商竞价等。

(3) 净资产倍率法。净资产倍率法又称资产净值法,是指通过资产评估和相关会计手段,确定发行公司拟募股资产的每股净资产值,然后根据证券市场的状况将每股净资产值乘以一定的倍率,以此确定股票发行价格的方法。计算公式是:

$$发行价格=每股净资产值\times溢价倍数$$

(二) 债券发行价格的确定

债券发行价格是指债券投资者认购新发行债券时实际支付的价格。债券的发行者计息还本,是以债券的面值为依据,而不是以其价格为依据的,因此,债券发行时的价格,从理论上讲,面值就是它的价格。但实际上,由于发行者的种种考虑或资金市场上供求关系、利息率的变化,债券的发行价格常常脱离它的面值,有时高于面值,有时低于面值。所以,债券有溢价发行、平价发行、折价发行三种方式。

1. 溢价发行

溢价发行是指按高于债券面额的价格发行债券。

2. 平价发行

平价发行是指以债券的票面金额作为发行价格。

3. 折价发行

折价发行是指按低于债券面额的价格发行债券。

影响债券发行价格的基本因素有以下几方面。

1. 债券面额

债券发行价格的高低,从根本上取决于面值大小。

2. 票面利率

债券的票面利率也就是债券的名义利息率,债券的名义利率愈高,到期的收益就愈大,所以债券的发行价格也就愈高。

3. 市场利率

市场利率是衡量债券票面利率高低的参照系，也是决定债券价格按面值发行还是溢价或折价发行的决定因素。它与债券发行成反比例关系。

4. 债券期限

期限越长，债权人的风险越大，其所要求的利息报酬就越高，其发行价格就可能越低。

第三节 证券交易市场

一、证券交易市场定义

证券交易市场也称证券流通市场、二级市场、次级市场，是指对已经发行的证券进行买卖、转让和流通的市场。

证券交易市场是买卖证券的场所，它为证券发行后证券所有权的转移提供了条件。证券交易市场分为两大类：一类是大型、活跃而有秩序的场内交易，即在证券交易所内进行的交易；另一类是没有固定地点的场外交易，大多是电话中成交。

场内交易市场是指由证券交易所组织的集中交易市场，有固定的交易场所和交易活动时间，在多数国家它还是全国唯一的证券交易场所，因此，是全国最重要、最集中的证券交易市场。证券交易所接受和办理符合有关法令规定的证券上市买卖，投资者则通过证券商在证券交易所进行证券买卖。证券交易所不仅是买卖双方公开交易的场所，而且为投资者提供多种服务，交易所随时向投资者提供关于在交易所挂牌上市的证券交易情况，如成交价格和数量等；提供发行证券企业公布的财务情况，供投资者参考。交易所制定各种规则，对参加交易的经纪人和自营商进行严格管理，对证券交易活动进行监督，防止操纵市场、内幕交易、欺诈客户等违法犯罪行为的发生。交易所还要不断完善各种制度和设施，以保证正常交易活动持续、高效地进行。

场外交易市场又称柜台交易或店头交易市场，是指在交易所外由证券买卖双方当面议价成交的市场，它没有固定的场所，其交易主要利用电话进行，交易的证券以不在交易所上市的证券为主，在某些情况下也对在证券交易所上市的证券进行场外交易。场外交易市场中的证券商兼具证券自营商和代理商的双重身份。作为自营商，他可以把自己持有的证券卖给顾客或者买进顾客的证券，赚取买卖价差；作为代理商，又可以客户代理人的身份向别的自营商买进卖出证券。近年来，国外一些场外交易市场发生很大变化，它们大量采用先进的电子化交易技术，使市场覆盖面更加广阔，市场效率有很大提高。

二、证券上市与终止上市

(一) 证券上市

1. 证券上市的定义

证券交易所虽然是买卖证券的场所，但并非所有证券都能在证券交易所内进行交易，只有获得上市资格的证券才能在交易所进行买卖。所谓证券上市，是指已经发行的证券按照法定条件和程序在证券交易所公开挂牌交易的行为。

证券上市按照上市核准方式的不同，可以分为授权上市和认可上市。授权上市是指证券发行人按照证券交易所的有关规定，通过递交申请获得批准在证券交易所进行挂牌交易的方式。而认可上市是指不经发行人申请，直接由证券交易所认可便能在证券交易所挂牌交易的方式。世界上绝大多数国家的证券都采用授权上市，而少量政府的债券则可采用认可上市。

2. 证券上市的条件

证券交易所对证券的上市一般都做出了详细的规定。以我国上海证券交易所对首次公开发行股票后申请其股票上市为例，其条件为：

(1) 股票经中国证监会核准已公开发行。

(2) 公司股本总额不少于人民币 5 000 万元。

(3) 公开发行的股份达到公司股份总数的 25%以上；公司股本总额超过人民币 4 亿元的，公开发行股份的比例为 10%以上。

(4) 公司最近 3 年无重大违法行为，财务会计报告无虚假记载。

(5) 本所要求的其他条件。

3. 证券上市的步骤

证券具体的上市步骤会因证券种类而不同，同时，不同国家的证券上市步骤不完全相同，即使同一国家的不同的证券交易所也不完全一样。证券上市一般包含如下步骤：

(1) 公司提出上市申请。证券发行公司申请证券上市时，要以书面的方式呈交证券交易所。除了申请书之外，还应向证券交易所提交其他的文件资料，如上市推荐书和上市公告书等。

(2) 上市申请的审查。证券交易所在收到公司的上市申请的有关材料后，对申请材料进行严格的审查，确认公司是否达到上市标准。凡经审查合格的上市即可获得上市许可。

(3) 签订上市协议。如果国家证券管理机构对证券交易所已批准的上市申请无异议，则由上市申请公司与证券交易所签订上市协议书及其他协议文件。

(4) 上市挂牌交易。证券交易所在批准上市申请后，就要与公司协商拟定证券上市的日期，并由公司发布上市公告书，最后在上市日正式挂牌交易。

(二) 终止上市

终止上市是彻底取消上市公司之上市资格，或者取消上市证券挂牌交易资格的制度，它是《证券法》规定的一项对上市公司的淘汰制度，是防范和化解证券市场风险、抑制过度投机、保护广大社会公众投资者利益的重要措施。

我国上市公司有下列情形之一的，由证券交易所决定终止其股票上市交易：

第一，公司股本总额、股权分布等发生变化不再具备上市条件，在证券交易所规定的期限内仍不能达到上市条件。

第二，公司不按照规定公开其财务状况，或者对财务会计报告作虚假记载，且拒绝纠正。

第三，公司最近 3 年连续亏损，在其后一个年度内未能恢复盈利。

第四，公司解散或者被宣告破产。

第五，证券交易所上市规则规定的其他情形。

三、证券交易程序

一个完整的证券交易流程包括开户、委托、竞价、清算交割和登记过户五个环节。

（一）开户

并不是所有的人都可以直接进入证券交易所进行交易，能够直接进入交易所进行交易的只能是证券交易所的会员，而作为非会员的单位和个人要想进行证券交易，必须通过委托会员代理交易。所以，对于一般投资者而言，要想进行证券交易的话，必须要事先选择一家具备合法代理资格、资信状况良好、运作规范的证券公司进行开户。开户就是开立账户，主要包含两方面的内容：一是开立证券账户，记录投资者的股票变动情况；二是开立资金账户，记录投资者的资金变动情况，开户是证券交易的第一个环节，也是最基础的环节。

1. 证券账户

证券账户是指证券登记机构为投资者开立的，用于记载投资者持有的证券变动情况，如证券种类、名称、数量以及相应权益的一种账户。它是证券交易活动中最基本的账户。随着证券行情的变化，投资者就要相应进行证券的买卖，证券账户中的证券数量、种类等就要相应地发生变化，证券登记机构就要相应地记载这些变动。投资者在证券登记机构开立账户的同时，也赋予了证券登记机构为其管理交易资料、办理证券登记、结算和过户等一系列活动的权利。

账户按照开户者身份的不同，可以分为个人账户和法人账户。个人账户是个人投资者开立的账户，开户时要填写《自然人证券账户注册申请表》，记录账户持有人姓名、联系电话、学历、家庭住址、有效身份证明文件号码、账户类别等资料。个人在办理个人账户的时候，必须要提供本人的身份证，留存印鉴或签名样卡，如果是委托别人开立账户，还要提供书面的授权书以及代办人的有效身份证明证件。法人账户是法人机构开立的账户，开户时也要填写证券账户申请表，记录法人性质、法人地址、法人电话、账户类别等资料。在开设法人账户时，必须提供《企业法人营业执照》复印件，法定代表人及证券交易业务执行人的姓名、联系电话、单位及其法定代表人或单位负责人印鉴等内容的书面材料及法定代表人授权证券交易业务执行人的书面授权书等。

2. 资金账户

资金账户是投资者在证券公司或者在银行开立的，记录投资者证券交易的币种、盈亏、余额以及变动情况的账户。对于资金账户的具体运作，实行投资者和证券公司权利分开的原则。证券公司负责开设和管理账户，但投资者有权利给自己的账户设置密码，并可以随时查询账户以及打印账户资金变动情况的一览表，以保证自己的资金安全。资金账户的开立，必须以证券账户的开立为前提。开立资金账户时，投资者必须要携带证券账户和能够证明其合法身份的有效证件。投资者在存在资金账户上的保证金，属于客户所有，严禁证券公司挪作他用，并按照中国人民银行规定的活期存款利率支付利息。

资金账户分为现金账户和保证金账户。现金账户要求证券交易必须全部以现金方式来完成，在买进证券之后，必须要在清算日之前（包括清算日）交纳全部证券价款；在卖出之后，必须要在清算日之前（包括清算日）向证券公司交纳全部股票。保证金账户是以信用交易为前提的，由证券公司向投资者提供了融资或者融券交易，所以开立这种账户时要求比较严格，客户只有与证券公司签订保证金合约之后才能开立。但在我国现阶段，为了有效地控制证券市场的风险，我国规定证券交易只能进行全额现金交易，所以，在我国的资金账户一般指的都是现金账户。

（二）委托

投资者在按规定开完证券账户和资金账户后，就可以进行证券交易，委托下单。所谓委托，是指投资者在每笔交易前向证券公司营业部下达交易指令，说明准备买卖证券的账号、品种、数量、价格、有效期等的行为。

1. 委托方式

投资者的委托方式主要分为两类，一类是书面委托，另一类是自助委托，自助委托又可以具体分为电话委托、网上委托、磁卡委托等多种方式。

(1) 书面委托。书面委托是指投资者或者其代理人亲自到证券公司营业部交易柜台填写委托书，证券公司营业部审查无误后，通知公司派驻在证券交易所场内的出市代表，由出市代表输入指令代理投资者进行的证券买卖委托。书面委托是最早产生的交易方式，但是现在它的运用则是越来越少了。

(2) 自助委托。自助委托是指投资者不需要到证券公司交易柜台，而是自己利用电话、网络等现代化通讯手段进行的委托。主要包括：① 电话委托，即投资者通过电话直接将委托指令下达到证券公司营业部的电脑主机，再由营业部电脑将委托事项传输给证券公司出市代表，最后由出市代表将指令输入计算机终端系统，代理投资者进行证券买卖。为了保证投资者和证券公司的利益，防止交易纠纷的出现，规定投资者在运用电话委托时必须要事先开设电话委托专户，设定电话委托交易密码，来最大程度保证交易的安全性。② 网上委托，即投资者使用终端设备(计算机、手机等)通过互联网和券商相连进行委托交易的方式。要进行网上委托，必须到证券公司开通网上交易，同时在你的电脑里安装交易软件，再连上互联网后，方可开始进行委托交易。③ 磁卡委托，即使用证券公司的磁卡委托交易系统进行的委托。

我国证券交易市场完成了由手工竞价到电脑自动撮合、由分散过户到中央登记结算、由实物交收到电子簿记的过渡，实现了证券交易方式从“有纸化”向“无纸化”的转变。我国证券交易委托方式从传统的柜台填单委托，发展到条码委托、电话委托、远程终端委托、网络委托，方式日趋多样化。最近券商借助电信、电视等现代化媒体，将电子商务的概念引入证券交易市场，交易手段又在不断创新。

2. 委托指令类型

(1) 现价委托。证券交易价格随时在变动，投资者在委托买卖时，按当前的价格向证券公司发出买入或卖出指令，这样的价格委托称为现价委托指令。现价委托的价格是确定的，能否成交要视证券公司将指令下达到交易所场内的买卖价格的变化情况。

(2) 市价委托。市价委托指令是指按当时的市场价格即刻成交买卖证券的指令。例如，投资者发出“买入某某公司股票 1 000 股”的指令后，证券公司就迅速以市场上可执行的价格来买入。如果当时市场价格是 7.2 元，证券公司就以 7.2 元的价格买入。这种委托对价格没有限制，证券公司执行委托指令较容易，成交迅速。所以，一般是投资者对市场行情有把握，希望以最快的速度买入或者卖出时才下达这样的指令。但是，由于对价格无限制，也往往产生投资者与证券公司之间的纠纷。

(3) 限价委托。限价委托指令是指必须按照限定价格或更好价格买卖证券的指令。在限价委托指令中，投资者必须要指明证券的买卖价位。例如，投资者发出“买入限价为 13 元的某公司股票 120 股”的指令，只有当这家公司的股票价格在 13 元或者 13 元以下时，证券公司才能代理投资者买入股票。例如，投资者发出“卖出限价为25元的某公司股票150股”的指令时，只有当该公司的股票价格在25元或25元以上时，才能代理投资者卖出股票，否则证券公司要赔偿给投资者造成的经济损失。限价委托指令虽然可以按照投资者预期进行成交，但是成交速度相对较慢，如果当市场价格没有达到投资者设定的限价水平时，该指令就失去效力，无法成交。

（三）竞价

依据公开公平竞争的原则，证券交易价格只能在证券交易所内通过公开竞争才能达成。证券交易所的会员作为买卖双方的代表，进行多空双方的博弈，最后达成的价格能够代表市场上绝大多数人的预期，从而可以有效地反映市场的供求关系。

1. 竞价原则

(1) 价格优先。价格优先的原则是指较高的买进申报价优先于较低的买进申报价成交，较低的卖出申报价优先于较高的卖出申报价成交。

(2) 时间优先。如果甲和乙申报同一价位，而且都是买，那么谁先成交呢？证券交易遵循先来后到的原则，先申报者先成交。因此，时间优先主要是针对同价位申报而出现的。

2. 竞价的种类

证券交易中的竞价主要包含两个类型，一是集合竞价，二是连续竞价。集合竞价产生在证券交易开始之时，连续竞价产生在证券交易进行之中。

(1) 集合竞价。上海和深圳证券交易所进行集合竞价的时间是每个交易日上午的9:15至9:25（开盘集合竞价）、下午的2:57至3:00（收盘集合竞价）。在集合竞价的时候，要根据上一交易日的收盘价和交易所事先规定好的最大涨跌幅度来确定当天股票价格的最高价和最低价，超过最高价的委托和低于最低价的委托被视为是无效委托，不能进入集合竞价过程。

集合竞价原理如下：

第一，证券交易系统在开盘前分别对所有有效的买入委托价由高到低进行排列，委托价相同的按照进入系统的时间先后排列；所有有效的卖出委托价由低到高进行排列，委托价相同的按照进入系统的时间先后排列。

第二，证券交易系统逐步将买入委托和卖出委托进行配对成交，直到不能成交为止，能够成交的最后一个价格就是证券的交易价格，在这个价格下，能产生出最大数量的股票交易。但是如果符合条件的价格有多个，在这种情况下，将再次进行筛选，遵循的原则：一是高于认定价格的所有买入委托或者低于认定价格的所有卖出委托都能成交；二是在此价格下至少有一方可以全部成交。如果符合条件的价格仍有多个，就遵循接近原则，看哪个价格离上一交易日的收盘价最近，就选取那个价格。

现举例说明：A公司2018年6月26日开盘前5分钟内分别有5笔买入委托和6笔卖出委托，如表3-1所示。

表3-1　买入、卖出委托情况表

买入委托			卖出委托		
序号	价格(元)	数量(手)	序号	价格(元)	数量(手)
1	24	1	1	16	2

续 表

买入委托			卖出委托		
序号	价格(元)	数量(手)	序号	价格(元)	数量(手)
2	23	4	2	18	3
3	21	4	3	19	2
4	20	3	4	20	5
5	18	5	5	22	4
			6	25	6

根据前述,第一笔买入委托价是 24 元,数量是 1 手,卖出委托价则是 16 元,数量是 2 手,所以第一笔可以成交,但卖出委托在 16 元价位上的还剩下 1 手。第 2 笔委托买入价是 23 元,分别大于第 1 笔卖出委托价 16 元和第 2 笔卖出委托价 18 元,而且第 2 笔买入委托数量是 4 手,第 1 笔卖出委托还剩下的 1 手加上第 2 笔卖出委托的 3 手,正好可以满足第 2 笔买入委托的要求,所以可以成交。第 3 笔买入委托价是 21 元,第 3 笔卖出委托价则是 19 元,但是第 3 笔买入委托是 4 手,第 3 笔卖出委托则是 2 手,所以只能成交 2 手。再看第 4 笔卖出委托价是 20 元,也小于第 3 笔买入委托价 21 元,也可以成交,第 4 笔卖出委托就满足第 3 笔买入委托剩下的 2 手成交。第 4 笔买入委托价是 20 元,数量是 3 手,而在第 4 笔 20 元的卖出委托下,还剩下 3 手,可以成交。而买入委托的第 5 笔价格是 18 元,卖出委托的第 5 笔价格则是 22 元,不满足竞价成交的原则不能成交,它们自动转入以后的连续竞价之中。因为最后一笔成交价是 20 元,而且全部成交,所以 20 元就是 A 公司股票的开盘价,所有成交的买入或者卖出委托,都按照这一价格进行证券的买卖,而不是按照他们各自委托的价格进行证券的买卖。

(2) 连续竞价。连续竞价是在开盘价产生之后才开始进行,由计算机自动撮合系统对投资者申报的委托进行逐笔撮合成交的过程。上海和深圳证券交易所连续竞价时间是每个交易日的 9:30～11:30 和 13:00～14:57。

连续竞价原理如下:

第一,在连续竞价中,买入委托价由高到低进行排列,委托价相同的按照进入系统的时间先后排列;卖出委托价由低到高进行排列,委托价相同的按照进入系统的时间先后排列,当买入价大于、等于卖出价时自动成交。

第二,如果新进入系统的是买入申报,它将与卖出申报队列逐笔成交,如果买入申报不能成交,则进入买入申报队列等待成交,直到能够成交为止。

第三,如果新进入系统的是卖出申报,它将与买入申报队列逐笔成交,如果卖出申报不能成交,则进入卖出申报队列等待成交,直到能够成交为止,这一过程将持续循环,直到当天交易结束为止。

现举例说明:A 公司在 2018 年 6 月 26 日开盘后分别有 6 笔买入委托和 4 笔卖出委托没有成交,按照价格优先、时间优先的规则排队,买入委托按照由高到低委托价格排队,卖出委托按照由低到高委托价格排队,如表 3 - 2 所示。

表 3-2　买入、卖出委托情况表

买入委托			卖出委托		
序号	价格(元)	数量(手)	序号	价格(元)	数量(手)
1	21	1	1	23	4
2	20	4	2	24	5
3	18	4	3	25	2
4	18	3	4	26	3
5	17	5			
6	16	6			

表 3-3　买入、卖出委托情况表

买入委托			卖出委托		
序号	价格(元)	数量(手)	序号	价格(元)	数量(手)
1	21	1	***1***	***22***	***2***
2	20	4	2	23	4
3	18	4	3	24	5
4	18	3	4	25	2
5	17	5	5	26	3
6	16	6			

表 3-4　买入、卖出委托情况表

买入委托			卖出委托		
序号	价格(元)	数量(手)	序号	价格(元)	数量(手)
1	21	1	***1***	***20***	***4***
2	20	4	2	22	2
3	18	4	3	23	4
4	18	3	4	24	5
5	17	5	5	25	2
6	16	6	6	26	3

依表 3-2 看，目前买入委托的 6 笔和卖出委托的 4 笔都没有成交。现在，刚刚进入交易系统的新的卖出委托是第 5 笔，价格是 22 元，数量是 2 手(表 3-3 中斜体加粗的部分)，依然大于最大的买入委托价 21 元，不符合买入价大于或者等于卖出价的原则，不能成交，继续排队等候，按照价格优先原则，卖价最低排在第一位。如果 2 分钟后又有一个新的卖出委托，委托价是 20 元，数量是 4 手(表 3-4 中斜体加粗的部分)。按照买入价大于或者等于卖出价的原则，买入委托 1 价格是 21 元可以成交，买入委托 2 价格是 20 元也可以成交，但是由于买入委托 1 先进入交易系统，所以优先成交，买入委托 1 的 1 手首先得到成交。买入委托 2 再成交 3 手，剩下的 1 手等待成交。因为是买入委托首先进入交易系统，所以成交价格以买方委托价为主，因此这时的成交价格 1 手是 21 元，3 手是 20 元。同样的，如果是卖出委托首先进入交易系统，则

对于新进入的买入委托可以成交的交易，其交易价格的确定以卖出委托价为主。

（四）清算交割

清算交割是指在证券买卖结束之后，证券交易所将证券公司买卖证券的数量和价款分别计算，最后对证券公司的应收应付证券以及应收应付价款差额在规定时间内进行了结的过程。我国清算交割的特点如下所述。

1. 遵循净额交收的原则

净额交收是只对交易者所买卖证券和资金的余额进行计算以及进行交收的原则，目的是为了减轻核算的工作量，节省人力和财力。

2. 分级结算交割

我国证券交易的清算交割是分级分层的，第一级是证券交易所给证券公司进行结算，第二级是证券公司给交易者进行结算，这样可以明确各自的责任，从而使证券交易的风险降到最低。

3. 不同的品种实行不同的结算交割

我国证券交易的品种很多，包括 A 股、B 股、基金、债券等，不同的品种遵循不同的结算交割原则。例如，A 股、债券和基金遵循 T+1 的原则，当天买入的证券当天不能卖出，等到下一交易日才能出售交割；B 股遵循 T+3 方式，只有等到购买后的第三个交易日才能出售。

（五）登记过户

登记过户是证券交易的最后一个环节。登记是指记录投资者对证券的所有权以及其他权益产生、变更以及消失的具有法律效力的行为。过户是指证券交易结束后股东名簿变更的程序。因为我国股票实行实名发行，而且股份有限公司在派发股息时以公司的股东名册为主，所以投资者在买入股票之后，应该尽快办理股票的登记过户手续，以保护自己的股东权益。

我国证券登记目前由证券登记结算公司集中办理，而且由于我国股票采取无纸化发行和无纸化登记的方式，所以在进行过户的时候，投资者不需要到证券公司办理手续，只需要在电脑上办理即可，电脑将自动帮助客户进行证券的过户，而且电脑将同属于一家公司的股东进行整理，可以随时打印出同属于一家公司的股东名册，提供给证券公司以备使用。

第四节　证券市场行情

一、股票价格指数

（一）股票价格指数的定义

股票价格指数（Stock Price Index），简称股指，是指用于反映股票市场平均价格水平及其变动的数量指标，是运用统计学中的指数方法将报告期的股票价格与基期的股票价格相比较得出的相对价格指数。

由于股票价格起伏无常，投资者必然面临市场价格风险。对于具体某一种股票的价格变化，投资者容易了解，而对于多种股票的价格变化，要逐一了解，既不容易，也不胜其烦。为了适应这种情况和需要，一些金融服务机构就利用自己的业务知识和熟悉市场的优势，编制出股票价格指数，公开发布，作为市场价格变动的指标。投资者据此就可以检验自己投资的效果，并用于预测股票市场的动向。

(二) 股票价格指数的分类

一般而言,在编制股票价格指数时为了更清晰地反映某一行业中上市公司的股票价格变化,除了将股票市场各类公司纳入股票价格指数的编制范围外,还常按照工业、运输业、公用事业、金融业等不同产业分类分别选取一定数量的公司股票进行指数编制。因此,按照股票价格指数编制过程中涵盖的上市公司股票数量和种类的不同,将股票价格指数进一步区分为三类,即综合指数、成分指数和分类指数。

1. 综合指数

综合指数是指将股票市场内所有上市公司的股票价格都计算在内用于综合反映整个股票市场价格总体水平的股票价格指数。这类指数涵盖所有的上市公司,涵盖面最广,反映了股票市场价格的基本变化特征。多数国际著名的股票市场都发布此类指数,如纽约证券交易所的纽交所综合指数以及我国上海证券交易所的上证综合指数等。

2. 成分指数

与综合指数不同,成分指数仅选取市值高、交易量大、业绩突出的代表性上市公司来编制股票价格指数。成分指数的覆盖范围要比综合指数小,但是代表性较强。因此,目前世界大多数股票市场都采用成分指数,如道琼斯指数、标准普尔 500 指数、深圳成分指数、上证 180 指数、沪深 300 指数、中证 500 指数等。

3. 分类指数

分类指数是指按照行业不同,将不同行业中的上市公司股票按行业类别来编制的股票价格指数,如房地产股指数、金融股指数、制造业指数等。分类指数对于考察某一行业公司发展状况具有重要的参考价值。

(三) 股票价格指数的功能

由于股票价格指数反映股票市场总的价格水平变化的指标,当股票价格指数上升时,表明股票的平均价格水平上涨;当股票价格指数下跌时,表明股票的平均价格水平下降;是灵敏反映市场所在国(或地区)社会、政治、经济变化状况的晴雨表。股票价格指数作为反映股票市场变动情况的重要指标,对于不同层次的经济主体有不同的影响和作用。例如,作为个人投资者,其可以根据股票价格指数把握股市变动的脉搏,并据此决定在何时买入或者卖出何种上市公司股票;作为上市公司,其可以根据股票价格指数走势来判断股票投资者的投资方向并决定发行新股票的时机;作为政府,可以根据股票价格指数这一晴雨表把握国民经济的景气变化和企业的经营状况,制定调控国民经济的宏观经济政策。总之,可将股票市场价格功能归结为三方面,即反映功能、分析功能、测评功能。

(四) 股票价格指数的编制

股价指数一般由证券交易所、金融服务机构、咨询研究机构或新闻单位编制和发布。其编制步骤如下所述。

1. 确定股票样本

根据上市公司的行业分布、经济实力、资信等级等因素,选择适当数量的有代表性的股票,作为编制指数的样本股票,样本股票可随时变换或做数量上的增减,以保持良好的代表性。

2. 采集样本股票的价格

采集样本股票价格(简称采样)的时间间隔取决于股价指数的编制周期。以往的股价指数较多为按天编制,采样价格即每一交易日结束时的收盘价。随着信息技术的发展,股价指数的编制周期日益缩短，由“天”到“时”直至“分”，采样频率由一天一次变为全天随时连续采样。采样价格也从单一的收盘价发展为每时每刻的最新成交价或一定时间周期内的平均价。一般来说，编制周期越短，股价指数的灵敏性越强，越能及时体现股价的涨落变化。

3. 选定基期

股价指数是一种定基指数，是以某个特定的年份或具体日期为基期(基期的股价水平为100或1 000)，将报告期的股价水平与基期的股价水平相比计算出来的百分比率，用百分数或百分点表示。

4. 指数化

将计算期的平均股价转化为指数值，即将基期平均股价定为某一常数，并据此计算计算期股价的指数值。

股票价格指数通常有三种计算方法。

1）简单算术平均法

该方法是先选定具有代表性的样本股票，然后以某年某月某日为基期，基期的股票价格平均数定为100，最后计算某一日样本股票的价格平均数，将该平均数与基期平均价格相比，即得出该日的股票价格平均指数。简单算术平均法又可分为相对法和综合法两种。

(1) 相对法。即在计算样本股个别价格指数的基础上，加总求其算术平均数，其计算公式如下：

$$P^I = \frac{1}{n}\sum_{i=1}^{n}\frac{P_{1i}}{P_{0i}} \times 100$$

其中，P^I 为股价指数；P_{1i} 为第i种股票报告期股票价格；P_{0i} 为第i种股票基期股票价格；n为股票样本数量。

现假设从某一股市采样的股票为A、B、C、D四种，在某一交易日的收盘价分别为10元、16元、24元和30元，基期日的价格分别为5元、8元、10元、15元，基期的点位为100，求股价指数。

股价指数＝1/4(10/5＋16/8＋24/10＋30/15)×100＝210

报告期的股价比基期上升了110个百分点。

(2) 综合法。即分别把报告期和基期的股价加总后，再相除所得到。其计算公式如下：

$$P^I = \frac{\sum_{i=1}^{n} P_{1i}}{\sum_{i=1}^{n} P_{0i}} \times 100$$

以上例的数据，综合法计算的股价指数为：

股价指数＝(10＋16＋24＋30)/(5＋8＋10＋15)×100＝210.5

2）修正算术平均法

股票市场中上市公司常常有增资和拆股行为，使股票股数迅速增加，股票价格也会相应降低，因此，有必要对简单算术平均数指数进行修正。方法是通过对分母处理，具体做法是：用增资或拆股后的各种股票价格的总和除以增资或拆股前一天的平均价格作为新分母，即新分母＝增资或拆股后各种股票的价格总和/增资或拆股前一天的价格平均数，这种方法能够保持指数的连续性和可比性，更真实地反映了股票市场的变动情况。这一方法是由道·琼斯股票价格指数的创始人查尔斯·道首创的，现在的道·琼斯股票价格指数采用的就是修正简单算术平均法。

从算术平均法计算股票指数来看，未考虑到由各种采样股票的发行量和交易量的不相同，而对整个股市股价的影响不一样等因素，因此，计算出来的指数亦不够准确。为使股票指数计算精确，则需要加入权数，这个权数可以是交易量，亦可以是发行量。

3) 加权平均法

加权股票指数是根据各期样本股票的相对重要性予以加权，其权数可以是成交股数、股票发行量等。按时间划分，权数可以是基期权数，也可以是报告期权数。具体而言，加权平均法共有三种，即基期加权、报告期加权和几何加权。

(1) 基期加权股价指数。基期加权股价指数又称拉斯贝尔加权指数(Laspeyre Index)，是指采用基期发行量或成交量作为权数的股价指数。这是由德国统计学家拉斯贝尔在1864年提出的，简称拉氏指数。其计算公式如下：

$$P^I = \frac{\sum_i^n P_{1i}Q_{0i}}{\sum_i^n P_{0i}Q_{0i}}$$

其中，Q_{0i} 为第 i 种股票的基期发行量或成交量。

拉氏指数法在实际中应用非常广泛，一般经济指数多采用这种方法编制。

(2) 报告期加权股价指数。报告期加权股价指数又称派许加权指数(Paasche lndex)，是指采用报告期发行量或成交量作为权数的股价指数。这是由德国统计学家派许于1874年提出，简称派许指数。其计算公式如下：

$$P^I = \frac{\sum_i^n P_{1i}Q_{1i}}{\sum_i^n P_{0i}Q_{1i}}$$

其中，Q_{1i} 为报告期第 i 种股票的发行量或成交量。

派氏指数使用也较广泛，目前世界上大多数股票指数都是派许指数。很多著名的股价指数，如标准普尔股票价格指数等都使用这一方法，不过派氏的计算方法对一般经济指数的计算不太适用。

(3) 几何加权股价指数。几何加权股价指数又称费雪理想指数，拉氏指数和派氏指数均有较大的缺陷，前者偏高，后者偏低。为了解决这个问题，美国统计学家欧文·费雪(Irving·Fisher)于1911年提出的费雪指数，是对指拉氏指数和派氏指数的几何平均。但是由于计算复杂，很少被实际应用。其计算公式为：

$$P^I = \sqrt{\frac{\sum_i^n P_1Q_0}{\sum_i^n P_0Q_0}}\sqrt{\frac{\sum_i^n P_1Q_1}{\sum_i^n P_0Q_1}}$$

二、行情表

证券行情表是指显示每日证券价格、涨跌及交易概况的报表。行情表是依据证券价格涨幅的高低，从高到低往后排列。证券行情表是行情分析的工具之一，了解并且读懂股票市场行情，是进行证券投资的第一步。下面以股票为例，对行情表的信息进行说明。

▼	代码	名称	涨幅%	现价	日涨跌	买入价	卖出价	总量	现量	涨速%	换手%	今开	昨收	市盈(动)	最高	最低	总金额	振幅%
1	600227	赤天化	10.07	8.20	0.75	8.20	—	114万	49	—	13.19	7.36	7.45	62.20	8.20	7.31	9.01亿	11.95
2	600022	济南钢铁	10.06	5.80	0.53	5.80	—	108万	59	—	3.49	5.56	5.27	214.56	5.80	5.51	6.21亿	5.50
3	600876	洛阳玻璃	10.05	9.75	0.89	9.75	—	79527	15	—	3.18	9.20	8.86	80.20	9.75	9.00	7649.9万	8.47
4	000830	鲁西化工	10.04	8.44	0.77	8.44	—	196万	9584	—	18.78	8.09	7.67	64.08	8.44	8.01	16.43亿	5.61
5	600102	莱钢股份	10.02	12.19	1.11	12.19	—	71.6万	5	—	30.62	11.21	11.08	90.98	12.19	11.16	8.51亿	9.30
6	600458	DR时代新	10.01	25.60	2.33	25.60	—	17.9万	5	—	4.87	23.77	23.27	30.90	25.60	23.31	4.52亿	9.84
7	002209	达 意 隆	10.01	12.53	1.14	12.53	—	18.8万	253	—	14.12	11.87	11.39	51.23	12.53	11.87	2.31亿	5.79
8	002475	立讯精密	10.00	52.80	4.80	52.80	—	32319	17	—	7.38	52.80	48.00	84.76	52.80	50.00	1.70亿	5.83
9	002204	华锐铸钢	9.99	44.47	4.04	44.47	—	10522	5	—	0.49	44.47	40.43	69.79	44.47	44.47	4679.3万	0.00
10	002326	永太科技	9.99	54.82	4.98	54.81	54.82	29829	432	—	6.90	49.60	49.84	126.05	54.82	49.12	1.60亿	11.44
11	600712	南宁百货	9.99	11.89	1.08	11.89	—	70.0万	22	0.25	31.68	10.78	10.81	31.72	11.89	10.66	8.06亿	11.38
12	600618	氯碱化工	9.97	14.67	1.33	14.67	—	49.9万	20	—	6.66	13.35	13.34	120.00	14.67	13.23	7.12亿	10.79
13	002102	冠福家用	9.97	13.46	1.22	13.46	—	18.6万	636	—	22.02	13.30	12.24	625.51	13.46	12.75	2.46亿	5.80
14	600466	迪康药业	9.96	12.14	1.10	12.14	—	65.6万	3	—	14.95	11.04	11.04	172.11	12.14	11.04	7.80亿	9.96
15	600448	华纺股份	9.95	8.29	0.75	8.29	—	26.3万	5	—	8.23	7.58	7.54	99.62	8.29	7.50	2.14亿	10.48
16	600157	永泰能源	9.38	28.79	2.47	28.80	28.81	32.6万	48	0.10	12.75	28.95	26.32	84.33	28.95	27.65	9.36亿	4.94
17	600819	耀皮玻璃	8.33	16.91	1.30	16.92	16.95	75020	50	-0.70	1.38	15.37	15.61	63.69	17.15	15.37	1.26亿	11.40
18	000558	莱茵置业	8.13	6.78	0.51	6.78	6.79	17.5万	5047	0.29	2.79	6.27	6.27	202.26	6.90	6.19	1.16亿	11.32
19	002176	江特电机	8.00	23.76	1.76	23.75	23.76	12.9万	2182	0.16	6.63	21.89	22.00	114.48	24.20	21.58	2.99亿	11.91
20	002217	联合化工	7.89	15.04	1.10	15.03	15.04	33.9万	2795	0.26	18.16	13.98	13.94	39.34	15.33	13.81	5.00亿	10.90
21	000100	TCL 集团	7.84	5.64	0.41	5.63	5.64	391万	31169	—	13.99	5.17	5.23	55.26	5.75	5.15	21.87亿	11.47
22	600666	西南药业	7.46	15.42	1.07	15.42	15.43	32.2万	8	-0.83	16.64	14.19	14.35	37.58	15.79	14.08	4.89亿	11.92
23	000609	绵世股份	7.33	12.00	0.82	12.00	12.01	21.3万	2323	0.67	7.33	11.09	11.18	24.80	12.30	10.96	2.52亿	11.99
24	600572	康恩贝	7.32	24.05	1.64	24.06	24.08	29.7万	148	0.33	11.53	22.41	22.41	18.57	24.60	22.23	7.01亿	10.58
25	600186	莲花味精	7.09	6.80	0.45	6.80	6.81	159万	17	-0.43	17.34	6.46	6.35	39.04	6.99	6.45	10.72亿	8.50
26	002493	荣盛石化	7.06	38.51	2.54	38.51	38.52	14.8万	2534	-0.02	13.25	35.39	35.97	27.87	39.55	35.11	5.60亿	12.34
27	002389	南洋科技	6.88	29.50	1.90	29.50	29.52	29426	680	-0.13	8.65	27.57	27.60	43.83	29.88	27.00	8486.7万	10.43
28	600496	精工钢构	6.83	14.39	0.92	14.38	14.39	27.6万	1	-0.34	4.75	13.44	13.47	37.44	14.80	13.21	3.90亿	11.80

图 3-1　2011 年 4 月 18 日深沪两市 A 股交易行情表

图 3-1 为深圳股票市场 A 股某日的交易情况，主要的信息说明如下：

第一列编号，是按照股价涨幅的高低进行排序的。

第二列股票代码，目前我国深沪两市上市公司股票代码均由六位阿拉伯数字组成，其中上交所股票代码以“600”或“601”开头，深交所原主板股票代码以“000”开头，中小板股票代码以“002”开头，深圳创业板股票代码前三位数字为“300”，沪市 B 股的代码是以 900 开头，深圳 B 股的代码是以 200 开头。

第三列上市公司名称，为上市公司全称的简称。

第四列涨幅，是股票的当前价与上一个交易日收盘价相比，涨跌的幅度。如果前者比后者价格上涨此值就是正值，否则为负值。

第五列现价，是当前交易的价格，即该股票的即时成交价。

第六列为日涨跌，是股票的当前价与上一个交易日收盘价相比，涨跌多少(当前价－上一个交易日收盘价)。

第七、第八列为买入价和卖出价，分别是指该股票即时的最高申报买入价和最低卖出价。

第九列总量，是从当天开盘到查看股市行情时的总成交量(单位为手，1 手＝100 股)。

第十列为现量，是即时成交的股票数量(单位为手)。

第十一列为涨速，是某只股票在当日股票价格上涨或者下跌的速度，即当日盘中单位时间内涨幅的大小。正值代表上涨，负值代表下跌。

第十二列为换手率，也称周转率，指在一定时间内市场中某只股票转手买卖的频率，是反映股票流通性强弱的指标之一。换言之,换手率就是当天的成交股数与流通股总数的比值。换手率太低,说明成交不活跃,如果是庄股,则说明筹码已基本集中到主力手,换手率高,说明交投踊跃,反映主力大量吸货,有较大的活跃度,今后拉高可能性大。

第十三、第十四、第十六列分别为今开、昨收和最高,分别是指在当日的第一笔交易的成交价、上一交易日的收盘价和当日的最高价格。

第十五列为市盈率,是在一个考察期(通常为 12 个月的时间)内,股票的价格和每股收益的比例。投资者通常利用该比例值估量某股票的投资价值,或者用该指标在不同公司的股票之间进行比较。

三、分时走势图

分时走势图又称即时走势图,是指把股票市场的交易信息实时地用曲线在坐标图上加以显示的技术图形。坐标的横轴是开市的时间,纵轴的上半部分是股价或指数,下半部分显示的是成交量。分时走势图是股市现场交易的即时资料。分时走势图分为指数分时走势图和个股分时走势图。

(一) 指数分时走势图

由于上证指数和深证成指的分时走势图包括的内容均相同,因此,本节就以上证指数在某日的分时走势图为例加以说明,如图 3-2 所示。

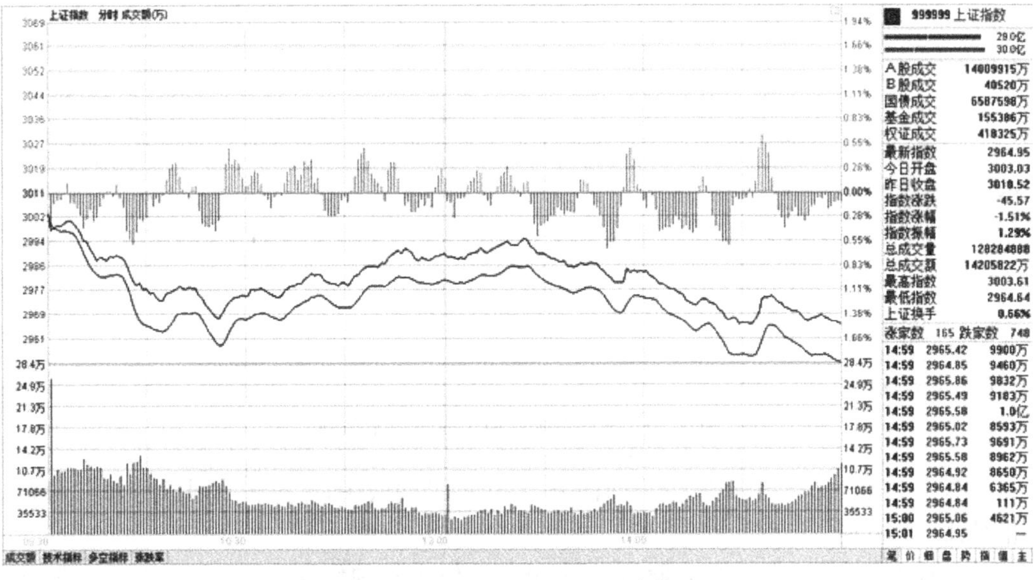

图 3-2 某日上证指数分时走势图

图 3-2 中,以上一个交易日收盘时的指数点位为中轴,指数曲线在中轴下方运行,说明与上一个交易日相比,指数跌了,如果指数曲线在中轴上方运行,说明与上一个交易日相比,指数涨了。在指数分时走势图中,有白线、黄线、红柱、绿柱以及最下面的黄色柱线。

白线是加权的上证指数走势曲线,由上海证券交易所编制并发布的,即上海证券交易所每日公布的大盘实际指数。黄线是不含加权的上证指数走势曲线,由行情软件公司编制的。

在中轴上下有一段段红色和绿色的柱线，反映的是上证指数上涨和下跌的强弱度。当红色柱线的长度在逐渐往上增大时，表示在这一时段，上证指数向上的力量逐渐增强；当红色柱线的长度在逐渐缩短时，表示在这一时段，上证指数向上的力量逐渐减弱；当绿色柱线长度往下逐渐增大时，表示在这一时段，上证指数向下的力量逐渐增强；当绿色柱线长度逐渐缩短时，表示在这一时段，上证指数向下的力量逐渐减弱。总之，红色柱线越长表示指数向上的动能越充分，绿色柱线越长表示指数向下的动能越充分。

在指数分时走势图最下方有一条条的黄色柱线，它代表上海证券交易所全部股票（A 股和 B 股）的分时成交量（单位为手）。每一条柱线代表每一分钟上海股市全部股票累计成交量之和。柱线越长，表明在这一分钟，上海股市成交量越大。在上证指数上涨的过程中，黄色柱线越长，表明市场上主动性买盘越大，指数上涨的动能越充分；而在指数下跌的过程中，黄色柱线越长，表明市场上主动性抛盘越大，指数下跌的动能就越大。

（二）个股分时走势图

以中国联通（600050）在某日的分时走势图（见图 3－3）为例，来具体加以说明。

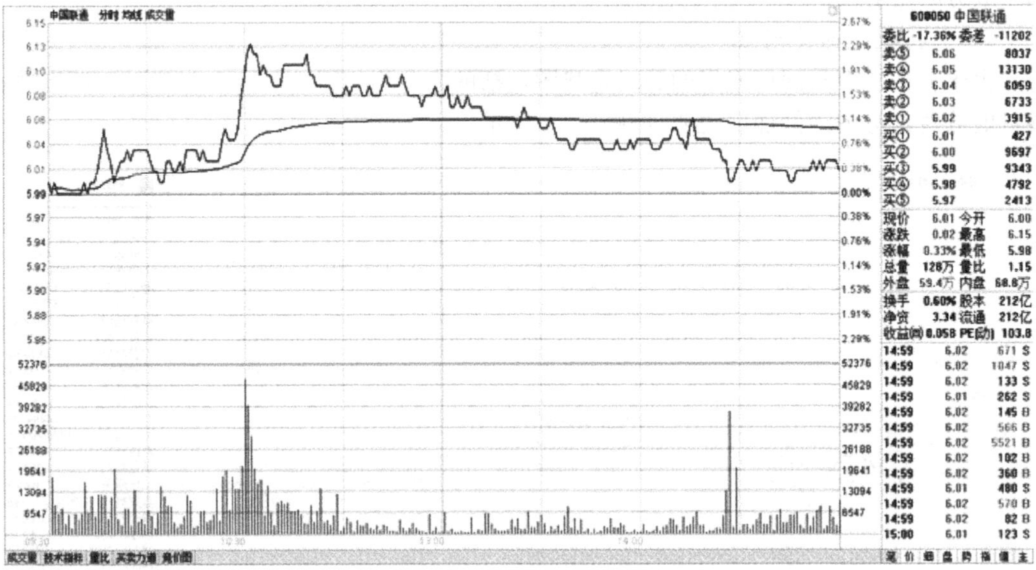

图 3－3　某日中国联通个股分时走势图

从图 3－3 中可以看到该图分为两部分，左边的是曲线图，右边窗口被几条横线分割成了相对独立的七栏。

左边曲线图的横坐标轴代表股票交易的时间，纵坐标轴代表的是股票价格及涨跌的百分比。在图中间的两条白色和黄色的曲线，白色曲线为中国联通在不同的交易时间的成交价格曲线，黄色的曲线为中国联通的股票成交价格平均线。上一个交易日的收盘价为中轴，白色和黄色的曲线围绕中轴上下运行，白色和黄色的曲线在中轴之上运行，说明与上一个交易日相比，股价涨了，白色和黄色的曲线在中轴之下运行，说明与上一个交易日相比，股价跌了。曲线图最下方的一条条黄色柱线代表的是股票每分钟的成交量。

图的右边窗口被几条横线分割成了相对独立的七栏，具体含义如下：

第一栏是股票代码和股票名称。

第二栏是委比，是用于衡量买卖盘相对强度的指标。委比的计算公式为：委比＝(委买手数－委卖手数)/(委买手数＋委卖手数)×100％(委买手数：委托买入五档之和；委卖手数：委托卖出五档之和)。委比的取值为－100％到＋100％，＋100％表示全部的委托均是买盘，涨停的股票的委比一般是100％，而跌停是－100％。委比为0，意思是买入(托单)和卖出(压单)的数量相等。若委比为正值，说明场内买盘较强，且数值越大，买盘就越强劲；反之，若委比为负值，则说明市道较弱。委比值从－100到＋100的变化是卖盘逐渐减弱、买盘逐渐强劲的一个过程。委差是委买委卖的差值，即托买入五档之和与委托卖出五档之和的差。委差一定程度上反映了价格的发展方向，委差为正，价格上升的可能性就大；反之，下降的可能性大。

第三、第四栏中显示了买卖盘的交易情况，委托买卖的价格、数量。投资者可以根据买卖盘价格分布的情况确定自己的买入或者卖出股票的具体价格。第三栏卖一、卖二、卖三、卖四、卖五为五档委托卖出价格，卖出价由高到低向下排列，排在后五位的申卖价格；第四栏显示的是买一、买二、买三、买四、买五为五档委托买入价格，是买入价由高到低向下排列，排在前五位的申买价格。

第五栏显示了中国联通在某日交易的情况。现价是即时成交价，今开是这一日的开盘价；涨跌是与上一交易日的收盘价格相比上涨跌了多少；涨幅是与上一交易日的收盘价格相比涨跌的幅度(如果上涨了，涨幅用红色的百分比表示；如果是跌了用绿色的百分比表示，并在百分比前加负号)；最高是当日最高成交价格；最低是当日最低的成交价格；总量是当日成交的总手；量比是衡量相对成交量的指标，具体是指开市后每分钟的平均成交量与过去5个交易日每分钟平均成交量之比，其计算公式为：量比＝(现成交总手数/现累计开市时间(分))/ 过去5日平均每分钟成交量。当量比大于1时，说明当日每分钟的平均成交量大于过去5日的平均值，交易比过去5日活跃；当量比小于1时，说明当日成交量小于过去5日的平均水平，交易比过去5日清谈；内盘外盘是反映在一个交易日内，主动卖出和主动买入的成交数量。内盘是投资者主动性卖出的累计成交量，外盘是投资者主动买入的累计成交量。简单地讲，内盘代表主动卖出股票的数量，外盘代表主动买入股票的数量。一般情况下，外盘的积累数量越大(和内盘相比)，说明主动性买盘越多，股票上涨的可能性越大；反之，内盘越大(和外盘相比)，说明主动性卖盘越多，股票下跌的可能性越大。

第六栏显示的换手就是换手率，指在一定时间内股票转手买卖的频率，是反映股票流通性强弱的指标之一，其计算公式为：换手率＝某一段时期内的成交量/发行总股数×100％(如果有限制流通的股份，则，换手率＝某一段时期内的成交量/流通股本×100％)；股本即总股本；流通即流通股本；净资即每股净资产；收益即每股收益(每股净利润)；PE为市盈利率，又分为静态市盈利率和动态市盈利率，其计算公式为：静态市盈率＝每股市价/最近一个财会计年度的每股盈利，动态市盈率＝每股市价/通过季报数据折算的年每股收益。

第七栏也就是最下面一栏从笔、价、细、日、联、值、主、筹不同角度显示股票的成交情况。“笔”选项中具体列出了在不同的交易时刻股票的交易价格和数量；“价”选项具体列出了不同成交价格的成交分布情况，从中可以看出何种价位成交量最多；“细”选项显示了逐笔成交明细；“日”选项显示了最近一段时间的日K线图；“联”选项显示了该股票所在市场的股票价格指数该日的分时图走势情况；“指”选项显示上证综指走势情况；“值”选项显示了诸如涨停价格、跌停价格、一些财务指标以及AH、NH、CDP等数量指标的具体数值[CDP是逆市操作指标，CDP=(H+L+2C)/4，H为前一日最高价；L为前一日最低价；C为前一日收市价，AH(最高价)=CDP+(H−L)，NH(近高价)=CDP×2−L]；“主”选项显示了不同交易时间主力大单买卖情况，即大单托盘和压盘情况；“筹”选项只要在当日日K线图的界面才能看到筹码的集中情况，即买入成本的分布情况。

四、K线图

K线又称蜡烛线、日本线、阴阳线，是指将股票每日(或每周、每月等)的开盘价、收盘价、最高价、最低价等涨跌变化状况，用图形的方式表现出来。

K线图最早是日本德川幕府时代大阪的米商用来记录一天、一周或一月中米价涨跌行情的图示法，后因其细腻独到的画图方式而被引入股市及期货市场。目前，这种图表分析法在我国以至整个东南亚地区均尤为流行。由于用这种方法绘制出来的图表形状颇似一根根蜡烛，加上这些蜡烛有黑白之分，因而也叫阴阳线。

K线是用开盘价、收盘价、最高价和最低价四种价格记录的某个时间段的证券价位，用来推测证券市场多空双方力量的对比。K线是由影线和实体组成。影线在实体上方的部分称为上影线，下方的部分称为下影线。实体分阴线和阳线两种，在现实行情中阳线用红色表示，阴线用蓝色表示。收盘价高于开盘价时，则开盘价在下收盘价在上，两者之间的长方柱用红色或空心绘出，称为阳线。其上影线的最高点为最高价，下影线的最低点为最低价。收盘价低于开盘价时，则开盘价在上收盘价在下，两者之间的长方柱用黑色或实心绘出，称为阴线。其上影线的最高点为最高价，下影线的最低点为最低价(见图3-4)。

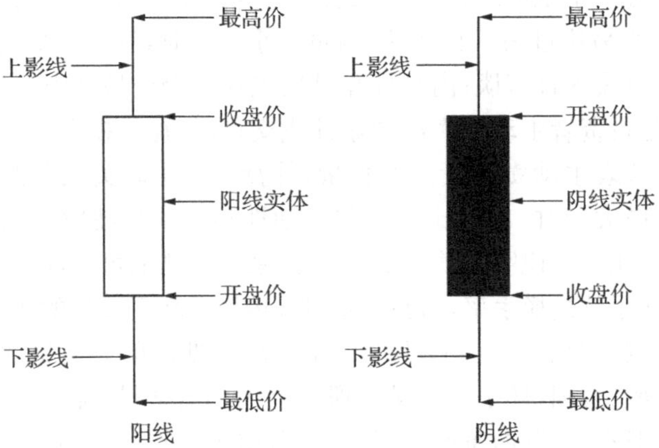

图3-4　K线的两种基本形态

根据K线的计算周期可将其分为日K线、周K线、月K线、年K线以及分钟K线，其中最重要的是日K线。一条日K线记录的是某种股票一天的价格变动情况，将每天的K线按时间顺序排列在一起，就组成这只股票自上市以来的每天的价格变动情况，这就称为日K线图。

K线的主要形状有带上、下影线阳(阴)线，光头光脚阳(阴)线，光脚阳(阴)线，光头阳(阴)线，十字星，T字型，倒T字型，一字型等，如图3-5所示。

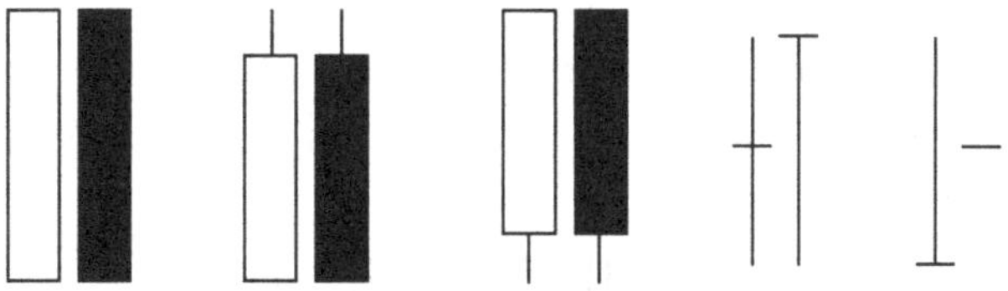

图 3-5 其余 10 种 K 线形状

在各种常用的证券行情软件中，从纵的角度划分，个股 K 线图界面主要由三部分组成（见图 3-6）。最上面部分是主图，由 K 线和 5 日、10 日、20 日、60 日均线构成的股价走势图，K 线是由红、蓝两种颜色的柱状图构成，4 条均线分别为 MA5、MA10、MA20、MA60（有的软件上是 5 条均线），用白、黄、红、绿不同颜色标识，均线的名字和颜色标注在界面的左上角；中间部分是由成交量构成的成交量图，最下面部分是由各类指标构成的指标分析图。

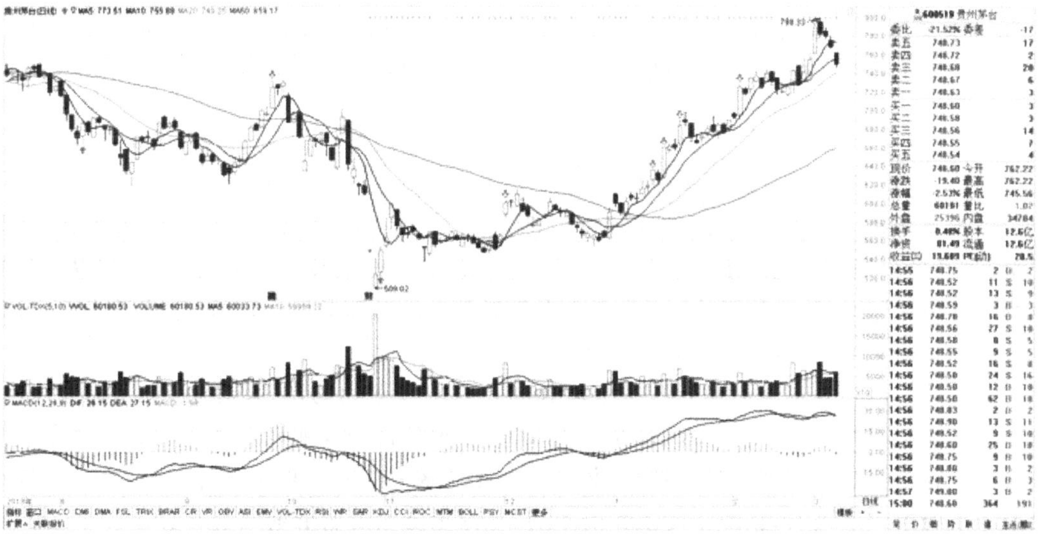

图 3-6 贵州茅台某一段时间的日 K 线图

从横的角度划分，个股 K 线界面是由左、右两部分组成的。左边是股票交易分析图，右边是股票交易信息栏，与个股分时走势图的信息是一样的。

五、特定符号的含义

当投资者观看股票行情时，往往会看到有些股票的名称前面突然冒出了英文字母，这些字母分别表示什么呢？

N：当股票名称前出现了 N 字，表示这只股是当日新上市的股票，字母 N 是英语 new（新）的缩写。看到带有 N 字头的股票时，投资者除了知道它是新股，还应认识到这只股票的股价当日在市场上不受 10％的涨跌幅限制（目前 A 股沪市、深市、创业板股票新股上市首日累积涨跌幅限制为 44％）。这样就较容易控制风险和把握投资机会。

XD：当股票名称前出现 XD 字样时，表示当日是这只股票的除息日，XD 是英语 Exclud（除去）Dividend（利息）的简写。在除息日的当天，股价的基准价比前一个交易日的收盘价要低，因为从中扣除了利息这一部分的差价。

XR：当股票名称前出现 XR 字样时，表明当日是这只股票的除权日。XR 是英语 Exclud（除去）Right（权利）的简写。在除权日当天，股价也比前一交易日的收盘价要低，原因在于股数的扩大，股价被摊低了。

DR：当股票名称前出现 DR 字样时，表示当天是这只股票的除息、除权日。D 是 Dividend（利息）的缩写，R 是 Right（权利）的缩写。有些上市公司分配时不仅派息而且送转红股或配股，所以出现同时除息又除权的现象。

“T”类股票包括 ST、*ST 。

ST：1998 年 4 月 22 日，沪深证券交易所宣布将对财务状况和其他财务状况异常的上市公司的股票交易进行特别处理（英文为 specialtreatment，缩写为“ST”）。其中，异常主要指两种情况：一是上市公司经审计两个会计年度的净利润均为负值；二是上市公司最近一个会计年度经审计的每股净资产低于股票面值。

*ST 是指由证券交易所对存在股票终止上市风险的公司股票，实行“警示存在终止上市风险的特别处理”，是在原有“特别处理”基础上增加的一种类别的特别处理。

本章小结

证券市场是有价证券及其衍生品发行与流通以及相应的组织和管理机制的总称；筹集资金、资产定价、资源配置、宏观调控、风险管理是其主要功能；按照不同的标准，可以对证券市场进行不同的分类；一般而言，证券市场的参与者包括证券市场主体、证券市场中介、自律性组织和证券监督管理机构等四大类。

证券发行市场是证券从发行人手中转移到认购人手中的场所，又称初级市场或一级市场。证券发行市场由证券发行人、证券认购人、证券承销商和专业服务机构构成。证券发行方式的选择对于能否顺利地发售证券、募足资金是非常关键的。按照发行对象的不同，可分为公募发行和私募发行；按照参与主体的不同，可分为直接发行和间接发行。

证券交易市场也称证券流通市场、二级市场、次级市场，是指对已经发行的证券进行买卖、转让和流通的市场，分为场内交易市场与场外交易市场两大类。证券上市是指已经发行的证券按照法定条件和程序在证券交易所公开挂牌交易的行为；终止上市是指彻底取消上市公司之上市资格，或者取消上市证券挂牌交易资格的制度。一个完整的证券交易流程包括开户、委托、竞价、结算和登记过户五个环节。

股票价格指数是指用于反映股票市场平均价格水平及其变动的数量指标，是运用统计学中的指数方法将报告期的股票价格与基期的股票价格相比较得出的相对价格指数，按照股票价格指数编制过程中涵盖的上市公司股票数量和种类的不同，将股票价格指数进一步区分为三类，即综合指数、成分指数和分类指数；了解股票市场行情表、分时走势图、K 线图是进行证券投资的第一步，是进行深入的技术分析的基础。

复习思考题

1. 什么是证券市场？其功能是什么？

2. 简述证券市场的参与者。
3. 证券市场的分类有哪些?
4. 简述证券发行市场的构成要素。
5. 证券发行方式有哪些?
6. 简述证券交易的程序。
7. 集合竞价和连续竞价是怎么进行的?
8. 什么是股票价格指数?其功能和特征是什么?
9. 如何读懂行情表?
10. 如何了解分时走势图和K线图?

第四章　有价证券的价格决定

学习目的

读者通过本章的学习，掌握债券、股票、基金以及其他有价证券的定价方法，理解有价证券价格决定的贴现模型，熟悉影响债券市场价格变动的主要因素，了解收益率曲线和利率的期限结构，熟练掌握常用的分析股票投资价值的指标及影响股票市场价格的主要因素。

第一节　债券的价格决定

影响债券价格的因素有很多，包括债券条款的设计和外界因素，如债券票面利率、期限和市场利率等。其中，对债券市场价格起决定性作用的因素是债券的内在价值，即它能给持有者带来一系列未来收益的现值，也称为理论价格。债券的市场价格受多种因素影响，但它围绕着内在价值上下波动。

一、债券定价的金融数学基础

对于使用任何一种金融工具进行分析时，都要考虑货币的时间价值。货币时间价值是指货币经历一定时间的投资和再投资所增加的价值，也称为资金时间价值。考虑货币的时间价值，主要有两种表达形式：终值与现值。

（一）终值

终值是指今天的一笔投资在未来某个时点上的价值。终值的计算公式为（以复利计算为例，单利略）：

$$P_n = P_0(1+r)^n$$

其中，n 为期限；P_n 为从现在开始 n 个时期的未来值，即终值；P_0 为初始的本金；表达式 $(1+r)^n$ 表示现在投入一个货币单位按照复利计算在 n 个期限后的价值。

（二）现值

现值是终值计算的逆运算，即未来所获得的现金流量折合到现在这个时点上的价值。其计算公式为：

$$P_0 = \frac{P_n}{(1+r)^n}$$

已知未来值计算现值的过程称为贴现，所以现值常被称为贴现值，其利率 r 则被称为贴现率。

任何一种金融工具的价值或理论价格都等于这种金融工具能为投资者带来的未来现金流的贴现值。债券的理论价格等于未来收益现金流按一定的贴现率折算成的现值。债券根据付息方式不同，可以分为附息债券、零息债券和贴现债券，下面根据这种分类具体分析其定价模型。

二、不同种类债券的定价模型

（一）附息债券的理论价格确定

附息债券的特点是分期付息、到期归还本金。以一年付息一次为例：

$$P=\frac{C}{(1+r)}+\frac{C}{(1+r)^2}+\cdots+\frac{C}{(1+r)^n}+\frac{M}{(1+r)^n}$$

$$=\sum_{t=1}^{n}\frac{C}{(1+r)^t}+\frac{M}{(1+r)^n}$$

其中，P 为债券的理论价格；C 为每年支付的利息；M 为票面价值；n 为年数；r 为必要收益率（贴现率）；t 为第 t 年。

［**例题**］　某债券票面面值是 100 元，票面利率 6%，期限为 6 年，按年支付利息，到期归还本金，必要收益率为 8%，测算其理论价格。

代入公式得：

$$P=\sum_{t=1}^{6}\frac{100\times 6\%}{(1+8\%)^t}+\frac{100}{(1+8\%)^6}=90.75(\text{元})$$

（二）一次性还本付息债券的理论价格确定

债券到期后一次性还本付息，之前不支付任何利息。其理论价格计算公式为：

$$P=\frac{M(1+i)^n}{(1+r)^n}$$

（三）贴现（零息）债券的理论价格确定

贴现债券的特点是债券以低于票面面值的价格发行，到期按票面金额支付。其计算公式为：

$$P=\frac{M}{(1+r)^n}$$

三、影响债券市场价格的主要因素

债券的内在价值是决定债券市场价格的主要因素，但债券的市场价格与其内在价值并不一致，很多情况下甚至与其背离较远。这是因为，影响债券市场价格的因素诸多，这些因素影响债券的收益、风险和供求关系，从而导致债券的市场价格波动。一方面，债券因发行主体、条款设计等自身因素不同，会使得债券的风险和收益不同；在其他条件相同的情况下，人们的需求发生变化，投资者会要求与风险相应的风险报酬率，这就体现到债券价格和票面利率的不同，高风险的债券市场价格往往较低或者票面利率较高。另一方面，外界环境，如经济形势等外在因素的变化同样会使债券的供求关系变化，导致债券市场价格变动。

（一）内在因素

1. 债券期限

债券期限越长，人们越难以预测企业未来的状况，风险也就越大。比如，企业债券由于未来不确定因素很多,企业未来经营状况很难确定,也可能企业某日受自然灾害影响面临破产,难以偿付到期债券。在其他条件相同时,债券期限越长,投资者对此的需求越少或者要求的收益率越高,该类债券的市场价格往往偏低或者票面利率偏高,这样才能吸引投资者购买。

2. 票面利率

票面利率决定着持有者未来获取的债券利息。根据债券的定价模型,票面利率越高,价格越高。如果票面利率高于贴现率,债券的发行人支付的利息高于平均水平,因而通过溢价发行弥补多支付的那部分利息。如果票面利率低于贴现率,投资者的利息低于平均水平,发行人将通过折价发行来弥补投资者的利息损失。

3. 税收待遇

债券享有的税收待遇不同,会影响投资者的收益,债券的市场价格也因此不同。由于某种债券享有税收优惠待遇,持有人的税后收益会增加,投资者的需求则相应增加,由此导致债券的市场价格上升。同等条件下,享有税收优惠的债券市场价格更高或者需求非常旺盛。比如,2006 年 6 月 1 日发行的第三期凭证式国债,其中 3 年期的债券利率是 3.14%,而 3 年期的银行存款利率为 3.24%,但由于投资国债可免缴 20%的利息税,与同期定期存款相比,该期国债的收益率比 3 年期定期存款利率高出 0.548%,这是当期国债非常抢手的原因之一。

4. 提前赎回条款

提前赎回条款是赋予债券的发行人拥有在债券到期前按约定的赎回价格部分或全部偿还债券的一种权利。发行人可以根据市场行情选择某个时刻执行这个权利,实质是发行人拥有的一种看跌期权。比如,当市场利率低于票面利率时,为了减少利息支付,发行人可以发行新债还旧债,节省资金成本。但对投资者而言,这是一种风险,因为他不知何时债券会赎回以及再投资的利率高低,相应就要求债券有较高的收益率。具有提前赎回条款的债券的票面利率较高或者市场价格较低,这样才能使得其收益率较高。

5. 债券的流动性

债券的流动性是指债券能够不受损失或很少损失的变现。流动性强的债券,表明其风险较小,该类债券的市场需求较大,价格较高。

6. 债券的信用级别

债券因发行主体不同,其信用级别和偿还风险也不同。信用级别高的债券,市场需求大,相应价格就会偏高。如同等条件的企业债券和国债,国债几乎没有偿还风险,而企业债券的偿还风险相对较大,同等情况下国债可以保持较高的市场价格,企业债券的价格则相对较低。

(二) 外在因素

1. 市场利率

市场利率代表了其他金融资产的收益率,与债券价格呈反向变动关系。投资者将债券的票面利率和市场利率比较从而进行资产转换,导致债券需求变化而影响价格。若市场利率高于债券的票面利率,债券持有人就会将手中的债券转换为其他利率较高的金融资产,债券需求下降,价格走低;如果市场利率低于债券票面利率,则对债券的需求增加,债券价格随之攀升。

2. 经济周期与经济政策

一国经济所处的经济周期阶段会影响债券的供给和需求,影响债券价格。一国在经济增长阶段,往往需要大量的资金进行投资建设,政府、企业会通过发行债券筹集资金,债券供给增多,对债券的需求相对较小,债券价格随之下降。当一国经济处于衰退、萧条时期,投资项目减少，企业、政府资金需求下降，债券发行减少；相比之下，对债券的需求增加，债券价格上升。另外，经济发展阶段不同，采取的经济政策也会有区别，同样会影响债券的价格。例如，当经济高速增长时，为了防范经济过热，一国可能会采取紧缩性的财政政策和货币政策，利率上升，债券价格将会下降；当经济萧条时，一国会采取宽松的财政和货币政策，降低利率，鼓励投资，债券价格将会上升。

3. 其他因素

其他经济变量，如通货膨胀、汇率等也会引起债券价格变动。这些因素的变化导致对国内外金融资产需求的变化，引起资金在各国之间流动。如预期本国发生通货膨胀，本币将要贬值，本币债券的持有人会将手中的债券兑换成外币资产，对本币债券的需求下降，本币债券价格下跌；反之，预期本币升值，对本币的需求增加，对本币金融资产如债券的需求随之增加，本币债券价格上升。

四、收益率曲线和利率期限结构

债券的到期收益率又称最终收益率，是购买债券持有到期时的收益率，也是投资购买债券的内部收益率，即可以使投资购买债券获得的未来现金流量的现值等于债券当前市价的贴现率。它与购买时的债券市场价格成反比。不同期限的同种债券，其收益率有所不同。利率期限结构就是研究债券的到期收益率和债券期限之间的关系的理论，收益率曲线是利率期限结构的表现形式。

（一）收益率曲线

以债券的到期期限为横轴，到期收益率为纵轴建立坐标平面，将同种债券的不同期限的收益率连接起来就是收益率曲线。它描述了同种债券的到期期限和到期收益率间的关系。

实际中的收益率曲线主要有四种类型，向上倾斜、向下倾斜、水平和拱形，如图 4－1 至图 4－4 所示。向上倾斜型收益率曲线表示短期债券的利率低于长期债券的利率（见图 4－1）。向下倾斜型收益率曲线表示短期债券的利率高于长期债券的利率（见图 4－2）。水平收益率曲线表示长、短期债券的利率接近相等（见图 4－3）。拱形收益率曲线表示某一期限之前，短期债券利率低于长期债券利率，之后短期债券利率高于长期债券利率（见图 4－4）。

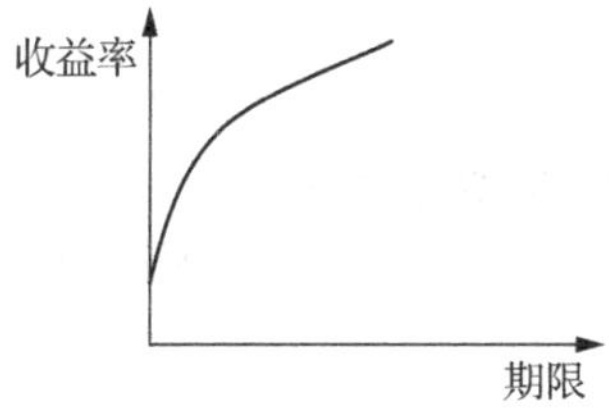

图 4－1　向上倾斜型收益率曲线

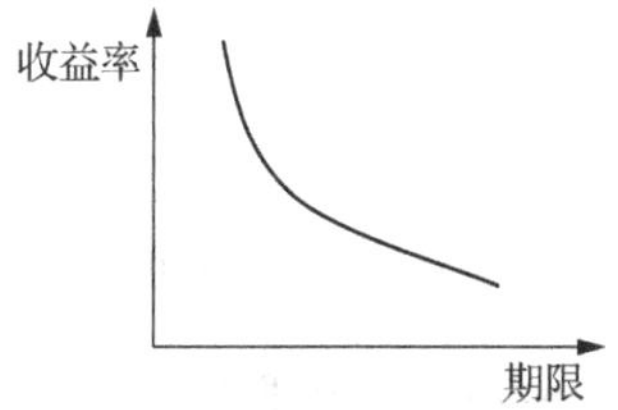

图 4－2　向下倾斜型收益率曲线

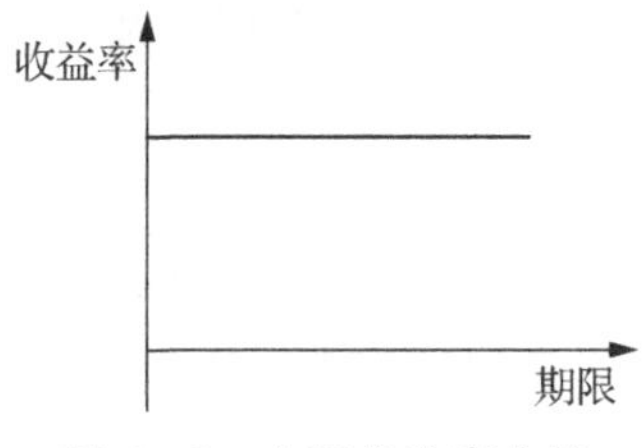

图 4－3　水平收益率曲线

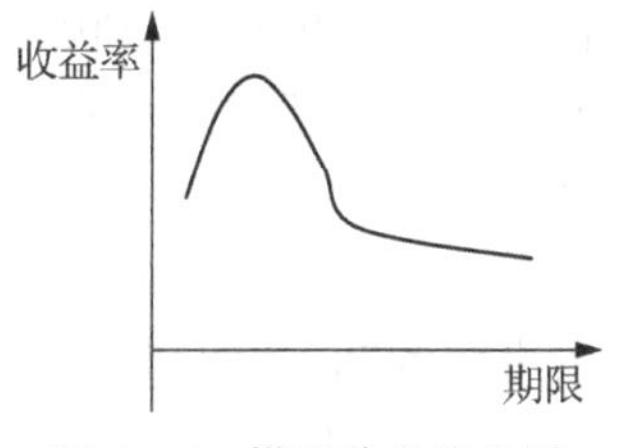

图 4－4　拱形收益率曲线

上述四种图形只是一种完美的图形,实际中的收益率曲线并不如此光滑。图 4-5 以美国国债为例给出了实际中债券收益率曲线的情况,图 4-6 显示了由红顶金融工程研究中心提供的 2011 年 4 月我国国债收益率曲线。

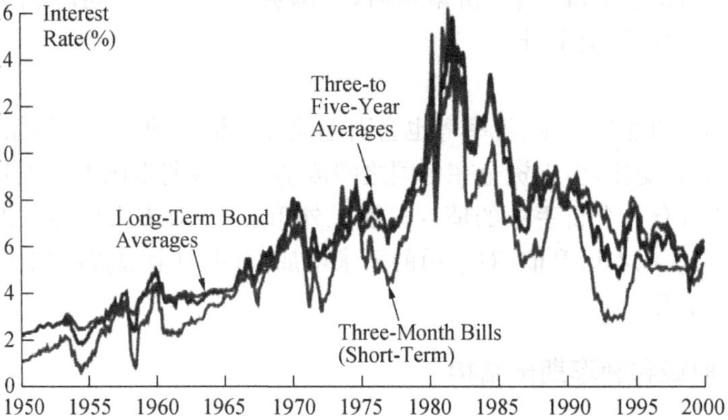

图 4-5 不同到期日美国国债利率的变动

(图形来源:Frederic S.Mishkin 著.货币金融学.北京:中国人民大学出版社,1998)

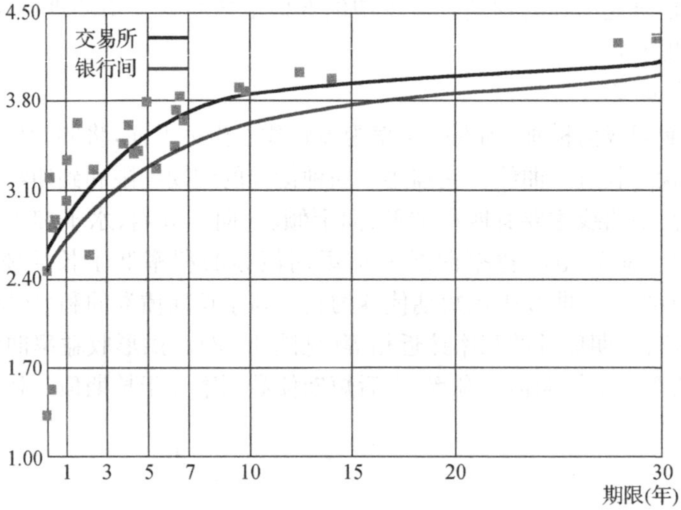

图 4-6 2011 年 4 月 29 日我国国债收益率曲线

(图形来源:http://bond.money.hexun.com/data/yield.aspx 红顶金融工程研究中心)

(二) 利率期限结构理论

利率期限结构理论是解释债券的到期收益率和期限之间关系的理论,即解释债券的收益率曲线为什么会表现出某种形状,主要有两派不同的理论——预期理论及市场分割理论,预期理论主要包括纯预期理论和流动性偏好理论。

1. 市场预期理论

市场预期理论(The Market Expectations Theory)认为,利率期限结构形状取决于对未来即期利率的市场预期;远期利率(资金供求双方事先在远期合约上约定的在 1 年以后贷出资金的 1 年期利率)等于市场整体对未来短期利率的预期。如果预期未来短期利率上升,收益率曲线将向上倾斜；如果预期未来短期利率波动幅度不大，则收益率曲线呈水平状；如果预期急剧下跌，则收益率曲线向下倾斜。分析过程如下：

假设市场完美，不考虑交易成本等因素，投资者以追求资产的收益率为目标。一投资者将做2年期的投资，有两种选择：一是购买1年期的债券，期满后再购买1年期的债券；二是购买2年期的债券。设1年期债券的利率为 i_t，2年期债券的利率为 i_{2t}，预期1年后的短期利率为 $E(i_{t+1})$，1年期远期利率为 i_{t+1}。

按复利计算，第一种投资方案的预期收益为 $(1+i_t)(1+E(i_{t+1}))$。

投资1年同时进行1年期的远期投资的收益为 $(1+i_t)(1+i_{t+1})$，这种投资的收益为确定值。

第二种投资方案的到期收益为 $(1+i_{2t})^2$，此种方案的收益也是确定值。

在假设成立的前提下，有：

第一，在市场完美并达到均衡的情况下，两种方案的确定收益 $(1+i_t)(1+i_{t+1})=(1+i_{2t})^2$。如果某时刻两者不相等，远期利率低使得前者低于后者，则对1年期债券的需求减少以及远期投资的需求也减少，其远期利率将上升；对2年期债券的投资增加，其价格上升，收益率下降，经过市场投资行为的不断调整，两者最终相等。

第二，$E(i_{t+1})=i_{t+1}$。同上面的分析类似，如果 $E(i_{t+1})>i_{t+1}$，投资者就不愿意投资2年期债券，而是选择投资1年后再投资。2年期债券的需求减少，价格下降，收益率提高，从而使得远期利率 i_{t+1} 上升；同时1年期债券的大量到期，使得1年后资金供给过多，市场预期利率 $E(i_{t+1})$ 下降。反之，$E(i_{t+1})<i_{t+1}$，投资者将投资2年期的债券，需求增加，其价格上升，收益率下降，导致远期利率 i_{t+1} 下降，同理 $E(i_{t+1})$ 上升。经过不断调整最终使得：

$$E(i_{t+1})=i_{t+1}$$

根据上述分析，投资者投资期限为 n 年的债券和分 n 次投资1年期债券的收益相等。

按复利计算有：$(1+i_n)^n=(1+r_1)(1+fr_2)\cdots(1+fr_n)=(1+i_{n-1})^{n-1}(1+E(i_n))$

$$i_n=[(1+r_1)(1+fr_2)\cdots(1+fr_n)]^{1/n}-1$$

因为：　$(1+i_{n-1})^{n-1}=(1+r_1)(1+fr_2)\cdots(1+fr_{n-1})$

所以：　$fr_n=E(i_n)$

按单利计算有：$1+n\times i_n=1+r_1+fr_2+fr_3+\cdots+fr_n=1+(n-1)\times i_{n-1}+E(i_n)$

$$i=(r_1+fr_2+fr_3+\cdots+fr_n)/n$$

同理：　$fr_n=E(i_n)$

式中：i_n 为 n 年期债券的年利率；r_1 为1年期的即期利率；$fr_2, fr_3\cdots fr_n$ 投资期限为1年的远期利率；$E(i_n)$ 预期第 n 期的即期利率。

将上述两公式结合起来，得出结论：远期利率是市场整体对未来短期利率的预期；每一期限债券的利率都包含市场对未来短期利率的预期值。

因此，利率期限结构的形状反映了当前市场对未来即期利率的预期。如果收益率曲线向上倾斜，长期债券利率高于短期利率，表明市场预期未来即期利率上升；如果呈水平状，则表明市场预期未来即期利率变化不大；如果向下急剧倾斜，则表明市场预期未来即期利率下跌。依据此判断，可做出投资决策。预期未来即期利率上升，意味着债券的价格将会下跌，此时卖出债券是最佳的选择；如果预期未来利率将下跌，买入债券，等待价格上升后卖出，赚取价格差。

市场预期理论也存在一些缺陷。该理论假设市场完美，投资者在选择投资品种时以收益率为目的，与实际存在差距。投资者在选择投资品种时不仅要考虑收益，还会考虑债券的风险以及流动性等。另外，市场预期理论不能解释收益率曲线为什么通常向上倾斜。收益率曲线向上倾斜表明预期未来利率上升，但实际上利率可能上升，也可能下降。这与该理论的推断不符。

2. 市场分割理论

市场分割理论（The Market Segmentation Theory）较少考虑市场投资者的预期，而是从最直接的债券市场供求关系角度来分析债券利率与期限的关系。市场分割理论的基本观点是不同的投资者受法律、偏好或其他因素等限制，只会选择一种债券，投资者不能自由地将资金在市场间转移。这样，债券市场分为长、中、短期市场，各市场是分离的。因此，每种期限的债券利率由该类期限的债券市场的供求决定。

与预期理论假设不同，市场分割理论认为，投资者在选择投资品种时不是单纯基于收益考虑，而是出于自身的需要、偏好、法律以及到期期限等考虑而投资。也许一个投资者对债券的流动性要求较高，将选择短期债券；另一个投资者长时间内不需要持有现金，则会购买长期债券。投资者一般不会轻易转换投资品种。这样，债券市场就严格分为短期、中期和长期市场。每个市场上的均衡利率由该市场上的供求来决定。如果短期市场上的均衡利率大于中期、长期市场的均衡利率，则收益率曲线向下倾斜；反之，当短期市场的均衡利率低于中期、长期市场的均衡利率时，收益率曲线向上倾斜。而一般情况下，投资者偏好短期债券，对长期债券需求较少，长期债券价格低而收益率高，从而使得收益率曲线通常向上倾斜。

3. 流动性升水理论

流动性升水理论（The Liquidity Premium Theory）进一步发展了市场预期理论，引入流动性升水因素。其主要观点是，长期债券的利率包含着对未来即期利率的预期和一定的流动性升水。

债券期限越长，不确定因素越多，流动性降低，在同等收益水平下，投资者更愿意持有短期债券，以保持较高的流动性。只有长期债券的投资收益略高于投资一系列短期债券的预期收益，投资者才会投资长期债券，即要求缺乏流动性的长期债券给予流动性补偿，或称为流动性升水；否则不会持有长期债券。对于长期债券发行者而言，由于频繁再融资要承担较多的发行费用，加上未来再融资的高成本风险较大，他们愿意给予一定的流动性补偿，以保证长期债券有市场需求。因此，长期债券的利率是在对未来短期利率预期的基础上，加上一定的流动性升水。

根据流动性升水理论，预期短期利率上升，加上流动性升水的存在，长期利率大于短期利率，收益率曲线向上倾斜；预期短期利率变动不大，但由于存在流动性升水，收益率曲线也会稍微向上倾斜。预期短期利率大幅下跌，由于存在正的流动性升水，收益率曲线向下倾斜的幅度小于利率下降的幅度。流动性升水理论能够较好地解释，在预期短期利率上升和下降相当的情况下，为什么在现实中收益率曲线向上倾斜的频率大于向下倾斜的频率。

同样，根据收益率曲线的形状可以大致推出预期利率的趋势。如果收益率曲线向上倾斜幅度大，预期利率上升，卖出债券；如果收益率曲线上升幅度不大，考虑到流动性升水，预期利率可能变动不大；如果收益率曲线水平或向下倾斜，预期利率将会下跌，此时应买入债券，等待利率下跌后卖出债券。

上述三种利率期限结构理论解释了收益率曲线的形成原因，各有利弊。实际中，根据收益率曲线判断未来利率变化趋势时，应综合考虑市场预期、流动性升水、投资者偏好以及其他因素，在此基础上做出正确的投资决策。

第二节 股票的价格决定

股票之所以有价格，是因为它代表着持有股票的收益权，即能给它的持有者带来股利和资本利得收入。股票交易实际上是对未来收益权的转让买卖，股票价格就是对未来收益的评定。

另外，股票是企业的所有权凭证，股票的内在价值就是企业的价值。从理论上说，企业价值等于企业未来现金流量的折现值，但是，企业未来的现金流是不确定的，估值也只能视经营环境的变化、竞争对手的行为、管理决策的对错、运营效率的高低等情况而变化，折现率也随着风险状态和经济环境而不断变化。因此，未来现金流和折现率的不确定性及不可预知性决定了各种价值模型计算出来的内在价值只是股票真实的内在价值的估计值。所以，单纯依赖股票定价模型进行投资分析具有片面性，还应综合考虑影响股票市场价格的其他因素，对股票价格的变动趋势作定性分析。只有定性和定量分析相结合，股票价格分析才会更加全面。

一、股票的价格类别

（一）票面价值

股票的票面价值又称面值，是指股票票面上标明的金额。其确定是以公司的资本金总额为基础，每一单位股票所代表的公司的资本金即股票的面值。也有的股票不标明票面金额，称为份额股票。票面价值的主要作用在于确定每一单位股份拥有的公司所有权大小，据此作为分红派息的依据。我国发行的股票一般是每股面值 1 元。

（二）内在价值

股票的内在价值又称理论价格。股票的内在价值在于它能够带给投资者未来收益，如股息、红利和买卖差价收入等。因此，根据收益资本化原理，未来收益的现值即股票的内在价值，它是决定股票市场价格的基础。在进行投资分析时，需要比较股票的内在价值和市场价格，确定股票是低估还是高估，由此做出买卖决策。

（三）账面价值

账面价值也称股票净值或每股净资产，是指每股股票所代表的公司实际资产的价值。具体等于公司的净资产（股东权益）除以发行在外的普通股的股数。在进行证券投资时，投资者比较看重该指标，尤其在以前，认为账面价值是股票的投资价值所在，后来逐渐认识到账面价值是净资产的数量体现，更重要的是净资产的质量，即资产的获利能力。

（四）清算价值

清算价值是公司清算时每个股份所代表的公司实际净资产价值。从理论上看，清算价值等于公司清算时的股票账面价值。但由于清算时公司资产实际出售的价格与账面价值不一致，加上清算费用等原因，股票的清算价值与账面价值并不一致，往往低于账面价值。

二、股票价格的确定方法

股票的估值方法很多，但总的来说，可分为两大流派：绝对估值法和相对估值法。另外一些学者根据因素分析和计量统计衍生出的估值方法，主要包括信息观估值理论、计量观估值理论和期权估值理论等。

（一）绝对估值法

绝对估值法又称内在价值法、贴现法，主要包括公司贴现现金流量法(DCF)、现金分红折现法(DDM)。该理论最早可以追溯到欧文·费雪(Irving Fisher)的资本价值理论。费雪在其1906年的著作《资本与收入的性质》(The Nature of Capital and Income)中，完整地论述了收入与资本及价值的关系。他认为，资本能带来一系列的未来收入，因而资本的价值实质上就是未来收入的贴现值。

（二）相对估值法

相对估值法亦称可比公司法，是指对股票进行估值时，对可比较的或者有代表性的公司进行分析，特别要关注有着相近业务以及相似规模的其他公司的股票价格，以获得估值基础。比如，在新股发行时，主承销商审查可比较的发行公司的初次定价和它们的二级市场表现，然后根据发行公司的特质进行价格调整，为新股发行进行估价。在运用可比公司法时，可以采用比率指标进行比较，比率指标包括P/E(市盈率)、P/B (市净率)、P/S(市销率)、EV/EBITDA (企业价值与利息、所得税、折旧、摊销前收益的比率)等。其中比较常用的比率指标是市盈率、市净率和市销率。

三、股票估值方法比较

在两类主要方法中，相对估值法的特点是主要采用乘数方法，如PE估值法、PB估值法、PEG估值法、EV/EBITDA估值法。绝对估值法的特点是主要采用折现方法，如现金流量折现方法、期权定价方法等。

相对估值法因其简单易懂，便于计算而被广泛使用。但事实上，每一种相对估值法都有其一定的应用范围，并不是适用于所有类型的上市公司。比如，一般认为P/E值越低，公司越有投资价值。因此，在P/E值较低时介入，较高时抛出是比较符合投资逻辑的。但是，实际操作中，频繁出现"反P/E法"操作的投资者平均收益却颇丰，原因就在于PE法并不适用于具有强烈行业周期性的上市公司。另外，大多数投资者只是关心PE值本身变化以及与历史值的比较，PE估值法的逻辑被严重浅薄化。逻辑上，PE估值法下，绝对合理股价P=EPS·P/E；股价决定于EPS(每股收益)与合理P/E值的积。在其他条件不变的情况下，EPS预估增长率越高，合理P/E值就会越高，绝对合理股价就会出现上涨；高EPS成长股享有高的合理P/E，低成长股享有低的合理P/E。

绝对估值法与相对估值法几乎同时引入我国，但一直处于边缘化的尴尬地位，绝对估值法一直被认为是"理论虽完美，但实用性不佳"。不过，2004年以来，绝对估值法(内在价值法)边缘化的地位得到极大改善，主要因为，作为中国股市行业结构主体的工业类上游行业，特别是能源与原材料行业，其周期性极强。2004年5月以来的宏观调控使原有的周期性景气上升期间广泛使用的"自上而下"的研究方法(宏观经济分析——行业景气判断——龙头公司盈利预测)的重要性下降；而在周期性景气下降，用传统相对估值法评价方法无法解释公司股价与内在价值的严重背离的背景下，细分行业、精选个股的“自下而上”的研究方法的重要性上升，公司内在价值法开始逐渐被重视。

四、股票价格的绝对估值理论

（一）股票定价的一般模型

股票的投资价值在于能够给投资者带来股利和买卖股票的差价收入，股票的理论价格就是未来收益的现值。股息、红利可以根据上市公司的股利政策来推断，而股票未来的转让价格很难预测。在此假设无限期持有股票，也就意味着未来的收益只有股利。

设股票的理论价格为 V，第 t 期的股利为 D_t，必要收益率（贴现率）为 r，股票目前的市场价格为 P，则有：

$$V=\frac{D_1}{1+r}+\frac{D_2}{(1+r)^2}+\frac{D_3}{(1+r)^3}+\cdots+\frac{D_n}{(1+r)^n}(n\rightarrow\infty)=\sum_{n=1}^{\infty}\frac{D_n}{(1+r)^n}$$

比较股票的理论价格 V 和目前的市场价格 P，如果 $V>P$ 则可以投资；反之，则投资价值不大。这种方法与判断项目投资价值的“净现值法”相同。令 NPV 为净现值：

$$NPV=V-P=\sum_{n=1}^{\infty}\frac{D_n}{(1+r)^n}-P$$

如果 $NPV>0$，则可以投资该股票；反之，则不宜投资。

另一种判断项目投资价值的方法——内部收益率法，同样可以应用于此。内部收益率是指净现值等于零时的贴现率。如果用 r^* 代表内部收益率，则有：

$$NPV=\sum_{n=1}^{\infty}\frac{D_n}{(1+r^*)^n}-P=0$$

通过上式可解出内部收益率 r^*。将 r^* 与具有同等风险水平的股票的必要收益率（用 r 表示）进行比较，如果 $r^*>r$，则可以购买这种股票；反之，不宜购买这种股票。

现实中，由于不同的公司有不同的股利政策，同一公司在不同的经营发展阶段，其股利分配政策也有所变化。下面将结合相应的假设条件，介绍一些典型的估价模型。

（二）零增长模型

零增长模型假设公司每期的现金股利均相等，即股息增长率为零。设每期股利为 D，依据上面的定价原理，股票的内在价值为：

$$\begin{aligned}V&=\frac{D}{1+r}+\frac{D}{(1+r)^2}+\frac{D}{(1+r)^3}+\cdots+\frac{D}{(1+r)^\infty}\\&=\sum_{n=1}^{\infty}\frac{D}{(1+r)^n}\\&=\frac{D}{1+r}\times\left(\frac{1}{1-\frac{1}{1+r}}\right)\\&=\frac{D}{r}\end{aligned}$$

运用净现值法，如果 $NPV=V-P=\frac{D}{r}-P>0$，则可以投资；反之，不宜投资。

运用内部收益率法，令 $NPV=\frac{D}{r^*}-P=0$，求得 r^*。比较 r^* 与 r，如果 $r^*>r$，则进行投资，反之不宜投资。

［**例题**］ 某上市公司对每股普通股固定支付 2 元的股利，公司的必要收益率为 6%。该股票的理论价格是多少？假如该股票的市场价格是 27 元，不考虑其他因素，应如何决策？

$$V=\frac{D}{r}=\frac{2}{6\%}=33.33(\text{元})$$

运用净现值法：$NPV=V-P=33.33-27>0$

运用内部收益率法：$\frac{D}{r^*}-P=0$，$\frac{2}{r^*}-27=0$，求得 $r^*=7.41\%>6\%$。

因此，在不考虑其他因素的情况下，该股票被低估，应买入该股票。

零增长模型给出了最简单的股利分配情况，但在现实中，很少有公司能保持不变的股利分配金额。公司往往会根据自身的经营情况和发展战略，调整股利分配的额度。下面将进一步探讨放宽假设条件的估价模型。

（三）不变增长模型

不变增长模型假设公司的每期股利在上一期股利的基础上以固定的比率增长。设上一年的股利为 D_0，D_0 为已知值，股利的增长率为 g，则第 t 期股利为：

$$D_t=D_0(1+g)^t$$

股票的内在价值为：

$$V=\frac{D_0(1+g)}{1+r}+\frac{D_0(1+g)^2}{(1+r)^2}+\frac{D_0(1+g)^3}{(1+r)^3}+\cdots+\frac{D_0(1+g)^\infty}{(1+r)^\infty}$$

进一步整理得：

$$V=D_0\sum_{n=1}^{\infty}\left(\frac{1+g}{1+r}\right)^n=D_0\left(\frac{1+g}{r-g}\right)$$

由于 $D_1=D_0(1+g)$，故：

$$V=\frac{D_1}{r-g}$$

在实际计算中，要区分已知条件给出的是上一期的股利，还是第一期的股利，套用正确的公式计算。

利用净现值法和内部收益率法来进行投资决策。

净现值 $NPV=D_0\left(\frac{1+g}{r-g}\right)-P$，若 $NPV>0$，则可以进行投资；反之，不宜投资。

内部收益率法：令内部收益率为 r^*，则：

$$D_0\left(\frac{1+g}{r^*-g}\right)-P=0$$

求得 r^* 与必要收益率 r 比较，如果 $r^*>r$，则进行投资；反之，不宜投资。

［**例题**］ 预计某公司2007年以后每股股利以每年3%的比率增长。2006年支付股利为每股0.8元，该公司的必要收益率为8%。求其理论价格。如果当时的股价为20元，如何决策？

$$V=D_0\left(\frac{1+g}{r-g}\right)=\frac{0.8(1+3\%)}{8\%-3\%}=16.48(\text{元})$$

求其净现值：$NPV=16.48-20<0$

求内部收益率：$D_0\left(\frac{1+g}{r^*-g}\right)-P=0$，得 $r^*=7.12\%<8\%$

不考虑其他因素时，该股票可能被高估，应持观望态度，或者卖出该股票。

公司的股利要么不变，要么以固定比率增长，均是较为理想的状态。公司的经营状态、发展阶段使得股利分配很难保持或不变增长。如果公司处于成长发展阶段，需要大量的资金投资，则公司分配的股利可能较少，甚至呈下降趋势。随着公司自身利润的增长，会逐渐增加股利分配。当公司发展成熟时，其利润也相对稳定，这时公司分配的股利可能稳定不变。而当公司进入衰退期时，则股利有可能呈递减趋势。下面将要介绍的模型即基于这样的分析，认为公司的股利变化分几个阶段。

（四）多元模型

1. 一般模型

多元增长模型相对前两个模型而言，比较贴近实际。它将企业生命周期与股利分配变化结合起来，认为在公司成长发展阶段，利润不太稳定，公司的股息没有严格的规律可循，公司往往根据投资需求、收益等因素来决定股利政策；到了成熟稳定期时，公司利润基本稳定，股利分配也趋于稳定，这时股利可能稳定不变，也可能呈稳定增长趋势。

基于上述分析，公司的股息变化可分为两个阶段：在第一阶段，每期股利呈无规则变化；在第二阶段，股利以不变增长率增长。股票的内在价值等于这两个阶段的现值总和。

设第一阶段持续的期限为 t，其现值为 V_t，则：

$$V_t=\sum_{n=1}^{t}\frac{D_n}{(1+r)^n}$$

第二阶段为 t 期以后，设其现值为 $V_{(t+1,\infty)}$。根据不变增长模型，t 期以后的股利折算到 t 期的现值为 $\frac{D_{t+1}}{r-g}$，需要进一步贴现到初期，故有：

$$V_{(t+1,\infty)}=\frac{D_{t+1}}{(r-g)(1+r)^t}$$

将第一阶段和第二阶段的现值相加，有：

$$V=V_t+V_{(t+1,\infty)}=\sum_{n=1}^{t}\frac{D^n}{(1+r)^n}+\frac{D_{t+1}}{(r-g)(1+r)^t}$$

［**例题**］ 预期某公司未来3年每年派发的股利分别为每股0.1元、0.3元、0.4元；第四年后股利以不变增长速度6%增长，公司的必要收益率为8%。求股票的内在价值。

$$V=\sum_{n=1}^{t}\frac{D_n}{(1+r)^n}+\frac{D_{t+1}}{(r-g)(1+r)^t}$$

$$=\frac{0.1}{1+8\%}+\frac{0.3}{(1+0.08)^2}+\frac{0.4}{(1+0.08)^3}+\frac{0.4(1+6\%)}{(8\%-6\%)(1+0.08)^3}$$
$$=17.50(\text{元})$$

上述模型的繁琐之处在于需要估测第一阶段的每期股利，对投资者而言非常困难。因此，对公司股利的变化做进一步的假设，将其简单化，推导出二元和三元模型。下面简要介绍二元模型和三元模型的假设和计算思路。

2. 二元模型

二元模型假设在时间 t 之前，股利以不变增长速度 g_1 增长，t 之后股利以不变增长速度 g_2 增长，则：

$$V=\sum_{n=1}^{t}\frac{D_0(1+g_1)^n}{(1+r)^n}+\frac{D_{t+1}}{(r-g_2)(1+r)^t}$$

其中：D_0 为上一期的股利，

$$D_{t+1}=D_0\times(1+g_1)^t\times(1+g_2)$$

［**例题**］ 某公司假设上年股利为 0.5 元，在未来 3 年内每股股利以不变增长速度 2%增长，之后以不变增长速度 4%增长，公司得必要收益率为 6%，求股票的内在价值。

$$V=\sum_{n=1}^{t}\frac{D_0(1+g_1)^n}{(1+r)^n}+\frac{D_{t+1}}{(r-g_2)(1+r)^t}$$
$$=\sum_{n=1}^{3}\frac{0.5(1+2\%)^n}{(1+6\%)^n}+\frac{0.5(1+2\%)^3(1+4\%)}{(6\%-4\%)(1+6\%)^3}$$
$$=24.56(\text{元})$$

3. 三元模型

三元模型假设在 t_1 之前，股利的不变增长速度为 g_1，t_1 到 t_2 阶段，股利以一个递减的速度 g_2 变化，t_2 之后股利以不变增长速度 g_3 变化。

基于这种假设，分别计算着三部分股利的现值之和，得出目标股票的内在价值：

（五）有限持有期限下的股票定价模型

前面所有模型有一个共同的假设是无限期持有股票，现实中这一假设不可能成立。投资者总是在不断买卖股票，也只有这样才能保持股票市场适度的流动性，投资的账面收益转化为现实收益。下面介绍有限持有期的股票的理论价格确定。

假设一投资者打算购买一股票，持有 t 期限后准备卖出，股票目前的价格为 P，预测将来卖出的价格为 $E(P)$。

投资者未来获得的现金流包括 t 期间每期的股利和将来卖出的价格 $E(p)$。

根据收益资本化原理，有：

$$V=\sum_{n=1}^{t}\frac{D_n}{(1+r)^n}+\frac{E(p)}{(1+r)^t}$$

而 $E(p)$ 也是基于对未来的现金流的预期形成的，因此

$$E(p)=\sum_{n=t+1}^{\infty}\frac{D_n}{(1+r)^{n-t}}$$

将 $E(p)$ 代入上式得：

$$\begin{aligned}V&=\sum_{n=1}^{t}\frac{D_n}{(1+r)^n}+\frac{E(p)}{(1+r)^t}\\&=\sum_{n=1}^{t}\frac{D_n}{(1+r)^n}+\frac{1}{(1+r)^t}\sum_{n=t+1}^{\infty}\frac{D_n}{(1+r)^{n-t}}\\&=\sum_{n=1}^{t}\frac{D_n}{(1+r)^n}+\sum_{n=t+1}^{\infty}\frac{D_n}{(1+r)^n}\\&=\sum_{n=1}^{\infty}\frac{D_n}{(1+r)^n}\end{aligned}$$

因此，从推导的结果可以看出，有限期持有的股票的内在价值仍然等于每期股利的现值之和，与股票的持有期限无关。

五、股票价格的相对估值方法

相对估值法也称可比公司法，是指对股票进行估值时，对可比较的或者有代表性的公司进行分析，相似的公司一定有相似的现金流和相似的风险，通过比较相似公司的市场表现，即可以获得估值基础。在运用相对估值法时，可以采用比率指标进行比较，比率指标包括市盈率(P/E)、市净率(P/B)、市销率(P/S)、企业价值与利息、所得税、折旧、摊销前收益的比率(EV/EBITDA)等。其中比较常用的比率指标是市盈率、市净率和市销率。

（一）市盈率估价法

市盈率(Price Earnings Ratio，简称 P/E 或 PE)也称本益比、股价收益比率或市价盈利比率(简称市盈率)。其计算公式为：

$$市盈率=\frac{股票的市价}{每股盈余}$$

每股盈余指标是指每股普通股股票所能获得的纯收益，直接反映了上市公司的获利能力。其计算公式为：

$$每股盈余=\frac{税后利润-优先股股利}{普通股股数}$$

市盈率是最常用来评估股价水平是否合理的指标之一，由股价除以年度每股盈余(EPS)得出。计算时，股价通常取最新收盘价，而 EPS 方面，若按已公布的上年度 EPS 计算，称为历史市盈率(Historical P/E)；计算预估市盈率所用的 EPS 预估值，一般采用市场平均预估(Consensus Estimates)，即追踪公司业绩的机构收集多位分析师的预测所得到的预估平均值或中值。但何谓合理的市盈率没有一定的准则。

在诸多相对估值法中，市盈率估值法是使用频率最高的。其优点如下：它是一个将股票价格与当前公司盈利状况联系在一起的一种直观的统计比率；对大多数股票来说，市盈率易于计算并容易得到，这使得股票之间的比较变得较为简单；它能作为公司其他一些重要特征(包括风险性与成长性)的代表。

但是在使用 P/E 进行估价时存在以下问题：首先，当每股收益为负值时，市盈率是没有什么意义的。其次，公司收益的波动常会引起市盈率在不同时期出现戏剧性的变动。对周期性公司而言，盈利水平随着整个宏观经济状况的变动而变动，但价格反映的却是投资者对公司未来的预期。因此，一家周期性公司的市盈率在经济衰退期会处于顶峰，而在经济繁荣期会处于谷底，这种情况并不罕见。最后，在缺乏未来成长性、收益不确定性的正确预测条件下，市盈率只是从相对盈利性角度对可比公司进行比较的一个指标或参数，最多是相对价值所依赖的价值尺度之一，市盈率法必须和其他方法结合使用。

（二）市净率估值法

市净率是指每股股价与每股净资产的比率。其计算公式为：

$$净资产倍率=\frac{股价}{每股净资产}$$

市净率估值法的使用频率也较高，这主要是由于P/B比例在使用中具有如下优点：账面价值提供了一个对价值的相对稳定和直观的量度，投资者可以将其作为与市场价格比较的依据；P/B提供了一种合理的跨公司的比较标准；即使是盈利为负，从而无法使用P/E进行估价的公司也可以使用P/B比率进行估价；对于非持续经营的公司，也较适用于用账面价值进行估价；因为每股账面价值比EPS更稳定，当EPS过高、过低或变动性较大时，P/B比P/E更有现实意义。

但市净率在使用中也存在一定的局限性：由于会计计量的局限，一些对企业的生产经营而言比较重要的资产没有确认入账，如商誉、人力资源等；当公司在资产负债上存在显著的差异时，作为一个相对值，P/B可能会对信息使用者有误导作用；多数国家的会计制度规定，资产的账面价值等于最初的购买价格减去折旧。由于通货膨胀及技术进步，可能使得账面价值对市场价值存在较大的背离，这将使得各公司之间的P/B缺乏可比性。

（三）市销率估值法

市销率(Price-To-Sales，PS)等于总市值除以主营业务收入，或者等于股价除以每股销售额。

市盈率(P/E)和市净率(P/B)是估价中最常用的两个比率。然而，近年来，分析家越来越多地转向使用市销率(P/S)进行估价。和其他估值比率一样，市销率在使用方面也存在一定的优点和局限性。

其优点：P/E和P/B为负值时会变得毫无意义，而P/S估价法不存在上述问题；与利润和账面价值不同，销售收入不受折旧、存货和非经常性支出所采用的会计政策的影响；它比较稳定，不像P/E那样易变动；在检验公司定价政策和其他一些战略决策变化所带来的影响方面，它是一个比较便利的工具；收入确认会计政策也可能受到人为的操纵。

其局限性是：价格/销售收入乘数的分母是销售收入，销售收入位于利润表的顶端，换言之，该乘数可能会因为无法识别各个公司在成本控制、利润等方面的差别，而导致错误的评价。尤其是当使用该乘数对有着负利润和负账面值的处境艰难的公司进行估价时。所以，分析师不能仅仅依靠价格/销售收入乘数对公司进行评价和比较，更需要结合价格/收益乘数、价格/股权自由现金流乘数等指标综合判断。

六、影响股票市场价格的因素

股票市场价格非常敏感，经济、政治、社会等因素变动都会或大或小地反映在股价的变动上。在分析影响股价变动的因素时，通常考虑以下几点因素。

(一) 微观(公司)因素

微观经济因素是指发行股票的上市公司的经营状况和发展前景。公司良好的经营状况是股票市场价格保持稳定的基础。其主要表现在公司的净资产、经营收入、盈利水平、股利政策、公司的成长性及其他相关事件的发生等。如果上述因素有利于公司的长远发展或提高了广大股民的利益,则对该股票的需求就会增加,股票市场价格上升;反之,则会下降。实际中,人们在进行买卖决策时,比较重视这些因素的变动,据此判断公司未来的经营状况。具体分析如下所述。

1. 经营业绩

股票的价格与上市公司的经营业绩呈正相关关系,业绩愈好,股票的价格就愈高;业绩差,股票的价格就要相应低一些。

2. 公司的成长性

公司的成长性较好地表明公司具有良好的发展前景,盈利增长空间大,成长性公司的股票往往价格高。公司的成长性主要表现在几个方面:公司所处的行业为高成长行业,如高科技、生物工程行业;公司规模中等偏小,发展空间大,近年来收益持续增长较快,这些因素均能够促使股价持续上升。但是,高成长也意味着高风险,公司的成长性如果不能持续将导致股价大起大落,使得整个股票市场波动异常。

3. 净资产

净资产越多,每股净值越大,表明公司运营的基础较好,有利于提升投资者的预期。净值增加,股价上升;反之,股价下降。

4. 公司的股利政策

目前,关于公司的股利政策如何影响股价尚无定论。按照 MM 理论,理论上股利政策与股价无关。但众多学者的实证分析表明,公司是否发放股利,发放多少以及以何种方式(现金股利、股票股利和股票回购)发放均会影响股价。其实,证券价格是市场上各种信息综合作用的结果。股利作为市场上的一种信息,也必然影响价格。在此引用李常青(2001)的结论:股利政策是一种信号,股利的增加会导致股价的上涨,股利的减少会导致股价的下跌。

5. 其他事项

其他事项包括主要经营者的更换、公司的改组或合并、意外事件的发生等。例如,公司领导人的更换会使得人们猜想公司可能发生了不利于公司发展的事件,这会导致股价下跌。

(二) 宏观因素

宏观因素包括宏观经济因素和政治因素。

良好的宏观经济环境,往往对应一个稳定、上升的牛市,而宏观经济普遍低迷,股市同样不景气。我们经常会听到类似反映宏观经济对股市影响的说法,如 1997 亚洲金融危机之后一段时间,宏观经济不景气,股市普遍走低;而到了最近几年,国家宏观调控以及拉动消费政策实施,也使得股市走出了低谷,充分说明了股市是一国经济的“晴雨表”。宏观经济状况主要表现在经济增长、国际收支、通货膨胀、货币政策和财政政策的实施、市场利率等方面。比如,市场利率调高的情况下,存款等收益上升,人们将增加存款,减少股票投资,对股票的需求减少,导致股价下跌。

政治因素主要包括战争、政权更迭、领导的更换、政治事件的爆发、政府重要规定的实施以及国际社会政治经济形势的变化等。这些因素的发生会影响人们对未来的预期，由此导致股价的波动。比如，9·11事件的发生使得当天美国股价大幅波动。某国领导人上任之前股市低落，上台后宣布实施某种政策促进经济发展，也会起到拉动股市的作用。

（三）中观（行业）因素

公司的成长受制于其所属行业的兴衰的约束，成长型产业或朝阳产业，其发展前景比较好，对投资者的吸引力就大，股价就高；反之，如果公司处于夕阳产业，其发展前景欠佳，投资收益就相应要低，股价就低。因此，公司所属行业对股价影响极大。

（四）其他因素

除了上述因素外，其他因素，如投资者的心理预期、股市的人为操作、意外事件等也是影响股价的重要因素。一个利好的信息会改变投资者的预期，促使市场上大量投资者购买某一股票，该股票短时间内需求大增，股价上涨；同样不利消息会呈现"放大效应"，投资者会争相抛出某一股票，导致股价大幅下跌。一些投机者就是利用中小投资者的这种心理和跟风行为来操纵市场，达到自己的目的，如发布一些利好信息，促使投资者购买该股票，等股价真正上涨到一定程度后，趁机卖出股票，从中赚取巨额利润，之后股价大跌，而广大的中小投资者则被套牢。

第三节　证券投资基金的价格确定

一、投资基金价格的决定基础

基金的资产净值反映了基金的经营业绩，是基金市场价格的形成基础。其具体公式为：

$$基金单位净值=\frac{基金资产总值-总负债}{基金单位数量}$$

基金资产总值是基金所拥有的全部资产按每日收市时的价格计算出的资产价值，包括基金购买的各类有价证券、银行存款本息、现金以及其他投资所形成的价值总和。

基金的总负债是指基金运作及融资时的负债，具体包括应付给基金管理人和托管人等的各项费用，应付资金利息和税金等。

由于基金资产总值是按照每日收市的价格计算的，每日市场行情不同，则资产总值、净值也不断变化，进而体现在基金的价格方面。每日计算的单位基金资产净值才能及时反映基金的投资价值。基金管理公司通常会在基金发行后，或在网站或金融机构网点定期（如每日或每隔一周）公布基金的单位净值，并按约定时间详细披露此信息。

除了基金单位净值，还有基金累计净值。基金累计净值是在单位净值的基础上，加上基金历史分红的金额得出来的。即：

$$累计单位净值=单位净值+单位历史分红$$

二、封闭式基金的理论价格确定

封闭式基金的特点是发行后基金份额不变，有其有效期限，投资者不能任意赎回，只能到二级市场上买进和卖出。投资者的收益在于每期的现金分红以及到期清盘时的每份净资产价值。这一点使得它与债券、股票有类似之处，可以采用收益资本化原理确定其理论价格。

设某只封闭式基金第 t 期的现金分红是 D_t，有效期限是 n，到期清算基金的单位净资产价值是 AP，市场上封闭式基金的必要收益率是 r，封闭式基金的理论价格 V 可以表示为：

$$V=\frac{D_1}{1+r}+\frac{D_2}{(1+r)^2}+\frac{D_3}{(1+r)^3}+\cdots+\frac{D_n}{(1+r)^n}+\frac{AP}{(1+r)^n}$$

如果封闭式基金每期的现金分红都相等，$D_1=D_2=D_3=\cdots=D_n=D$，上述公式可以整理为：

$$\begin{aligned}V&=\frac{D}{1+r}+\frac{D}{(1+r)^2}+\frac{D}{(1+r)^3}+\cdots+\frac{D}{(1+r)^n}+\frac{AP}{(1+r)^n}\\&=\frac{D}{r}\left[\frac{(1+r)^n-1}{(1+r)^n}\right]+\frac{AP}{(1+r)^n}\end{aligned}$$

三、封闭式基金的市场价格

封闭式基金的市场价格可以分为初级市场的发行价格和二级市场上的交易价格。

（一）封闭式基金的发行价格

封闭式基金的发行价格由三部分组成：第一部分是基金面值，即基金受益凭证上表明的金额；第二部分是基金的发行与募集费用，指基金成立时发生的费用。第三部分是基金的销售费用。即：

发行价格＝基金面值＋基金的发行与募集费用＋基金的销售费用

目前，我国封闭式证券投资基金的发行可采取公募或者私募、直接或间接的方式进行，投资者可以委托经纪人认购基金份额，发行价格主要由两部分组成：基金面值和发行费用。我国封闭式基金面值一般为人民币 1.00 元，发行费用为每基金单位 0.01 元，发行价格一般是 1.01 元/份。例如，嘉实基金管理有限公司 1999 年 4 月 2 日通过上网定价发行“基金泰和”，其发行价 1.01 元/份，其中包含 0.01 元的发行费用。

上面所说的均是指基金按照平价发行，即按照基金的面值发行。此外，还有折价发行和溢价发行。折价发行是指发行价格低于基金面额；溢价发行是指发行价格高于基金面额。我国绝大多数封闭式基金属于平价发行。

（二）封闭式基金的交易价格

封闭式基金的交易价格是指基金在二级市场上流通的价格。封闭式基金因在交易所上市，其买卖价格受市场供求关系影响较大。一旦进入二级市场，基金的交易价格就类似股票价格，以基金净值为基础，随供求关系上下波动。封闭式基金上市后，影响基金的交易价格的因素主要有基金的市场供求关系、基金经理人的业绩表现、市场的整体预期、宏观经济形势、市场利率、证券市场状况等。

封闭式基金的交易价格受各种因素的影响会出现折价或溢价交易的情况。所谓折价，是指基金的市价低于基金单位资产净值；溢价是指基金市价高于基金单位资产净值。与此相关的一个概念是折价率：

$$\text{折价率}=\frac{\text{单位市价}-\text{单位资产净值}}{\text{单位资产净值}}$$

根据此公式，折价率小于0（即净值大于市价）时为折价，折价率大于0（即净值小于市价）时为溢价。折价率是评估封闭式基金投资价值的一个重要因素。如果基金表现为折价，则可能具有较高的投资价值。例如，某封闭式基金市场价格0.9元，基金的资产净值是1.50元，它的折价率是40%{[(1.5－0.9)/1.5]×100%}。2006年6月15日，封闭式基金——基金同盛单位净值1.198 7元，市价是0.639元，两者差额是0.559 7元，净值与市价相比体现贴水，折价率为46.69%。

在进行投资分析时，应注意分析基金经理的管理水平、市场利率以及基金的折价率。基金经理的管理水平高，基金的业绩好，净值较高，经过一段时间调整后，基金价格也会上升。如果与此同时，基金的折价率较高，则可能蕴藏着较大的盈利能力，是一个较好的入市机会。市场利率与基金的价格呈反向变动关系，如果预期市场利率下跌，基金市价上升；反之，则下降。

四、开放式基金的价格决定

开放式基金筹集金额不固定，可以随时根据基金的情况和投资者的需求来扩大发行份额，投资者也可以随时向基金公司购买和赎回份额。基金管理机构根据每日基金的净资产价值确定基金的购买价和赎回价，因此，开放式基金的交易价格就代表着其内在价值。

（一）开放式基金的认购价格

根据我国规定，开放式基金在自批准之日起3个月内的募集期内需满足净销售额超过2亿元等条件，基金才能成立，在此3个月的发行期或被称为募集期的时间内的购买行为称之为“认购”，此期间的价格即为认购价格。

1. 开放式基金认购的一般原则

开放式基金的认购采取金额认购的方式，即投资者在认购基金时，不是按照份数而是按金额认购。开放式基金一般会规定一个最低的认购金额和追加认购金额。比如，2018年8月23日，获中国证券监督管理委员会许可的金鹰鑫日享债券型证券投资基金（契约型开放式）的份额发售公告中称，投资者通过基金管理人指定的销售机构认购本基金份额时，首次认购最低金额为人民币1元（含认购费），超过部分不设最低级差限制；投资者通过基金管理人网上直销平台认购的，认购的最低金额为人民币10元（含认购费），超过部分不设最低级差限制；通过基金管理人直销中心柜台认购本基金份额时，首次认购最低金额为人民币50 000元（含认购费），超过部分不设最低级差限制。

认购开放式基金需要缴纳一定的认购费。认购费的支付分为两种模式，即前端收费模式和后端收费模式。前端收费模式是指在认购基金时必须支付认购费用，后端收费模式是指在认购基金时无须支付任何费用，到赎回时才支付认购费用，后端收费模式旨在鼓励投资者认购基金并长期持有，而且认购费率随着投资者赎回时间的延长而递减。

开放式基金的认购费率与基金风险有关，认购费率随着基金风险增加而增加。货币市场基金一般不设认购费用，债券型基金的认购费率一般低于1%，股票型基金的认购费率最高，可达1.5%。另外，开放式基金的认购费率会随着认购金额的增加而递减。比如，以2018年8月23日获中国证券监督管理委员会许可的金鹰鑫日享债券型证券投资基金为例，A类份额认购费率为：认购金额为$M<100$万元时，认购费率为0.60%；100万元$\leqslant M<300$万元，认购费率为0.40%；300万元$\leqslant M<500$万元，认购费率为0.20%；$M\geqslant 500$万元，认购费

为1 000元/笔。认购费用不列入基金财产，主要用于基金的市场推广、销售、登记等募集期间发生的各项费用，不足部分在基金管理人的运营成本中列支，投资者重复认购，须按每次认购所应对的费率档次分别计费。

2. 开放式基金认购费用的确定和认购份额的计算

在前端收费模式下，开放式基金认购费用的确定和认购份额的计算有两种方法：金额费率法和净额费率法。

金额费率法是指按认购金额的一定比例计算认购费用的方法。认购金额扣除认购费用后得到净认购金额，净认购金额除以基金份额面值就得到了投资者认购的份额数，用公式表示如下：

认购费用＝认购金额×认购费率

净认购金额＝认购金额－认购费用

有时候，为鼓励投资者在基金发售时就购买基金，一些基金会将投资者的认购金额在募集期间内产生的利息折算成基金份额，并且这些份数是不收认购费用的。

认购份额＝(净认购金额＋募集期利息)/ 基金份额面值

净额费率法是按净认购金额的一定比例计算认购费用的。其计算公式如下：

净认购金额＝认购金额 /(1＋认购费率)

认购费用＝净认购金额×认购费率

认购份额＝(净认购金额＋募集期利息)/ 基金份额面值

我国大多数基金在认购时采用金额费率法。

［**例题**］ 某投资者在某代销机构网点投资20万元认购某基金A类份额，该笔认购产生利息200元，对应认购费率为0.60%，则其可得到的认购份额为：

按净额费率法计算如下：

净认购金额＝200 000/(1＋0.60%)＝198 807.16(元)

认购费用＝198 807.16×0.60%＝200 000－198 807.16＝1 192.84(元)

认购份额＝(198 807.16＋200)/1.000 0＝199 007.16(份)

即投资者投资20万元认购本基金A类份额，加上认购资金在认购期内获得的利息，可得到199 007.16份本基金A类份额。

(二) 开放式基金的申购价格与赎回价格

在开放式基金募集期结束后，开放式基金正式成立、开始运作，之后的购买行为称之为“申购”。开放式基金的赎回是指基金持有人要求基金管理人购回其基金份额的行为。封闭式基金的交易是在基金投资者之间进行，而开放式基金的申购和赎回则是在基金投资者和基金管理人之间进行。和认购时一样，开放式基金的申购费率和赎回费率一般随着基金风险的增加而增加。赎回费率随着投资者持有时间的增加而减少，申购费率随着申购金额的增加而减少。

1. 申购价格

开放式基金的申购以金额申请，也存在着前端收费模式和后端收费模式，不同收费模式会导致申购份额差异。除了收费时间不同，与开放式基金认购时一样，开放式基金申购份额的确定也分为金额费率法和净额费率法两种。

在前端收费模式和金额费率法下，基金申购费用和申购份额的计算公式为：

申购费用＝申购金额×申购费率

净申购金额＝申购金额－申购费用

申购份额＝净申购金额/当日收盘后基金份额净值

在前端收费模式和净额费率法下，基金申购费用和申购份额的计算公式为：

净申购金额＝申购金额/(1＋申购费率)

申购费用＝净申购金额×申购费率

申购份额＝净申购金额/当日收盘后基金份额净值

［**例题**］ 某开放式基金的申购规定，金额在5万元以下的申购费率为2%。某投资者投资2万元申购基金，假设申购当日收盘后基金单位资产净值为1.016 8元。求申购费用和申购份额。

按金额费率法计算如下：

申购费用＝20 000×0.02＝400(元)

净申购金额＝20 000－400＝19600(元)

申购份额 ＝19 600/1.016 8＝19 276.16(份)

2. 赎回价格

开放式基金允许投资者在购买一定时间后赎回基金份额，但赎回时，是以份额申请，即投资者用基金份额申报赎回资金。由于基金管理公司要为满足投资者的赎回需求保持一定的流动性，所以，基金管理公司往往要收取一定的费用弥补保持流动性减少的收益，称为赎回费。费用的收取与持有基金的期限有关，持有的期限越长，费率越低；反之，则较高。

开放式基金的赎回价格公式为：

赎回总金额＝赎回份数×当日收盘后基金份额净值

赎回费用＝赎回总金额×赎回费率

投资者应得到的金额＝赎回总金额－赎回费用

或者表示为：

赎回价格＝当日收盘后基金份额净值－单位基金赎回费用

单位基金的赎回费用＝赎回价格×赎回费率＝单位资产净值/(1＋赎回费率)×赎回费率

投资者应得到的金额＝赎回份数×赎回价格

我国《开放式证券投资基金试点办法》规定，开放式基金可收取赎回费，但赎回费率不得超过赎回金额的3%。目前，国内开放式基金的赎回费率一般为0.5%，也有个别偏高，达到1%或1.8%等。

［**例题**］ 一位投资人要赎回10万份基金单位，假定赎回的费率为1.8%，单位基金收盘后净值为1.6元，那么：

赎回金额＝10×1.6＝16(万元)

赎回费用＝16×1.8%＝0.29(万元)

投资者应得到的金额＝16－0.29＝15.71(万元)

或者：

单位基金的赎回费用＝1.6/(1－1.8%)×1.8%＝0.029(元)

赎回价格＝1.6－0.029＝1.571(元)

投资者应得到的金额＝10×1.571＝15.71(万元)

投资者在投资基金前，可以根据基金净资产价值、申购费率、赎回费率等确定投资的成本、估算投资的收益，以及持有多长期限赎回比较合适。

第四节 其他投资工具的价格决定

现实经济中，债券、股票和基金是比较基础的有价证券，利用期权等方法可把这些基础证券组合成广泛的金融衍生品，可转换证券、优先认股权和权证等就是这种组合的结果。此处主要对可转换证券进行较详细分析。

可转换证券一般是指公司发行的允许投资者在一定时期内按一定比例或规定的价格转换成公司普通股股票的证券，通常有可转换债券与可转换优先股两种形式。可转换证券转换为普通股的条件一般在证券发行时已经确定。投资者可以选择不转换，而是一直以债券或优先股形式持有，直至期满或在流通市场卖出变现。

可转换证券的价值体现在投资者既能收取债券利息或优先股股息，也能根据自身需要转换成普通股，即比单纯债券拥有更多的权利。对于投资者而言，面临的一个难题是在转换期内是否将债券或优先股转换为普通股的问题。这就要对可转换证券转换与不转换的价值进行分析比较，才能做出正确的选择。

下面首先介绍可转换证券转换条件的相关概念，然后分析可转换证券的理论价值和转换价值的计算方法，最后分析可转换证券的市场价格表现。

一、可转换证券转换条件的相关概念

(一) 转换比例

转换比例是一定面额的可转换证券可换成的普通股的股数。通常指 1 单位的证券转换的普通股的股数。如 1 单位的可转换债券可换成 50 股股票，则转换比例是 50∶1。

(二) 转换价格

转换价格是指按照可转换证券面额计算出的、转换为普通股的每股价格。

$$转换价格=\frac{单位可转换证券面额}{转换比例}$$

如 1 单位可转换债券的面额是 100 元，1 单位可以转换为 50 股股票，转换价格为 2 元(100/50)。

(三) 转换期限

转换期限是指投资者可以将可转换证券转换成普通股的期限，通常在发行公告中规定。我国目前发行的可转换债券的转换期限有的规定上市后即允许转换，有的规定发行上市半

年后开始转换。在转换期内，持有人可以根据市场行情及发行者的经营状况等来决定是否将自己所持有的可转换证券转化为普通股股票。超过这个期限，投资者则不能进行转换。

二、可转换证券的价值分析

（一）理论价值

同其他有价证券一样，可转换证券的内在价值在于它给投资者带来未来现金流量，未来现金流量的现值就是可转换证券的理论价格。可转换证券的现金流量包括未来每期的债券利息、红利以及转换时的预期转换价值。据此，可转换证券的理论价值公式可大致写为：

$$P=\sum_{t=1}^{n}\frac{I_t}{(1+r)^t}+\frac{Etv}{(1+r)^n}$$

其中，P 为可转换证券的理论价值；I_t 为可转换证券每期的利息或红利收入；r 为市场贴现率；Etv 为可转换证券的预期转换价值；n 为转换前持有的年限。

关于可转换证券的预期转换价值可以参考下面转换价值的计算，不同的是普通股的市价为预期值，即

$$\text{预期转换价值}=\text{预期普通股市价}\times\text{转换比例}$$

（二）转换价值

可转换证券的转换价值是指按照公司发行可转换证券时的规定，某一时刻转换成普通股后的市场价值。其计算公式为：

$$\text{转换价值}=\text{普通股市价}\times\text{转换比例}$$

［**例题**］ 一可转换债券转换后的普通股的市价为 15 元，转换比例为 100，则转换价值为：

$$15\times 100=1\,500(\text{元})$$

如果可转换证券的转换价值低于理论价值，投资者不会将其转换为普通股，而是继续持有获取利息、红利或者变现。只有当普通股股价上升，转换价值增大，高于其理论价值时，投资者才会将其转换成普通股。

三、可转换证券的市场价格

可转换证券的市场价格以市场供求为基础，受各种因素影响围绕其价值上下波动，尤其是在转换期间，股价上升意味着拥有可转换证券将获得更大的风险和收益，因为可以随时将可转换证券按规定换为股票，转手卖出，赚取差价。基于这个考虑，投资者对可转换证券的需求比较大，可转换证券价格上升，一般会超出其理论价格和转换价值。下面说明可转换证券的市场价格与股票市场价格的大小对于投资者的意义。

假设一投资者购买可转换证券，其市场价格为 P，目的是将其转化为普通股股票，也就是说相当于以一定的价格购买了股票，成本为 $\dfrac{\text{可转换证券的市场价格 }P}{\text{转换比例}}$，这个价格称为**转换平价**。即在转换期间按照可转换证券的市场价格和转换比例折算的对应股票的价格。注意，它不同于转换价格。转换平价的计算公式为：

$$转换平价=\frac{可转换证券的市场价格\ P}{转换比例}$$

再假设股票当时的市场价格是 G，这个价格称为**基准股价**。

转换平价可以视为投资者盈亏的临界点。因为，如果股票的市场价格 G 低于转换平价，投资者收益为零或面临账面损失；一旦股票的市场价格高于转换平价，投资者将可转换证券转换为股票后再卖出，将赚取差价收益。

转换平价和基准股价的差额有三种形式：

如果转换平价＞基准股价，称为转换升水。

转换升水＝转换平价－基准股价，意思是可转换证券的持有人将证券转换为股票时支付的升水。

如果转换平价＜基准股价，称为转换贴水。

$$转换贴水=基准股价-转换平价$$

$$转换升(贴)水率=\frac{转换升水(或贴水)}{基准股价}\times 100\%$$

［**例题**］　某公司可转换债券的票面利率6%，2010年10月22日到期，其转换平价为60元，股票基准价格是50元，债券的市场价格为1 200元。求其转换升贴水率和转换比例。

转换升水＝60－50＝10(元)

转换升水率＝10/50×100%＝20%

$$转换比例=\frac{可转换证券的市场价格}{转换平价}=1\ 200/60=20(股)$$

本章小结

本章主要介绍了债券、股票、基金以及其他有价证券的价格确定问题，这对于投资决策具有重要意义。

1. 一般在分析有价证券价格时，都会用到收入资本化定价方法。这种方法可以表述为：任何资产的真实或内在价值是投资者在拥有该项资产时获得的一系列未来现金流的现值之和。这些现金流是未来预期获得的，所以要用一个贴现率进行调整，以反映现金流的时间价值和风险价值，即这个贴现率反映了投资者要求的适当收益率，能反映投资者面临的各种风险，一般是通过不同证券与无风险证券相比较得出来的，有时又称必要收益率。

2. 债券的理论价格是未来债券利息与本金按照一定的贴现率折算的现值。具体来说，一次还本付息债券的理论价格等于其到期还本付息总额按照一定的必要收益率折算的现值；零息债券等于其面值按照必要收益率计算的现值；附息债券则是各期利息和面值按照必要收益率折算的现值。

3. 债券的利率同债券的价格呈反向变动关系，准确预测债券利率的变动趋势能较好地指导投资决策。不同期限的债券的利率不同，利率期限结构就是关于债券的收益率同期限之间关系的理论，收益率曲线是其表现形式。目前解释利率期限结构理论的主要有市场预期理论、流动性升水理论和市场分割理论。

4. 股票的估值方法很多，但总的来说可分为两大流派：绝对估值法和相对估值法。按照绝对估值理论，股票的定价遵循收益资本化原理，股票的理论价值实质是预期股票未来各期股利的现值。利用绝对估值理论中的 DDM 模型主要介绍了不变股利、固定比率增长的股利，以及公司股利政策呈阶段性变化(即多元模型)情况下的股票价格确定问题。

5. 股票价格相对估值法也称可比公司法，是指对股票进行估值时，对可比较的或者有代表性的公司进行分析，相似的公司一定有相似的现金流和相似的风险，通过比较相似公司的市场表现，即可以获得估值基础。文中对比较常用的比率指标——市盈率、市净率和市销率进行较详细讲述。实际中，投资者在评价股票市场价格时往往要结合影响股票价格变动的其他因素，综合权衡后做出决策。

6. 证券投资基金价值的确定基础是基金净资产价值：

(1) 封闭式基金的特点同债券、股票相似，其理论价格的确定可采用收益资本化原理，即基金理论价格为基金未来现金分红和到期清算时净资产价值的现值。市场价格分为发行价格和交易价格。

(2) 开放式基金的交易价格代表其内在价值。开放式基金的价格分为认购价格、申购价格和赎回价格。实际中，开放式基金在发行时会在发行公告中公布其价格如何计算。

7. 其他投资工具包括可转换证券、优先认股权和认股权证等。文中重点对可转换证券的价值进行了分析。可转换证券的内在价值在于它能给投资者带来未来现金流量，未来现金流量的现值就是可转换证券的理论价格；转换价值＝普通股市场价格×转换比例。投资分析需要比较理论价值和转换价值的大小。

综上所述，投资者在投资时，一方面要估算有价证券的理论价格，另一方面还应考虑影响有价证券价格变动的其他重要因素，预测价格未来的变动趋势，以做出正确的决策。

复习思考题

1. 股票、债券理论价格确定的基本原理是什么？

2. 一次还本付息债券、零息债券和附息债券的理论价格确定公式各是什么？

3. 某债券票面面值 100 元，票面利率 6%，期限 5 年，每 3 个月付息一次发行，到期归还本金，市场平均投资收益率为 10%，测算其理论价格。

4. 如果某公司某年股利为每股 1.5 元，从第二年起，股利以不变增长率 3%增长，市场贴现率为 5%，求其理论价格。

5. 某封闭式基金发行时的面值为 1 元，基金的发行和募集费用为 0.04 元，问该基金的发行价格是多少？

6. 某开放式基金该基金单位面值 1.00 元人民币，其中规定认购金额在 100 万元以下的认购费率为 1.5%。一位投资者用 50 万元来认购，求其认购费用和认购份额。

7. 假如一位投资者要赎回 50 万份基金，赎回的费率为 1%，基金的每份净值为 1.50 元，那么这位投资者实际可得到的金额是多少？

8. 用金额费率法和净额费率法两种算法有什么不同？哪种方法对投资者更有利？

9. 可转换债券的理论价格如何确定？

第五章 证券投资的基本分析

学习目的

读者通过对本章学习，了解证券投资基本分析的内容与方法；理解与掌握影响证券价格的主要宏观因素以及宏观经济政策如何影响证券行情；能够进行具体的行业分析；能够对上市公司的财务状况进行分析与判断。

第一节 证券投资的宏观经济分析

一、影响证券价格的宏观经济因素

宏观经济因素从不同的方向直接或间接地影响到公司的经营及证券的获利能力和资本的增值，从不同的侧面影响居民收入和心理预期，而对证券市场的供求产生相当大的影响。影响因素主要有以下几方面。

（一）国内生产总值与经济增长率

国内生产总值(Gross Domestic Product，缩写GDP)是指一定时期内(一般按年统计)在一国领土范围内所新创造的产品和劳务的价值总额，即在一国的领土范围内，本国居民和外国居民在一定时期内所产生的、以市场价格表示的产品和劳务的总值。经济增长率也称经济增长速度，是反映一定时期经济发展水平变化程度的动态指标，也是反映一个国家经济是否具有活力的基本指标。

（二）失业率

失业率是劳动力中失业人数所占的百分比。一般而言，经济的增长往往导致就业的增加，进而失业率下降；反之，在经济紧缩的环境中，失业率必然会有所增加。

（三）通货膨胀率

通货膨胀率是指通过价格指数衡量的一般价格水平持续上涨的程度。通货膨胀对社会经济产生的影响主要有收入和财富的再分配、扭曲商品相对价格、降低资源配置效率、促发泡沫经济乃至损害一国的经济基础和财政基础。

（四）国际收支

国际收支是一国居民在一定时期内与非居民在政治、军事、文化及其他往来中所产生的全部交易的系统记录。这里的"居民"是指在国内居住1年以上的自然人和法人。国际收支中包括经常项目和资本项目。经常项目主要反映一国的贸易和劳务往来状况；资本项目则集中反映一国同外国资金往来的情况，反映着一国利用外资和偿还本金的情况。

（五）利率

利率是指借贷期内所形成的利息额与所贷资金额的比率。利率直接反映信用关系中债务人使用资金的代价，也是债权人出让资金使用权的报酬。从宏观经济的角度看，利率的波动反映出市场资金供求的变动情况。目前，利率已成为进行宏观经济调控的一项有效的货币政策工具。

（六）汇率

汇率是指外汇市场上一国货币与他国货币相互交换的比率。一国的汇率会因该国的国际收支、通货膨胀率、利率、经济增长率等的变化而波动；反之，汇率波动又会影响一国的经济发展。特别是在当前国际分工异常发达、各国间经济联系十分密切的情况下，汇率的波动对一国的国内经济、对外经济以及国际间的经济联系都产生着重大影响。为了不使汇率的过分波动危及一国的经济发展和对外经济关系的协调，各国政府和中央银行都通过在外汇市场上抛售或收购外汇的方式对外汇市场进行干预，以影响外汇供求，进而影响汇率。20世纪70年代以来，除了各国金融当局经常对外汇市场进行干预，使政府干预越来越多地成为影响汇率变动的重要因素之外，还出现了几个国家的中央银行联合干预外汇市场的情况。

（七）财政收支

财政收支包括财政收入和财政支出两个方面。财政收入是指国家为了实现政府职能的需要，通过税收等渠道集中的公共性资金收入；财政支出则是指为满足政府职能需要而使用的财政资金。核算财政收支总额是为了进行财政收支状况的对比。收大于支是盈余，收不抵支就会出现财政赤字。如果财政赤字过大，弥补手段就很难平衡收支，或者即使总量上能勉强平衡，却又形成结构上的失衡，这些都会引起社会总需求的膨胀和社会总供求的失衡。

二、宏观经济运行对证券市场的影响

宏观经济对证券市场价格的影响是根本性的，上市公司是宏观经济的微观主体，因此，证券市场价格从根本上来说是一个经济问题。同时，宏观因素对证券价格的影响也是全局性的，它对每只上市公司证券均构成影响，从历史上来看，证券市场的每一次牛市均以宏观经济向好为背景，而每一次熊市均因宏观经济发展趋缓或衰退而造成。宏观经济因素的重要性还在于它的影响是长期性的，是宏观经济因素影响证券市场的方式和体现。

（一）国内生产总值及其增长率对证券市场的影响

GDP是一国经济成就的根本反映。GDP的持续增长表明一国国民经济发展势头良好，人们有理由对未来经济产生好的预期；相反，如果一国GDP增长处于不稳定的非均衡状态，那么暂时的高产出水平并不表明一个好的经济形势，不均衡的发展可能激发各种矛盾，从而孕育一个大的经济衰退。在正常、成熟的股市中，从长期看，上市公司的行业结构应与该国产业结构基本一致，股票平均价格的变动与GDP的变化应是吻合的。我们不能简单地以为GDP增长，证券市场就将伴以上升的走势，实际上有时恰恰相反。

当GDP处于持续、稳定、高速增长阶段时，社会总需求和总供给协调增长，经济结构逐步趋向平衡，这表明该国经济发展势头良好，也意味着上市公司利润将持续上升，国民收入和个人收入不断提高，人们对经济形势形成良好预期，投资积极性提高，使得公司发行的股票和债券等有价证券全面得到升值，促使证券价格上涨；反之，则相反。

当GDP处于高通胀下的增长阶段时，其对证券市场的影响是：由于总需求大于总供给，使得生产资料和消费资料的价格增长较快，随着时间的推移，企业经营面临困境，利润下降，投资风险加大，导致证券价格下跌；此外，在高通货膨胀下，居民的实际收入是下降的，其投资热情也随之下降，投资需求减少，证券价格也会下跌。

当GDP处于宏观调控下的减速增长阶段时，GDP呈失衡的高速增长时，政府要采取宏观调控措施以维持经济的稳定增长，这样必然减缓GDP的增长速度。如果宏观调控目标能够顺利实现，而GDP仍以适当的速度增长，而未导致GDP的负增长或低增长，说明宏观调控措施有效，具备稳定增长的趋势，这时证券市场也将反映出这种良好的形势，证券价格将呈现平稳渐升的态势。

GDP处于转折性的变动阶段时，当GDP由负增长向正增长转变时，表明宏观经济态势逐渐转好，证券市场趋势也会由下跌转为上升。如果GDP由低速增长转向高速增长时，表明经济结构已得到调整，新一轮经济高速增长已经到来，证券市场也将伴以快速上涨之势。上述分析也可沿着相反的方向导出相反的结果。需要强调的是，证券市场一般会提前对GDP的变动做出反应，也就是说，它是反应预期的GDP变动，而GDP的实际变动被公布时，证券市场只反映实际变动与预期变动的差别，因而，在证券投资中，进行GDP变动分析时必须着眼于未来，这是最基本的原则。

（二）通货膨胀与通货紧缩对证券市场的影响

通货膨胀对证券市场的影响比较复杂，在分析时，要根据通货膨胀所处的阶段与程度进行具体分析。不同阶段的通货膨胀对证券市场的影响不同。通货膨胀通常分为三个阶段，即早期、中期和晚期。早期通货膨胀的特点是：宏观经济还处在上升时期，物价有一定的上涨，但市场没有强烈的反应，不会影响市场的交易行为。企业之间的购销正常进行，就业形势也没有大的波动，居民收入呈上涨趋势，证券市场成交活跃。通货膨胀进入中期后，随着供需关系严重失调，通货膨胀加剧，商品价格已经明显超过均衡价格水平。与此同时，大部分企业产品的开始积压，因销售不畅，企业利润大幅度下降，企业为减少亏损，不得不选择裁员和减薪。企业利润的减少，使证券价格呈下跌态势，甚至加速下跌。通货膨胀已进入晚期时，投资者的信心遭受重挫，会逐步撤离证券市场，证券价格在低位持续低迷盘整，证券市场交易清淡。

不同程度的通货膨胀对证券市场的影响也不相同。温和、稳定的通货膨胀的物价上涨率在2%～3%，它对证券市场有一定的推动作用。这样的社会经济条件下，既处于景气阶段同时又不过热，促使消费需求增加，部分商品价格明显上升，企业的利润也相应逐渐增长，从而推动股票价格上涨；恶性通货膨胀的物价上涨率一般在25%以上，这样的条件下，经济被严重扭曲，货币加速贬值，这时人们将会囤积商品、购买房地产以期对资金保值。此时，大部分资金可能会撤离证券市场，引起证券价格下跌。同时，由于经济扭曲和失去效率，企业筹集不到必需的生产资金，再加上原材料等成本价格飞涨，使企业经营严重受挫，盈利水平下降，甚至破产倒闭，也会造成证券价格下跌。

通货紧缩与通货膨胀正相反。从表面上看，通货紧缩可以提高货币的购买力，增强公众的消费能力，但物价的持续下跌，将导致企业收入的减少，企业为维持生产，只好缩小规模，裁减员工。在通货紧缩的早期，由于货币购买力增强，公众的消费和投资增加，使得证券市场很活跃。然而，随着失业率的提高，公众对未来的收入预期趋于悲观，人们将会逐步减少支出，企业产品积压，失业率继续上升。这时，房地产和商业疲态尽显，直接累及这些行业证券价格先于市场下跌。随着通货紧缩的加剧，需求不足的现象会扩散到各行各业，全社会企业整体经营状况出现恶化，反映在证券市场上，大部分投资者被套牢，证券市场长期低迷。

（三）经济周期对证券市场的影响

市场经济是周期变动经济，经济周期变动是指经济运行由其内在矛盾引发的扩张与收缩交替出现的连续过程，每个周期表现为衰退、萧条、复苏和繁荣四个阶段。它直接表现为一个时期市场的产出、价格、利率、失业率等经济指标，总是从高到低、再从低到高循环往复的过程。

证券市场综合了人们对于经济形势的预期，往往比经济周期早几个月表现出来。这种预期较全面地反映了人们对经济发展过程中表现出来的有关信息的切身感受，这种预期又必然反映到投资者的投资行为中，从而影响证券市场价格。当经济走向衰退末期时，市场萎靡，大多数投资者已远离证券市场，这时有战略眼光的投资者，开始在底部悄悄吸纳股票，股价已缓缓上升。当各种媒介开始传播萧条已过去，经济日渐复苏时，股价实际上已升高到一定水平。随着人们普遍认同以及投资者自身的境遇也在不断改善，股市日渐活跃，需求不断扩大，股价不断攀升，更有大户和庄家借经济形势之大"利好"进行哄抬，普通投资者在利欲和乐观从众心理的驱使下极力"捧场"，股价累创新高。而那些有识之士在综合分析经济形势的基础上，认为经济将不会再创热潮时，已开始悄悄抛售股票。股价虽然还在继续上涨，但供需力量逐渐发生转变，当经济形势逐渐被更多的投资者认识，供求趋于平衡直至供大于求时，股价便开始下跌，当经济形势发展按照人们的预期走向衰退时，与上述相反的情况便会发生。

上述分析给我们以下几点启示：第一，在周期性运动的经济中，股价的波动超前于经济运动。第二，要注意收集有关宏观经济资料和政策信息，随时注意动向。正确把握当前经济发展处于经济周期的哪个阶段，对未来做出正确判断，切忌盲目从众。第三，不同行业、不同类型企业的股票与经济周期的关联程度是有差异的。投资者要区别对待各类股票的投资时机，才能赢得经济增长带来的收益。

（四）国际收支对证券市场的影响

贸易项目是国际收支的主要项目。当一定时期一国的贸易收入大于贸易支出时，表现为贸易顺差。其意味着：一定时期一国出口增加，提供出口产品的企业效益比较好，如果一个国家在某一时期能保持较好的贸易顺差，则能带动该国的国民生产总值有比较明显的增长，居民的收入也会有较大幅度的提高，证券市场价格也会不断上升。相反，当一定时期一国贸易收入小于贸易支出时，表现为贸易逆差，此时情况正好相反。

当一国国际收支表现为顺差时，一般来说，国际收支顺差总比逆差要好一些，但长期较大规模的顺差不一定对该国经济发展就更有利。长期且大幅度的国际收支顺差，势必会造成外汇储备过多，政府为收购这些外汇要抛出本币，致使国内通货膨胀压力增大；此外，长期顺差也会使本国经济受到国际投机资本的攻击，投机资本一旦发生逆向流动，就难免会使经济形势变得混乱复杂。以上两种情况都会最终通过货币数量效应和企业效应而影响到证券市场的价格及稳定。所以，一国应根据本国的外汇储备和企业产出情况及时调整国际收支状况，而不应片面认为国际收支顺差越多就越好。

（五）汇率变动对证券市场的影响

汇率（这里的汇率用单位外币的本币数值来表示）对证券市场的影响是多方面的。一国的经济越开放，证券市场的国际化程度越高，证券市场受汇率的影响也就越大。一般而言，一个国家的货币升值，将吸引国际资金进入本国，从而使证券价格上涨。一旦其货币贬值，资本从本国流出，证券价格随之下跌。

但汇率变动最直接的是对进出口贸易的影响，本国货币升值受益的多半是进口业，亦即依赖海外供给原料的企业；相反的，出口业由于竞争力降低，对产品依赖出口的企业产生不利影响。当本国货币贬值时，情形恰恰相反。但不论是升值或是贬值，对公司业绩以及经济局势的影响，都各有利弊，所以，汇率变动对证券市场的影响应具体情况具体分析，不能一概而论。

人民币汇率波动对我国不同行业的影响是不同的。人民币升值使得那些国内销售或产品国内定价，但成本受国际价格水平影响的公司收益，此外，人民币升值也使得原材料显得更便宜，一些企业也将从原材料成本下降中获益。例如，航空、房地产、造纸、旅游、商业零售等行业。以商业零售行业为例，汇率升值带来财富增加效应，消费者实际购买力增强，促进商品消费增长。国内以出口为导向的消费品生产商将寻求国内渠道作为替代，销售终端对供应商的谈判力也将显著提高，其中受益最大的应该是具有渠道优势的连锁商业。但是，同时，人民币升值也使得一些行业受损，主要是出口企业。国际销售或产品国际定价，但成本主要由国内价格水平决定的公司是升值的主要受损者，如纺织、家电、煤炭、航运等行业。以纺织行业为例，我国是第一大纺织出口国，纺织服装的出口率为 50%～60%，由于下游谈判能力较弱，出口获利能力低，人民币升值对该行业有较大的负面冲击，我国纺织类上市公司大多也是出口型公司。反之，人民币贬值则会带来相反的影响。

2005 年 7 月 21 日，中央银行宣布，自即日起，中国开始实行以市场供求为基础、参考一篮子货币进行调节、有管理的浮动汇率制度。人民币汇率不再盯住单一美元，形成更富弹性的人民币汇率形成机制。中央银行将根据市场发育状况和经济金融形势，适时调整汇率浮动区间。同时，根据国内外经济金融形势，以市场供求为基础，参考篮子货币汇率变动，对人民币汇率进行管理和调节，保持人民币汇率在合理、均衡水平上的基本稳定。在实行新的汇率形成机制的同时，即开启了人民币升值的“大门”，人民币就此进入了升值通道。以人民币兑美元为例，人民币汇率 2005 至 2013 年 8 年时间升值约 25%，2014 年起人民币结束单边上涨趋势，逐步开始双向波动、有涨有跌，2018 年受中美贸易战及经济增速放缓影响，人民币兑美元贬值 5.64%。人民币汇率波动对上述分析行业企业股价产生很大影响，以航空业的南方航空公司为例，2006 年和 2007 年 2 年人民币兑美元分别升值 3.22%和 6.57%，而同期南方航空股价前复权后分别上涨 82.76%和 750%。

三、宏观经济政策对证券的影响

（一）货币政策对证券市场的影响

货币政策是货币管理当局为实现一定的宏观经济目标所采取的控制和调节货币供应量的策略和各种经济措施，包括货币政策目标和货币政策工具。货币政策工具是中央银行为实现货币政策目标所采用的政策手段，可分为一般性货币政策工具和选择性货币政策工具。我国现行的货币政策工具主要有法定存款准备金率、利率、再贴现和公开市场业务等。

中央银行的货币政策对证券市场的影响，可以从以下几个方面进行分析。

1. 利率变动对证券市场的影响

中央银行调整基准利率，将对证券价格产生较大影响。一般来说，利率下降，证券价格上升;利率上升,证券价格下降。这主要是由于利率水平的变动直接影响到公司的融资成本,从而影响到证券价格。利率低,可以降低公司的利息负担,提高公司的盈利水平,证券价格也随之上升;利率高,公司融资成本也高,利息负担加重,公司盈利水平下降,证券价格也相应下跌。此外,利率变动也会影响到人们的投资选择。利率降低,人们更愿意选择股票等浮动收益投资方式,而减少银行存款等固定收益投资方式,造成股票价格上升;反之,当利率提高时,一部分资金会从证券市场流入银行,致使股票价格下跌。

2. 公开市场业务对证券市场的影响

当中央银行实施较为宽松的货币政策时,就会从证券市场大量买进政府债券等有价证券,从而使市场上货币供应量增加,这会推动利率下调,融资成本降低,激发企业和个人的投资和消费热情,推动股票价格上涨;反之,股票价格将下跌。中央银行公开市场业务的运转对象是国债,因而它的操作将直接影响到国债市场的供给与需求,进而影响到国债价格的波动。

3. 法定存款准备金率对证券市场的影响

如果中央银行提高法定存款准备金率,这在很大程度上限制了商业银行体系创造派生存款的能力,就等于冻结了商业银行的一部分超额准备,通过货币乘数的作用,使货币供应量大幅度减少,证券行情趋于下跌。反之,如果中央银行降低法定存款准备金率,往往会导致证券行情上扬。

4. 选择性货币政策工具对证券市场的影响

为了实现国家的产业和区域经济发展目标,中央银行在实行总量控制的前提下,对不同行业和区域采取区别对待的方针实施贷款计划。一般说来,选择性货币政策工具不仅会对证券市场整体走势产生影响,而且还会因板块效应对证券市场产生结构性影响。从紧的货币政策使证券市场行情呈下跌走势,但如果在从紧的货币政策下,通过直接信用控制或间接信用指导区别对待,紧中有松,那么一些优先发展的产业和国家支柱产业及优先发展地区的证券价格则可能不受影响,甚至逆势而上。

(二) 财政政策对证券市场的影响

财政政策是政府依据客观经济规律制定的指导财政工作和处理财政关系的一系列方针、准则和措施的总称。财政政策是市场经济条件下,与货币政策并重的国家进行宏观调控的重要手段之一。财政政策手段主要包括国家预算、税收、国债、财政补贴和转移支付等。这些手段可以单独使用,也可以配合使用。

财政政策在实施过程中可分为扩张性财政政策、紧缩性财政政策和中性财政政策。实施扩张性财政政策时,政府经济投资与能源、交通、住宅等基本设施建设,从而刺激水泥、钢材、机械等相关产业的发展;而实施紧缩性财政政策时,政府财政在保证各种行政与国防开支外,并不从事大规模的投资。

当社会总需求小于社会总供给时,采用扩张性的财政政策。具体措施包括以下几方面。

1. 减少税收、降低税率、扩大免税范围

这些措施将会增加企业、个人等微观经济主体的收入,以刺激他们的投资需求,从而扩大社会供给,增加人们的收入,并同时增加了他们的投资需求和消费支出。表现在证券市场上,增加收入会直接引起证券价格上涨,而增加投资需求和消费支出又会拉动社会总需求,这又进一步促进证券价格上涨。

2. 扩大财政支出，加大财政赤字

实施该政策，将会扩大社会总需求，从而刺激投资，扩大就业。政府通过购买和公共支出，增加商品和劳务的需求，激励企业增加投入，提高产出水平，于是企业利润增加，使得证券价格上升；同时，居民在经济复苏中增加了收入，持有货币量增加，经济景气的趋势更增加了投资者的信心，证券市场日趋活跃，证券价格也逐渐上涨。但如果过度使用该政策，出现巨额财政赤字，虽然进一步扩大了需求，但却进而增加了经济的不稳定因素，推动通货膨胀加剧，物价上涨，有可能使投资者对经济的预期不乐观，反而造成证券价格下跌。

3. 增加财政补贴

财政补贴往往使财政支出扩大，从而扩大了社会总需求和刺激总供给增加，使整个证券价格的总水平趋于上涨。

增加国债发行。一方面，将会增加政府投资，扩大政府的支出，从而扩大社会总需求，刺激投资，促进经济增长，进而有利于证券价格上涨。另一方面，增加国债发行，将增加证券市场上国债的供给量与需求量，使流向股票市场与企业债券市场的资金量减少，进而抑制它们的价格上涨，打破了证券市场原有的结构平衡。

紧缩性财政政策对证券市场的影响与上述情况相反。

在分析财政政策对证券市场的影响时，应注意以下几个方面：第一，要关注有关的统计资料信息，认清经济形势。第二，从各种媒介中了解经济界人士的看法，政府主要官员的日常活动、讲话，分析其经济观点、主张，从而预见政府可能采取的经济措施和采取措施的时机。第三，分析过去类似形势下的政府行为及其经济影响，据此预期政策倾向和相应的经济影响。第四，关注年度财政预算，从而把握财政收支总量的变化趋势，更重要的是对财政收支结构及其重点做出分析，以便了解政府的财政投资重点和倾斜政策。通常来说，受倾斜的行业都有好的业绩，该行业证券价格也自然会上涨。第五，在预见和分析财政政策的基础上，进一步分析相应政策对经济形势的综合影响，结合行业分析和公司分析做出投资选择。

第二节 证券投资的行业分析

一、行业的定义与分类

(一) 行业的定义

行业是指生产同类产品或具有相同工艺过程或提供同类劳动服务的企业集合，如服装行业、通讯行业、金融行业、电力行业、机械行业等。随着产业含义的拓展，产业又被界定为，是具有某种同一属性的企业集合。

在证券投资分析中，常把行业与产业视为同义语，但严格来讲，行业与产业是有区别的。产业是指由利益相互联系的、具有不同分工的、由各个相关行业所组成的业态总称。产业划分，世界各国不完全一致，但基本均划分为三大类：第一产业、第二产业和第三产业。我国国民经济行业共分为 20 个门类，按三产业划分如下：第一产业(1 个门类)，指农、林、牧、渔业(包括农、林、牧、渔服务业)。第二产业(4 个门类)，包括① 采矿业；② 制造业；③ 电力、燃气及水的生产和供应业；④ 建筑业。第三产业(15 个门类)，是指除第一、第二产业以外的其他行业。包括：① 交通运输、仓储和邮政业；② 信息传输、计算机服务和软件业；③ 批发和零售业；④ 住宿和餐饮业；⑤ 金融业；⑥ 房地产业；⑦ 租赁和商务服务业；⑧ 科学研究、技术服务和地质勘察业；⑨ 水利、环境和公共设施管理业；⑩ 居民服务和其他服务业；⑪ 教育；⑫ 卫生、社会保障和社会福利业；⑬ 文化、体育和娱乐业；⑭ 公共管理与社会组织；⑮ 国际组织。

（二）行业的分类

1. 标准行业分类

为便于汇总各国的统计资料并进行互相对比，联合国经济和社会事务统计局于 1971 年制定了《全部经济活动国际标准行业分类》。它把国民经济划分为 10 个大门类：

（1）农业、畜牧狩猎业、林业和渔业。

（2）采矿业及土、石采掘业。

（3）制造业。

（4）电、煤气和水。

（5）建筑业。

（6）批发和零售业。

（7）运输、仓储和邮电通讯业。

（8）金融、保险、房地产和工商服务业。

（9）政府、社会和个人服务业。

（10）其他。

2. 我国国民经济行业分类

为适应社会主义市场经济的发展，正确反映国民经济内部的结构和发展状况，在 1994 年行业分类标准的基础上，2002 年，我国推出了新的国民经济行业分类国家标准。新修订的《国民经济行业分类》将标准名称由《国民经济行业分类与代码》改为《国民经济行业分类》，并对门类、大类、中类和小类进行了调整。新行业为 20 个门类、95 个大类、396 个中类、913 个小类。与 1994 年的行业分类比较，门类增加了 4 个，大类增加了 3 个，中类增加了 28 个，小类增加了 67 个。新标准基本反映出了我国目前的行业结构状况，其大的门类分别为（从 A 到 T）：

A：农、林、牧渔业。

B：采矿业。

C：制造业。

D：电力、燃气及水的生产和供应业。

E：建筑业。

F：交通运输、仓储和邮政业。

G：信息传输、计算机服务和软件业。

H：批发和零售业。

I：住宿和餐饮业。

J：金融业。

K：房地产业。

L：租赁和商务服务业。

M：科学研究、技术服务和地质勘查业。

N：水利、环境和公共设施管理业。

O：居民服务和其他服务业。

P：教育。

Q：卫生、社会保障和社会福利业。

R：文化、体育和娱乐业。

S：公共管理和社会组织。

T：国际组织。

3. 我国上市公司的行业分类

2001年4月，中国证监会公布了《上市公司行业分类指引》。它将上市公司分为13个大类，依次是：

A：农、林、牧、渔业。

B：采掘业。

C：制造业。

D：电力、煤气及水的生产和供应业。

E：建筑业。

F：交通运输、仓储业。

G：信息技术业。

H：批发和零售贸易。

I：金融、保险业。

J：房地产业。

K：社会服务业。

L：传播与文化产业。

M：综合类。

二、影响行业兴衰的主要因素

行业兴衰实际上是行业在整个产业体系中的地位变迁过程，也就是行业经历由幼稚产业到先导产业、支柱产业、夕阳产业的过程，是资本在某一行业领域由形成、集中、大规模聚集到分散的过程，是新技术由产生、推广、应用、转移到落后的过程。影响行业兴衰的因素主要有以下几方面。

(一) 技术进步

科学技术是第一生产力，技术进步对行业的影响是巨大的。它一方面决定了新产业的兴起和旧产业的消亡，另一方面也推动了现有产业的技术升级。例如，电灯的出现极大地削减了对煤气灯的需求；蒸汽动力产业被电力产业逐渐取代；计算机激光排版技术诞生后，传统的铅字排版技术即告消亡；喷气式飞机代替了螺旋桨飞机；大规模集成电路计算机代替了晶体管电子计算机、通讯卫星代替了海底电缆。当今时代，科技发展一日千里，为经济的飞速发展提供了强大的技术基础，也促进了产业的加速更新和升级。因此，产业生命周期在技术发展日新月异的今天已演变成技术的生命更替。

(二) 政府影响和干预

每个行业都会受到政府不同程度的影响和干预。政府影响和干预行业的目的在于维护经济的公平和自由竞争，保证经济的健康发展。政府影响和干预的行业主要有：① 自然垄断行业，主要包括城市公用事业，如煤气、电力、供水、排污、邮电等，公共运输业，如铁路、公路、桥梁、航空等。② 关系经济发展全局和国家安全的行业，主要包括产业关联度较高的国民经济支柱产业、金融业、高科技产业、传媒及出版业、教育、国防等。③ 一般竞争性行业。政府对行业的影响和干预主要是通过补贴、税收、关税、信贷、价格等经济手段来实施的，其他手段还有规划指导、额度限制、市场准入、企业规模控制、环保标准限制、安全标准限制、直接行政干预等。

政府对某一行业扶持，常常意味着该行业有更多更快的发展机会；相反，如果对某一行业限制，则意味着该行业被政府封杀了发展空间。政府对行业的影响是通过产业政策来体现的。产业政策是有关产业发展的一切政策与法令的总和。产业政策的突出特点是有区别地对待不同行业，因此，了解国家不同时期产业政策的特点对于证券投资决策有着重要的作用。对于国家积极支持发展的行业，由于受到政府各种优惠政策的扶持，往往会有良好的发展前景，投资者从长远考虑，应向这些产业投资；对于国家限制发展的行业，其前景将是暗淡的，在向这些产业投资时应十分谨慎。

（三）社会习惯的改变

随着人们生活水平和受教育程度的逐步提高，消费心理、消费习惯、文明程度等会渐渐改变，从而引起对某些产品的需求变化，并进一步影响相应行业的兴衰。人们在温饱问题基本解决之后，更加注重生活质量的提高，人们的消费观念也随之发生了变化，人们需要更健康的食品和更快捷温馨的服务，人们更加注重精神生活的充实和愉悦，所有这些社会习惯、社会趋势、消费观念的变化都会促使一些不再适应社会发展、人们生活需要的行业衰退，同时又推动一批新兴行业的产生和发展。

（四）经济全球化的影响

20世纪90年代以来，经济全球化的趋势大大加强。经济全球化导致产业的全球性转移，发达国家将传统的劳动密集型产业甚至是低端技术的资本密集性产业转移到发展中国家，使得这些产业延长其生命周期并得到一定发展。此外，经济全球化由于国际竞争和国际投资因素，使得一国的行业结构发生了很大变化。例如，美国汽车工业受到日本、西欧的挑战，这种国际竞争不仅打破了美国国内原先的市场格局，而且影响到美国汽车行业生命周期的发展。

三、行业分析的内容

行业分析是指根据经济学原理，综合应用统计学、计量经济学等分析工具对行业经济的运行状况、产品生产、销售、消费、技术、行业竞争力、市场竞争格局、行业政策等行业要素进行分析，从而发现行业运行的内在经济规律，进而进一步预测未来行业发展的趋势。分析的主要内容如下所述。

（一）行业基本状况分析

行业的基本状况分析包括：行业概述、行业发展的历史回顾、行业发展的现状与格局分析、行业发展趋势分析、行业的市场容量、销售增长率现状及趋势预测、行业的毛利率、净资产收益率现状及发展趋势预测、行业的机会与风险等。

（二）行业的一般特征分析

行业的市场类型随该行业中企业的数量、产品质量、价格的制定和其他一些因素的变化而变化。由于市场结构的不同，行业基本上可分为四种市场类型，即完全竞争、垄断竞争、寡头垄断和完全垄断。

1. 完全竞争

完全竞争是指许多企业生产同质产品的市场情形。其特点是：

(1) 生产者众多，各种生产资料可以完全流动。

(2) 产品不论是有形或无形的，都是同质的、无差别的。

(3) 没有一个企业能够影响产品的价格。

(4) 企业永远是价格的接受者而不是价格的制定者。

(5) 企业的盈利基本上由市场对产品的需求来决定。

(6) 生产者和消费者对市场情况非常了解，并可自由进入或退出这个市场。

从上述特点可以看出，完全竞争是一个理论性很强的市场类型，其根本特点在于所有的企业都无法控制市场的价格和使产品差异化。在现实经济中，完全竞争的市场类型是很少见的。

2. 垄断竞争

垄断竞争是指许多生产者生产同种但不同质产品的市场类型。其特点是：

(1) 生产者众多，各种生产资料可以流动。

(2) 生产的产品同种但不同质，即产品之间存在着差异，这种差异性可以是实际存在的也可能是想象上的差异，它是垄断竞争与完全竞争的主要区别。

(3) 由于产品差异性的存在，生产者可以树立自己产品的信誉，从而对其产品的价格有一定的控制能力。

在国民经济各行业中，制成品的市场一般都属于这种类型。

3. 寡头垄断

寡头垄断是指相对少量的生产者在某种产品的生产中占据很大市场份额的情形。在寡头垄断的市场上，由于这些少数生产者的数量非常大，因此，他们对市场的价格交易具有一定的垄断能力；同时，由于只有少量的生产者生产同一种产品，因而，每个生产者的价格政策和经营方式及其变化都会对其他生产者形成重要影响。因此，在这个市场上，通常存在着一个起领导作用的企业，其他企业随该企业定价与经营方式的变化而相应地进行调整。资本密集型、技术密集型产品，如钢铁、汽车等，以及少数储量集中的矿产品，如石油等市场多属这种类型，因为生产这些产品所需的巨额投资、复杂的技术或产品储量的分布限制了新企业对这个市场的进入。

4. 完全垄断

完全垄断是指独家企业生产某种特质产品的情况，特质产品是指那些没有或缺少相近的替代品的产品。其特点是：

(1) 由于市场被独家企业所控制，产品又没有或缺少合适的替代品，因此，垄断者能够根据市场的供需情况制定理想的价格和产量，在高价少销和低价多销之间进行选择，以获取最大的利润。

(2) 垄断者在制定产品的价格与生产数量方面的自由性是有限度的，他要受到反垄断法和政府官职的约束。在现实生活中，公用事业，如发电厂、煤气公司、自来水公司和邮电通讯等，以及某些资本、技术高度密集型或稀有金属矿藏的开采等行业属于这种完全垄断的市场类型。

完全垄断可分为两种类型:一是政府完全垄断,如国营铁路、邮电等部门;二是私人完全垄断,如根据政府授予的特许专营或根据专利生产的独家经营,以及由于资本雄厚、技术先进而建立的排他性的私人垄断经营。

(三) 行业的经济周期分析

根据行业与经济周期的关系,把行业分为增长型行业、周期型行业和防御性行业。

1. 增长型行业

增长型行业受经济周期性波动的影响较小,在经济高涨时,其发展速度通常高于平均水平,在经济衰退时期,其所受影响较小甚至仍能保持一定的增长,这些行业主要依靠技术的进步、新产品推出及更优质的服务,从而使其呈现出增长形态。例如,新能源汽车、软件、人工智能、互联网及电子通信等行业就属于成长型行业。

2. 周期型行业

周期性行业的运动状态直接与经济周期相关。当经济处于上升时期,这些行业会紧随其扩张;当经济衰退时,这些行业也相应衰落,如钢铁、煤炭、有色金属、水泥、工程机械和船舶等行业。

3. 防御型行业

防御型行业因为其产品需求相对稳定,不受经济周期的影响或受经济周期影响较小,如医药、交通运输、食品业和公用事业等行业。

(四) 行业生命周期分析

1. 行业生命周期划分

通常,每个行业都要经历一个由成长到衰退的发展演变过程,这个过程被称为行业的生命周期。行业的生命周期一般可分为四个阶段:幼稚期、成长期、成熟期和衰退期。处于不同阶段的行业具有不同的投资价值。

(1) 幼稚期。幼稚期是指行业的产生期,是行业发展的初创阶段。在这一阶段,只有为数不多的公司投资于这个新兴的行业。由于处于这个阶段的行业的研究、开发费用较高,而大众对其产品缺乏了解使得其产品市场需求较小,销售收入较低,因此,这些创业公司不但没有盈利,反而普遍亏损。较高的产品成本和价格与较小的市场需求还使这些创业公司面临很大的投资风险,企业可能因财务困难而引发破产的危险。到了后期,随着行业生产技术的提高、生产成本的降低和市场需求的扩大,新行业会逐步由高风险低收益的幼稚期转向高风险高收益的成长期。

目前,我国的物联网、新能源汽车、生物工程、遗传工程、太阳能等行业正处于行业生命周期的幼稚期。如果准备在这些行业投资,可能只有为数不多的几家企业可供选择,而且投资于该行业的风险较大。当然,一定程度上也存在获得高收益的可能。投资者可以通过风险和收益的权衡来决定是否投资于该行业。

(2) 成长期。在这一时期,企业的生产技术逐渐完善,新产品经过广泛宣传和消费者的试用,逐渐赢得市场认可,产品市场需求开始上升,新行业也随之繁荣起来。大量新企业看到这一行业的发展前景,纷纷进入该行业,随着厂商数量的增加,其生产的产品也逐步从单一、低质、高价向多样、优质、低价方向发展,该行业的竞争变得异常的激烈。生存下来的往往是那些资本雄厚、经营管理有方的企业,而那些财力与技术较弱、经营不善、效益低下的企业就会被淘汰或被大企业兼并。尽管这一时期企业的利润增长很快，但所面临的竞争风险也非常大，破产率与被兼并率相当高。到后期，由于行业中厂商与产品竞争优胜劣汰的结果，市场上厂商的数量在大幅度下降后便开始稳定下来，整个行业进入成熟期。

目前，我国的生物医药、物流、互联网行业处于成长阶段的初期，银行、保险、证券、旅游、医疗服务、通信等行业处于成长阶段的中期，大规模计算机、餐饮、贸易、家用电器等行业处于成长阶段的后期。处于成长期的企业非常适合投资，但仍需谨慎选择所投资的公司。

(3) 成熟期。在这一时期，在竞争中生存下来的少数大厂商垄断了整个行业的市场，每个厂商都占有一定比例的市场份额，行业的增长速度保持在一个适度的水平。厂商与产品之间的竞争手段逐渐从价格手段转向各种非价格手段，如提高产品质量、进一步完善售后服务等。行业的利润由于一定程度的垄断达到了很高的水平，而风险相对较低。在成熟期的后期，整个行业的增长可能停止，致使行业的发展很难较好地保持与国民经济同步增长，这时行业开始步入衰退期。

目前，我国的石油冶炼、超级市场、电力、电网、地质勘探、公路、桥梁、采掘业等行业已进入成熟期阶段。这些行业将会继续增长，但速度相对要慢。成熟期的行业通常是盈利的，而且盈利水平比较稳定，投资的风险相对较小。

(4) 衰退期。在这一时期，由于新产品和大量替代品的出现，原行业的市场需求开始减少，产品的销售量也开始下降，某些厂商开始向其他更有利可图的行业转移资金。因而，原行业厂商逐渐减少，市场慢慢萎缩，利润率不断下降。当正常利润无法维持或现有投资折旧完毕后，整个行业便逐渐解体了。但在很多情况下，行业的衰退期往往比行业生命周期的其他三个阶段的总和还要长，大量的行业都是衰而不亡，甚至与人类社会长期共存。例如，虽然钢铁业、纺织业在衰退，但人们却看不到它们的消亡。

目前，我国的煤炭开采、自行车、钟表等行业已进入衰退期。对这些行业的投资应当谨慎，如果是长期投资，这种投资可能存在较大的不安全性。当然，随着技术进步、经济全球化等因素的变化，某些处于衰退期的行业还会重新焕发成长的生机。

至此，便完成了一个行业生命周期的循环。行业生命周期各阶段收益和风险状况，如表5-1所示。

表5-1　行业生命周期各阶段收益和风险状况比较表

比较项目	幼稚期	成长期	成熟期	衰退期
厂商数量	很少	增加	减少	很少
利润	亏损	增加	较高	减少甚至亏损
风险	较高	较高	减少	较低
风险形态	技术风险 市场风险	市场风险 管理风险	管理风险	生存风险

需要说明的是，上述关于行业生命周期四个阶段的分析只是对行业发展共性的一种描述，它并不适用于所有行业的情况。而且，同一行业在不同发展水平的不同国家或者在同一国家的不同发展时期，可能处于生命周期的不同阶段。

2. 行业生命周期与证券价格波动的关系

由于行业生命周期各阶段的收益和风险状况不同，而证券投资的目的就在于以尽可能小的风险获得最大的收益，因此，处于行业生命周期不同阶段的行业在证券市场上的表现也不同。

处于幼稚期的行业，由于行业创立不久，厂商数量较少，收益较少甚至亏损，因而，在传统的证券市场上是不符合上市条件的，但为了满足这些行业发展对资本的需求，推进经济结构的调整和升级，现在许多国家和地区纷纷创立上市条件有别于传统市场的、便于新兴行业上市融资的新型证券市场，如美国的 NASDAQ 市场。正是基于对未来高成长的预期，一些处于幼稚期的行业在证券市场上常常有着出色的表现，证券价格快速上涨，但由于这种价格上涨没有业绩为基础，而且处于幼稚期的行业的风险又较高，因而，它的价格上涨就带有一定的投机性，证券价格的大幅波动是不可避免的。

处于成长期的行业由于利润快速增长，因而，其证券价格也呈现快速上涨趋势。与处于幼稚期行业的证券价格快速上涨不同，此时证券价格的上涨有业绩做基础，所以它的上涨是明确的，并且具有长期性。证券价格也会因对未来成长的过度预期和对这种过度预期的纠正而出现中短期波动。另外，由于在行业快速成长的同时行业内部会出现厂商之间的分化，相应地，证券价格也表现为在某一成长性行业的证券价格快速上涨的同时，个别证券却表现不佳。

处于成熟期的行业垄断已经形成，行业发展的空间已不大，所以行业快速发展的可能性已经很小，但一般能保持适度成长，而且垄断利润丰厚。所以，其证券价格一般稳步上涨，大涨和大跌的可能性不大，具有长线投资价值。

处于衰退期的行业由于已丧失发展空间，所以这类企业的证券价格常常较低，不引人关注，只具有证券市场的结构功能。

按照证券价值决定理论，证券的价格主要取决于其业绩，但通过上述分析看到，行业生命周期各阶段的市场表现与其业绩状况并非一一对应。处于幼稚期的企业虽然业绩不佳，但其证券价格却大幅上涨，造成这种情况的一个重要原因就是投资者对该行业的良好预期。

四、证券投资行业的选择

（一）选择的原则

由于处于不同行业、行业的不同生命周期的企业，其证券价格在证券市场上的表现不同，所以，在进行证券投资行业选择时，应遵循以下原则。

1. 选择的一般原则

一般来说，在投资决策过程中，投资者应选择增长型行业和处于行业生命周期的成长期和成熟期行业。选择增长型行业和处于行业生命周期的成长期行业进行投资，既可享受行业快速增长的利益，又会减少经济周期波动的风险。选择处于行业生命周期的成熟期行业，能获得较高、较为稳定的分派收益。

2. 顺应产业结构演进的趋势

顺应产业结构演进的趋势，选择有潜力的行业进行投资。由于产业生命周期的存在，各产业的此起彼伏必然使产业结构处在不断演进的动态过程中。目前，世界产业结构总的演进方向是产业结构的高度化。它包括三个方面的内容：一是在整个产业结构中，由第一产业占优势比重向第二、第三产业占优势比重演进；二是产业结构中由劳动密集型占优势比重逐渐向资本密集型、技术密集型占优势比重演进；三是产业结构中由制造初级产品的产业占优势比重逐渐向制造中间产品、最终产品占优势比重演进。

产业结构的演进所引起的产业升级是极为难得的投资机会。如同工业革命一样，信息革命也必将导致国家和个体财富结构的改变，产业结构演进的趋势也会在证券市场中反映出来。美国20世纪70年代末80年代初和90年代的主流行情是电脑业，电脑软件和有线电视从80年代中期至今是美国证券市场的主流板块，通信业自80年代末开始成为市场热点，生化产业在80年代中期和90年代也非常活跃，这与产业结构演进的方向是一致的。自1997年以来，我国证券市场上的科技股是主流行情，到1999年形成科技股、网络股行情。此外，符合能源、环保、资源等长期发展战略的行业和公司也将长期受到投资者的关注。因此，掌握产业结构演进的总趋势，就能够有效地把握证券市场的主流。

3. 行业选择要因人而异

处在生命周期不同阶段的行业，不同的投资者、不同性质的资金应有不同的处理。由于行业生命周期各阶段的风险和收益不同，以及实际投资过程中投资者的资金来源、资金的使用周期和投资者的投资理念的差异，不同的投资者对所投资行业的选择应符合自身的实际情况。

对于处于幼稚期的行业，如目前的遗传工程行业，风险大、收益小，而且介入这一行业的厂商一般只有几家，选择余地较小，因此，只适合投机者或者是风险基金；进入成长期的行业，如目前的微电子行业，一方面是快速成长，另一方面是竞争激烈，破产倒闭的概率较大，因而适合于趋势型投资者，但不适合价值型投资者（相对于价值型投资者而言，趋势型投资者也是投机者）；处于成熟期的行业其成长性已较成长期大大降低，风险较小，收益较大，比较适合价值型或收益型投资者，但不一定适合趋势型投资者；处于衰退期的行业尽管风险小，但收益较低，发展前景暗淡，因而一般的投资者不宜对此类行业进行投资，除非已有明显的迹象表明行业的复兴在即。

4. 正确理解国家的产业政策

正确理解国家的产业政策，把握投资机会。国家对某一产业的扶持或限制，常常意味着这一产业有更多更快的发展机会，或者被封杀了发展的空间，而且国家的产业政策往往是在对产业结构发展的方向和各产业发展的规律深刻认识的基础上制定并实施的，因而，具有显著的导向作用。

（二）选择的方法

投资者选择行业的方法通常有两种：一种是行业增长比较分析法，另一种是行业增长预测分析法。

1. 行业增长比较分析

这种方法的具体做法是取得某行业历年的销售收入或营业收入的可靠数据并计算出年变动率，与国民生产总值增长率、国内生产总值增长率进行比较。如果该行业的年增长率，在大多数年份中都高于国民生产总值、国内生产总值的年增长率，则说明这一行业是增长型行业；如果行业年增长率与国民生产总值、国内生产总值的年增长率持平甚至相对较低，则说明这一行业与国民经济增长保持同步或增长过缓。另外，计算各观察年份该行业销售额在国民生产总值中所占比重，如果这一比重逐年上升，说明该行业增长比国民经济平均水平快；反之，则较缓慢。上述方法只是采用历史数据进行的分析，在实际应用时，还应考虑行业所处的周期以及行业的成长性等因素。

2. 行业增长预测分析

对行业未来的发展趋势的预测有多种方法,常用的有两种:第一种方法是将行业历年销售额与国民生产总值标在坐标图上,用最小二乘法找出两者的关系曲线,这一关系曲线即行业增长的趋势线。根据国民生产总值的计划指标或预计值可以预测行业的未来销售额。第二种方法是利用行业历年的增长率资料计算出历史的平均增长率和标准差,以此预计未来增长率。

总之,通过行业增长比较分析和预测分析,可以筛选出处于成长期或成熟期、实力雄厚、有较大发展潜力的行业。此外,分析者还应该考虑其他,如消费者的偏好和收入分配的变化等因素。只有系统地评估这些因素,才能对一个行业做出正确的分析,从而最后做出明智的行业投资选择。

第三节　公司分析

一、公司基本素质分析

(一) 公司发展前景分析

公司发展前景是影响其证券价格的变动的一个重要因素。一家公司如果有着良好的发展前景,长期看其证券价格呈上涨趋势;反之,其证券价格下跌趋势。对公司发展前景的分析可从以下两个方面进行。

1. 公司经营战略分析

经营战略是企业面对激烈的变化与严峻挑战的环境,为求得长期生存和不断发展而进行的总体性谋划。它是企业战略思想的集中体现,是企业经营范围的科学规定,同时又是制定规划的基础。它具有全局性、长远性和纲领性的特征,它从宏观上规定了公司的成长方向、成长速度及其实现方式。一般来说,对公司经营战略的分析可以通过考察公司是否有明确统一的经营战略,公司高级管理层是否稳定,公司的投资项目、财力资源、人力资源等是否适应公司经营战略的要求等方面进行。

2. 公司产品创新能力分析

随着经济与社会的发展,消费者对企业的产品提出了更高的要求,要求其产品不仅质量要好,而且还要不断地进行创新,以满足消费者不断变化的需求。因此,企业能否持续不断地进行产品更新,开发出适合市场需求的新产品,是决定该企业能否实现可持续发展的重大问题。为此,企业必须大力加强科技投入,加大对新产品的研究与开发力度,不断开发出符合市场需要的新产品,才能在市场上占有领先和主导地位,才能有良好的发展前景。

(二) 公司经营管理能力分析

公司经营管理能力的高低将直接影响到其盈利水平,进而影响到其发行的证券在市场上的表现。对公司经营管理能力的分析,主要从公司治理结构、公司管理人员素质和能力和公司管理风格及经营理念等几方面入手。

1. 公司治理结构分析

公司治理结构是现代企业制度的典型特征。股份制企业由于出资者众多且分散,因而,出资者难以像业主制和合伙制企业那样直接经营管理公司,而代之以公司治理结构,即为了保护公司法人资产能有效运营,在组织管理和领导体制上做出的权利安排。具体而言,它主要是由股东大会、董事会、监事会以及以总经理为代表的经理阶层组成的一种企业组织结构。健全的公司治理结构应包括规范的股权结构、完善的独立董事制度、监事会的独立性和监督责任、优秀的经理层以及相关利益者的共同治理等几个方面。目前,我国的上市公司在治理结构方面普遍存在股权结构不合理、内部人控制下、代理人(企业家)缺位等问题,这是造成我国上市公司综合绩效低下的一个重要原因,并影响到投资者的积极性。

2. 公司管理人员素质和能力分析

管理人员的素质是指从事企业管理工作的人员应当具备的基本品质、素养和能力。一般而言,企业管理人员应该具备的素质包括:从事管理工作的愿望、较强的专业技术能力、良好的道德品质修养、较强的人际关系协调能力、综合分析与决策能力等。对于高级管理人员来讲,其人际关系协调能力、综合分析与决策能力更为重要。管理人员的素质是决定企业成功与否的关键因素。

3. 公司管理风格及经营理念分析

管理风格是企业管理过程中一贯坚持的原则、目标、方式等方面的总称。经营理念是企业发展一贯坚持的一种核心思想,是员工坚守的基本信条,是企业制定战略目标及实施战术的前提条件和基本依据。公司的管理风格和经营理念一般有稳健型和创新型两种。具有稳健型管理风格和经营理念的公司,其发展一般比较平稳,少有大起大落的情况发生;而具有创新型管理风格和经营理念的公司敢于大胆创新,在经营活动中的开拓能力比较强,有可能获得超常规的发展,但其所面临的风险也相对较大。

(三) 公司竞争能力分析

公司竞争能力的强弱,是引起公司证券价格波动的一个重要因素。对公司竞争能力的分析,可以从以下两个方面进行。

1. 公司竞争地位分析

评定一个公司在同行业竞争地位强弱的标准主要有三个方面:年销售额或年收入额、销售额或收入额的增长速度以及销售额的稳定性。公司的行业地位决定了其盈利能力是高于还是低于行业平均水平,决定了其在行业内的竞争地位。如果公司在某一行业中居于领导地位,其对产品价格的影响力较大,那么该公司的竞争能力就强;反之,其竞争能力就弱。例如,夏普作为世界上液晶电视技术的领导企业,富士通和松下作为等离子技术的翘楚,其在世界彩电行业都具有很高的竞争地位;而长虹和海尔作为国内彩电业的领导企业,其在国内彩电市场上具有较高的竞争地位。

衡量公司行业竞争地位的主要指标是行业综合排序和产品的市场占有率。产品市场占有率是衡量公司竞争地位的重要指标。如果企业产品供不应求,那么其产品的市场占有率就高,企业的竞争地位就高;反之,则相反。产品的市场占有率是个动态的概念,不仅要分析当前的市场占有率,还要分析以前各年的市场占有率,了解其变化趋势,并预测以后年度产品的市场占有率,进而判断出企业的行业地位。

2. 产品竞争能力分析

分析公司产品的竞争能力的大小主要包括成本优势分析、技术优势分析和质量优势分析三个方面。

成本优势是指公司的产品依靠低成本获得高于同行业其他企业的盈利能力。企业一般通过规模经济、专有技术、优惠的原材料和低廉的劳动力来实现成本优势。例如,格兰仕公司作为中国最大的微波炉制造企业，其成功的秘诀就在于善用成本优势。

技术优势是指企业拥有的比同行业其他竞争对手更强的技术实力及研发能力。具体表现在公司的技术装备程度、生产能力、产品技术含量、专利商标和知识产权状况、技术创新等。具有技术优势的公司往往具有更大的发展潜力，因而具有更强的竞争能力。

质量优势是指公司的产品以高于其他公司同类产品的质量赢得市场，从而赢得竞争优势。消费者在选购商品时，产品质量始终是其关注的一个重要因素。质量是企业生存的基础，一切成功的企业都无一例外地重视自己的产品质量。例如，家用电器行业里，格力电器是我国家电行业最具竞争实力的企业之一，其产品市场占有率一直位列行业前茅，这些都是企业产品质量优势的体现。

二、公司财务报表分析

（一）财务报表分析的目的

财务报表分析是指运用财务报表对企业过去财务状况及经营成果的一种评价。财务报表是综合反映企业一定会计期间内财务状况、盈利水平和资金流转的报表，是企业向有关方面传递信息的重要手段，也是通常被认为最能够发现有关公司信息的工具。

财务报表虽然反映过去，但了解过去并非使用人的最终目的，财务分析的真正价值在于通过分析来预测公司未来，帮助投资者进行决策。

（二）财务报表的种类

财务报表主要包括公司定期公布的资产负债表、利润及利润分配表、现金流量表三大报表。

1. 资产负债表

资产负债表是反映公司某一特定时点财务状况的静态报告。资产负债表反映的是公司资产、负债和股东权益之间的平衡关系，它是分析、判断公司财务状况、偿债能力大小、资本结构是否合理和流动资金是否充足的依据。

资产负债表由资产和权益两部分组成，每部分各项目的排列一般以流动性的高低为序。资产、负债和股东权益的关系用公式表示如下：

$$资产=负债+股东权益$$

在此，以贵州茅台股份有限公司 2017 年的资产负债表为例进行直观说明（见表 5－2）。

2. 利润及利润分配表

利润表是一定时期内（通常是 1 年或 1 季内）经营成果的反映，是关于收益和损耗情况的财务报表，表明企业运用所拥有的资产的获利能力。

利润表是一个动态报告，它反映公司在一定时期的业务经营状况，直接明了地揭示公司获取利润能力的大小、潜力以及经营趋势。

利润分配表是反映企业一定期间对实现净利润的分配或亏损弥补的会计报表，是利润表的附表。投资者通过利润分配表，可以了解企业利润表上反映的净利润的分配情况或亏损的弥补情况，了解利润分配的构成以及年末未分配利润的数额。

在此，以贵州茅台股份有限公司 2017 年的利润及利润分配表为例进行直观说明（见表 5－3）。

3. 现金流量表

现金流量表是反映公司一定会计期间内经营活动、投资活动、筹资活动产生的现金流入与流出情况的报表。我国上市公司从1998年度开始向投资者公开披露年度现金流量表。这是我国会计制度与国际会计制度接轨的标志。由于现金流量表所反映的是资产负债表上现金项目从期初到期末的具体变化过程，因此，它为投资者分析上市公司财务报表提供了新的视角。

现金流量表主要分经营活动、投资活动和筹资活动的现金流量三部分，并下设附注项目。投资者将现金流量表、附注与年报中的其他项目结合分析，可以对上市公司的经营情况有更清晰、真实的了解。

在此，以贵州茅台股份有限公司2017年的现金流量表为例进行直观说明(见表5-4)。

表5-2　贵州茅台股份有限公司2017年资产负债表(合并)　　单位：人民币元

资　产	期末数	期初数
流动资产：		
货币资金	87 868 869 913.34	66 854 962 118.22
结算备付金		
拆出资金		390 000 000.00
以公允价值计量且其损益计入当期损益的金融资产		
衍生金融资产		
应收票据	1 221 706 039.00	817 627 172.00
应收账款		
预付款项	790 807 322.07	1 046 100 696.92
应收保费		
应收分保账款		
应收分保合同资准备金		
应收利息	241 458 615.89	140 904 856.88
应收股利		
其他应收款	31 323 463.35	77 227 565.37
买入返售金融资产		
存货	22 057 481 376.46	20 622 251 825.55
持有待售资产		
一年内到期的非流动资产		
其他流动资产	37 539 231.49	231 474 570.63
流动资产合计	112 249 185 961.60	90 180 548 805.57
非流动资产		
发放贷款和垫款	33 150 000.00	60 853 517.03

续　表

资　产	期末数	期初数
可供出售金融资产	29 000 000.00	29 000 000.00
持有至到期投资		
长期应收款		
长期股权投资		
投资性房地产		
固定资产	15 244 096 632.02	14 453 177 439.34
在建工程	2 016 405 005.77	2 745 579 995.68
工程物资		
固定资产清理		
生产性生物资产		
油气资产		
无形资产	3 458 622 239.38	3 531 740 625.60
开发支出		
商誉		
长期待摊费用	177 859 674.54	188 118 776.51
递延所得税资产	1 401 797 361.77	1 745 539 120 68
其他非流动资产		
非流动资产合计	22 360 930 913.48	22 753 989 474.84
资产总计	134 610 116 875.08	112 934 538 280.41
流动负债：		
短期借款		
向中央银行借款		
吸收存款及同业存放	10 462 613 754.14	10 778 818 332.13
拆入资金		
以公允价值计量且其损益计入当期损益的金融资产		
衍生金融负债		
应付票据		
应付账款	992 055 910.47	1 040 608 203.18
预收账款	14 429 106 902.38	17 541 082 237.01
卖出回购金融资产		
应付手续费及佣金		
应付职工薪酬	1 901 644 193.64	1 628 507 252.03
应交税费	7 726 135 741.90	4 272 289 194.57

续　表

资　产	期末数	期初数
应付利息	23 414 593.67	34 481 635.33
应付股利		
其他应付款	3 039 948 303.80	1 724 638 571.44
应付分保账款		
保险合同准备金		
代理买卖证券款		
代理承销证券款		
持有待售负债		
一年内到期的非流动负债		
其他流动负债		
流动负债合计	38 574 919 400.00	37 020 425 425.69
非流动负债		
长期借款		
应付债券		
其中:优先股		
永续债		
长期应付款		
专项应付款	15 570 000.00	15 570 000.00
预计负债		
递延所得税负债		
其他非流动负债		
非流动负债合计	15 570 000.00	15 570 000.00
负债合计	38 590 489 400.00	37 035 995 425.69
所有者权益		
股本	1 256 197 800.00	1 256 597 800.00
其他权益工具		
其中:优先股		
永续债		
资本公积	1 374 964 415.72	1 374 964 415.72
减:库存股		
其他综合收益	−7 401 576.40	−11 240 841.56
专项储备		
盈余公积	8 215 595 509.69	7 135 649 963.12

续 表

资　产	期末数	期初数
一般风险准备	600 859 229.62	420 758 409.36
未分配利润	80 011 307 450.33	62 717 808 036.61
归属于母公司所有者权益合计	91 451 522 828.96	72 894 137 783.25
少数股东权益	4 568 104 646.12	3 004 405 071.47
所有者权益合计	96 019 627 475.08	75 898 542 854.72
负债和所有者权益总计	134 610 116 875.08	112 934 538 208.41

资料来源:巨潮资讯网站(中国证监会指定信息披露网站)

表 5-3　贵州茅台股份有限公司 2017 年利润及利润分配报表(合并)

单位:人民币元

项目	本期数	上年同期数
一、营业总收入	61 062 756 866.16	40 155 084 412.93
其中:营业收入	58 217 861 314.17	38 862 189 993.84
利息收入	2 844 310 646.33	1 292 722 909.66
已赚保费		
手续费及佣金收入	584 905.66	171 509.43
二、营业总成本	22 122 749 332.71	15 889 459 243.51
其中:营业成本	5 940 436 371.97	3 410 104 085.97
利息支出	135 187 797 .06	122 961 049.54
手续费及佣金支出	75 378.00	73 593.72
退保金		
赔付支出净额		
提取保险合同准备金净额		
保单红利支出		
分保费用		
税金及附加	8 404 214 470.69	6 508 926 343.26
销售费用	2 986 068 544.99	1 681 052 022.90
管理费用	4 720 542 820.14	4 187 189 840.42
财务费用	—55 722 346.19	—33 175 188.52
资产减值损失	—8 053 703.95	12 327 496.22
加:公允价值变动收益(损失以“—”号填列)		
投资收益(损失以“—”号填列)		
其中:对联营企业和合营企业的投资收益		

续　表

项目	本期数	上年同期数
资产处置收益		
汇兑收益(损失以"－"号填列)		
其他收益		
三、营业利润(亏损以"－"号填列)	38 940 007 533.45	24 265 625 169.42
加:营业外收入	12 201 990.51	8 553 926.06
减:营业外支出	212 137 381.36	316 298 138.37
四、利润总额(净亏损以"－"号填列)	38 740 072 142.60	23 957 880 957.11
减:所得税费用	9 733 648 906.60	6 027 237 847.23
五、净利润(净亏损以"－"号填列)	29 006 423 236.00	17 930 643 109.88
(一) 按经营持续性分类		
1. 持续经营净利润(净亏损以"－"号填列)	29 006 423 236.00	17 930 643 109.88
2. 终止经营净利润(净亏损以"－"号填列)		
(二) 按所有权归属分类		
1. 少数股东权益	1 927 062 980.26	1 212 280 375.72
2. 归属于母公司股东的净利润	27 079 360 255.74	16 718 362 734.16
六、其他综合收益的税后净额	3 839 265.16	1 793 233.91
归属母公司所有者的其他综合收益的税后净额	3 839 265.16	1 793 233.91
(一) 以后不能重分类进损益的其他综合收益		
1. 重新计量设定受益计划净负债或净资产的变动		
2. 权益法下在被投资单位不能重分类进损益的其他综合收益中享有的份额		
(二) 以后将重分类进损益的其他综合收益	3 839 265.16	1 793 233.91
1. 权益法下在被投资单位以后将重分类进损益的其他综合收益中享有的份额		
2. 可供出售金融资产公允价值变动损益		
3. 持有至到期投资重分类为可供出售金融资产损益		
4. 现金流量套期损益的有效部分		
5. 外币财务报表折算差额	3 839 265.16	1 793 233.91
6. 其他		
归属于少数股东的其他综合收益的税后净额		
七、综合收益总额	29 010 262 501.16	17 932 436 343.79
归属于母公司所有者的综合收益总额	27 083 199 520.90	16 720 155 968.07
归属于少数股东的综合收益总额	1 927 062 980.26	1 212 280 375.72

续 表

项目	本期数	上年同期数
八、每股收益		
(一) 基本每股收益(元/股)	21.56	13.31
(二) 稀释每股收益(元/股)	21.56	13.31

资料来源:巨潮资讯网站(中国证监会指定信息披露网站)

表 5-4 贵州茅台股份有限公司 2017 年现金流量表(合并) 单位:人民币元

项目	本期金额	上期金额
一、经营活动产生的现金流量:		
销售商品、提供劳务收到的现金	64 421 479 343.02	61 012 964 102.54
客户存款和同业存放款项净增加额	−316 204 577.99	4 811 196 033.00
向中央银行借款净增加额		
向其他金融结构拆入资金净增加额		
收到原保险合同保费取得的现金		
收到再保险业务现金净额		
保户储金及投资款净增加额		
处置以公允价值计量且其变动计入当期损益的金融净资产净增加额		
收取利息、手续费及佣金的现金	2 722 025 536.31	1 265 842 778.44
拆入资金净增加额		
回购业务资金净增加额		
收到的税费返还		
收到的其他与经营活动有关的现金	542 162 210.47	189 142 723.95
经营活动现金流入小计	67 369 462 511.81	67 279 145 637.93
购买商品、接受劳务支付的现金	4 875 768 504.16	2 773 020 403.27
客户贷款及垫款净增加额	−28 393 350.80	42 393 350.80
存放中央银行和同业款项净增加额	8 727 170 068.53	2 340 362 436.74
支付原保险合同赔付款项的现金		
支付利息、手续费及佣金的现金	146 330 216.72	115 962 455.33
支付保单红利的现金		
支付给职工以及为职工支付的现金	5 489 606 122.48	4 674 154 236.66
支付的各项税费	23 065 648 503.05	17 510 516 331.20
支付其他与经营活动有关的现金	2 940 296 363.54	2 371 486 776.88
经营活动现金流出小计	45 216 426 427.68	29 827 895 990.88
经营活动产生的现金流量净额	22 153 036 084.13	37 451 249 647.05

续 表

项目	本期金额	上期金额
二、投资活动产生的现金流量:		
收回投资收到的现金		
取得投资收益所收到的现金		
处置固定资产、无形资产和其他长期资产收回的现金净额	16 450.00	92 084.50
处置子公司及其他营业单位收到的现金金额		
收到其他与投资活动有关的现金	21 430 672.95	5 562 351.19
投资活动现金流入小计	21 447 122.95	5 654 435.69
购建固定资产、无形资产和其他长期资产支付的现金	1 125 017 192.45	1 019 178 136.92
投资支付的现金		
质押贷款净增加额		
取得子公司及其他营业单位支付的现金金额		
支付其他与投资活动有关的现金	17 075 145.10	88 977 102.97
投资活动现金流出小计	1 142 092 337.55	1 108 155 239.89
投资活动产生的现金流量净额	－1 120 645 214.60	－1 102 500 804.20
三、筹资活动产生的现金流量		
吸收投资所收到的现金	6 000 000.00	16 000 000.00
其中:子公司吸收少数股东投资收到的现金	6 000 000.00	16 000 000.00
取得借款收到的现金		
发行债券收到的现金		
收到的其他与筹资活动有关的现金		
筹资活动现金流入小计	6 000 000.00	16 000 000.00
偿还债务所支付的现金		
分配股利、利润或偿还利息所支付的现金	8 905 177 880.80	8 350 512 252.23
其中:子公司支付给少数股东的股利、利润	379 363 405.61	532 067 286.55
支付其他与筹资活动有关的现金		
筹资活动现金流出小计	8 905 177 880.80	8 350 512 252.23
筹资活动产生的现金流量净额	－8 899 177 880.80	－8 334 512 252.23
四、汇率变动对现金及现金等价物的影响	72 948.86	72 317.80
五、现金及现金等价物净增加额	12 133 285 937.59	28 014 308 908.42
加:期初现金及现金等价物余额	62 794 794 812.99	34 780 485 904.57
六、期末现金及现金等价物余额	74 928 080 750.58	62 794 794 812.99

资料来源:巨潮资讯网站(中国证监会指定信息披露网站)

（三）财务报表分析的内容

财务报表是投资者对企业进行财务分析的依据，通过分析财务报表，投资者可以发现许多有用的信息。

1. 资产负债表的分析

（1）了解注册资本的真实性及企业的成长性。通过资产负债表查看注册资本的真实性及企业的成长性。① 查看资产负债表的“所有者权益”部分。看“股本”或“实收资本”项目的数额，将其与企业注册资本数额相比较，如果该项目数额小于注册资本的数额，则说明该企业的注册资本存在不到位的现象。“股本”或“实收资本”是企业承担有限责任的根本保证。② 计算企业成立至今净资产的年平均增长率，进一步了解企业的历史上的成长性。③ 还应进一步注意“资本公积”项目的数额，如果该项目的数额过大，应进一步了解“资本公积”项目的构成。

（2）分析各类资产性项目。对各类资产性项目进行具体分析，借此对企业财务质量做出基本性判断。查看企业待处理性项目，具体包括待处理流动资产净损失、待处理固定资产净损失、固定资产清理三个项目。一般说来，在会计报表编制日，这三个项目的数额通常为零。如果它们的数额较大，则通常表明企业存在虚列资产、虚增利润或掩盖亏损之嫌。这三个项目一旦处理就会影响到企业处理年度的利润水平及总资产和净资产数额。

（3）分析各类摊销性资产。分析各类摊销性资产的摊销情况，对企业核算的可靠性做出推断。摊销性资产包括“固定资产”“无形资产”“递延资产”“待摊费用”“预提费用”。如果所计算出的各类摊销性资产的摊销率大大低于会计政策所规定的摊销率，则说明企业存在虚增资产和利润之嫌。

（4）计算应收账款和存货周转率，判断流动资产的流转质量。应收账款周转率越大，表明企业应收账款的变现能力越强、应收账款的质量越好。存货周转率越大，表明企业的生产周期越短、产品越适销对路。通过这两个指标的分析对企业的流动比率和速动比率进行相应的修正，就可以对企业流动资产的偿债能力和变现能力做出准确的判断，这对于企业的各类短期债权人来讲尤为重要。

2. 利润及利润分配报表的分析

（1）“主营业务利润”与“主营业务收入”相比较。通过“主营业务利润”与“主营业务收入”相比较，了解企业主营业务的毛利率及企业的产品或劳务的技术含量和市场竞争力。

（2）“主营业务利润”与“其他业务利润”相比较。通过“主营业务利润”与“其他业务利润”相比较，了解企业的主营业务是否突出，并对企业未来获利能力的稳定性做出判断。

（3）各种费用与“主营业务利润”相比较。通过“销售费用”“管理费用”和“财务费用”与“主营业务利润”相比较，了解企业销售部门、管理部门的工作效率，判断企业融资业务的合理性，分析企业降低“销售费用”“管理费用”的潜力。

（4）“营业利润”“投资收益”等与“利润总额”相比较。通过“营业利润”“投资收益”“补贴收入”“营业外收入”“营业外支出”与“利润总额”相比较，可以对企业获利能力的稳定性及可靠性做出基本性的判断。

只有企业的“营业利润”占“利润总额”的比重较大时，企业的获利能力才较稳定、可靠。“投资收益”反映的是建立在资本运营前提下的产业或产品结构的调整情况及其相应的获利能力，一般不稳定。

3. 现金流量表的分析

现金流量对企业至关重要，它是企业顺畅运行、获取竞争力的根本保证。

(1) 分析"现金流量净增加值"。该指标表明本会计年度现金流入与流出的相抵结果，正数表明本期现金流入大于流出；负数表明现金流出入了流入。一般说来，正数表明企业的现金流量状况在改善。

(2) 分析"经营活动产生的现金流量净额"。该指标表明企业经营活动获取现金流量的能力。一般说来，在正常情况下企业的现金流入量主要应依靠经营活动来获取。

通过该指标与"净利润"指标相比较，可以了解到企业净利润的现金含量，如果企业的净利润大大高于"经营活动产生的现金流量净额"，则说明企业利润的含金量不高，存在大量的赊销行为及未来的应收账款收账风险，同时某种程度上存在着利润操纵之嫌。

(3) 分析"投资活动产生的现金流量净额"。该指标反映企业固定资产投资及权益性、债权性投资业务的现金流量情况。其数额较大时，应引起注意，要对相关投资行为的可行性做相应的了解。

(4) 分析"筹资活动产生的现金流量净额"。该指标反映从银行及证券市场的筹资能力。反映出企业偿还银行借款本、息及支付股利的现金流出情况。当本期的该类现金流入量过大时，往往会对以后会计期间的现金流量及资金成本产生一定的压力。

三、公司财务比率分析

(一) 公司盈利能力分析

1. 资产收益率

资产收益率是公司净利润与平均资产总额的比率。其计算公式为：

$$资产收益率=(净利润\div 平均资产总额)\times 100\%$$

式中：平均资产总额=(期初资产总额+期末资产总额)/2

该指标是衡量公司运用资产所获经营效益的指标，数值越高越好，原则上不应低于同期银行利息率。资产收益率是公司所有者(股东)最关心的指标，也是投资者分析公司财务状况的首要指标。

以贵州茅台股份有限公司为例，2017 年该公司的资产收益率为：

资产收益率=5 051 194 218.26÷22 678 601 544.21×100%

=22.27%

其中：平均资产总额=(25 587 579 940.69+19 769 623 147.72)÷2

=22 678 601 544.21

2. 净资产收益率

净资产收益率又称资本收益率，是公司净利润与资本总额的比率，它反映了股东投入公司中的资本的盈利能力和获利水平。其计算公式为：

$$净资产收益率=(净利润\div 资本总额)\times 100\%$$

式中：资本总额即所有者权益总额。

一般来说，净资产收益率越高，说明公司的业务状况和发展前景越好，公司营运对股东和投资者的吸引力越强；反之，则相反。

以贵州茅台股份有限公司为例，2017 年该公司的净资产收益率为：

净资产收益率＝5 051 194 218.26÷18 398 774 060.80×100％

＝27.45％

3. 主营业务利润率

主营业务利润率是主营业务利润与主营业务收入的比率，它反映了公司的主营业务获利水平。只有当公司的主营利润率较高时，才能在竞争中占据优势地位。其计算公式为：

主营业务利润率＝主营业务利润÷主营业务收入×100％

以贵州茅台股份有限公司为例，2017 年该公司的主营业务利润率为：

主营业务利润率＝7 160 906 229.50÷11 633 283 740.18×100％

＝61.55％

（二）公司偿债能力分析

1. 流动比率

流动比率是流动资产与流动负债的比率。其计算公式为：

流动比率＝流动资产÷流动负债

该指标反映公司的短期偿债能力，即每元流动负债要用多少流动资产偿还。一般情况下，该指标较高为好，但不能太高，否则无法体现公司的经营效益。一般认为，生产企业合理的最低流动比率为 2。

以贵州茅台股份有限公司为例，2017 年该公司的主营业务利润率为：

流动比率＝20 300 284 828.31÷7.028 190 246.07

＝2.89

2. 速动比率

速动比率是从流动资产中扣除存货部分，再除以流动负债，它是反映公司迅速偿债能力的指标。其计算公式为：

速动比率＝(流动资产－存货)÷流动负债

在计算速动比率时之所以要把存货从流动资产中剔除，其主要原因在于：不希望企业用变卖存货的办法还债，以及排除使人产生种种误解因素的情况下，把存货从流动资产总额中剔除后计算出的速动比率，用来反映企业的短期偿债能力更令人信服。在分析时，一般认为合理的速动比率为 1，低于 1 的速动比率被认为短期偿债能力偏低。但是，由于地区以及行业差异，也允许低于 1 的速动比率。另外，在具体使用时，还要考虑应收账款的变现质量，在计算时通常采用应收账款净额。

以贵州茅台股份有限公司为例，2017 年该公司的速动比率为：

速动比率＝(20 300 284 828.31－5 574 126 083.42)÷7.028 190 246.07

＝2.10

（三）经营能力分析

1. 存货周转率

存货周转率是指公司在一定期间内的营业成本与平均存货的比率。用时间表示的存货周转率就是存货周转天数。其计算公式为：

存货周转率＝营业成本÷存货平均余额

存货周转天数＝360÷存货周转率

式中：存货平均余额＝(期初存货余额＋期末存货余额)÷2

存货周转率的高低，直接反映了公司产品的适销程度。一般来说，存货周转率越高，公司产品越畅销，营业状况和盈利状况越好；反之，则相反。

以贵州茅台股份有限公司为例，2017 年该公司的存货周转率为：

存货周转率＝1 052 931 591.61÷4 883 186 261.89

＝0.22(次)

其中：存货平均余额＝(5 574 126 083.42＋4 192 246 440.36)÷2

＝4 883 186 261.89

存货周转天数＝360÷0.22

＝1 636(天)

2. 应收账款周转率

应收账款周转率是公司在一定时期内的赊销收入净额与应收账款平均余额的比率。用时间表示的应收账款周转率就是应收账款周转天数。它显示一定期间内赊销账款的回收能力，比率越高，表明赊销账款的回收度越快，坏账损失越少，偿债能力越强。其计算公式为：

应收账款周转率＝赊销收入净额÷应收账款平均余额×100%

应收账款周转天数＝360÷应收账款周转率

式中：

应收账款平均余额＝(应收账款期初余额＋应收账款期末余额)÷2

应收账款周转率计算公式的分子部分是赊销净额，但该数据一般很难在公司的财务报表中找到，所以，在计算时一般用主营业务收入来代替。

以贵州茅台股份有限公司为例，2017 年该公司的应收账款周转率为：

应收账款周转率＝11 633 283 740.18÷11 320 457.10

＝1 027.63(次)

其中：应收账款平均余额＝(1 254 599.91＋21 386 314.28)÷2＝11 320 457.10

应收账款周转天数＝360÷1 027.63

＝0.35(天)

3. 营业周期

营业周期是指企业从存货开始到销售并回收现金为止的这段时间。一般情况下，营业周期越短，说明企业资金周转速度越快，企业的管理效率越高。其计算公式为：

营业周期＝存货周转天数＋应收账款周转天数

以贵州茅台股份有限公司为例，2017 年该公司的营业周期为：

营业周期＝1 636＋0.35

＝1 636.35(天)

4. 总资产周转率

总资产周转率是指企业营业收入与平均资产总额的比率。其计算公式为：

总资产周转率＝营业收入÷平均资产总额

式中：平均资产总额＝(总资产期初余额＋总资产期末余额)÷2

它反映的是总资产的周转速度。数值越大，反映企业销售能力越强，企业可通过薄利多销的办法，加速资产的周转，以实现更多的利润。

以贵州茅台股份有限公司为例，2017 年该公司的总资产周转率为：

总资产周转率＝11 633 283 740.18÷22 678 601 544.21
＝0.51

其中：平均资产总额＝(25 587 579 940.69＋19 769 623 147.72)÷2
＝22 678 601 544.21

(四) 资本结构分析

1. 资产负债率

资产负债率是公司负债总额与资产总额的比率。其计算公式为：

资产负债率＝负债总额÷资产总额×100%

该指标反映负债在公司总资产中所占的比重，以及公司资产对债权人权益的保障程度，用以衡量公司的长期偿债能力大小。该比率过高，说明在公司的资产中，股东的资本投入量所占比率较低，公司的经营风险可能转嫁给债权人，债权人的风险较大，公司的偿债能力较弱。

以贵州茅台股份有限公司为例，2017 年该公司的资产负债率为：

资产负债率＝7 038 190 246.07÷25 587 579 940.69×100%
＝27.51%

2. 股东权益比率

股东权益比率是指股东权益总额(即所有者权益总额)与资产总额的比率。它反映所有者提供的资本在总资产中所占的比重以及企业财务结构是否稳定。一般来说，该指标越大越好，因为所有者出资不像负债一样有到期还本付息的压力，不至于陷入债务危机。股东权益比率高，是低风险、低报酬的财务结构；股东权益比率低，是高风险、高报酬的财务结构。其计算公式为：

股东权益比率＝所有者权益总额÷资产总额×100%

以贵州茅台股份有限公司为例，2017 年该公司的股东权益比率为：

股东权益比率＝18 549 389 694.62÷25 587 579 940.69×100%
＝72.49%

3. 长期负债比率

长期负债比率是指长期负债与资产总额的比率，它是从总体上判断企业债务状况的一个指标。其计算公式为：

长期负债比率＝长期负债÷资产总额×100%

对长期负债比率的分析一般要注意两点：首先，与流动负债相比，长期负债比较稳定，要在未来几个会计年度之后才偿还，所以公司不会面临很大的流动性不足风险，短期内偿债压力不大。公司可以将长期负债筹集的资金用于增加固定资产，扩大经营规模。其次，与所有者权益相比，长期负债由于有固定偿还期、固定利息支出，所以其稳定性不如所有者权益。

如果长期负债比率过高，必然意味着股东权益比率较低，公司的资本结构风险较大，稳定性较差，在经济衰退时会给公司带来额外风险。2017 年贵州茅台股份有限公司长期负债为零，该项指标也为零。

4. 股东权益与非流动资产比率

股东权益与非流动资产比率是所有者权益总额与非流动资产总额的比率，它反映企业购买非流动资产所需要的资金有多少来自所有者资本。其计算公式为：

股东权益与非流动资产比率＝所有者权益总额÷非流动资产总额×100％

由于所有者权益没有偿还期限，最适宜为公司提供长期资金来源，满足长期资金需求。该比率越大，说明企业资本结构越稳定。当然长期负债也可以作为购置非流动资产的资金来源，所以该比率不一定要大于 1。但如果该比率过低，则说明企业资本结构不尽合理，财务风险较大。

以贵州茅台股份有限公司为例，2017 年该公司的股东权益与固定资产比率为：

股东权益与非流动资产比率＝18 549 389 694.62÷5 287 295 112.38×100％
＝3.51％

（五）投资收益分析

1. 普通股每股净收益

普通股每股净收益是指每一普通股股份可获得的净利润。它反映了普通股股东投资获利的水平，是衡量股票投资价值最重要的指标，其指标数值越高，股东的投资效益越好。其计算公式为：

普通股每股净收益＝（净利润－优先股股息）÷普通股股数

以贵州茅台股份有限公司为例，2017 年该公司发行在外的普通股股数为 94 380 万股，支付的优先股股息为 0，那么它的普通股每股净收益为：

普通股每股净收益＝5 051 194 218.26÷943 800 000
＝5.35（元）

2. 股息发放率

股息发放率是普通股每股股利与每股净收益的比率。该指标反映普通股股东从每股的净收益中分得多少。股息发放率的高低取决于公司的股利支付政策，公司要综合考虑经营扩张资金需求、财务风险高低、最佳资本结构来决定股利的支付比例。其计算公式为：

股息发放率＝每股股利÷普通股每股净收益×100％

以贵州茅台股份有限公司为例，2017 年该公司的每股现金股利为 0.1 元，股息发放率为：

股息发放率＝0.1÷5.35×100％
＝1.87％

3. 市盈率

市盈率又称本益比，是每股市价与每股净收益的比率。该指标是衡量公司盈利能力的重要指标，反映投资者对公司每元净利润愿意支付的价格。它的数值越高，表明市场对公司越看好，公司的发展前景也就越好；反之，则相反。但在市场投机气氛浓厚时，该指标常常会被扭曲。其计算公式为：

市盈率＝每股市价÷每股净收益

以贵州茅台股份有限公司为例，2017 年 12 月 31 日，该公司股票收盘价为 183.92 元，那么其市盈率为：

市盈率＝183.92÷5.35

＝34.38

4. 每股净资产

每股净资产是净资产与发行在外的普通股股数的比率。该指标反映每股普通股所代表的股东权益额。其计算公式为：

每股净资产＝净资产÷普通股股数

其中：净资产是资产总额与负债总额之差。

以贵州茅台股份有限公司为例，2017 年该公司每股净资产为：

每股净资产＝18 398 774 060.80÷943 800 000

＝19.49(元)

5. 投资收益率

投资收益率是反映公司对外投资盈利能力的静态指标。计算公式为：

投资收益率＝(投资收益÷平均投资)×100%

四、财务报表分析注意的问题

(一) 财务报表本身具有局限性

财务报表是会计的产物，会计有特定的假设前提，并要执行统一的规范。投资者只能在会计制度所规定的意义上利用财务数据，不能认为报表揭示了公司的全部实际情况。财务报表本身的局限性表现为：

第一，以历史成本报告资产，不代表其现行成本或变现价值。

第二，假设币值不变，不按通货膨胀或物价水平调整。

第三，稳健原则要求预计损失而不预计收益，有可能夸大费用，少计收益和资产。

第四，按年度分期报告财务报表，是短期的呈报，不能提供反映长期潜力信息。

因此，投资者在选择上市公司时，需要对公司的财务数据进行横向和纵向比较，在进行财务数据的分析和比较中应特别注意所比较的财务报表的可比性。

(二) 会计报表的真实性问题

进行报表分析时，通常假定报表是真实的。每年年初上市公司都对外公布自己的年度报告，并附有注册会计师出具的审计报告。但从实践经验中，我们知道，注册会计师出具无保留意见的审计报告并不代表该公司的报表完全真实、合法、完整，只是注册会计师运用了相应的审计抽样等方法，产生的误差小于注册会计师认可的程度。

(三) 财务分析的可比性问题

上市公司会计政策不同影响了可比性。对于同一会计事项的账务处理，会计准则允许使用几种不同的规则和程序，公司在允许的范围内可以自由地选择。比如，存货计价是采用先进先出还是采用后进先出计价方法；折旧是采用平均年限还是双倍余额递减法；所得税费用的确认以及对投资收益的成本法与权益法的确认，等等。财务报表附注对会计政策的选择有一定的表述，但投资者需要据此完成可比性的调整工作。

（四）比较分析与比例分析相结合

在做比较分析的时候要用到某些财务指标，而在进行比率分析的时候又要将其与历史数据或同行业数据进行比较，比较分析和比率分析是不可分割的两种方法，在进行具体的财务分析时必须将两者有效地结合起来。

（五）比较基础问题

在比较分析时，必须选择比较的基础，作为评价该上市公司当期实际数据的参照标准，包括该上市公司的历史数据、同业数据和计划预算数据。横向比较时，即同一时期的不同公司进行相互比较时，往往使用同业标准。同业的平均数，只起到一般性指导作用，不一定具有代表性。通常，可以选一组有代表性的公司求其平均数作为同业标准，往往会比整个行业平均数更好些。但对于一般投资者而言，由于信息量有限，做这种分析往往难以达到。况且，有的上市公司实行多种经营，没有明确的行业归属，同业对比更为困难。纵向比较时，进行趋势分析，往往以本公司的历史数据作为比较基础。历史数据代表着过去，并不能说明合理。社会是在不断变化的，今年比去年效益提高了，不一定说明已经达到应该达到的水平，甚至不一定说明公司的管理有了改进。

本章小结

证券投资基本分析与技术分析相比，侧重于对证券内在价值的研究，不计较证券市场的行情升降，不分析证券价格的短期波动，是中长期投资者不可缺少的分析手段。

宏观分析是进行基本分析的基础。宏观经济因素对证券市场价格的影响是根本性的，也是全局性和长期性的。它对证券市场的影响主要通过宏观经济运行及宏观经济政策的调整两个途径来实现。因此，要成功地进行证券投资，必须先认真研究宏观经济状况及其走向，只有充分把握了宏观经济形势，投资者才可能有效地把握证券市场中的投资机会。

行业分析是公司分析的前提，也是连接宏观经济分析和上市公司分析的桥梁。通过行业分析，挖掘出最具投资潜力的行业，进而在此基础上选出最具投资价值的公司。

公司分析包括公司基本素质分析及财务分析。公司基本素质分析是一个定性分析的过程，是财务分析基础。财务分析是运用财务报表对企业过去财务状况及经营成果的一种评价。投资者通过阅读财务报表，得出相应的财务指标数值以及这些财务指标在一定时期内的变动趋势，通过比较分析，以判断公司的财务状况和经营状况是否良好，以此为依据预测企业未来发展，做出相应的投资决策。

复习思考题

1. 什么是证券投资的基本分析？基本分析包括哪些方面的内容？
2. 联系我国经济发展实际，分析经济周期对股市的影响。
3. 货币政策变动对证券价格有何影响？试举例说明。
4. 简要分析财政政策变动对证券市场的影响。
5. 举例说明处于不同生命周期的行业其证券价格波动有何不同。

6. 投资者如何在证券市场上选择可投资的行业?

7. 选择一家上市公司,对它的竞争能力和经营管理能力进行简要分析。

8. 财务比率分析主要包括哪些财务指标?选择一家上市公司的年度报表,对其进行财务比率分析。

9. 为什么要进行现金流量表分析?现金流量表的分析要点有哪些?选择一家上市公司的年度报表,对其进行现金流量表分析。

第六章　证券投资技术分析

学习目的

本章主要介绍证券投资技术分析方法。读者通过本章的学习，掌握技术分析的理论基础，了解K线、切线、形态、技术指标和波浪理论等技术分析理论和方法及在实际中的运用。

第一节　证券投资技术分析概述

技术分析是证券投资分析中常用的一种分析方法。自股票市场产生以来，人们就开始了对于股票投资理论的探索，形成了多种多样的理论。实际上，技术分析是人们根据对股价变化进行长期观察和积累的经验，逐步归纳总结出来的所谓的“规律”。之所以称为技术分析，是因为它是一种基于经验的技术，这种技术主要通过观察价量变化并接合一些实现概率较大的经验来预测未来的市场的变化。人类对于股市波动逻辑的认知，是一个极具挑战性的世界级难题，而这个难题只要没有解决，都会一直存在着技术分析。而古往今来的人们对此所作思考、探索和实践的各种方法，在今天看来仍然具有参考意义。由于技术分析运用了广泛的数据资料，并采用了各种不同的数据处理方法，因此受到了投资者的重视和青睐。它不仅用于证券市场，还广泛应用于外汇市场、期货市场和其他金融市场。

一、技术分析的定义和作用

(一) 技术分析的定义

证券投资技术分析是指依据证券市场的历史交易资料，通过分析证券市场的市场行为，探索证券价格运行规律，据此预测证券价格未来变动趋势。

技术分析的对象就是市场行为。市场行为是指市场的实际交易过程，通过一定的形式表现出来，它包括价格、成交量、价格波动的空间及达到这些价格和成交量所用的时间。其中，成交量和价格的变化是最重要的。对市场行为进行分析的不同方法组成技术分析的各种类别。技术分析的特点是简单、直观、方便，关注的是市场短期行为。技术分析的目的是预测市场价格变化的未来趋势——涨势、跌势、盘整，为投资决策提供依据。技术分析的手段是图形和技术指标。由市场行为得到的各种数据产生的图形、指标是进行技术分析所要使用到的最为基本的东西。

(二) 技术分析的作用

投资者进行证券投资的目的就是为了获得收益，证券市场提供获取收益的两种方法：一种是基本收益，即利息和红利，要获得基本收益，投资分析就侧重于基本分析；另一种是差价收益，即通过低买高卖获得的收益，要获得此收益，投资分析就侧重于技术分析。技术分析的精髓就是总结经验寻找规律，应用规律。正确应用技术分析，能够提高投资者对当前证券价格的判断和未来价格趋势的预测能力，以便把握住较好的买卖时机。简而言之，技术分析的作用就是预测证券价格在短期的走势，为短期买卖决策提供依据。

二、技术分析的理论基础

（一）技术分析的三大假设

技术分析法自19世纪产生以来，经过不断充实、完善和发展，逐渐形成一套颇为复杂的体系，但支撑该体系的理论基础是三个假定条件。

1. 市场行为涵盖一切

“市场行为涵盖一切”是从英文“Everything is discounted and reflected in market prices”直译而来的，意思是影响证券价格的全部因素都反映在市场行为中。任何一个影响证券市场的因素，最终都必然体现在证券价格的变动上，外在的、内在的、心理的等所有因素，都已经在市场行为中得到了反映。技术分析只关心这些因素对市场行为的影响效果，而不必关心具体导致这些变化的原因究竟是什么。这一假设是进行技术分析的基础。

2. 价格沿着趋势移动

这一假设是进行技术分析最根本、最核心的因素。证券价格的变动是有一定规律的，即保持原来运动方向的惯性，而证券价格的运动方向是由供求关系决定的。技术分析法认为证券价格的运动反映了一定时期内供求关系的变化。供求关系一旦确定，证券价格的变化趋势就会一直持续下去。只要供求关系不发生根本改变，证券价格的走势就不会发生反转。价格沿着趋势移动包含三层意思：第一，证券价格的变动存在趋势。第二，证券价格按照趋势运行的方向而波动。第三，一旦某种趋势形成，由于惯性将持续下去，除非出现一些外来因素使这个趋势改变。因此，可在既有趋势上进行操作，直到它出现反转的迹象时为止。“顺势而为”是证券市场中的一条名言，如果没有产生反转的内部和外部因素，就没有必要逆大势而为。

3. 历史会重演

这个假设是从人的心理因素方面考虑的。技术分析对市场行为的研究与心理学等学科分不开。市场中进行具体买卖的是人，是由人决定最终的操作行为。这一行为必然要受到人类心理学中某些规律的制约。在证券市场上，一个人在某种情况下按一种方法进行操作取得成功，那么以后遇到相同或相似的情况，其就会按同一方法进行操作；如果前一次失败了，后面这一次就不会按前一次的方法操作。在证券市场上，当过去某个时候影响证券价格的相同或类似因素再次发生时，价格将会出现类似的变动，表现为时间周期与市场形态等不断重复，如表6-1所示。

表6-1 历史上惊人相似的一幕

1929年华尔街股灾	1987年(农历闰6月)华尔街股灾
■ 时间1929.10.29，农历9月27日	■ 时间1987.10.19，农历8月27日
■ 春季低点：4.23周五	■ 春季低点：4.23周三
■ 夏季高点：8.1周三	■ 夏季高点：7.2周三
■ 秋季高点：9.9周五	■ 秋季高点：8.10周五
■ 崩盘：9.27周二	■ 崩盘：8.27周一

（二）技术分析三大假设的合理性及不足之处

1. 技术分析三大假设的合理性

第一个假设有一定的合理性，因为任何一个影响证券市场的因素，最终必然体现在证券价格的变动上。技术分析都是利用价格与供求关系的互相关联来进行分析和预测的。如果供不应求，价格会上升；反之，如果供过于求，价格就会下跌。这种关系是进行预测的基础。从这种必然的关系上，技术分析推出一个“逆定理”：无论什么原因，如果价格上涨，需求必定超过供给，体现在股市上就是整个股市为多头市场；反之，亦然。因此，供需关系决定市场走势，一切能够影响价格的因素都已经完全反映在价格之中，因而，研究市场状态就够了，无须去考虑形成原因。技术分析就直接从市场供求关系入手，对反映供求的价格和成交量的变动规律进行分析。

第二个假设也有它的合理性，因为供求关系决定价格是普遍存在的。这个假设也给出了技术分析对未来的一致预期的结论，就是沿趋势移动。这个假设本身带有技术分析的目的，即揭示某种规律，而本身又内在地蕴含了某种规律，即趋势。

第三个假设认为，未来在本质上是对过去的一种重复，是历史某种意义上的重演，有其合理性。其原因在于，当相似的市场条件与环境在历史的不同时期不断重现时，人的心理和行为也会出现惊人的相似，而左右价格力量的就是人的心理和行为。

2. 技术分析三大假设的不足之处

技术分析的三个假设有合理的一面，也有不足之处。第一个假设说市场行为包括了一切信息，但市场行为反映的信息同原始的信息毕竟有一些差异，信息损失是必然的，而且一些基本因素的确是通过供求关系来影响证券价格和成交量，但证券价格最终要受到其内在价值的影响。正因为如此，在进行技术分析的同时，还应该适当进行一些基本分析，以弥补不足。第二个假设虽然揭示出证券价格变化的规律——沿某种趋势移动，但影响证券价格变动的因素多种多样，有些根本预料不到，证券价格的波动经常表现出无规律的随机现象。第三个假设为历史会重演，但证券市场的市场行为是千变万化的，不可能有完全相同的情况重复出现，差异总是或多或少地存在。因此，技术分析法由于说服力不够强、逻辑关系不够充分引起不同的看法与争论。

三、技术分析理论的起源和发展

（一）技术分析理论的起源

技术分析是建立在三大假设之上的，以三大假设为理论依据的。这三大假设都是出自道氏理论，所以道氏理论是技术分析的鼻祖，是所有技术分析理论发展的源头。

道氏理论形成于 1902 年，创始人是美国的查尔斯・道(Charles Dow)，在查尔斯・道去世以后，威廉姆・彼得・汉密尔顿(William Peter Hamilton)和罗伯特・雷亚(Robert Rhea)继承了道氏理论，并在其后有关股市的评论写作过程中，加以组织与归纳而成为今天我们所见到的道氏理论。

1. 道氏理论的主要内容

(1) 股票价格指数可以解释和反映市场行为。可以用股票价格平均数的波动来研究整个股票市场的变动趋势，因为平均价格指数的波动已经包含了一切的信息。

(2) 市场波动三种趋势。市场波动可分为三种趋势：主要趋势、次要趋势和短暂趋势。

主要趋势如潮起潮落，持续时间长，波动幅度大，持续数个月至数年；次要趋势如海浪翻腾，持续时间不长，峰谷落差较小，持续数个星期至数个月；短期趋势如浪花滚动，转瞬即逝，变动范围最小，持续数天至数个星期。

(3) 交易量验证趋势。成交量在确定趋势中起很重要的作用。趋势的转折点是进行投资的关键，成交量所提供的信息有助于我们做出正确的判断。

(4) 收盘价是最重要的价格。道氏理论并不注重一个交易日内的最高价和最低价，而只考虑收盘价。

2. 道氏理论的局限性

道氏理论主要是对股市变动的长期趋势做出预测，最明显的缺点是侧重于长期分析而不能做出中短期分析，更不能指明最佳的买卖时机。即使是对长期趋势的预测，道氏理论也无法预先精确地指明股市变动的高峰和低谷，对市场逆转的确认具有滞后效应。

(二) 技术分析理论的发展

除了道氏理论外，还出现了K线理论、切线理论、形态理论、波浪理论(这些理论有的在前面已介绍，有的在后面要介绍，在此不涉及)以及随机漫步理论、循环周期理论、相反理论、江恩理论等，有些理论是对道氏理论的延伸，有的是对道氏理论的发展，这在一定程度上弥补了道氏理论的不足。

1. 随机漫步理论

1964年，由保罗·H·库特纳编写的《股票市场的随机行走特点》一书，由麻省理工学院出版社出版，随机漫步理论随之诞生。

该理论认为，股票价格的波动是随机的，像一个在广场上行走的人一样，不知道他下一步将走向哪个方向，是没有规律的。简而言之，股票价格变化是随机而不可预测的。证券市场中，价格的走向受到多方面因素的影响，一件不起眼的小事也可能对市场产生巨大的影响。从长时间的价格走势图上可以看出，价格上下起伏的机会差不多是均等的。

随机漫步理论指出，股票市场内有成千上万的精明人士，每一个人都懂得分析，而且资料流入市场都是公开的，所有人都可以知道，并无什么秘密可言。因此，股票现在的价格就已经反映了供求关系，或者离本身价值不会太远。所谓内在价值的衡量方法，就是由每股资产值、市盈率、派息率等基本因素来决定，这些因素亦非什么大秘密。现时股票的市价已经代表了千万精明人士的看法，构成了一个合理价位。市价会围绕着内在价值而上下波动。这些波动却是随意而没有任何轨迹可循。造成波动的原因是：

其一，新的经济、政治新闻消息是随意，并无固定地流入市场。

其二，这些消息使基本分析人士重新估计股票的价值，而做出买卖决策，致使股票发生新变化。

其三，因为这些消息无迹可寻，是突然而来，事前并无人能够预告估计，股票走势推测这回事并不可以成立。

其四，既然所有股价在市场上的价钱已经反映其基本价值。这个价值是公平的，是由买卖双方决定，这个价值就不会再出现变动，除非突发消息，如战争、收购、合并、加息减息、石油战等利好或利空等消息出现才会再次波动。但下一次的消息是利好或利空大家都不知道，所以股票现时是没有记忆系统的。昨日升并不代表今日升，今日跌，明日可以升亦可以跌。每日与另一日之间的升跌并无相关。

其五，既然股价是没有记忆系统的，企图用股价波动找出一个原理去战胜市场，赢得大市，肯定失败。因为股票价格完全没有方向，随机漫步，乱升乱跌。我们无法预知股市去向，无人肯定是赢家，亦无人一定会输。

随机漫步理论有一定的道理，尽管证券价格的波动有随机因素，但肯定不完全是随机的，在一定场合有规律可循。

2. 循环周期理论

循环周期理论是1981年由美国分析师伯恩斯坦在《商品价格循环手册——时间之窗》一书中创立。该理论认为，价格高点和低点的出现，在时间上存在一定的规律性。正如事物的发展兴衰有周期性一样，价格的上升和下降也存在某些周期的特征。根据时间的长短将周期分成四类：季节性周期，因部分商品期货受季节性影响较大；长期周期，指平均期间超过1年的循环周期；中期周期，常常用月来计算，一般是6个月到1年；短期周期，以天数为计算周期，平均期限不超过3个月。无论什么程度与何种规模的价格波动，都不会向一个方向永远走下去。价格的波动过程必然产生局部的高点和低点，这些高低点的出现，在时间上有一定的规律。我们可以选择低点出现的时间入市，高点出现的时间离市。

证券价格的涨跌并非无迹可寻，而是有其自身内在的运行规律。熟悉了解证券价格的涨跌规律，尽可能减少操作失误，这就是周期循环理论所要解决的问题。

3. 相反理论

相反理论是基于这样一个原则的一种理论，即证券市场本身并不创造新的价值，没有增值，甚至可以说是减值的(交易成本)。如果同大多数投资者的行动相同，那么一定不是获利最大的，因为，不可能多数人获利。要获得大的利益，一定要同大多数人的行动不一致。在市场投资者爆满的时候出场，在投资者稀少的时候入场是相反理论在操作上的具体体现。

相反理论并不是说大众一定是错的。大部分人看好，市场会因这些看涨预期变成实质购买力而上升。这个现象有可能维持很久，直至到几乎所有人看涨预期趋于一致时，即事情发展到极限，就会出现意想不到的相反结果。培利尔(Humphrey · Neil)说过，当每一个人都有相同想法时，每一个人都错。

4. 江恩理论

江恩理论是美国投资大师威廉 · 江恩(Willian D.Gann)通过对数学、几何学、宗教、天文学的综合运用建立的独特分析方法和测市理论，结合自己在股票和期货市场上的经验提出的，包括江恩时间法则，江恩价格法则和江恩线等。江恩理论认为股票、期货市场里也存在着宇宙中的自然规则，市场的价格运行趋势不是杂乱的，而是可通过数学方法预测的。它的实质就是在看似无序的市场中建立了严格的交易秩序，可以用来发现何时价格会发生回调和将回调到什么价位。

江恩理论的主要内容有以下几方面。

1) 江恩时间法则

其一，时间是循环周期的参考点。20年、30年、60年以上为长期循环。1年、2年、3年……15年等为中期循环。其中30年最重要，因为含有360个月，是一个完整圆形的度数。短期循环为24小时、12小时……甚至可缩小到4分钟，因为一天有1 440分钟，地球自转一度为1 440除以360，得出4分钟。

其二，10年是一个重要的循环。由10年前的顶部(底部)可预测10年后的顶部(底部)。

此外，7 年也是一个转折点，因为 7 天、7 周、7 个月都很重要。

其三，在 5 年的升势中，先升 2 年，跌 1 年，再升 2 年。到第 59 个月注意转折。在 5 年的跌势中，先跌 2 年，升 1 年，再跌 2 年。处于长期上升(下跌)时，一般不会超过 3 年。

其四，在上升的趋势中，如果以月为单位，调整不会超过 2 个月。如果以周为单位，调整一般在 2～3 周。在大跌时，短期的反弹可以维持 3～4 个月。

其五，将 360 度圆形按月份(和中国历法巧合)分割，来计算股市循环。

2) 江恩价格法则

股价波动是支配市场循环的重要法则。股价波动的形式是上升与下跌。不论价格上升或下降，价格回调的支持位和阻力位可能出现在 50%、63%、75%和 100%的回调位置。在江恩价位中，50%、63%、100%最为重要，他们分别与几何角度 45°、63°和 90°相对应。最重要的价位是在 50%的位置，在这个位置经常会发生价格的回调。如果在这个价位没有发生回调，那么，在 63%的价位上就会出现回调；如果价格穿过 63%回调价位，下一个回调将出现在 75%价位；如果价格穿过 75%回调价位，下一个回调将出现在 100%价位。

3) 江恩线

江恩在 X 轴上建立时间，在 Y 轴建立价格，江恩线符号由“TXP”表示。江恩线的基本比率为 1∶1，即一个单位时间对应一个价格单位，此时的江恩线为 45 度。通过对市场的分析，江恩还分别以 3 和 8 为单位进行划分，如 1/3，1/8 等，这些江恩线构成了市场回调或上升的支持位和阻力位。

运用江恩理论，可以预测市场价格的走势与波动，有助于投资者更好地获取投资收益。然而，江恩理论也不是十全十美的，不能指望它都能准确地预测市场价格的走势与波动。

四、技术分析的要素：价、量、时、空

市场行为最基本的表现就是成交价、成交量、时间和价格波动的空间。过去和现在的成交价、成交量涵盖了过去和现在的市场行为，技术分析就是利用过去和现在的成交量、成交价资料，以图形分析和指标分析工具来解释、预测未来的市场走势。这里，成交价、成交量就成为技术分析的主要要素。

(一) 量价配合分析

价和量是市场行为最基本的表现。一般说来，买卖双方对价格的认同程度通过成交量的大小得到确认，认同程度大，成交量大；认同程度小，成交量小。双方的这种市场行为反映在价、量上就呈现出这样一种趋势规律：量增价升，量减价跌。根据这一趋势规律，当价格上升时，成交量不再增加，意味着价格得不到买方确认，价格的上升趋势就将会改变；反之，当价格下跌时，成交量萎缩到一定程度就不再萎缩，意味着卖方不再认同价格继续下降，价格下跌趋势将会改变。在某一时点上的价和量反映的是买卖双方在这一时点上共同的市场行为，是双方暂时均势点。随着时间的变化，均势会不断发生变化，就会引起价量关系的变化。

成交量是推动股价上涨的原动力，股价下跌不需要量的配合，而上涨一定要成交量的推动。量比价先行，量是因，价是果，量是价上涨的先行指标。关于价和量的趋势，一般说来，当量增时，价迟早会涨上来；当价升而量不增时，价迟早会跌下来。从这个意义说“价是虚的，而只有量才是真实的”。

量价配合分析是技术分析的重要内容，成交量的增加与萎缩都表现出价格趋势。量价

配合分析主要是根据成交量与价格的关系来研判价格未来的走势。

1. 量价关系的表现形式

量价配合分析主要是揭示在多头市场、空头市场和多空平衡市场的转化过程中的量价关系，并以成交量的变化作为价格变化的先行指标。在这三类市场中，量价关系的表现形式及其对应的投资策略主要包括以下八种。

1）多空平衡市场

多空平衡市场包括底部整理和顶部整理。

（1）底部整理。当价格经过较长时间下跌后，下跌幅度日益缩小，甚至止跌回稳，而价格在底部盘整一段时间后，成交量明显地由萎缩转为递增，表明低位买盘增强，是买入信号。

（2）顶部整理。价格经过较长时间上涨后，在高位横盘整理，不再创出新高，成交量也开始减少，表明高位买盘减少，是卖出信号。

2）多头市场

多头市场包括开始阶段、持续阶段和衰竭阶段。

（1）多头开始阶段。当价格经过长期下跌和底部盘整后，开始向上运行时，成交量持续增加，量价同步走高，表明该证券开始进入多头市场，是买入信号。

（2）多头持续阶段。当价格经过一段时间上升后，成交量变化不大，但由于买盘较强，价格持续上升，表明该证券进入多头持续阶段，是加码买入信号，可逢价格回档时追加买入。

（3）多头衰竭阶段。当价格经过较长时间上涨，进入一定高位区后，涨势趋缓，成交量不再增加，甚至开始有所减少，表明价格进入多头衰竭阶段，宜观望或准备卖出，不宜追涨。

3）空头市场

空头市场包括开始阶段、持续阶段和衰竭阶段。

（1）空头开始阶段。当价格从高位开始下跌，成交量也开始减少，量价同步下降，表明该证券开始进入空头市场，是卖入信号。

（2）空头持续阶段。当价格经过一段时间下跌后，成交量减速趋缓，甚至萎缩至较低水平，而价格仍在急速下跌，表明该证券进入空头持续阶段，也是卖出信号，不可轻易抢反弹。

（3）空头衰竭阶段。当价格经过较长时间和较大幅度下跌，进入一定低位区后，成交量开始递增，价格虽然还在下跌，但跌幅减小，表明价格进入空头衰竭阶段，价格也接近底部区域。此时，可少量买入，以静观其变，并伺机逢低加仓。

2. 量价关系的类型

1）量增价升

量增价升是指证券价格（或大盘指数）在成交量增加的同时，也同步上涨的一种量价配合现象，为市场行情的正常特征。量增价升出现在上升行情中，而且大部分出现在上涨初期，也有部分出现在上升行情的中途。

在经过较长时间下跌和底部盘整后，随着成交量的逐渐放大，价格也不断向上攀升，应及时买进。上升行情的中途出现量增价升时，也可追加买进，如图 6-1 所示。

2）量减价升

量减价升是指价格（或大盘指数）在成交量减少的情况下，却反而上升的一种量价背离的现象。多出现在上升行情的末期。量减价升有三种情况：一是出现在上涨行情的末期，经过较长时间的上涨，价格已高，跟风者减少，虽然还在上涨，可能意味着主力在拉高出货，此

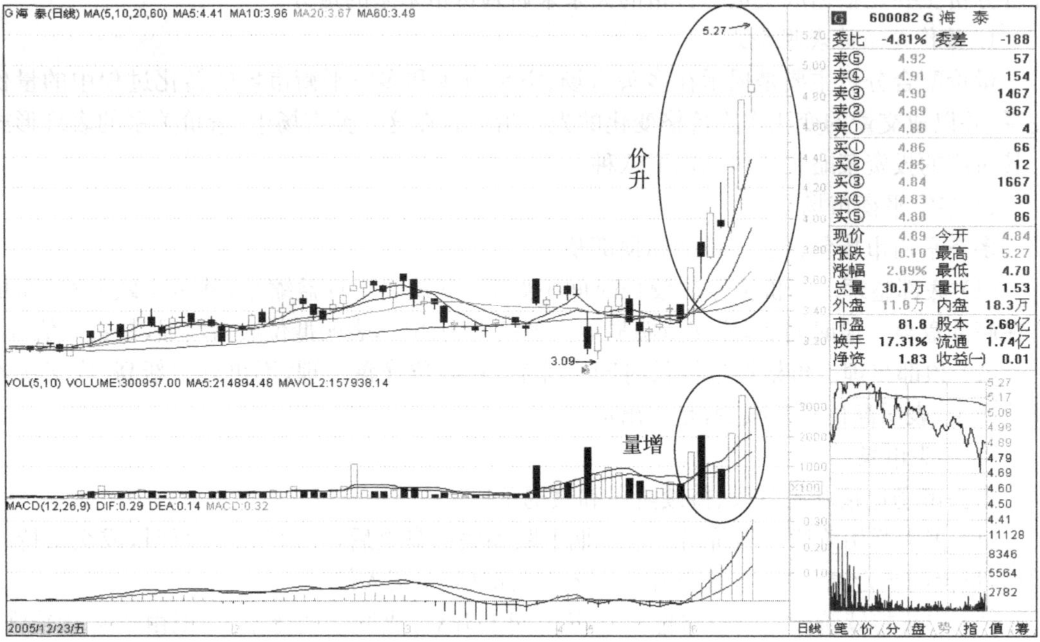

图6－1 量增价升

时只能获利了结。二是出现在下降行情的反弹过程中，经过大幅下跌后，由于跌幅过大，出现短期反弹，虽然价格小幅上涨，但交易量减少，这时以卖出和观望为宜。三是有确定的利多消息，投资者持股者惜售，成交量减少但价格在继续上涨，可追加买进，如图6－2和图6－3所示。

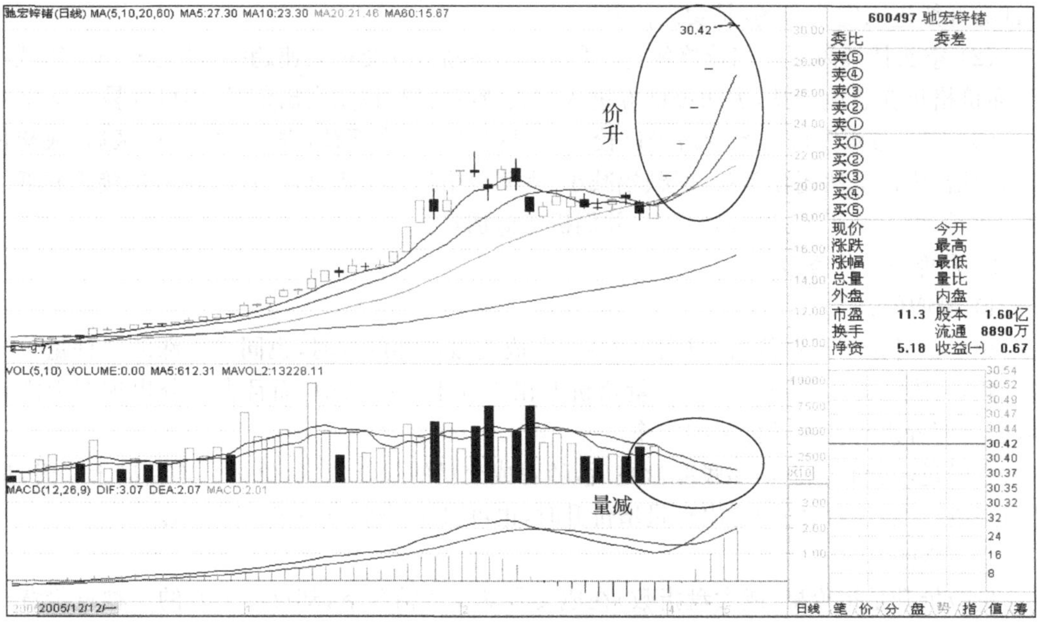

图6－2 量减价升(惜售)

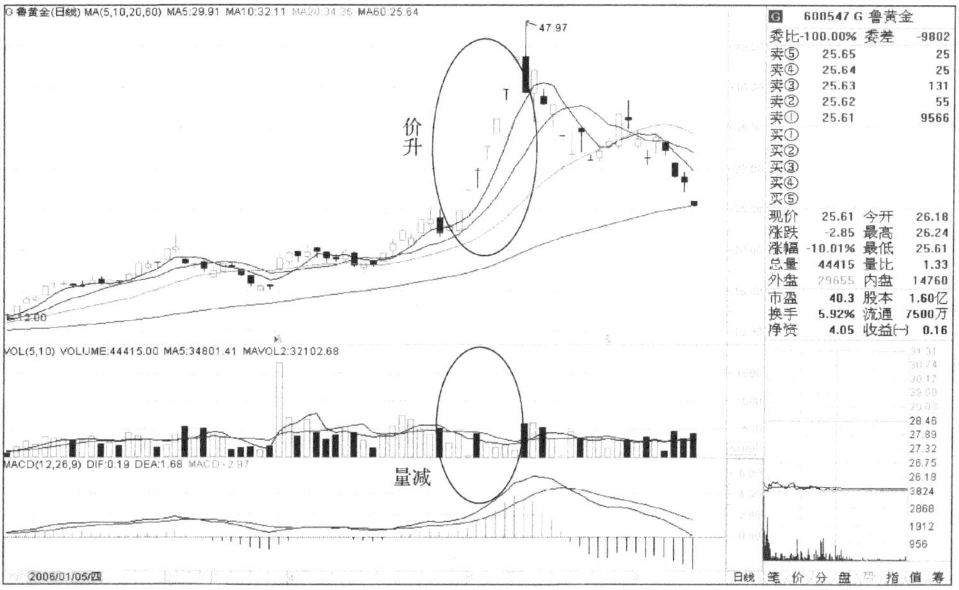

图 6-3 量减价升(股价已高)

3）量增价跌

量增价跌是指价格(或大盘指数)在成交量增加的情况下，却反而下跌的一种量价背离的现象。量增价跌大部分是出现在下跌行情的初期，也有小部分出现在上升行情启动之前。

在下跌行情的初期，由于经过比较大的涨幅后，市场上获利筹码越来越多，一些投资者开始纷纷卖出，买者减少，价格开始下跌，此时是见顶回落的信号，必有一段跌幅，不可轻易接盘。在上升行情启动之前，当价格经过较长时间下跌和底部盘整后，主力为了获取更多的低位筹码，采取边打压价格边吸货的手段，导致量增价跌，这是底部买入信号，如图 6-4 和图 6-5 所示。

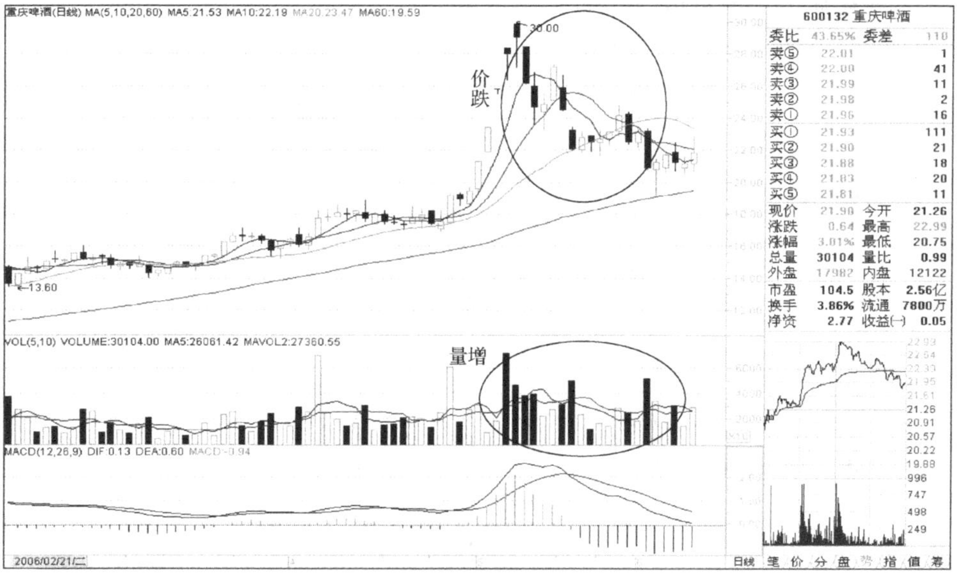

图 6-4 量增价跌(在高位)

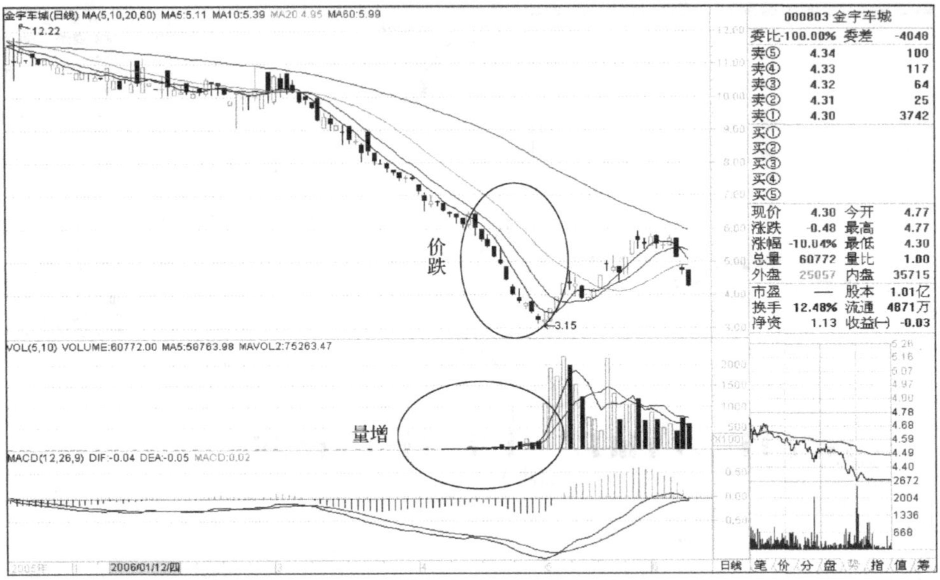

图 6-5　量增价跌(跌幅已深)

4) 量减价跌

量减价跌是指价格(或大盘指数)在成交量减少的情况下,也随之下跌的一种量价配合的现象。量减价跌既可以出现在下跌行情的中期,也可能出现在上升行情的中期。

在上升行情中,当价格上涨一定幅度时,市场成交量开始减少,价格也随之小幅下跌,呈现出量减价跌现象,这种情况是对前期上涨行情的回调,是为了清洗市场浮筹和修正较高的技术指标,当价格完成回调整理后,还会重新上升,此种情况是逢低买入信号。在下跌行情中,当价格经过一段时间下跌后,由于市场预期向坏,卖者较多,而市场承接乏力,导致价格下跌、成交量萎缩,预示着价格仍将继续下跌,如图 6-6 所示。

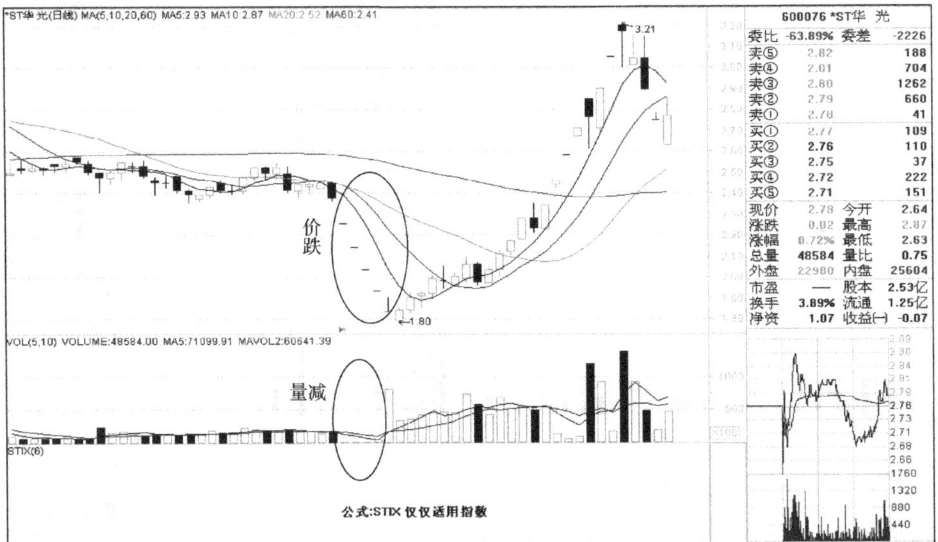

图 6-6　量减价跌

5）天量天价

天量天价是指在成交量大幅增加的同时，价格也迭创新高的一种量价关系。所谓“天量”是指成交量无法再放大，即已经创出最近一段时期以来的最大成交量；所谓“天价”，是指价格不能再创新高，即价格已经创出最近一段时期以来的最高价。

天量天价是量增价升的一种特殊形式，只是相对于特定的一段时间而言，具体的研判还要看当时价格所处的位置和市场发展趋势。经过较长时间上涨在高价区位出现的天量天价，是见顶卖出的信号。

6）地量地价

地量地价是指成交量极小的同时，价格也非常低的一种量价配合现象。所谓“地量”，是指成交量萎缩到一段时期内最小；所谓“地价”，是指价格在一定时期内已经无法再创新低。对地量地价的研判也看当时价格所处的位置和市场发展趋势，还要结合各种基本因素一起研判，在底部出现的地量地价通常是买入信号。

（二）时间和空间分析

在技术分析中，时间是指完成某一趋势所经过的时间长短，通常是指一个波段或一个升降周期所经过的时间。空间是指价格的升降所能够达到的程度。时间将指出价格有可能在何时出现上升或下降；空间则指出价格有可能上升或下降到什么地方。时间体现了市场潜在的能量大小转变的过程，而空间反映的是每次市场发生变动程度的大小，体现市场潜在的上升或下降的能量的大小。一般来说，对于时间长的周期，今后价格变动的空间也应该大；对于时间短的周期，今后价格变动的空间也应该小。时间长、波动空间大的过程，对今后价格趋势的影响和预测作用也大；时间短、波动空间小的过程，对今后价格趋势的影响和预测作用也小。

五、技术分析的分类

在价、量等资料的基础上，运用统计、逻辑推理、数学计算、绘制图表等手段进行分析是技术分析主要方法。从这个意义上讲，技术分析方法可以有多种。通常将技术分析主要分为K线法、切线法、形态法、指标法和波浪法等五类。

（一）K线法

K线法侧重若干天K线的组合情况，推测市场多空双方力量的对比，进而判断市场多空双方谁占优势，这种优势是暂时的，还是决定性的。K线图是进行各种技术分析的最重要的图形。

（二）切线法

切线法是按一定方法和原则，在由价格数据所绘制的图表中画出一些直线，然后根据这些直线的情况推测价格的未来趋势，画出的这些直线称为切线。切线的作用主要是起支撑和压力的作用，支撑线和压力线往后延伸位置对价格趋势起一定的制约作用。

（三）形态法

形态法是在价格图表或技术指标曲线图中，根据过去一段时间走过的轨迹的形态，预测价格未来趋势的方法。市场行为包括一切信息，价格走过的形态是市场行为的重要部分，是市场对各种信息感受之后的具体表现。依据价格轨迹的形态，推测未来价格变化趋势，为投资决策提供一定的指导，是有道理的。著名的形态有M头、W底、头肩顶底等十几种。

（四）指标法

指标法全称是技术指标法。该方法通常是通过建立一个数学模型，给出数学上的处理方法，得到一个体现市场某个方面内在实质的数据，这个数据称为指标值，指标值的具体数值和相互间关系，直接反映市场所处的状态，为操作提供指导。目前，证券市场上的技术指标主要包括相对强弱指标（RSI）、随机指标（KDJ 指标）、平滑异同平均线（MACD）、能量潮（OBV）、心理线（PSY）和乖离率（BIAS）等。

（五）波浪法

波浪理论起源于 1978 年美国人查尔斯·J·柯林斯（Charles·J·Collins）的专著《波浪理论》。波浪理论的实际发明者和奠基人是艾略特（Ralph Nelson Elliott）。波浪理论把股价的上下变动和不同时期的持续上涨下降看成是波浪的上下起伏。波浪的起伏遵循自然界的规律，按一定的规律进行，股票的价格也就遵循波浪起伏所遵循的规律。

六、技术分析注意事项

（一）技术分析与基本分析的比较

1. 基础不同

技术分析是对证券价格和成交量等市场行为进行分析，探寻价格变动的规律，而不管证券本身质地的好坏；基本分析是以影响证券价格的基本因素——宏观经济、行业和公司的基本经济数据为研究基础，通过对公司业绩的判断确定其投资价值。

2. 工具不同

技术分析通常以市场历史交易数据的统计结果为基础，通过曲线图、技术指标等方式描述价格运动的规律；基本分析则主要以宏观经济指标、行业基本数据和公司财务指标等数据为基础进行综合分析。

3. 对象不同

技术分析不在乎价格变动的理由，只重视过去与现在的市场行为反应，只关心价格本身的变化；基本分析是分析价格变动的理由。

4. 时间不同

技术分析着眼于短期分析，提供证券买卖的时点，让投资者把握买卖的时机；基本分析注重相对长期的投资。

技术分析在预测原有趋势结束与未来趋势开始方面优于基本分析，但在预测长期趋势方面不如基本分析。著名技术分析大师约翰·墨非在其著作《期货市场技术分析》一书中这样评价，“技术分析是历史经验的总结，其有效性是以概率的形式出现，技术分析必须与基本分析相结合，有效性才能得到提高”。基本分析与技术分析各有短长，把两种分析方法有机结合，扬长避短，用基本分析确定方向，用技术分析确定买卖点，其准确率才能有效提高。

（二）技术分析应注意的问题

每一种分析方法都有它的优点和缺点，技术分析同样有局限性，因此，在使用技术分析时，应注意如下问题：

第一，技术分析必须与基本分析结合起来使用，才能提高其准确程度，否则单纯的技术分析是不全面的。

第二，注意多种技术分析方法的综合研制，切忌片面地使用某一种技术分析结果。

第三，技术分析是根据统计学原理得来的，因此，它得到的是概率情况，并不是百分之百的正确，总会有一定的失误率。技术分析的结论都只是可能，而不是必然。

第四，由于技术分析方法很多，产生了很多指标，而每一种指标都是根据一种特殊原理设计而成，因此这种指标在某一方面很有效，但在其他方面可能无效。技术分析的一些指标是根据常态情况下统计而成的，因此，在常态情况下，准确性非常高，但是在非常态情况下，如使用常态标准，将会大错特错。

第四，技术分析的种类非常多，有些时候会相互出现矛盾，投资者不知道到底谁对谁错。在这种情况下，投资者可以使用两种方式：一是根据多数指标指导的方向去做；二是看不懂时不操作，什么时候看懂了，什么时候操作，市场总是有机会的。

第五，技术分析是一种工具，要靠人去使用，决定因素是人。在运用时，在很大程度上依赖使用者的个人选择。前人的和别人的结论要通过自己的实践验证后才能放心地使用。

第二节 K线分析

一、一根K线的应用

看懂单根K线的含义，是K线分析的基础。分析单根K线主要从三个方面着手："一看阴阳"，一般来说，阴阳代表趋势方向，阳线表示将继续上涨，阴线表示将继续下跌。"二看实体大小"，实体大小代表内在动力，实体越大，上涨或下跌的趋势越是明显；反之，趋势则不明显。"三看影线长短"，影线代表转折信号。向一个方向的影线越长，越不利于股价向这个方向变动，即上影线越长，越不利于股价上涨，下影线越长，越不利于股价下跌。

根据实体大小、影线长短，把单根K线分为多种不同的形态，不同形态的K线具有不同的含义。

（一）小阳线

全日价格波动范围较小，买方稍占上风，但上攻乏力，表明行情发展扑朔迷离（见图6－7）。小阳线经常出现于盘整阶段，买方虽然占据了一定优势，但卖方的抛压也较重。连续的小阳线攀升形态，被称为慢牛，是持续缓慢上涨的表现。

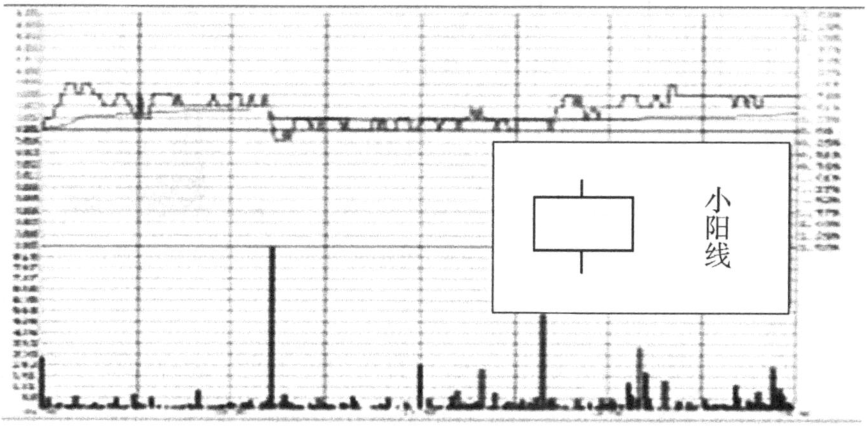

图6－7 小阳线

（二）中阳线

全日价格波动范围明显增大，买方占据一定上风，表明行情正朝有利于买方方向发展（见图 6－8）。它常出现在经过较长时间盘整后股价开始上涨的初期、股价的上涨过程中以及股价大幅下跌后的强势反弹中。

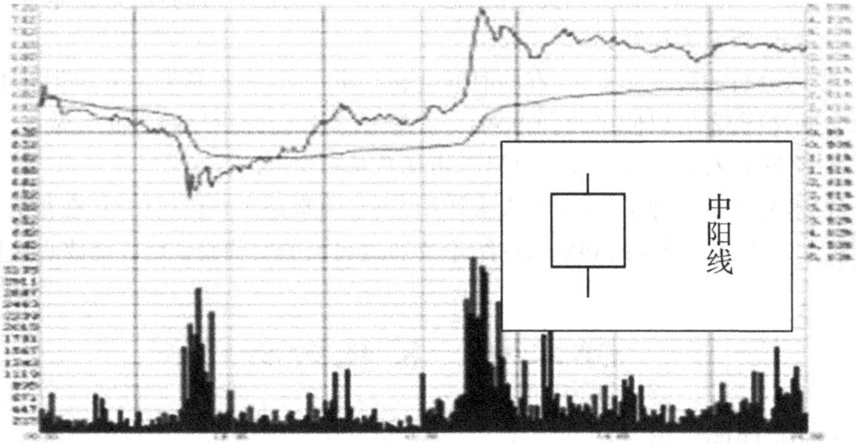

图 6－8　中阳线

（三）大阳线

全日价格波动范围较巨大，卖方打压的力量不足，买方在当日的交易中占据了绝对的优势。表明行情可能完全朝有利于买方的方向发展（见图 6－9），为股价进一步上涨奠定了良好的基础。同时，也是庄家在洗盘结束后，迅速拉高脱离自己成本区的一种手段。

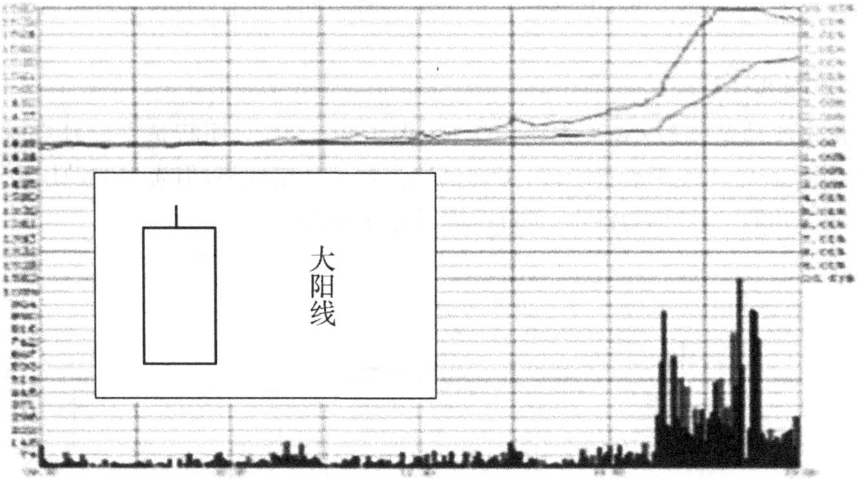

图 6－9　大阳线

（四）小阴线

全日价格波动范围较小，卖方稍占上风，但打压力度不大。表现为买方受到卖方的打压，但买方仍然具备反击的能力与可能性，行情发展扑朔迷离（见图 6－10）。小阴线与小阳线一样常出现在盘整时期，连续的小阴线下跌状态，被称为阴跌，其杀伤力不可小视。

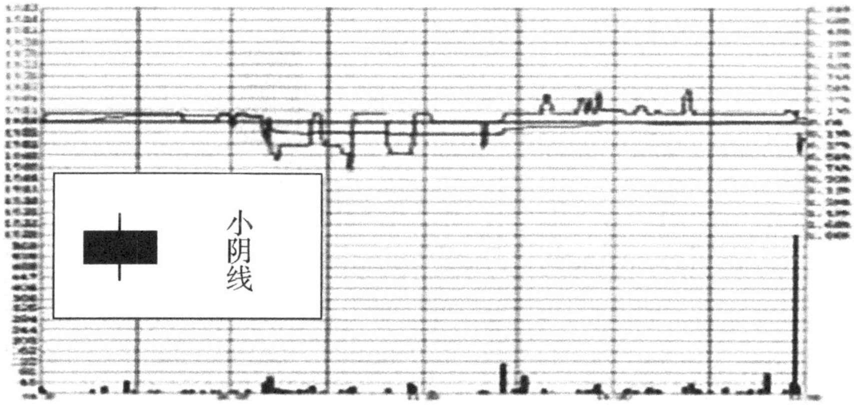

图 6-10 小阴线

(五) 中阴线

全日价格波动范围明显增大,卖方占据一定上风,表明行情正朝有利于卖方的方向发展(见图 6-11)。这种 K 线常在股价下跌初期或股价在上升回调时出现,它具有较强杀伤力。

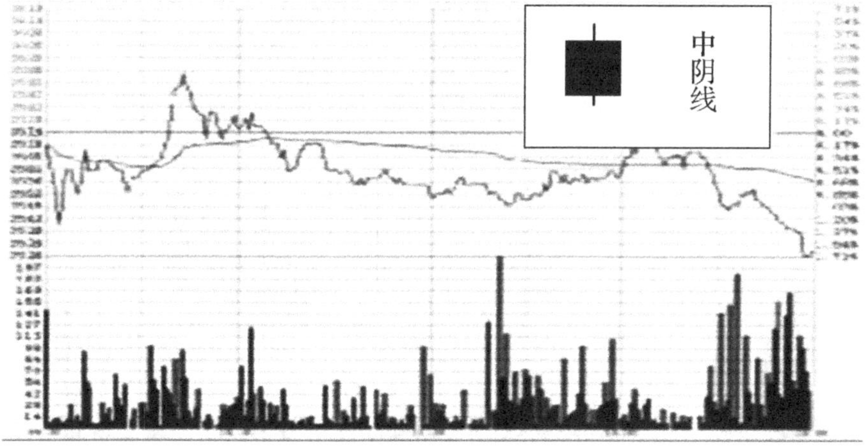

图 6-11 中阴线

(六) 大阴线

全日价格波动范围较巨大,卖方占据绝对的上风,表明行情可能完全朝有利于卖方的方向发展(见图 6-12)。有大的利空或股价见顶急跌时,常出现此种 K 线,要把出现这种 K 线时价格所处的位置与成交量结合进行分析,才具有实际意义。

(七) 光头阳线

光头阳线是一种只有下影线与实体的阳线(见图 6-13),最高价与收盘价相同。总体来讲,意味着先跌后涨,买方力量较大。光头阳线若出现在低价位区域,并伴随成交量的放大,预示着一轮上升行情的开始。如果出现在上升行情途中,表明后市继续看好。但实体部分与下影线长短不同,买方与卖方力量对比不同。

实体部分比下影线长,表明价位下跌不多,就受到买方支撑,买方实力很强。实体部分与下影线相等,买卖双方交战激烈,但大体上,买方占主导地位,对买方有利。实体部分比下

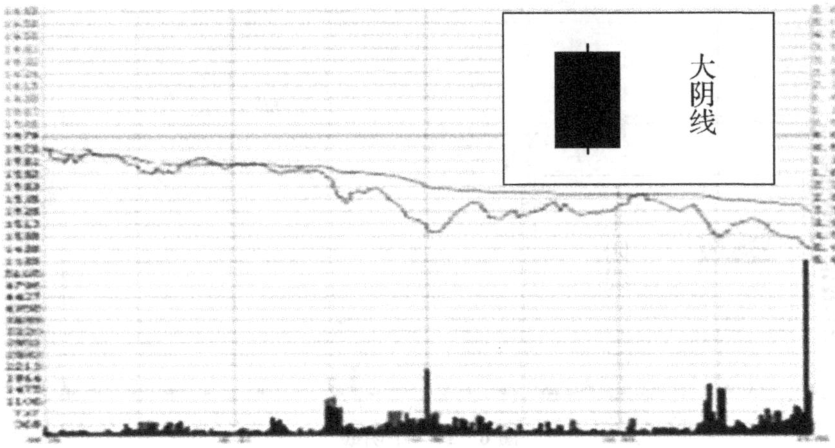

图 6 - 12 大阴线

影线短，表明买卖双方在低价位上发生激战，遇买方支撑逐步将价位上推，上面实体部分较小，说明买方所占据的优势不大。

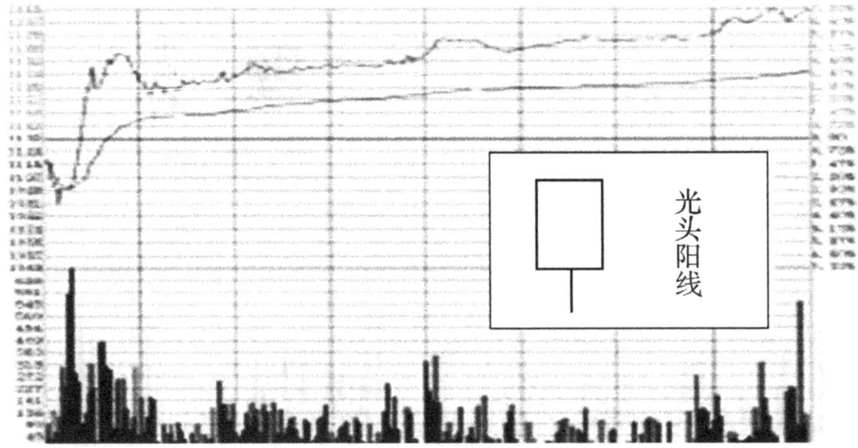

图 6 - 13 光头阳线

（八）光脚阳线

光脚阳线是一种只有上影线与实体的阳线（见图 6 - 14），开盘价即成为全日最低价。总体来讲，买方力量占优。但实体部分与上影线长短不同，买方与卖方力量对比不同。

一般来说，如果在低价位区域出现光脚阳线，且实体部分比上影线长，表明买方开始聚积上攻的能量，进行试盘。如果在高价位区域出现光脚阳线，且实体部分比上影线短，表明买方上攻的能量开始衰竭，卖方的能量不断增强，行情发生逆转的可能性增大。

（九）光头光脚阳线

这种 K 线只有实体没有上下影线，最高价与收盘价相同，最低价与开盘价一样（见图 6 - 15）。从一开盘，买方就积极进攻，中间也可能出现买方与卖方的斗争，但买方始终占优势，使价格一路上扬，直至收盘。该 K 线表明多方已经牢固控制盘面，逐浪上攻，步步逼空，涨势强烈。

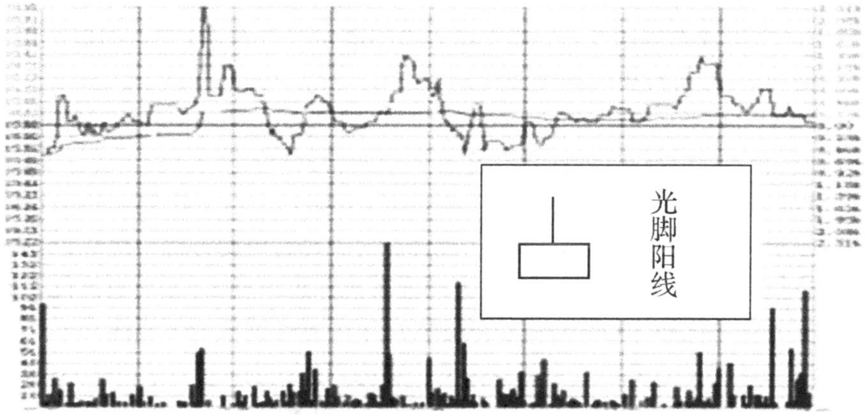

图 6－14　光脚阳线

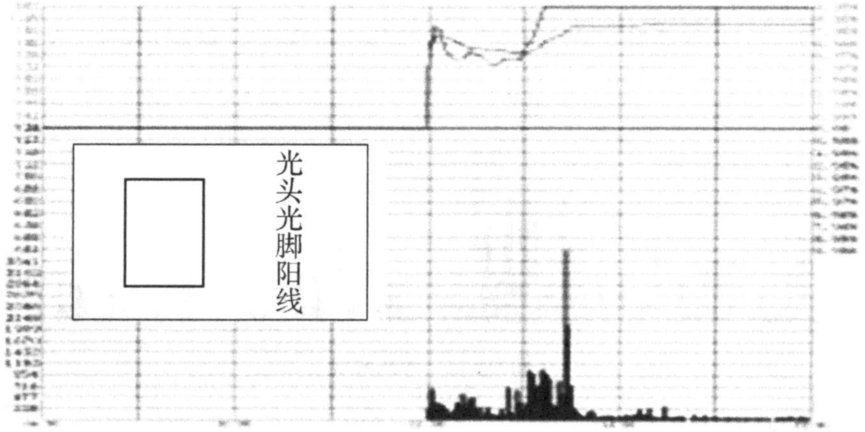

图 6－15　光头光脚阳线

(十) 光脚阴线

这是一种只有上影线与实体的阴线(见图 6－16),收盘价即成为全日最低价。一般来

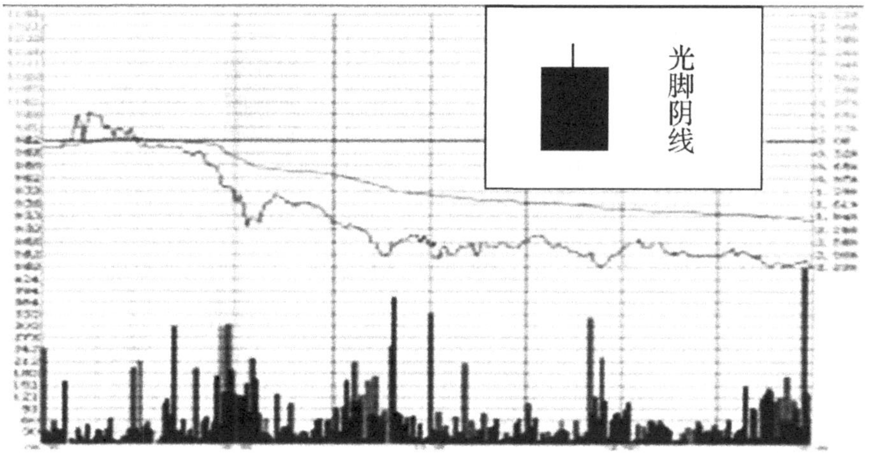

图 6－16　光脚阴线

说，如果在低价位区域出现光脚阴线，表明买方开始聚积上攻的能量，但卖方仍占有优势。如果在高价位区域出现光脚阴线，表明买方上攻的能量已经衰竭，卖方的做空能量不断增强，且占据主动地位，行情有可能发生逆转。

（十一）光头阴线

这是一种只有下影线与实体的阴线（见图 6－17），开盘价是最高价。实体部分与下影线的长短不同也可分为三种情况：实体部分比影线长，表明卖方占了比较大的优势；实体部分与影线同长，表示卖方把价位下压后，买方的抵抗也在增加，但卖方仍占优势；实体部分比影线短，表示卖方把价位一路压低后，遇到买方顽强抵抗并组织反击，逐渐把价位上推，最后虽以阴线收盘，卖方仍占优势，但买方力量在增强，后市买方有反攻的可能性。

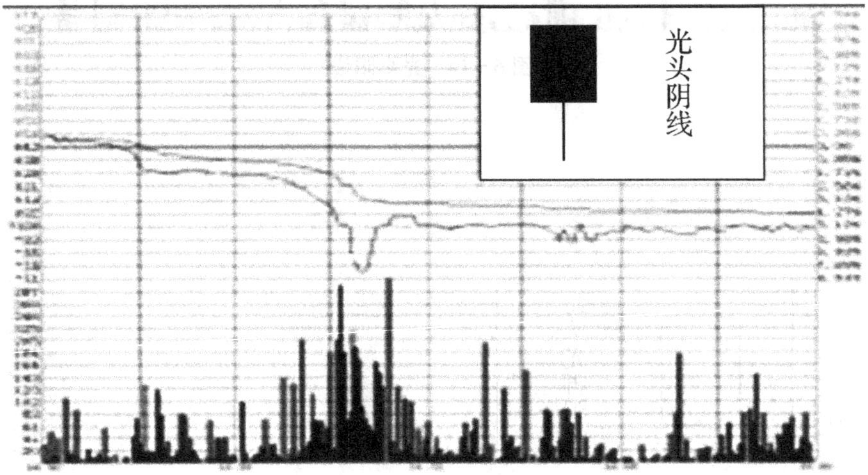

图 6－17　光头阴线

（十二）光头光脚阴线

此种 K 线没有上下影线（见图 6－18），开盘价即成为全日最高价，收盘价成为全日最低价，股价从一开始，卖方就占绝对优势，疯狂抛出，市场呈一边倒，最终以全日最低价收盘价。这种 K 线图形表明，空方在当日交战中始终占据了主导优势，多方无力抵抗，股价的跌势强烈，次日低开的可能性较大。如果在股价的高位区域出现这种 K 线，是卖出的信号。

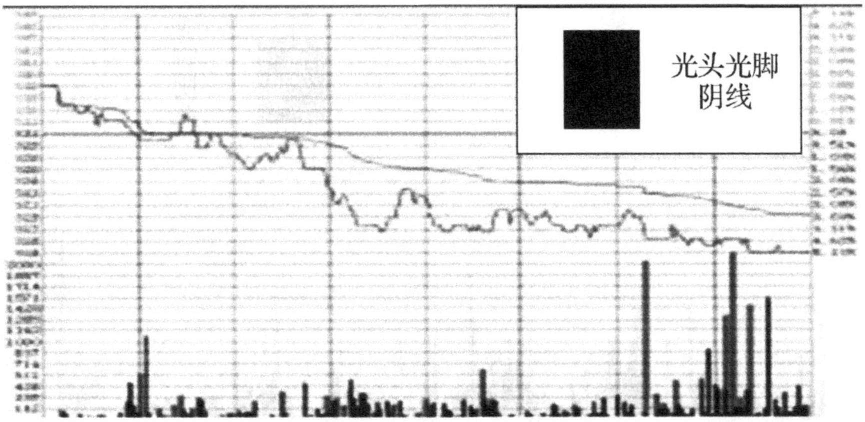

图 6－18　光头光脚阴线

（十三）十字星

这是一种只有上下影线，没有实体的K线图形(见图6－19)。表示在交易中，股价出现高于或低于开盘价成交，但收盘价与开盘价相等，买方与卖方几乎势均力敌。这种K线图无论出现在高价位区或低价位区，都可视为见顶或见底信号，预示大势即将改变原来的走向。如果十字星的下影线比上影线长，则称为“下影十字星”，表明下档支撑力度较强，且下影线越长，显示买方抵抗力越强。如果在行情底部出现下影十字星，意味着股价走势将出现反转，是买进信号。如果十字星的上影线比下影线长，则称为“上影十字星”，表明上档抛压沉重，且上影线越长，显示卖方抵抗力越强。如果在行情顶部出现上影十字星，意味着股价走势将出现下跌，是卖出信号。

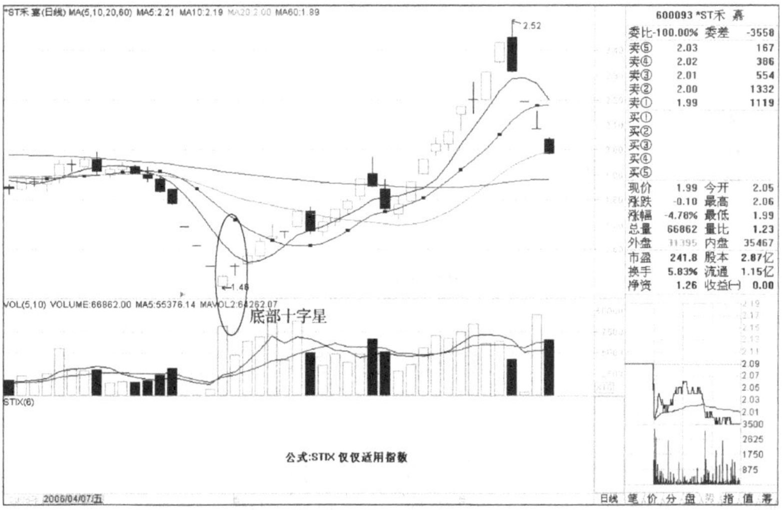

图6－19　十字星

（十四）T字形

T字形的开盘价、收盘价与最高价相同(见图6－20)，表明当日买卖双方搏斗激烈，但最终局势对买方有利，下影线越长，越有利于买方。如出现在低价区，上涨的可能性大。

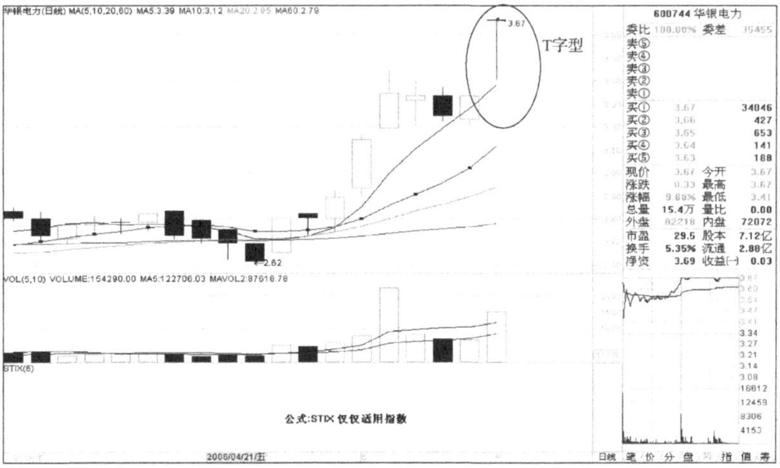

图6－20　T字形

（十五）倒 T 字形

倒 T 字形的开盘价、收盘价与最低价相同（见图 6－21），表明当日总体看卖方占一定的优势，上影线越长，卖方优势越大。如出现在高价区，行情可能会下跌。

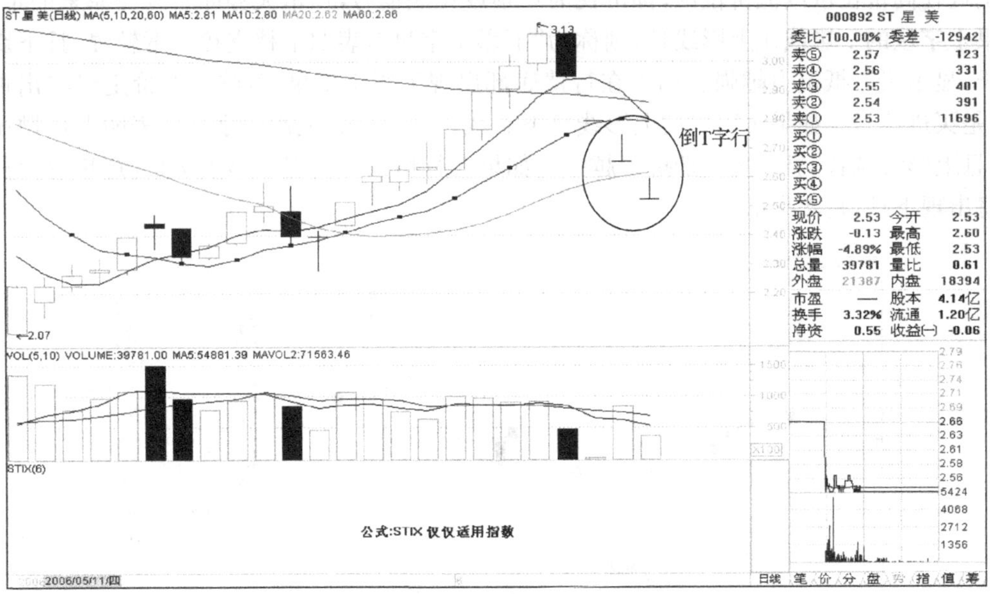

图 6－21　倒 T 字形

（十六）一字形

此图形的开盘价、收盘价、最高价、最低价在同一价位（见图 6－22 和图 6－23）。这种 K 线图形多出现于涨跌停限制下的交易过程中，一开盘就涨停或跌停，全日交易只有一档价位成交，意味着极强或极弱。

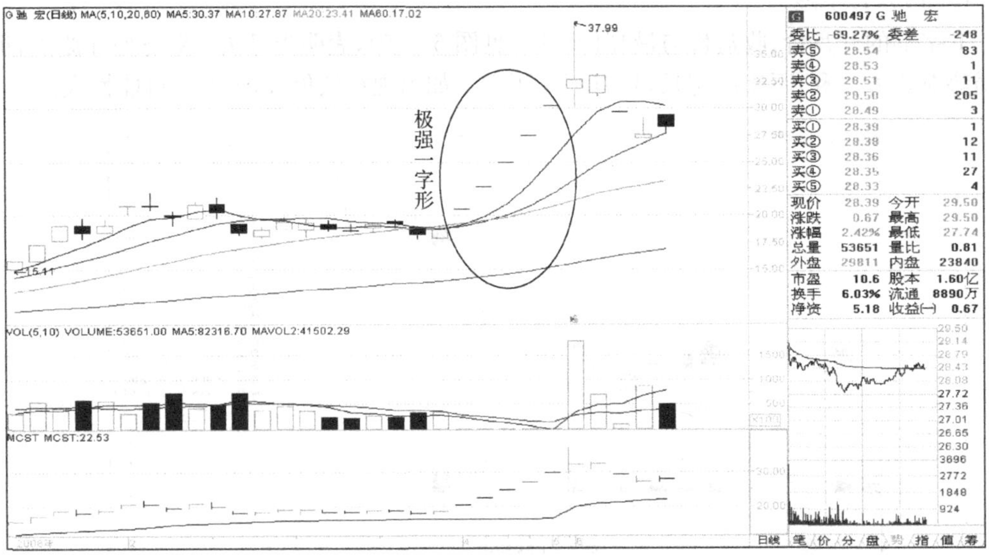

图 6－22　一字形（极强）

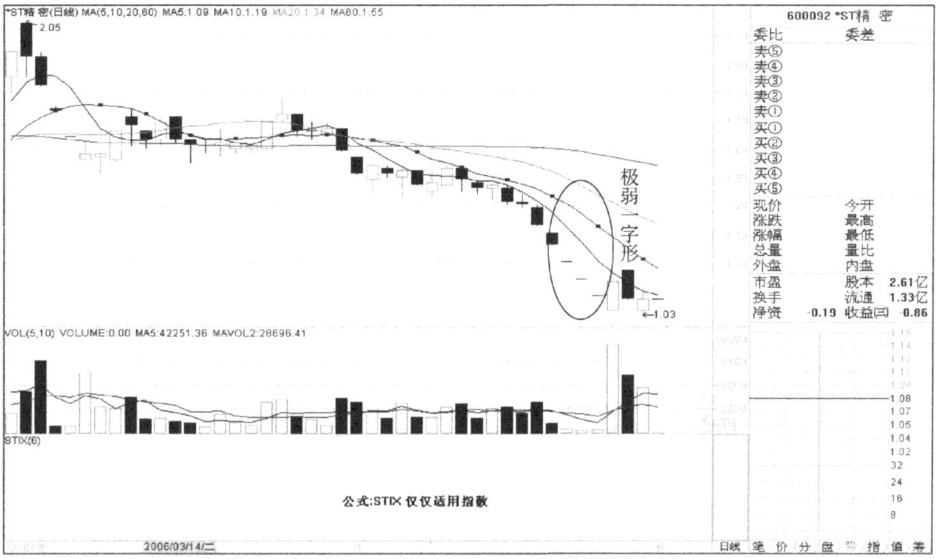

图 6-23 一字形(极弱)

总之,一根 K 线只是市场一天交易中多空双方实力对比的一种反映,它对后市的走势,虽然有一定的预测作用,但往往不准确、不可靠,还需要结合 K 线组合进行分析。分析一根 K 线应注意的是:如果上、下影线对于实体来说非常小,则可以等同于没有;指向一个方向的影线越长,越不利于股价今后向这个方向变动;阳线实体越长,越有利于上涨;阴线实体越长,越有利于下跌。

二、K 线组合的应用

相对一根 K 线而言,从连续的 K 线构造的趋势图形来预测后市,更可靠一些。K 线的组合情况非常多,这里仅介绍两根和三根 K 线的几种特定的组合形态,只要学会举一反三,就可以得知别的组合的含义。

(一) 两根 K 线的组合应用

1. 连续两连阳(阴)

连续两连阳表明多方已取得较大优势,掌握着主动权,后市上涨的可能性较大;连续两连阴则相反(见图 6-24 至图 6-26)。

图 6-24 连续两连阳(阴)

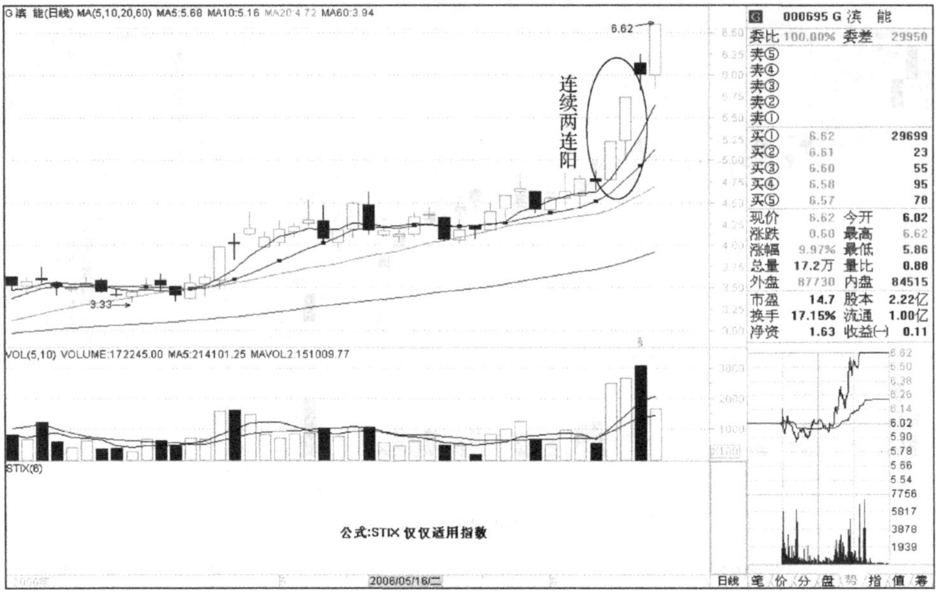

图 6-25　连续两连阳

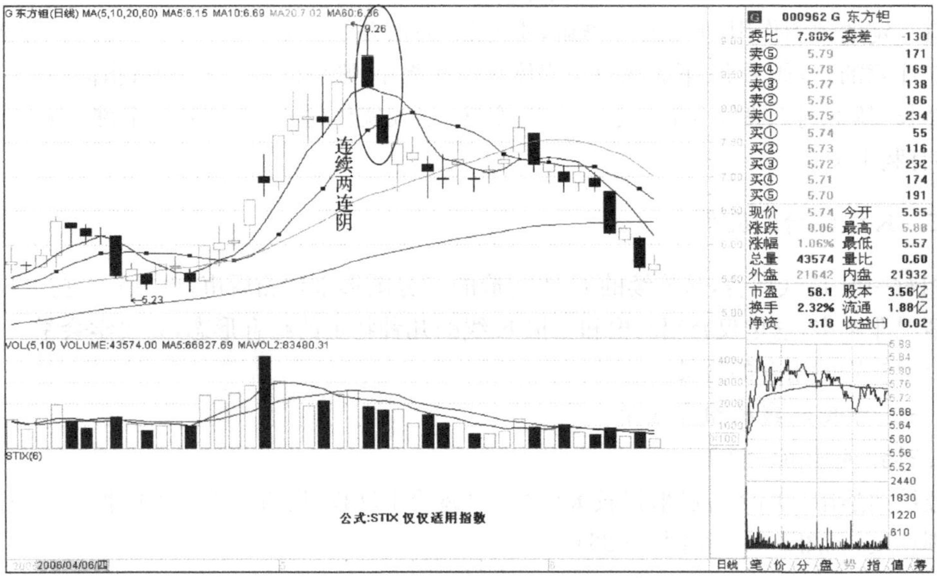

图 6-26　连续两连阴

2. 曙光初现和乌云盖顶

其特征表现为:一阳一阴两根 K 线的实体相当且较大,上下影线均较短。曙光初现第二根 K 线为跳低开盘,但收盘价切入头一天阴线实体的上半部分(见图 6-27 左边);乌云盖顶第二根 K 线为跳高开盘,但收盘价切入头一天阳线实体的下半部分(见图 6-27 右边)。曙光初现表明空方的打压受到多方的顽强反击,若在股价运行的底部区域出现,则是典型的见底反转上升信号。乌云盖顶正好相反,若出现在高位,是见顶反转下跌的信号。具体案例如图 6-28 和图 6-29 所示。

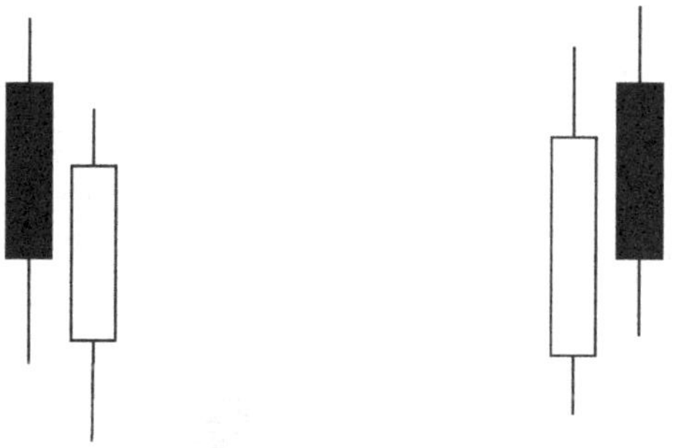

图 6－27　曙光初现和乌云盖顶

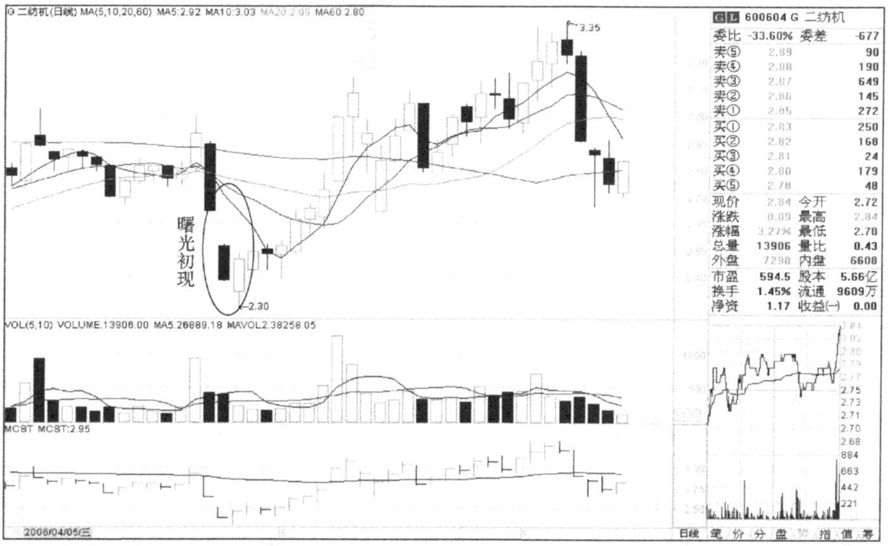

图 6－28　曙光初现

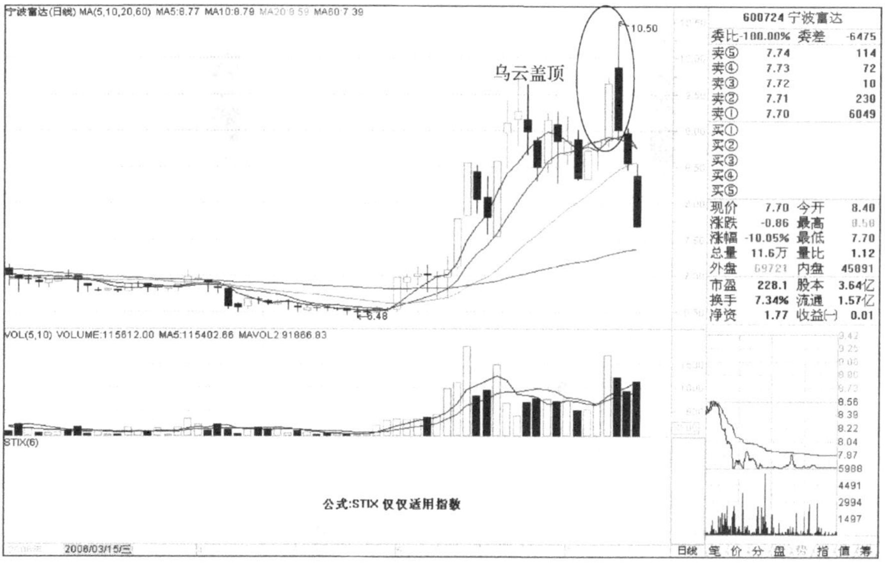

图 6－29　乌云盖顶

3. 穿头破脚

其特征表现为:第一根K线实体较大,但第二根K线实体更大,将第一根K线的实体及上下影线完全包含,两根K线的上下影线都较短。阳包阴的穿头破脚(见图6-30右边)表明空方的打压受到多方的猛烈反击,若在股价运行的底部区域出现,则是典型的见底反转信号。阴包阳的穿头破脚(见图6-30左边)正好相反。

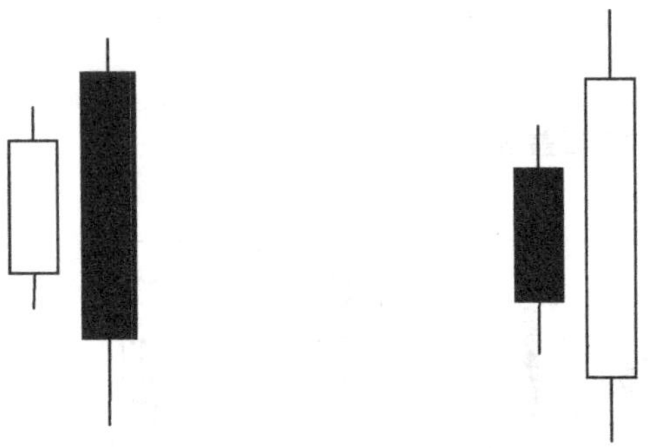

图6-30 穿头破脚

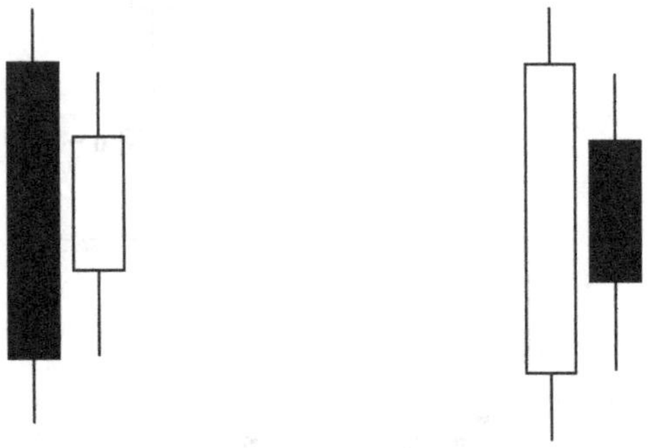

图6-31 身怀六甲

4. 身怀六甲

其特征表现为:第二根K线的实体远小于第一根K线,且实体和上下影线都被第一根K线包含。若第二根K线是一个十字星,则称为十字胎。这种K线组合表明空方进攻的力度减弱(见图6-31左边),若出现在低位,则是一种见底反转的信号;或表明多方进攻的力度减弱(见图6-31右边),若出现在高位,则是一种见顶反转的信号。

5. 多(空)方反攻

其特征表现为:一根实体较长的阴(阳)线之后紧接着出现一根跳低(高)开盘的阳(阴)线。多方反攻(见图6-32左边),第一天的长阴线之后第二天大幅低开,但却以阳线报收,表明多方在较低的价位区获得优势,有可能展开反攻。另一种情况(见图6-32右边)则相反。

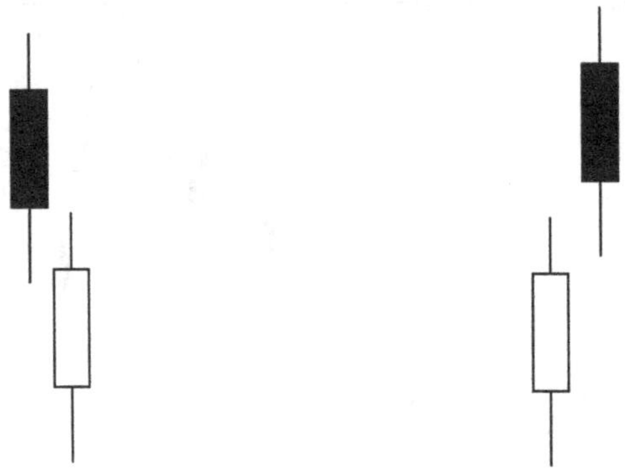

图6-32 多(空)方反攻

(二) 三根K线的组合应用

1. 早晨之星和黄昏之星

其特征表现为:一根实体较长的阴(阳)线之后紧接着出现一根跳低(高)开盘的十字星,

第三天又出现一根阳(阴)线,且收盘价切入第一根K线实体的上(下)半部(见图6-33,左边是早晨之星,右边是黄昏之星)。这两种组合若分别出现在股价运行的低位或高位,则是见底或见顶反转的信号。具体案例如图6-34和图6-35所示。

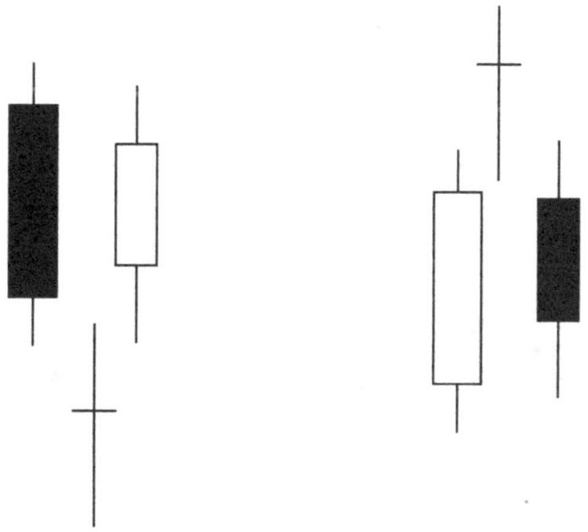

图6-33 早晨之星和黄昏之星

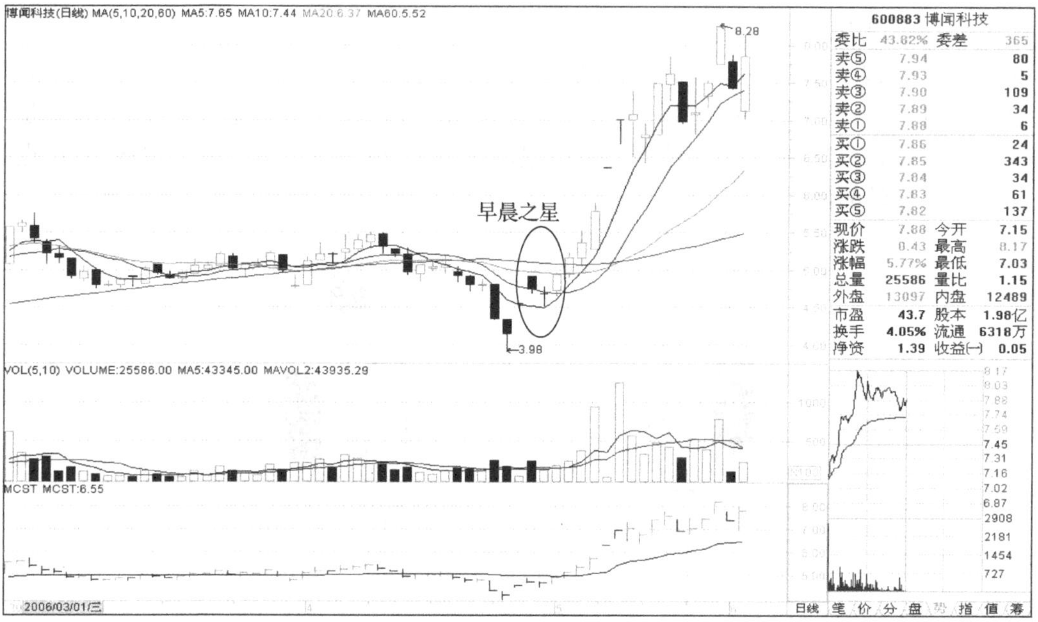

图6-34 早晨之星

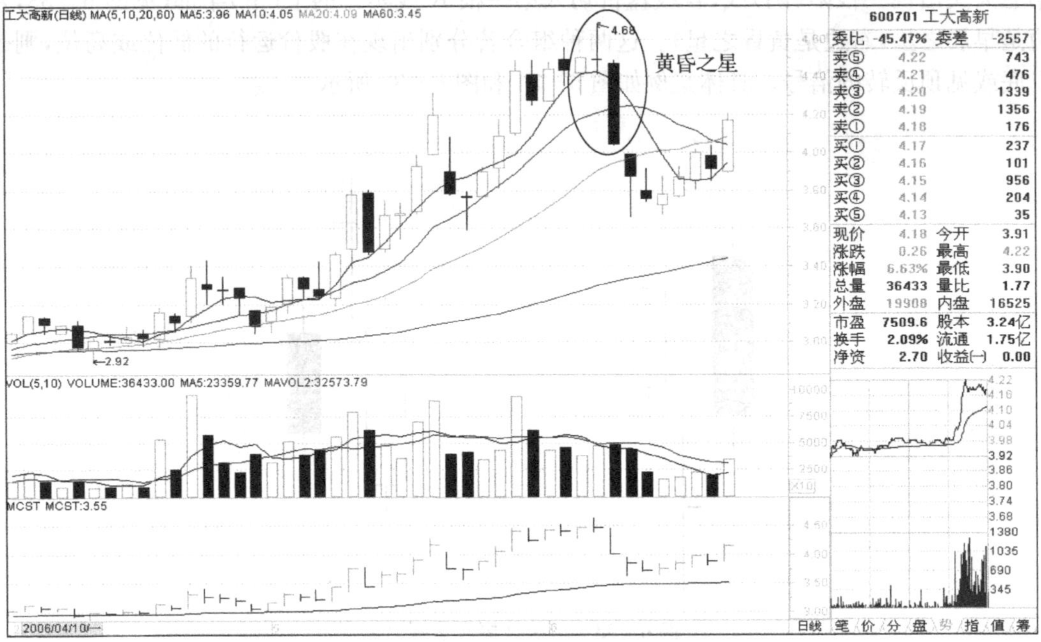

图 6-35 黄昏之星

2. 锤头和吊颈

其特征表现为:锤头是指一根普通阴线之后出现一根跳低开盘、下影线很长的小阳线或小阴线,且第三天又出现一根普通阳线(若是跳高开盘则更可靠);吊颈的第二根 K 线形状与锤头相同,但第一根 K 线和第三根 K 线则与锤头相反(见图 6-36,左边是锤头,右边是吊颈)。这两种组合与早晨之星和黄昏之星相似,若分别出现在股价运行的低位或高位,也是见底或见顶反转的信号。

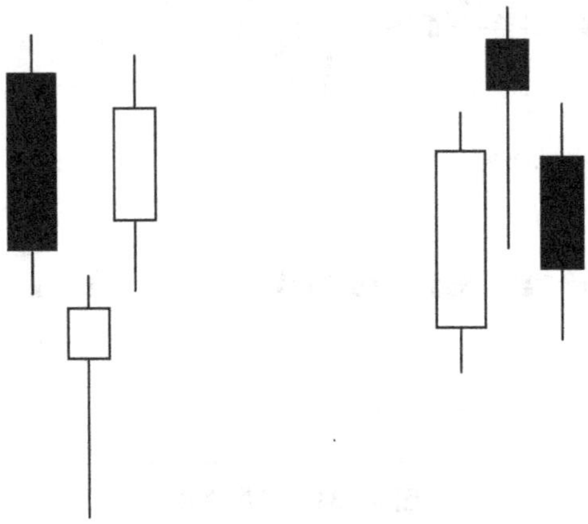

图 6-36 锤头和吊颈

3. 三红兵和三只乌鸦

其特征表现为:三个红兵为连续三根实体相当、上下影线较短的阳线(见图 6-37 左边),若每根阳线均为跳高开盘则更可靠;三只乌鸦为连续三根实体相当、上下影线较短的阴线(见图 6－37 右边)。这两种组合若分别出现在股价运行的低位或高位,通常都是见底或见顶反转的信号。

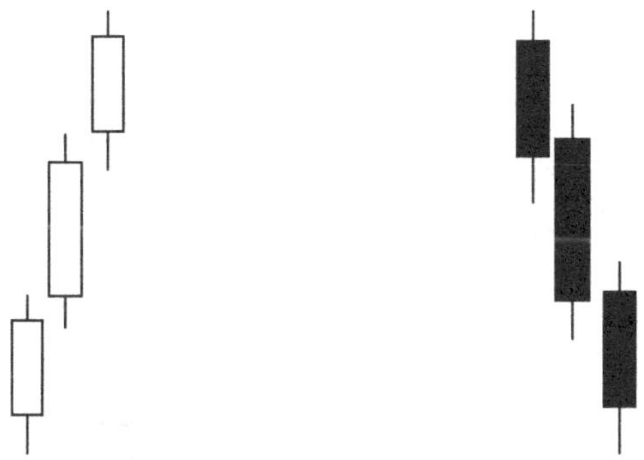

图 6－37 三红兵和三只乌鸦

4. 一阳吃两阴和一阴吃两阳

其特征表现为:第三根 K 线的实体吞吃前两根 K 线,且收盘价通常高(低)于第一根 K 线的最高(低)价。一阳吃两阴(见图 6－38 左边)表明多方在暂作退却后发起强有力的反攻,后市通常会继续上涨。一阴吃两阳(见图 6－38 右边)则相反。

图 6－38 一阳吃两阴和一阴吃两阳

5. 两阳吃一阴和两阴吃一阳

其特征表现为:第一根 K 线的实体通常较大,但仍然被后面连续的两根 K 线吞吃。两阳吃一阴(见图 6－39 左边)表明多方在空方较强的攻势之后开始组织反攻,一根阳线的实体虽小,但能够以连续两阳吞吃阴线,显示出多方反攻的坚决,后市通常会继续上涨。两阴吃一阳(见如图 6－39 右边)则相反。

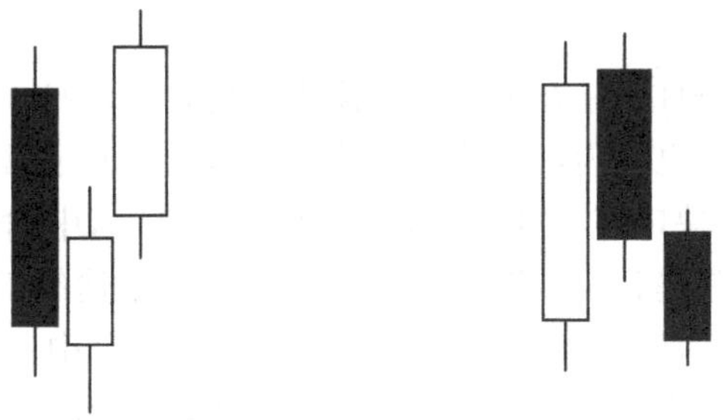

图 6－39 两阳吃一阴和两阴吃一阳

三、缺口分析

（一）缺口的定义

缺口是指价格快速变动时，在某一价区没有任何交易，显示在价格图表上是一个“真空”区域，这个区域就是缺口，又称为“跳空”。在日K线图上缺口是一个交易日的最低价与上一个交易日的最高价之间的差。某天的最低价高于上一个交易日的最高价，称为向上跳空的缺口(见图6-40左边)；反之，某一天的最高价低于上一个交易日的最低价，称为向下跳空的缺口(见图6-40右边)。

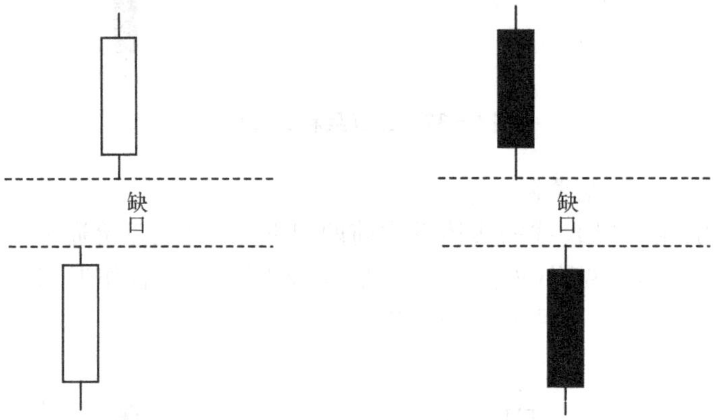

图6-40 缺口

（二）缺口的种类及作用

缺口类型的判定主要根据其处于价格运动趋势的哪一阶段、价格运行形态及是否在短期内被回补等因素。缺口通常分成普通缺口、突破缺口、中途缺口和竭尽缺口四种。

1. 普通缺口

普通缺口通常出现在股价徘徊区域，并可能在3～5个交易日内回补，这类缺口的预测作用不大。

2. 突破缺口

突破缺口是当一个反转形态或整理形态完成后，突破盘局所产生的缺口，往往伴随有较大成交量，且不会在短期内回补。突破缺口可帮助确认价格趋势反转或整理形态完成，如果股价突破其支持线或阻力线时，以跳空缺口的形态来完成，表明突破有效的可信度很大。

3. 中途缺口

中途缺口又称持续性缺口，是在价格运动途中出现缺口，中途缺口是唯一可以起到测量价格运行目标的缺口，所以也称为量度缺口。这种缺口出现时通常也伴随有较大成交量，且不会在短期内回补。中途缺口有两种测量目标的方法：其一，中途缺口出现时，价格趋势运行了整个趋势的一半，也就是说，价格未来所走的距离和中途缺口形成以前所走的距离一样。其二，中途缺口形成后，价格继续运行相当于突破缺口至中途缺口的垂直距离时，将形成竭尽缺口，趋势很快将发生逆转。中途缺口一旦确认，则股价在未来走势中至少还会产生与趋势前半段升(跌)幅相当的升(跌)幅度。中途缺口见图6-41。

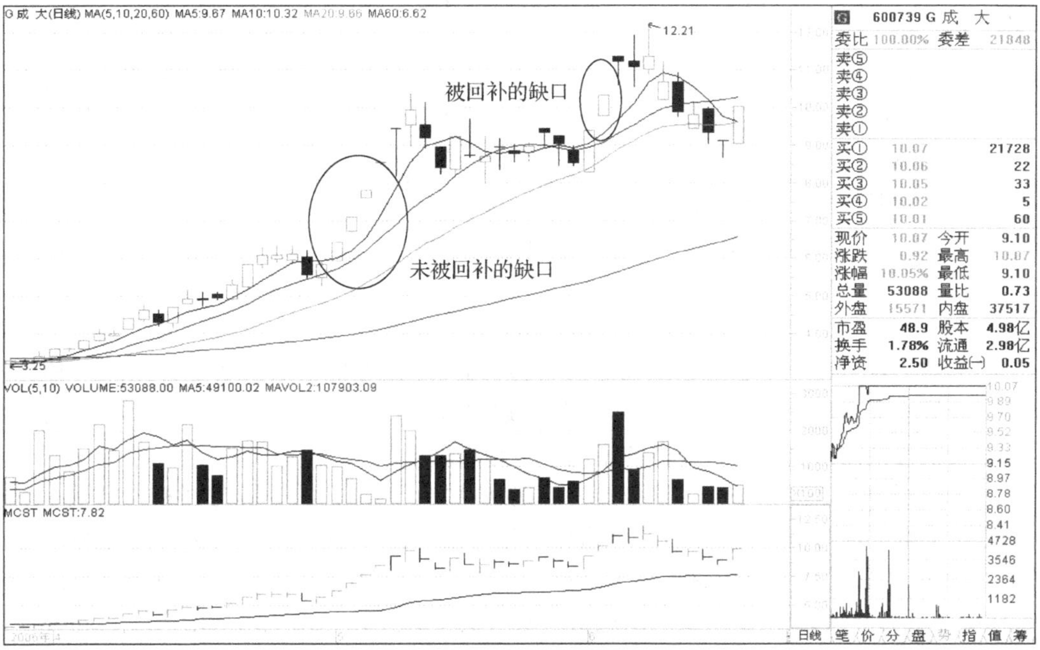

图 6-41　跳空缺口

4. 竭尽缺口

竭尽缺口又称消耗性缺口，当某种价格趋势持续运行一段时间后，其运动加速度越来越大，价格上升或下跌过急而形成的缺口为竭尽缺口。竭尽缺口的形成表示价格原来的运动趋势即将告一段落，原来的趋势出现反转。这种缺口与普通缺口一样，通常在短期间内即被回补。

（三）利用缺口进行研判应注意的问题

第一，交易量越大、交投越活跃的情况下形成的缺口，越具有研判价值，大盘指数的缺口比个股缺口更有研判价值。

第二，分析周期较长的 K 线形成的缺口具有较大的研判价值，因而，周 K 线上形成的缺口比日 K 线上的更具研判价值。

第三，突破缺口在短期内一般不会被回补，有的甚至长期不被回补，其他缺口均会被回补。

第三节　切线分析

一、趋势理论

（一）趋势理论的基本内容

1. 趋势的定义

在各类技术分析理论与方法中，趋势是最基本、最核心的内容。证券价格的波动尽管每日都涨跌无序，但观察它们某一时期的走势，就会发现它们在一段时间内总是保持着一定的总体发展方向，这些方向就是通常所说的趋势。所谓趋势，就是证券价格或证券市场波动的方向。

证券价格或证券市场的某种趋势一旦形成，则会持续一段时间。技术分析的三大假设的第二条明确说明价格的变化是有趋势的，没有特别情况发生，价格将沿着这个趋势继续运动，在上升的趋势中，虽然也时有下降，但不影响上升的大方向。这就说明趋势分析在技术分析中占有重要地位。证券价格和证券市场的变动是曲折的，从图形上看就是一条曲折蜿蜒的折线，每个折点处就形成一个峰或谷。由这些峰和谷的相对高度，我们可以看出趋势的方向。

2. 趋势理论的内容

趋势理论就是按照一定的原则和方法，研判和预测证券价格未来演变方向的一种分析手段。趋势线是趋势理论的重要内容，由K线趋势线、黄金分割线、百分比线、扇形线、速度线和甘氏线等共同组成了技术分析的精髓——趋势理论。

趋势分析最为基础也是最为核心的内容就是对"趋势方向"的分析与判断。单靠一条条直线是不会解决所有问题。因此，应用趋势线时，需要结合其他技术分析方法对趋势线进行修正。例如，用各类技术指标曲线来辅助验证趋势，结合形态理论的分析来判断趋势反转，结合波浪理论进行趋势线修正及判断趋势反转等。由各类趋势线所组成的内容是趋势理论的根本，只有熟悉它们的内容并领会它们的本质，才能发挥其作用，才会修正其缺陷。

（二）趋势的方向

研判趋势的演变方向是趋势理论的最终目的。一旦证券价格原有的趋势方向发生转变，则表明原有价格运动趋势将发生质的变化，转入另一种趋势。

尽管证券价格的波动反复无常，但从一定时间范围来看，证券价格的运动总是沿着某个特定方向运动。通常将这些特定的方向归纳为趋势运动的三大方向，即上升方向、下降方向和水平方向。

1. 上升方向

如果价格运行过程中每个后面的峰和谷都高于前面的峰和谷，则趋势就是上升方向。这就是常说的一底比一底高，或底部抬高。

2. 下降方向

如果价格运行过程中每个后面的峰和谷都低于前面的峰和谷，则趋势就是下降方向。这就是常说的一顶比一顶低或顶部降低。

3. 水平方向

水平方向，也就是无趋势方向。如果价格图形中后面的峰和谷与前面的峰和谷相比，没有明显的高低之分，几乎呈水平延伸，这时的趋势就是水平方向。水平趋势是容易被大多数人忽视的一种方向，但这种方向在市场上出现的机会是相当多。大多数的技术分析方法在对水平趋势进行分析时都容易出错，或者说作用不大，这是因为，这时的市场正处在供需平衡的状态，下一步朝哪个方向运动是没有规律可循的，可以向上也可以向下，预测朝何方运动是较为困难的。

（三）趋势的类型

就证券价格运动的趋势而言，可分为长期趋势、中期趋势和短期趋势等三大类型。其中每一个长期趋势包含着多个中期趋势，而每个中期趋势又包含许多短期趋势。

1. 长期趋势

长期趋势又称基本趋势或主要趋势，是指证券价格在很长时间内的总体运行方向。针对不同的市场状况，长期趋势持续的时间差别很大。在熊市中，长期下降趋势可以持续 5 年以上。而在牛市中，长期上升趋势可能只持续 1 年左右。

2. 中期趋势

中期趋势又称次要趋势，是指证券价格在一段较长时间内的中级运行方向，是价格运行在长期趋势过程中的调整。它一般不会改变趋势的发展方向，而是对长期趋势正常而必要的整理。

3. 短期趋势

短期趋势又称短暂趋势，是指证券价格在短时期内的变动趋势，其持续时间很短，是对中期趋势的调整。

这三种类型的趋势的最大区别是持续时间的长短和波动幅度的大小。这三种趋势可以解释多数行情，对于更复杂的价格波动过程，可以继续对短暂趋势再进行细分。

二、支撑线和压力线

（一）支撑线和压力线的含义

1. 支撑线

支撑线又称抵抗线，起到阻止价格继续下跌的作用。当价格跌到某个价位附近时，就停止下跌，甚至回升。这个起着阻止价格继续下跌或暂时阻止价格继续下跌的价位就是支撑线所在的位置，如图 6 - 42 至图 6 - 44 所示。

2. 压力线

压力线又称阻挡线，起到阻止价格继续上升的作用。当价格上涨到某价位附近时，就会停止上涨，甚至回落。这个起着阻止或暂时阻止价格继续上升的价位就是压力线所在的位置。

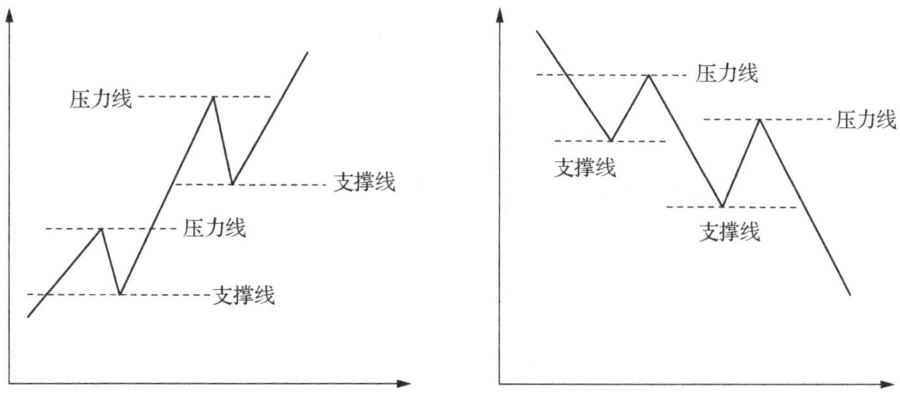

图 6 - 42　支撑线和压力线

图 6-43 支撑线

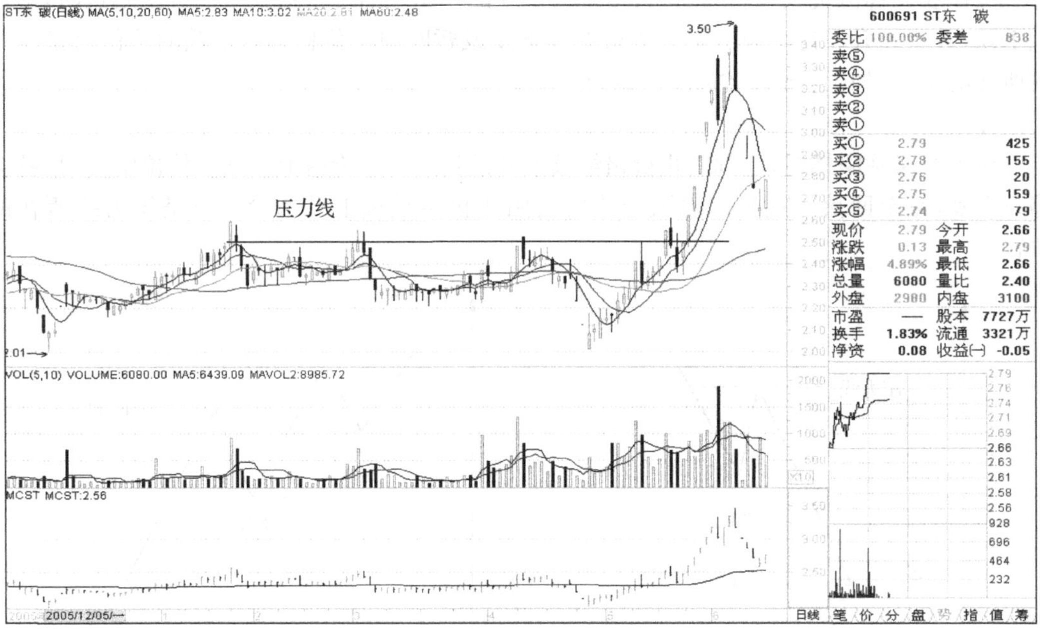

图 6-44 压力线

(二) 支撑线和压力线的作用

1. 阻止或暂时阻止价格向一个方向继续运动

支撑线和压力线会阻止或暂时阻止价格向一个方向继续运动。证券价格的变动是有趋势的,要维持这种趋势,保持原来的变动方向,就必须冲破阻止其继续向前的障碍。比如,在下跌行情中，要维持下跌，就必须突破支撑线的阻力，创出新的低点；要维持上升行情，就必须突破上升的压力线的阻力，创出新的高点。因此，支撑线和压力线迟早会被突破，它们不足以长久地阻止股价保持原来的变动方向，只不过是使之暂时停顿而已。

2. 有彻底阻止价格按原方向变动的可能性

当一个趋势终结，价格就不可能创出新高或新低，这时支撑线和压力线就变得异常重要。在上升趋势中，如果价格未创出新高，且向下突破了这个上升支撑线，支撑线变为压力线，发出了趋势要反转的信号，这一轮上升趋势要结束的可能性较大。同样，在下降趋势中，如果价格未创新低，反而向上突破了这个下降趋势的压力线，压力线变成支撑线，发出下降趋势将要结束的信号，下一步将上升的可能性较大。

支撑线和压力线之所以能起支撑和压力作用，很大程度上是由于心理因素方面的原因。证券市场上的投资者无外乎多头、空头和观望者，观望者又分为持币观望者和持股观望者。如果股价在某个支撑区域停留一段时间后开始上移，在此支撑区域买入股票的多头肯定认为自己对了，并对自己没有多买感到后悔。在此支撑区域卖出股票的空头认识到自己搞错了，希望股票再跌到他们卖出区域时，再将卖出的股票补回来。而持股观望者的心情与多头相似。持币观望者的心情与空头相似。正是由于这四种人的心理，当价格回落到能大家心理接受的区域就买进，形成支撑线，当价格涨到一定程度就卖出，形成压力线。

（三）支撑线和压力线的相互转化

支撑线被突破，将成为压力线；同理，压力被线突破，将变为支撑线。支撑线和压力线相互转化的一个重要依据就是被突破，怎样才算有效突破呢？一般来说，穿过支撑线和压力线越远，突破越可靠。几个数值值得注意，3%、5%、10%和一些整数的价位。跌破这些数字，往往会形成突破。3%、5%、10%是针对突破支撑线和压力线的幅度而言。3%偏重于短线的支撑和压力区域，10%偏重于长线的支撑和压力区域，5%介于两者之间。整数数值主要是针对人们心理状态而言，如 9.9 元与 10 元相差无几，如果突破 10 元给人的感觉是已经突破 10 元了，如果是 9.9 元，给人的感觉是还没有突破 10 元的价位，如图 6 - 45 和图 6 - 46 所示。

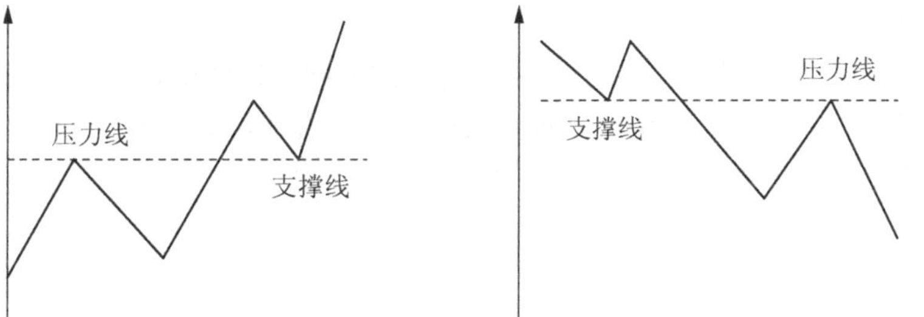

图 6 - 45　支撑线和压力线的相互转化(1)

（四）支撑线和压力线的确认和修正

支撑线和压力线主要是依据价格变动画出来的，是人为的。一般来说，对支撑线和压力线的确认应考虑三个因素，一是价格在这个区域停留的时间的长短；二是价格在这个区域伴随的成交量的大小；三是这个支撑或压力区域发生的时间距离当前的远近。很显然，价格停

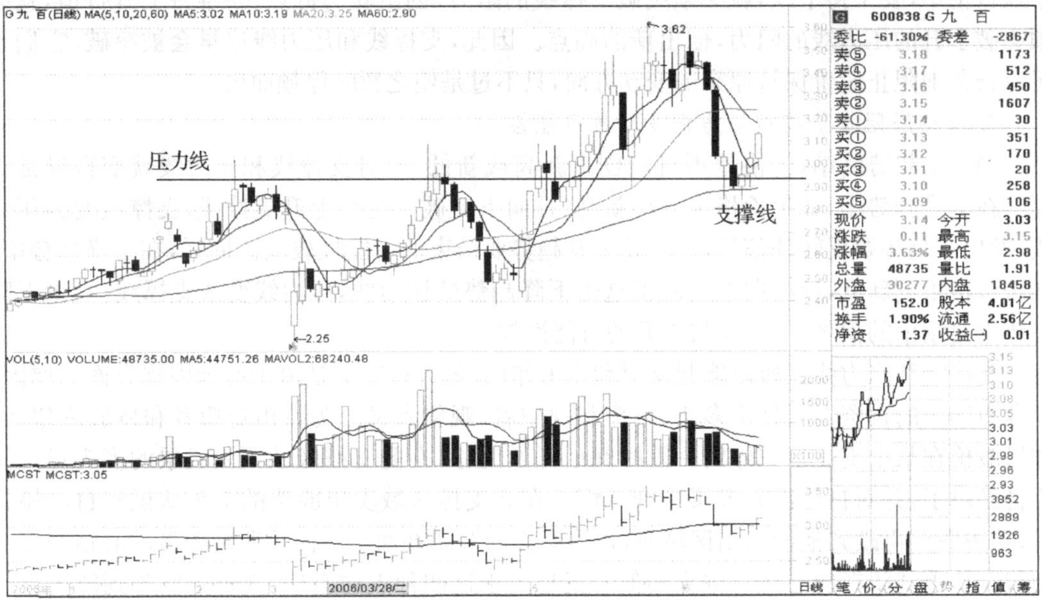

图 6-46 支撑线和压力线的相互转化(2)

留的时间越长,伴随的成交量越大,离现在越近,这个支撑或压力线就越明确。

上述三个方面是识别支撑或压力的重要手段。但有时由于价格的频繁变动,使原来确认的支撑或压力线不真正具有支撑或压力的作用,就需要对支撑和压力线进行调整,这就是支撑和压力线的修正。对支撑线和压力线的修正过程,其实就是对现有的各个支撑线和压力线重要性的确认。每个支撑线和压力线在人们的心目中的地位是不同的,因此,对支撑线和压力线的修正也因人而异。

三、趋势线和轨道线

(一) 趋势线

1. 趋势线的画法

趋势线是用来衡量价格波动的趋势,由趋势线的方向可以明确地看出价格的趋势。

在上升趋势中,将两个上升过程中的低点连成一条直线,就得到上升趋势线;在下降趋势中,将下降过程中的两个高点连成一条直线,就得到下降趋势线,见图 6-47 所示。

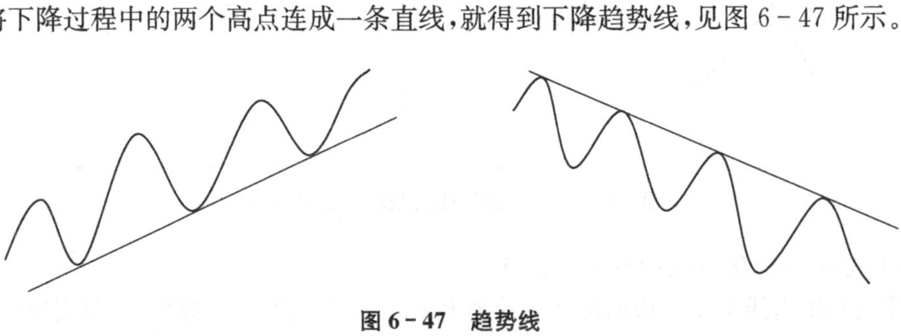

图 6-47 趋势线

上升趋势线起支撑作用,下降趋势线起压力作用。也就是说,上升趋势线是支撑线的一种，下降趋势线是压力线的一种。

2. 趋势线的作用

(1) 对价格今后的变动起约束作用。使价格总保持在这条趋势线的上方(上升趋势线)或下方(下降趋势线)波动，实际上，就是起支撑和压力作用。

(2) 趋势线被突破意味着价格运行将反转。趋势线被突破后，就说明价格下一步的走势将要向相反的方向运行。越重要越有效的趋势线被突破，其转势的信号越强烈。被突破的趋势线原来所起的支撑和压力作用，将转化，即原来是支撑线转化为压力作用，原来是压力线的起支撑作用，如图 6 - 48 至图 6 - 50 所示。

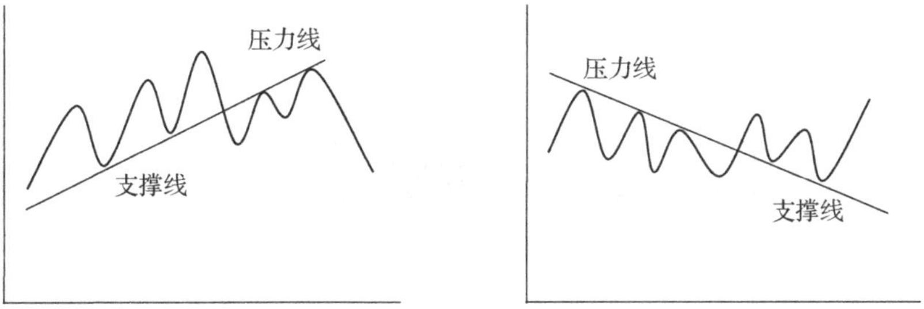

图 6 - 48　趋势线的突破

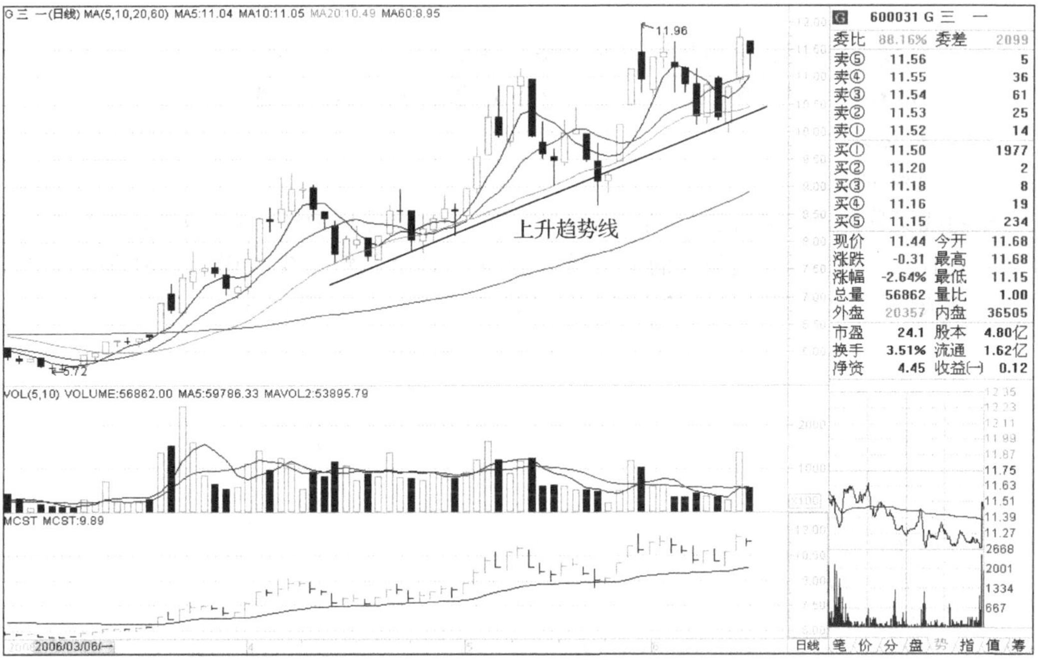

图 6 - 49　上升趋势线

3. 趋势线的突破

趋势线突破的问题，本质上是支撑和压力突破问题的进一步延伸。这里面包含很多的人为因素，或者说是主观成分。判断趋势线的突破应注意几个方面：

第一，收盘价突破趋势线比当日内最高最低价突破趋势线重要。

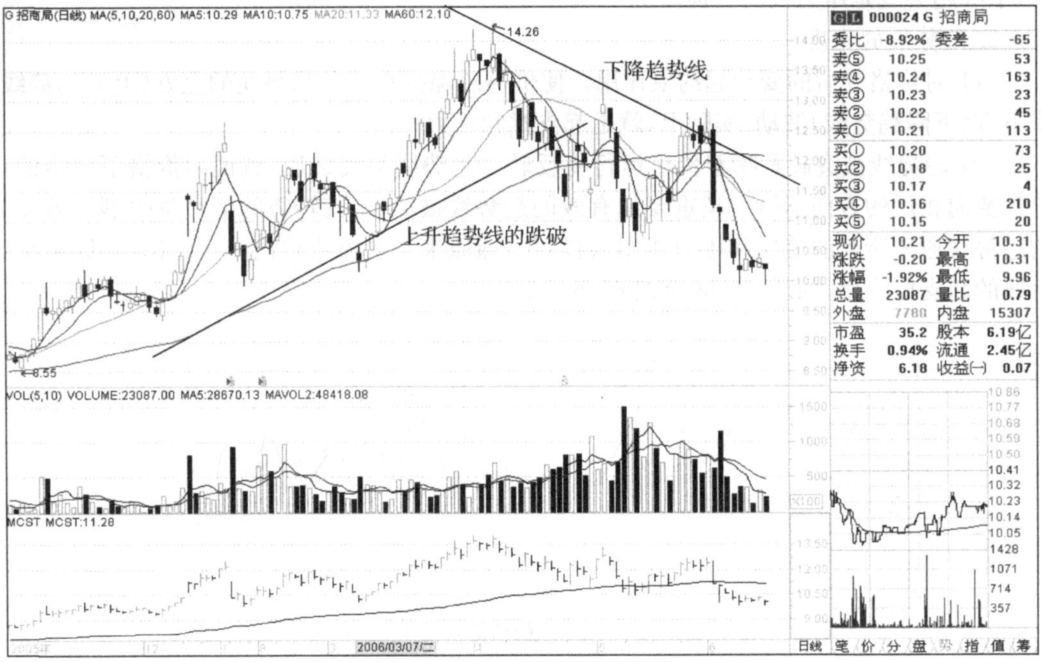

图 6-50 上升趋势线的跌破及下降趋势线

第二,穿越趋势线后,离趋势线越远,突破越有效。

第三,穿越趋势线后,在趋势线的另一方停留的时间越长,突破越有效。

(二) 轨道线

1. 轨道线的画法

轨道线又称通道线或管道线,是基于趋势线的一种支撑压力线。在已经画出趋势线后,在峰点或谷点再画出这条趋势线的平行线,这条平行线就是轨道线,如图 6-51 所示。两条平行线组成的轨道,这就是常说的上升和下降轨道,如图 6-52 和图 6-53 所示。

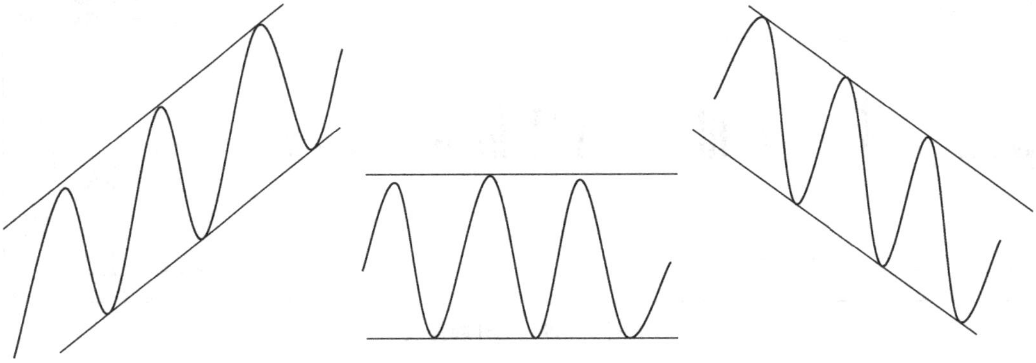

图 6-51 轨道线

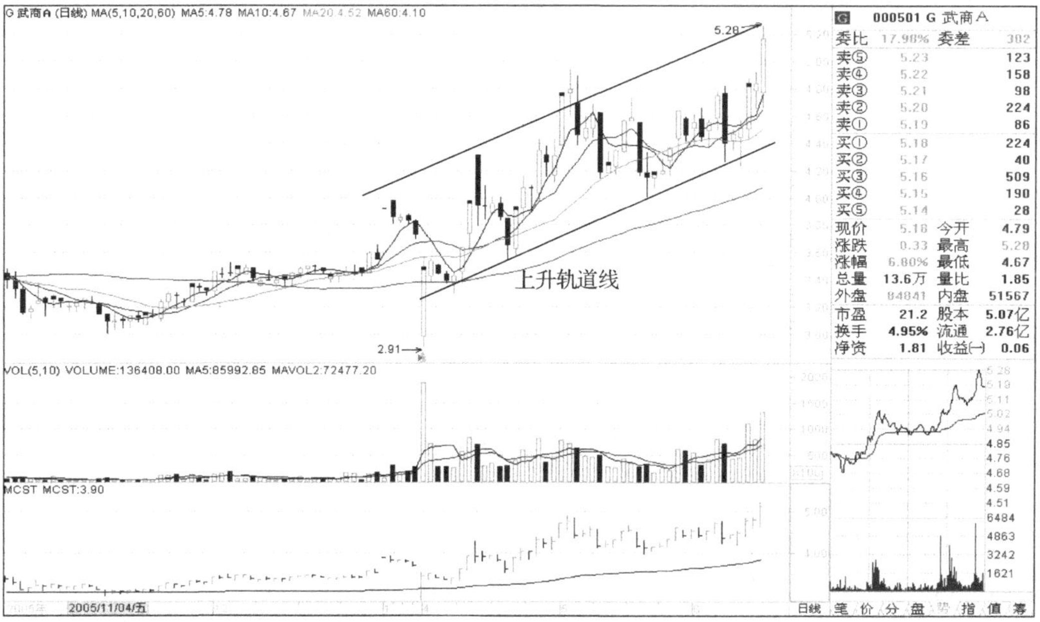

图 6-52 上升轨道线

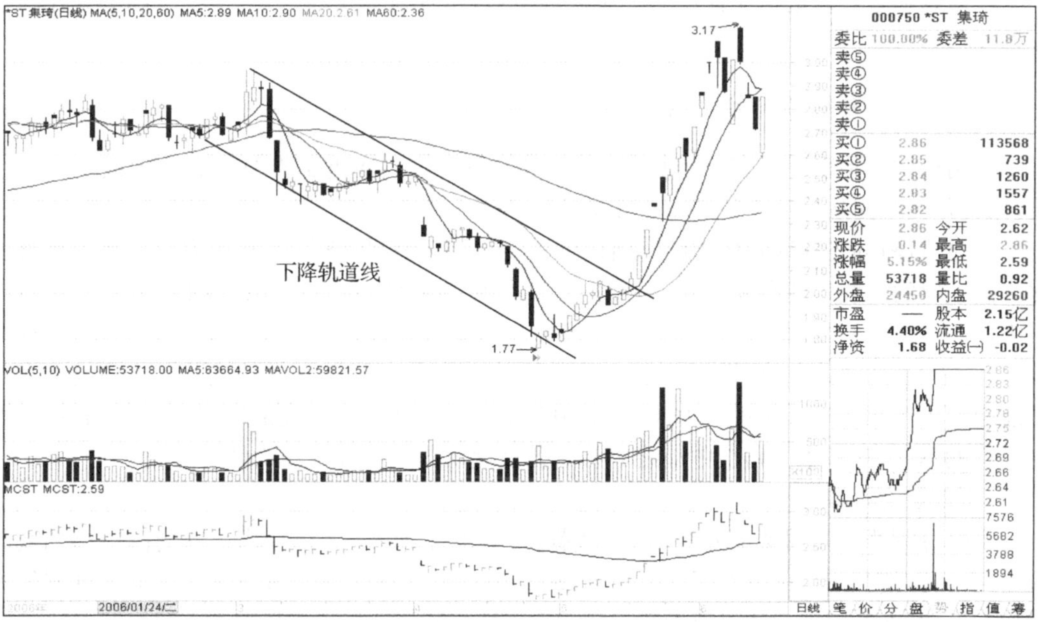

图 6-53 下降轨道线

2. 轨道线的作用

(1) 限制价格的变动范围。轨道的作用之一是限制价格的变动范围，一个轨道一旦得到确认，那么价格将在这个通道里变动。如果价格突破上轨道或下轨道，价格的波动方向将发生逆转，如图 6-54 所示。

(2) 趋势转向预警。轨道线的另一个作用是趋势转向的预警。如果上升轨道线的下轨道、下降轨道线的上轨道被有效突破，便是趋势将要改变的信号，表明市场已经没有力量继续维护原有的上升或下降的趋势了。

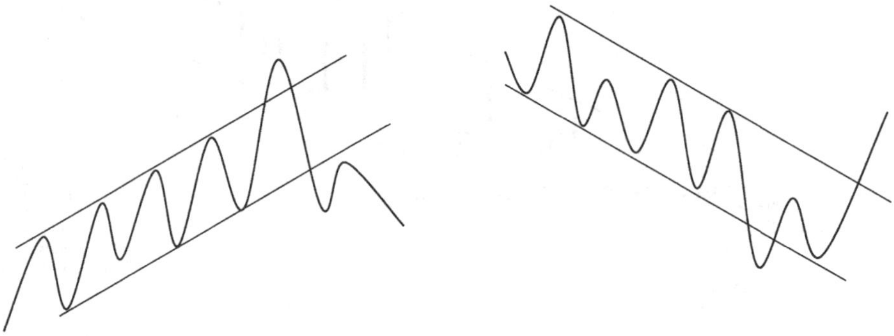

图 6－54 轨道线的突破

3. 轨道线的确认

同趋势线一样，轨道线也存在确认的问题。如果价格的确在轨道附近得到支撑或受到压力，即运动到轨道线处掉头，并一直沿趋势线运行，那么轨道线就可以确认。当然，轨道线被触及的次数越多，延续的时间越长，其被认可的程度和其重要性就越高，这一点同趋势线，以及后面要介绍的大多数切线也一样。

轨道线和趋势线是相互合作的一对。很显然，先有趋势线，后有轨道线。趋势线比轨道线重要得多。

四、黄金分割线和百分比线

这两种切线是水平的直线(别的切线大多是斜的)，只注重于支撑线和压力线所在的价位，而对什么时间达到这个价位不过多关心。

很显然，斜的支撑线和压力线随着时间的变化向后移动，支撑位和压力位也要不断地变化。向上斜的切线价位会变高，向下斜的切线价位会变低，对水平切线来说，每个支撑位或压力位相对来说较为固定。黄金分割线和百分比线为弥补在时间上考虑不周的缺陷，往往多画几条水平切线，同时提供好几条支撑线和压力线，并指望被提供的这几条中最终确有一条能起到支撑和压力的作用。为此，在应用黄金分割线和百分比线的时候，应注意它们同别的切线的不同，几条水平切线中最终只有一条被确认为支撑线或压力线。

(一) 黄金分割线

黄金分割线是依据黄金分割律(又名黄金率)的原理画出来的，黄金分割律把已知线段分成两部分，使其中一部分对于全部的比等于其余一部分对于这部分的比。黄金分割线的神奇和魔力，在数学界上还没有明确定论，但它屡屡在实际中发挥着意想不到的作用。

1. 黄金分割线的画法

画黄金分割线的第一步是记住若干个特殊的数字：

0.191 0.382 0.618 0.809 1.191 1.382 1.618 1.809 2.00 2.618 4.236 6.854

这些数字中 0.382，0.618，1.328，2.618，4.236 最为重要，价格极为可能在由这五个数产生的黄金分割线处获得支撑和压力。

第二步是找到一定范围内的价格的一个高点或低点。这个点是上升行情结束，调头向下的最高点，或者是下降行情结束，调头向上的最低点。当然，这里的高点和低点都是指一定的范围，是局部的。只要能够确认一个趋势（无论是上升还是下降）已经结束或暂时结束，则这个趋势的转折点就可以作为进行黄金分割的起点，这个点一经选定，我们就可以画出黄金分割线了。

第三步是计算黄金分割线的位置，等于高点（低点）对应的价位乘以特殊的黄金数字。

2. 黄金分割线的应用

在上升行情开始调头向下时，投资者最为关心的是这次回调将在什么位置获得支撑。黄金分割提供的是如下几个价位，它们是由这次上涨的顶点价位分别乘以上面所列特殊数字中的几个。假设，某股票这次上涨的顶点是 10 元，则：

8.09＝10×0.809

6.18＝10×0.618

3.82＝10×0.382

1.91＝10×0.191

这几个价位极有可能成为支撑位，其中 6.18 和 3.82 的可能性最大，如图 6－55 所示。

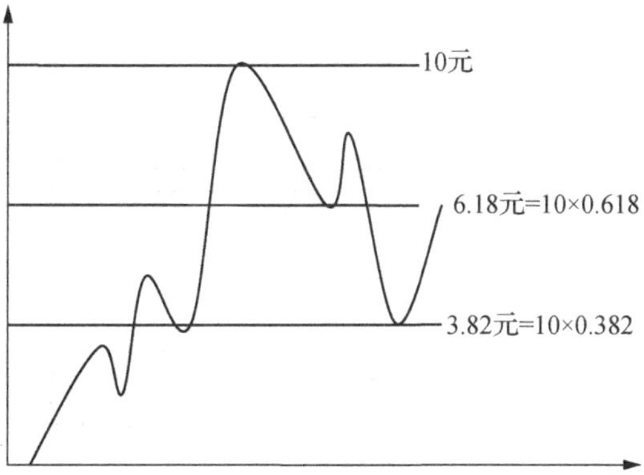

图 6－55　回调时的黄金分割线

同理，在下降行情开始反弹向上时，投资者关心上涨到什么位置将遇到压力。黄金分割线提供的位置是这次下跌的底点价位乘以上面的特殊数字。假设，这次下落的谷底价位为 10 元，则：

11.91＝10×1.191

13.82＝10×1.382

16.18＝10×1.618

18.09＝10×1.809

20＝10×2

26.18＝10×2.618

42.36＝10×4.236

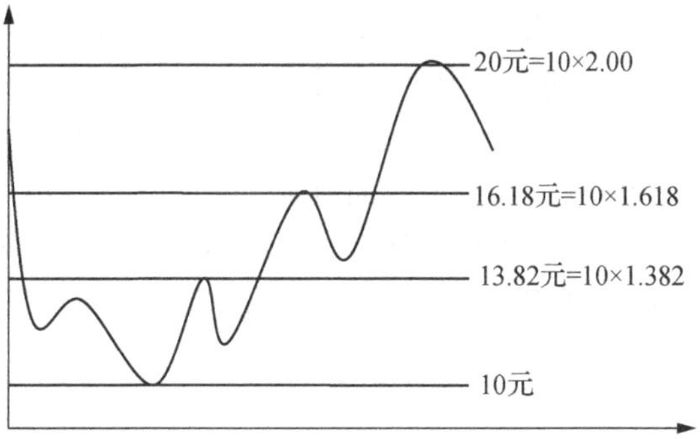

图 6－56　反弹时的黄金分割线

这些价位将可能成为未来的压力位。其中 13.82，16.18 以及 20 成为压力线的可能性最大，超过 20 的那几条很少用到，如图 6-56 所示。

(二) 百分比线

百分比线是利用百分比率的原理进行的分析,可使股价前一次的涨跌过程更加直观。它考虑问题的出发点是人们的心理因素和一些整数的分界点。当价格持续向上,涨到一定程度,肯定会遇到压力,遇到压力后,就要向下回撤,回撤的位置很重要。黄金分割提供了几个参考价位。

1. 百分比线的画法

以一轮上涨行情开始的最低点和最高点两者之间的差,分别乘上几个特别的百分比数,就可以得到未来支撑位可能出现的位置。这些百分比数一共 9 个,它们是:1/8,1/4,3/8,1/2,5/8,3/4,7/8,1/3,2/3。其中,1/2,1/3,2/3 这三条线最为重要。

上面所列的 9 个特殊的数字都可以用百分比表示,1/8=12.5%,1/4=25%,3/8=37.5%,1/2=50%,5/8=62.5%,3/4=75%,7/8=87.5%,1/3=33.33%,2/3=66.67%。

对于下降行情中的向上反弹,百分比线同样也适用,如图 6-57 所示。

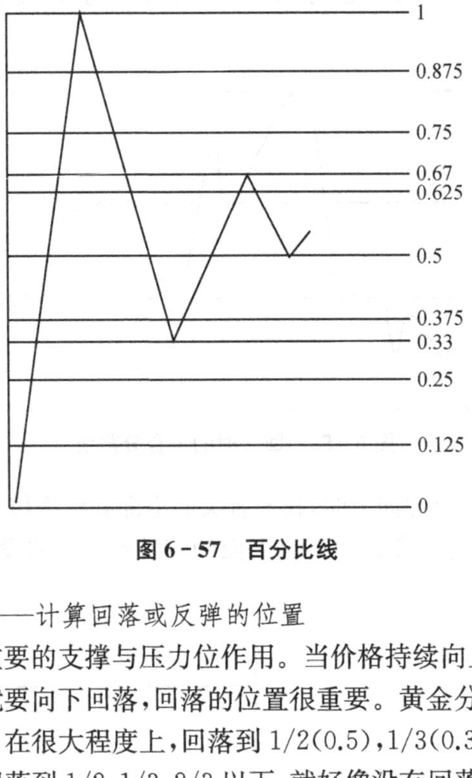

图 6-57 百分比线

2. 百分比线的作用——计算回落或反弹的位置

百分比线往往起到重要的支撑与压力位作用。当价格持续向上,涨到一定程度,肯定会遇到压力,遇到压力后,就要向下回落,回落的位置很重要。黄金分割提供了几个价位,百分比线也提供了几个价位。在很大程度上,回落到 1/2(0.5),1/3(0.33),2/3(0.67)是人们的一种心理倾向。如果没有回落到 1/2,1/3,2/3 以下,就好像没有回落够似的;如果已经回落了 1/2,1/3,2/3,人们自然会认为回落的深度已经够了。对于下降行情中的向上反弹,百分比线同样也适用,其方法与上升情况完全相同,只是方向正好相反。

五、扇形线、速度线和甘氏线

扇形线、速度线和甘氏线的共同特点是找到一点(一般是下降的高点和上升的低点),然后以此点为基点,画出多条射线(直线),这些直线就是未来可能的支撑线和压力线。扇形线、速度线和甘氏线实际使用的技术要求比较高，相对来说比较烦琐。

（一）扇形线和扇形原理

扇形原理只是从一个特殊的角度来考虑趋势反转的问题。

扇形线的画法：在上升趋势中，先以两个低点画出第一条上升趋势线1；如果价格向下回落，跌破了趋势线1，则以新出现的低点与原来的第一个低点相连接，画出上升趋势线2；之后，如果趋势线2又被突破，则同前面一样，用新的低点与最初的低点相连接，再画出上升趋势线3。依次变得越来越平缓的这三条直线形如张开的扇子，扇形线和扇形原理由此而得名。

如果三条趋势线都被突破，则趋势将反转，下降趋势中也同样适用，如图6－58和6－59所示。

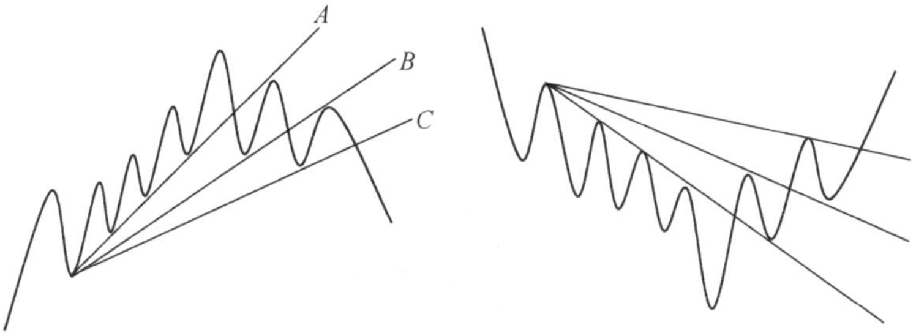

图6－58　扇形线

图6－59　上升扇形线

（二）速度线和速度线原理

速度线也是用来判断趋势是否将要反转，不过速度线给出的是固定的直线，而扇形原理中的直线是随着价格的变动而变动的。另外，速度线又具有一些百分比线的思想，它将每个上升或下降的幅度分成三等分进行处理。

1. 速度线的画法

（1）找到一个上升或下降过程的最高点和最低点，然后将高点和低点的垂直距离三等分。

(2) 连接高点(在下降趋势中)或连接低点(在上升趋势中)与 1/3(0.33)和 2/3(0.67)分界点,得到两条直线,这两条直线就是速度线。与别的直线不同,速度线可随时变动,一旦有了新高或新低,速度线将随之发生变动,如图 6-60 和图 6-61 所示。

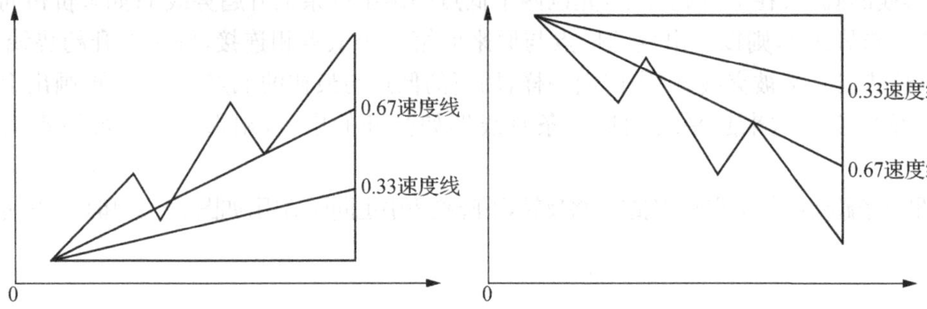

图 6-60 速度线

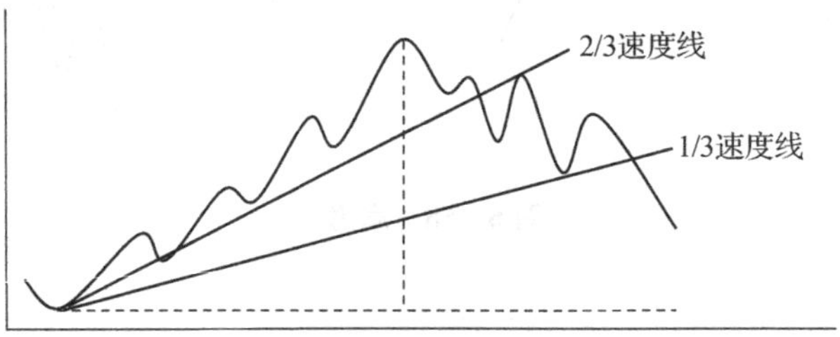

图 6-61 上升回调的速度线

2. 速度线原理

(1) 速度线一经被突破,其原来的支撑线和压力线的作用将相互变换位置。

(2) 速度线可以判断一个趋势是被暂时突破还是长久突破(转势)。

(3) 在上升趋势的向下调整中,如果向下回调的程度突破了位于上方的 2/3 速度线,则价格将下探 1/3 速度线。如果 1/3 速度线被突破,预示这一轮上升的结束,如图 6-61 和图 6-62 所示。在下降趋势的反弹中,如果反弹的幅度突破了位于下方的 2/3 速度线,则价格试探上方的 1/3 速度线。如果 1/3 速度线被突破,标志着这一轮下跌的结束,转入上升趋势。

图 6-62 突破速度线后的反转

（三）甘氏线

甘氏线分上升甘氏线和下降甘氏线两种，是技术分析大师江恩（William D・Gann）将百分比原理和几何角度原理结合起来的产物。甘氏线是从一个点出发，依一定的角度向后画出的多条射线，所以甘氏线包含了角度线的内容。每条直线都有一定的角度，这些角度的得到都与百分比线中的那些数字有关。每个角度的正切或余切分别等于百分比数中的某个分数（或者说是百分数）。

甘氏线基本比例为1∶1，即每单位时间内，价格运行一个单位。另外，还有1/8，2/8，1/3，3/8，4/8，5/8，2/3，6/8，7/8等。每线有其相对应的几何角，都有支撑和压力的功能，但这里面最重要的是1×1，2×1和1×2。其余的角度虽然在价格的波动中也能起一些支撑和压力作用，但重要性都不大，都很容易被突破。

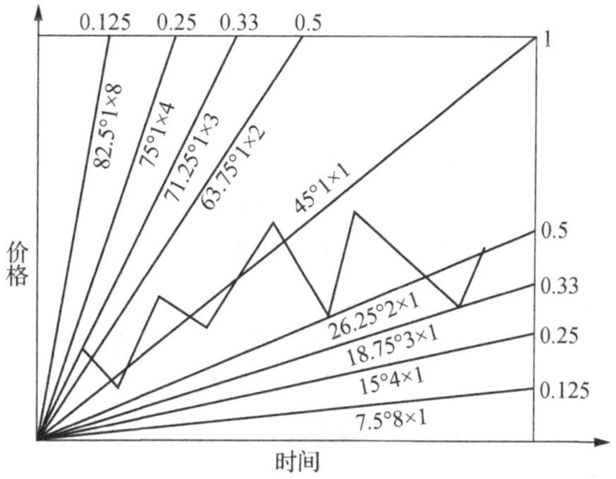

图6-63 甘氏线

画法：找到一个显著的高点和低点，然后以此为起点，画出多条直线直。

甘氏线的基本比例为1∶1（也用1×1表示），即每单位时间内，价格运行一个单位。另外，还有1/8，2/8，1/3，3/8，4/8，5/8，2/3，6/8、7/8等，每条线有其相对应的几何角，如图6-63和图6-64所示。

图6-64 甘氏线

甘氏线的意义在于，当价格在高档区1×8（或1×2，1×3，1×4）反转而下时，必须先破1×4，再破1×3区等，若是跌破1×1区，则代表已步入空头市场，同理，当价格由底部8×1向上翻转时，也必然突破4×1，3×1，2×1等；当突破1×1时，则进入另一个多头市场，故45度线，所代表的意义相当重要，至于图6-64中所画的每一条角度线，都有可成为市场趋势中的压力线或支撑线，需视其所在价位位置而定。

在9条角度线中，以45度线（1×1）最重要，它是时间与价格的平衡线，因此，被视为主趋势线。在强劲的多头市场中，股价通常位于主趋势线上方，若股价跌破45度线，则被视为主要上涨趋势反转；在大空头市场中，股价通常位于主趋势线下方，若股价顺利向上突破45度线，代表主要下跌趋势反转。因此，它也说明：在牛市中，只要价格维持在45度线以上，则牛市持续有效；而在熊市中，只要价格维持在－45度线以下，则熊市持续有效。

第四节　形态分析

一、形态理论简介

证券价格的变化是由多空双方力量大小决定的。多方处于优势，价格上升，空方占优势，价格下跌，如果双方势均力敌，价格则盘整。形态理论是技术分析的重要组成部分，它通过对市场横向运动时形成的各种价格形态进行分析，并且配合成交量的变化，推断出市场现存的趋势将会延续或反转。价格形态可分为反转形态和持续形态，反转形态表示市场经过一段时期的酝酿后，会改变原有趋势，而采取相反的发展方向；持续形态则表示市场将顺着原有趋势的方向发展。形态理论是通过研究价格所走过的轨迹（价格曲线形态），根据历史总结的一些经典形态，来分析和挖掘出所显示的一些多空双方力量的对比结果，从而发现和预测价格运动的方向。尽管证券价格的运行是涨涨跌跌，变化无常，但还是有规律可循的。

（一）证券价格的移动规律

股价的移动遵循的规律：第一，股价在多空双方取得均衡的位置上下来回波动；第二，原有的平衡被打破后，股价将寻找新的平衡位置，即持续整理，保持平衡→打破平衡→新的平衡→再打破平衡→再寻找新的平衡→……循环往复，一般而言，只有在原来的平衡即将打破之前或是在刚被打破时采取行动，才可能获得更大的收益。

（二）价格移动的两种形态类型

价格曲线的形态分成两大类型：一是持续整理形态；二是反转突破形态。

在价格形态中，一些形态的出现，预示着价格还将沿原来趋势继续运行，这类形态称为整理形态。另一些形态的出现则预示价格将沿着原来趋势相反的方向运行，即新趋势的方向与旧趋势的方向相反，这类形态称为反转突破形态。反转形态意味着趋势正在发生重要反转，持续形态显示市场进行一段时间的休整。持续整理形态保持平衡，反转突破形态打破平衡。

二、反转突破形态

反转形态不仅提供了确定买卖时机的方法，而且还具有量度升幅和跌幅的作用，因而较为普遍运用。

反转形态通常具有以下特征：第一，现行趋势即将反转的第一个信号，经常是重要的趋势线被突破；第二，形态的规模越大，则随之而来的波动幅度也越大；第三，顶部反转形态形成的时间通常较短，波动幅度较大，底部反转形态形成的时间通常较长，波动幅度较小。

在反转突破形态中准确判断颈线位很关键。何谓颈线？就人类而言，每个正常人都有颈（俗称脖子），它是头部与身体的分水岭。一般而言，颈属于头的一部分，而头部与身体真正的分界线即是由左肩贯穿左颈部、右颈部而与右肩相连之直线，这条线被称为颈线。价格移动过程中会出现各种不同形态，费时较久的则有头肩形态，如头肩顶、头肩底等。将形态用简单图形表示，便可看出颈线何在，颈线是确定后市价格形态如何进一步发展的重要因素。反转突破形态一旦得到确认，就可以用它进行对后市的预测了。

典型的反转形态有双重顶（底）、头肩顶（底）、圆弧顶（底）和三重顶（底）等。

（一）双重顶和双重底

双重顶（底）就是通常所说的 M 头和 W 底。以 M 头为例来说明这种形态的形成过程。

双重顶由两个峰位所构成，中间包含了一个谷底（见图 6－65）。股价运行至 A 点遇阻回落，在 B 点受到趋势线支撑再度上升，但成交量却不予配合，升至 C 点时受到水平压力线的压力而回落，并跌破趋势线支撑，提示双重顶可能会形成。当股价向下有效跌破经过 B 点的水平直线（称为双重顶的颈线）时，双重顶得以确认。与前面所述支撑（压力）线的突破一样，突破颈线的有效性通常也是以百分比原则和时间原则为确认标准。双重顶形成之后，具有量度后市跌幅的功能：从突破点 D 算起，股价至少将产生相当于形态高度的跌幅。双重顶的形态高度是指 B 点与 AC 连线之间的垂直距离。双重底与双重顶正好相反，如图 6－66 所示。

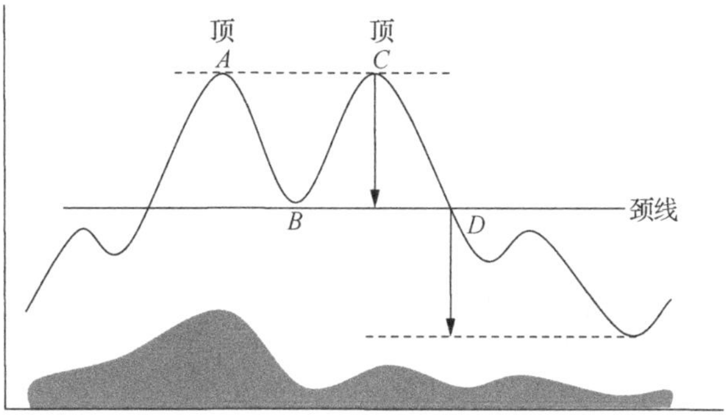

图 6－65　双重顶形态及其突破

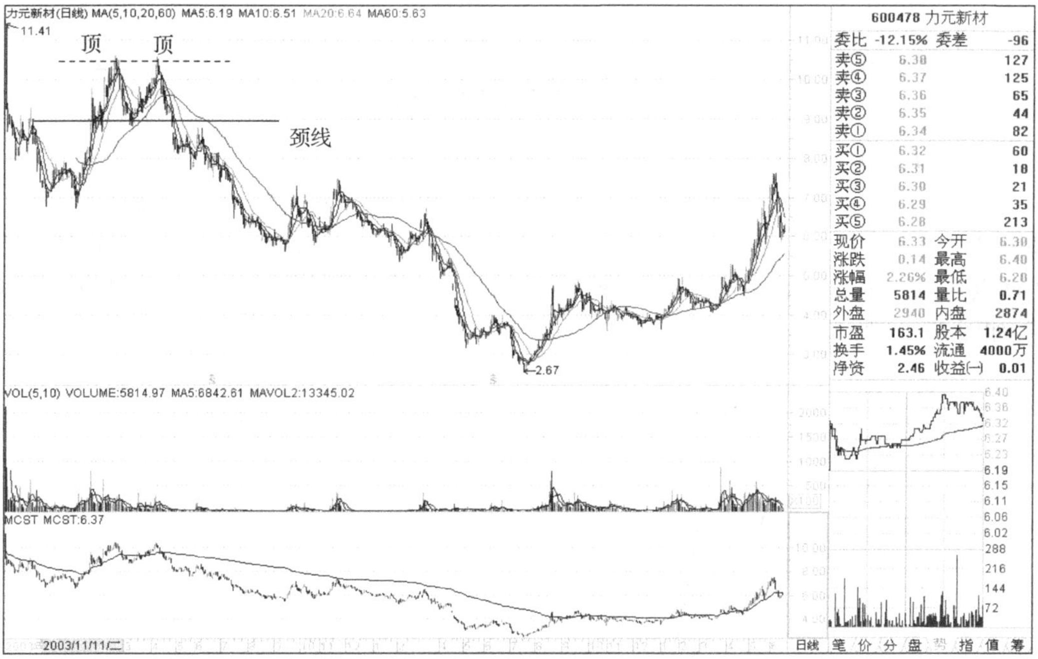

图 6－66　双重顶形态及其突破

双重底由两个谷底和之间的一波反弹构成，通常出现在底部，一旦价格突破双重底，则发出多头趋势的信号。第一个底部伴随较大的成交量，第二个底部的成交量较小，但是一旦价格开始向上突破，将伴随着成交量的放大，如图 6－67 和图 6－68 所示。

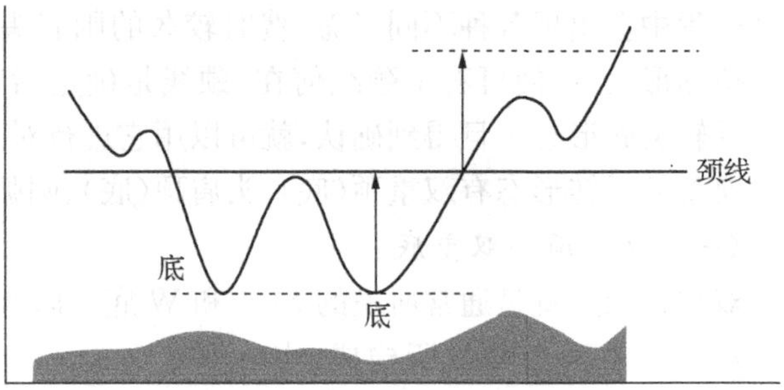

图 6－67　双重底形态及其突破

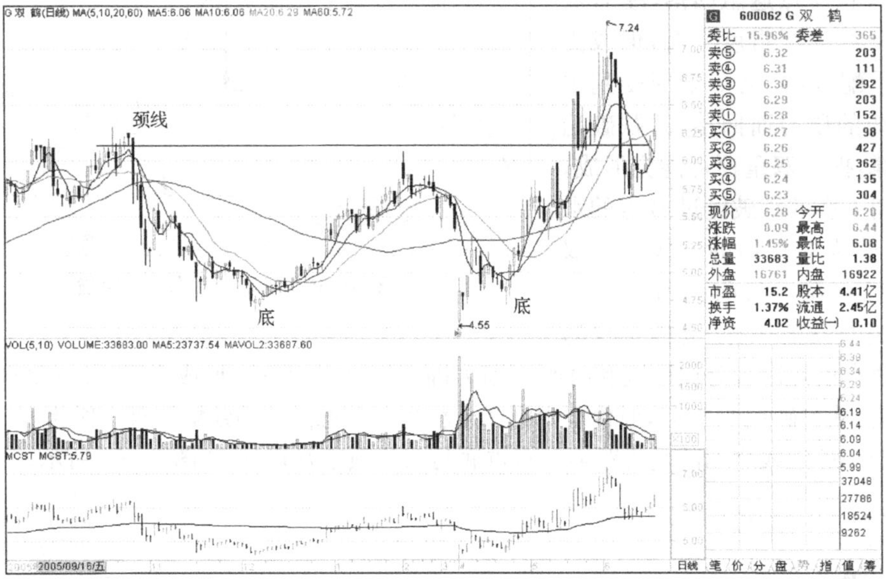

图 6－68　双重底形态及其突破

（二）头肩顶和头肩底

头肩顶（底）是可靠性最高的反转形态，当这种价格形态完全形成之后，通常能够发出趋势反转的强烈信号。这种形态出现了三个局部的高点（或低点），中间的高点（或低点）比另外两点高（低），成为头，左右两个相对较低（或高）的点称为肩。下面，以头肩顶为例进行介绍，如图 6－69 所示。

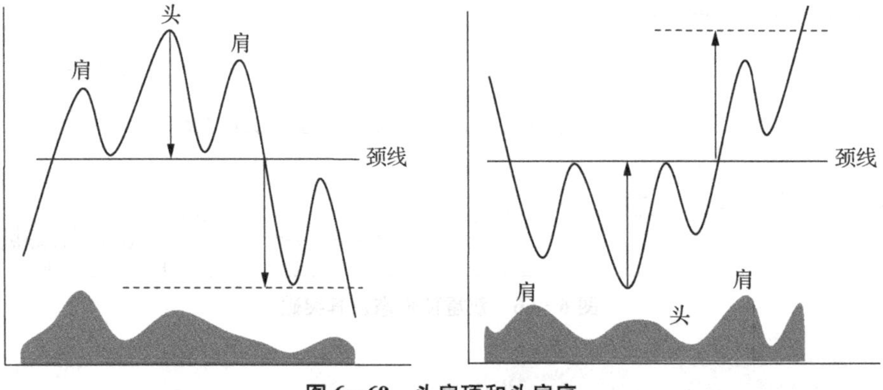

图 6－69　头肩顶和头肩底

在上升趋势中，不断升高的各个局部的高点和低点均保持着上升的趋势。在经过一波快速的上涨之后，由于获利盘的卖出使股价受压而涨势得以放缓，此时卖盘出现较大成交，但随即股价再次小幅拉回，这就构成形态的“左肩”。股价经过短暂回落后重启升势，突破高点后再次创出新高，此时又有一波新的获利盘出逃，股价再次回落，并且跌破左肩高点，这就形成了“头部”，这个时候，持股者信心就已经不足了。股价在信心不足的情况下，再次出现反弹，但是这时的反弹，力度已经远远不如前期的力度了，成交量缩小，股价无法再次到达头部，甚至无法到达左肩的高度便开始下跌，行情也开始反转，这就形成了“右肩”。随后，股价跌破颈线位，此时投资者信心彻底瓦解，套牢盘及未出获利盘纷纷出逃，市场开启放量大跌。

对于头肩底，除了成交量方面与头肩顶有所区别外，其他可以说与头肩顶一样，只是方向相反。

头肩顶是杀伤力很强的一种技术走势形态，在实战中操作时要密切注意以下几个问题：

其一，当某一股价形成头肩顶雏形时，就要引起高度警惕。这时股价虽然还没有跌破颈线，但可先卖出手中的一些筹码，将仓位减轻，日后一旦发觉股价跌破颈线，就将手中剩余的股票全部卖出，退出观望。

其二，上涨时要放量，下跌时量可放大，也可缩小，对头肩顶这种形态来说，先是用很小的量击破颈线，然后再放量下跌，甚至仍旧维持较小的量往下滑落也是常有的事。

其三，头肩顶对多方杀伤力度大小，与其形成时间长短成正比。因此，投资者不能只关心日 K 线图，对周 K 线图、月 K 线图出现的头肩顶更要高度重视。

其四，头肩顶形态突破颈线后有两种走势：一是突破颈线后有一个回抽，这时就会出现明显的两个卖出点；二是突破颈线后一路直泻，这时只有一个明显的卖点出现。一般认为，股价击破颈线 3 天后不能收于颈线上方，头肩顶形态才算真正成立。不过看到头肩顶真正成立时，那时可能股价已跌了很多，此时才停损离场，损失就大得多了，如图 6－70 所示。

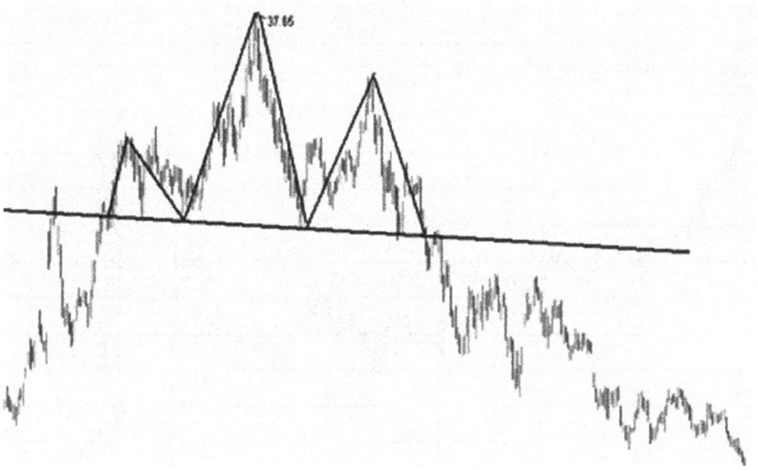

图 6－70 头肩顶

（三）圆弧顶和圆弧底

圆弧顶与圆弧底的形成是一种渐进的过程，市场多空双方势均力敌，交替获胜，使股价维持一段较长时间的盘局，把一段时间的高点（或低点）连接起来得到一条类似于圆弧的弧线，但最终会出现向上或向下的反转行情。下面以圆弧顶为例介绍形成过程。

圆弧顶形态中，一开始股价呈弧形上升，虽然顶部不断升高，但每次都是微升即回落，出现新高点后股价转为弧形下跌，回升点略低于前点，把一段时间高点相连接，就是形成一个圆弧顶状。圆弧顶形态形成的原理：多方在维持一段股价或指数的升势之后，力量逐步趋弱，难以维持原来的购买力，使涨势缓和，而空方力量却有所加强。导致双方力量相对均衡，此时股价波动幅度较小，一旦空方力量超过多方，股价开始回落，起初只是慢慢改变，跌势不明显，但后来空方控制市场，跌势转急，表明一轮跌势已经来临。

应用圆弧顶应注意的问题：

第一，圆弧顶通常出现在高位。如果圆弧顶形态出现在低位，而且股价没有跌破颈线，因此，不能作为反转形态进行操作。

第二，圆弧顶形态之前，股价上涨的幅度越大，其相应的下跌幅度也会越大。

第三，圆弧顶的两个高点应该有一定时间间隔。通常而言，时间间隔越大，有效性越高。

第四，圆弧顶形态的下跌空间不像前面提到的形态那样有规律，但其下跌幅度要更深，如图 6－71 和图 6－72 所示。

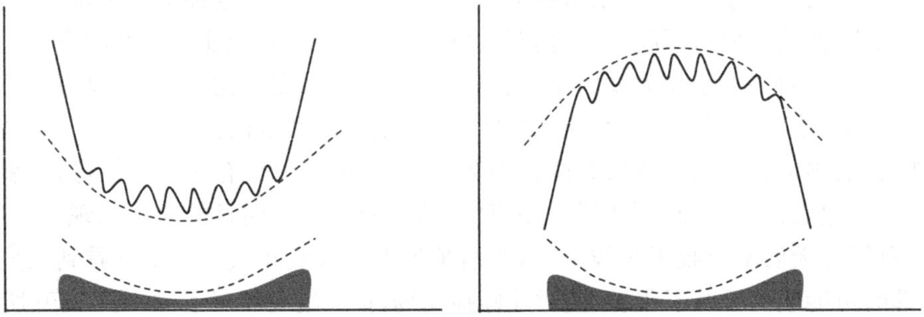

图 6－71　圆弧顶和圆弧底

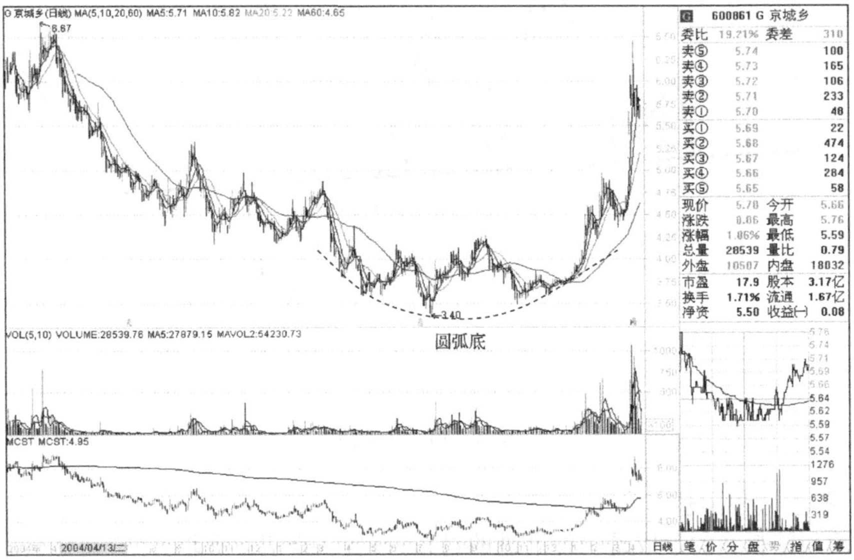

图 6－72　圆弧底

（四）三重顶和三重底

三重顶(或底)是相对比较少见的一种反转形态,实际上可以认为是头肩顶(或底)的变体。两者之间的主要区别在于,三重顶(或底)的三个波峰(或波谷)位于大致相同的价位上。在三重顶(或底)中,三个波峰(或波谷)相应的成交量是相继减少的,反应随着市况的发展看多(或空)的投资者在逐步减少,是市场即将发生逆转的一种迹象。

对于三重底要特别关注成交量变化,股价三次下降时,成交量应较小,当股价在最后一个低谷上升时,成交量应急速放大,并一举冲破颈线位的阻力,这是一轮升势开始的信号,如图 6－73 和图 6－74 所示。

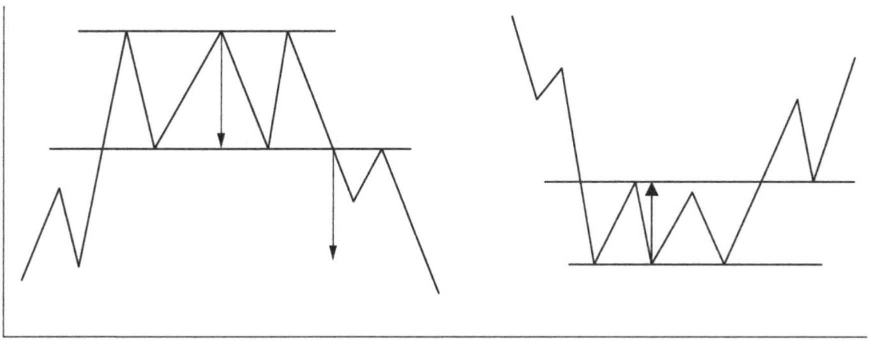

图 6－73　三重顶和三重底

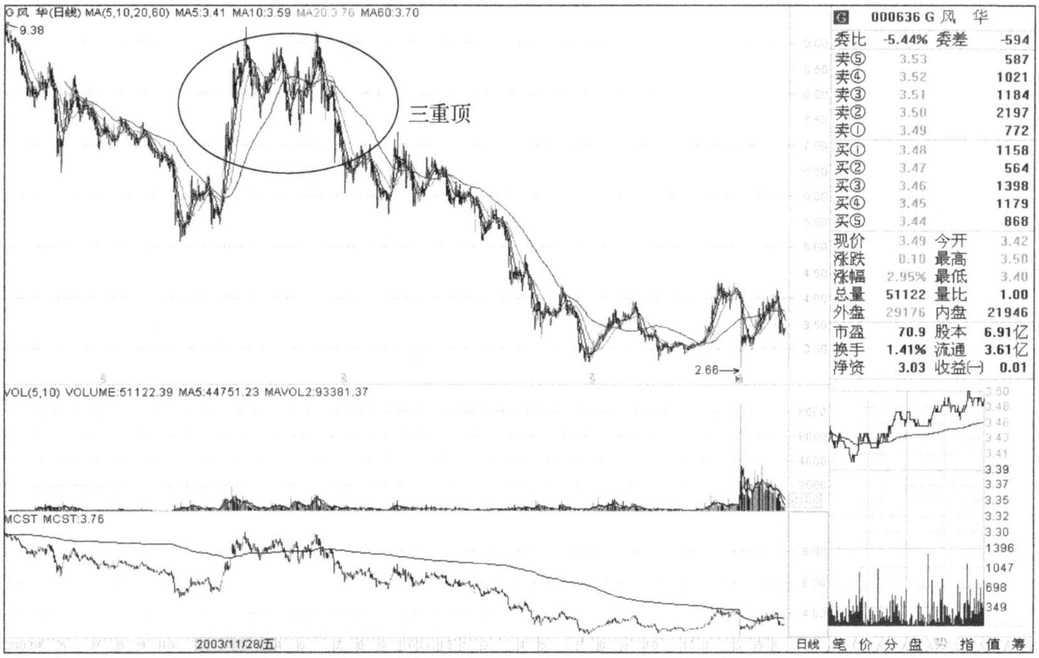

图 6－74　三重顶

（五）V 形顶与 V 形底

V 形顶与 V 形底是反转形态中最常见最难把握的一种反转形态。

这种形态事先没有任何征兆，一般在股价上升（下降）后期，成交量放出巨量之后，股价突然开始下跌（上升），形成一个 V 形顶（底）。V 形走势在转折时有明显的成交量放大，成交量越大转折越猛烈，如图 6－75 至图 6－77 所示。

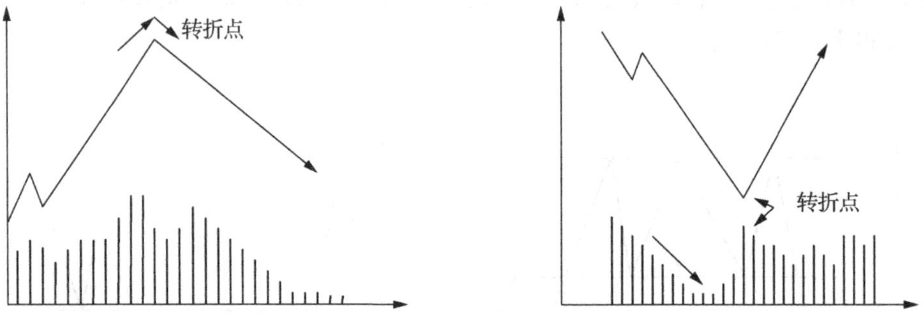

图 6－75　V 形顶和 V 形底

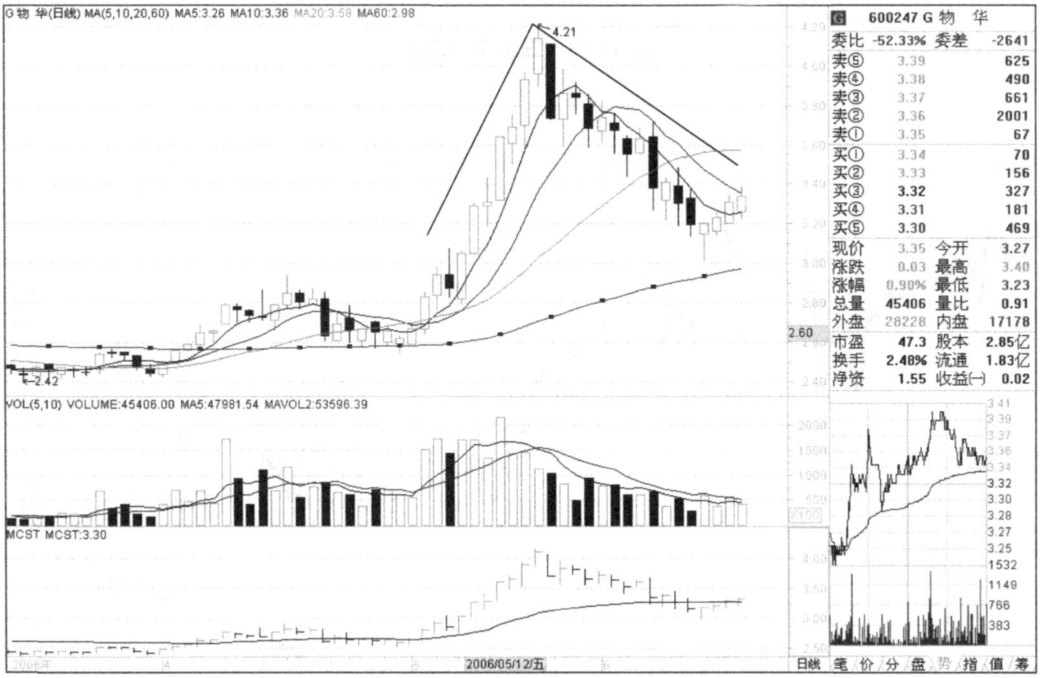

图 6－76　V 形顶

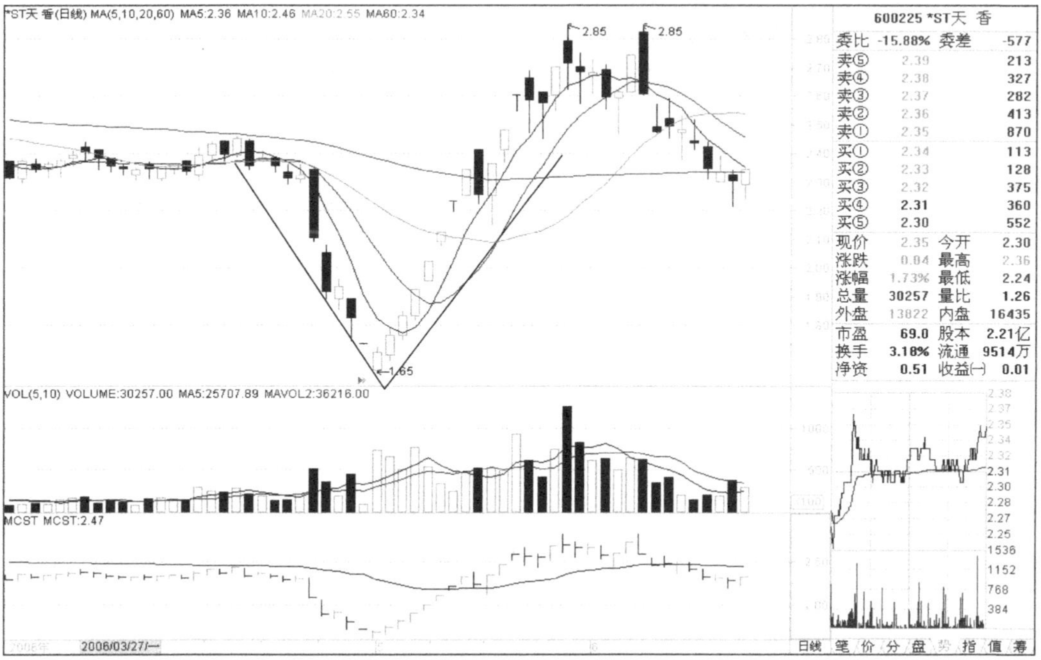

图 6-77 V形底

三、持续整理形态

持续整理形态主要包括：三角形、矩形（箱形）、旗形和楔形等。

（一）三角形态

三角形态主要分为对称三角形、上升三角形、下降三角形和扩散三角形四种。

1. 对称三角形

对称三角形是由两条趋势线逐渐汇聚而形成，高点逐渐降低，低点则几乎对称性地逐渐抬高，上边线下降而下边线上升，使波幅逐渐减小，成交量也随之萎缩。如先前的趋势向上，对称三角形巩固形态之后市场向上的可能性大；如先前的趋势向下，则对称三角形就有看跌之意，如图 6-78 所示。

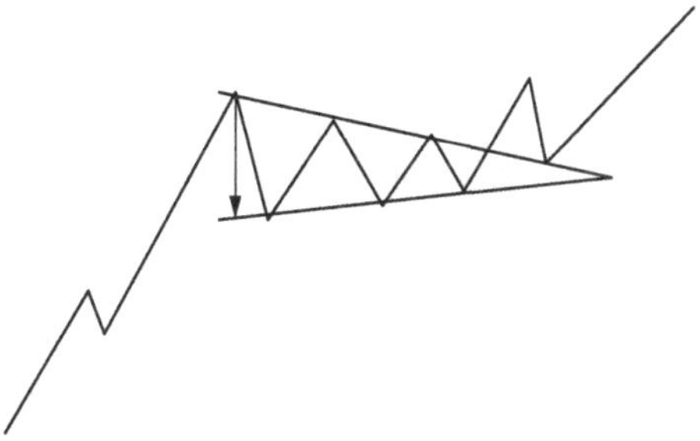

图 6-78 对称三角形

2. 上升三角形

上升三角形的高点基本保持在同一水平位置，而低点逐渐抬高，形成两条汇聚的趋势线，上边线水平而下边线上升。说明买方比卖方更为积极主动，通常被认为是看涨形态，如图 6－79 和图 6－80 所示。

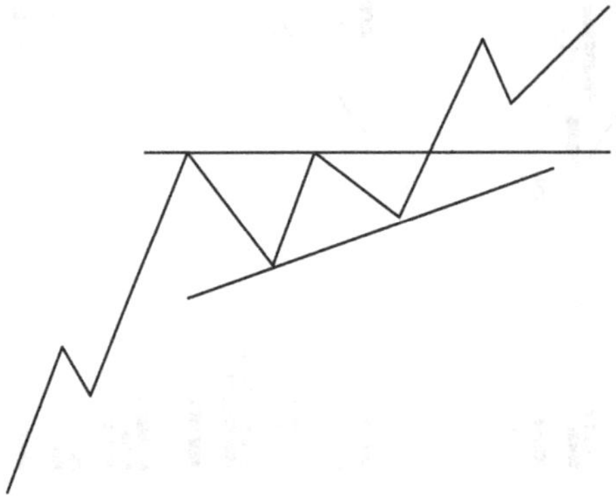

图 6－79　上升三角形

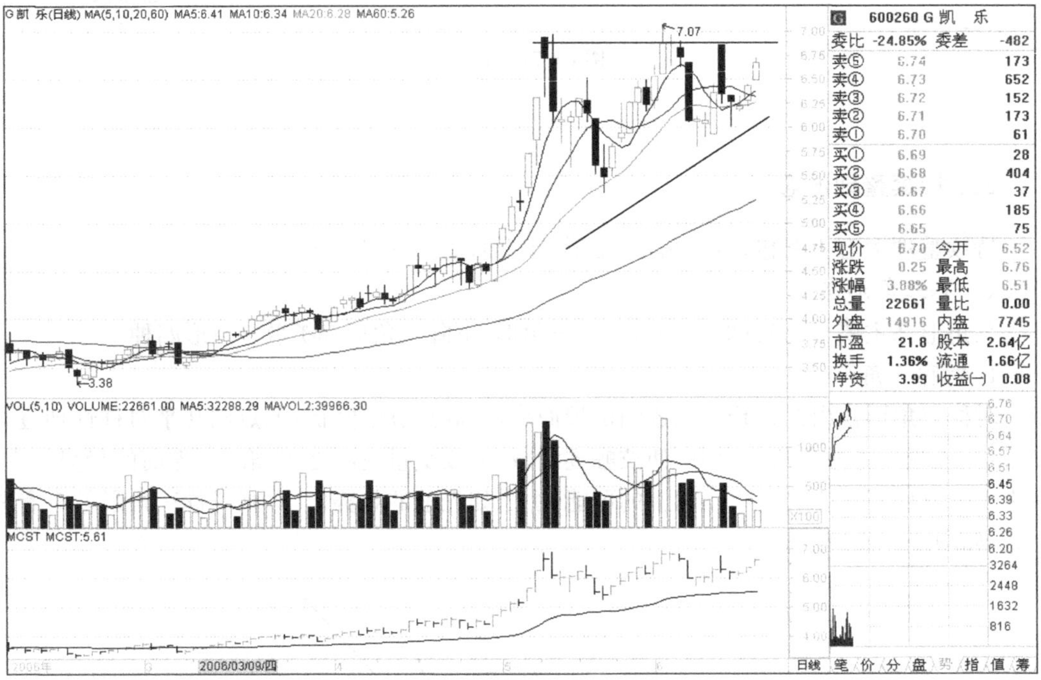

图 6－80　上升三角形

3. 下降三角形

它的高点逐渐降低，而低点基本保持在同一水平位置，形成两条汇聚的趋势线，上边线下降而下边线水平。说明卖方比买方更为积极主动，通常被认为是看跌形态，如图 6－81 和图 6－82 所示。

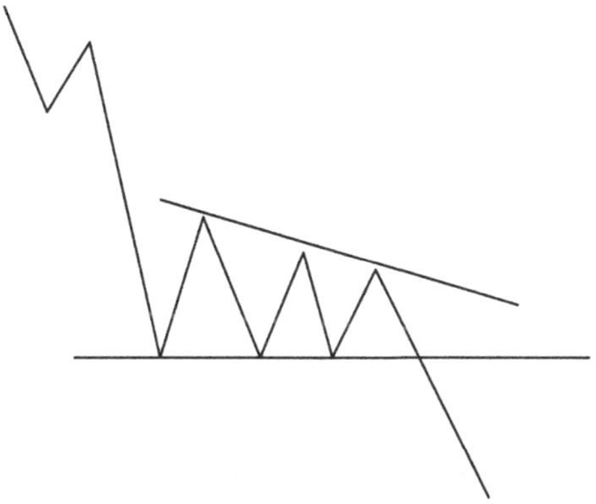

图 6-81　下降三角形

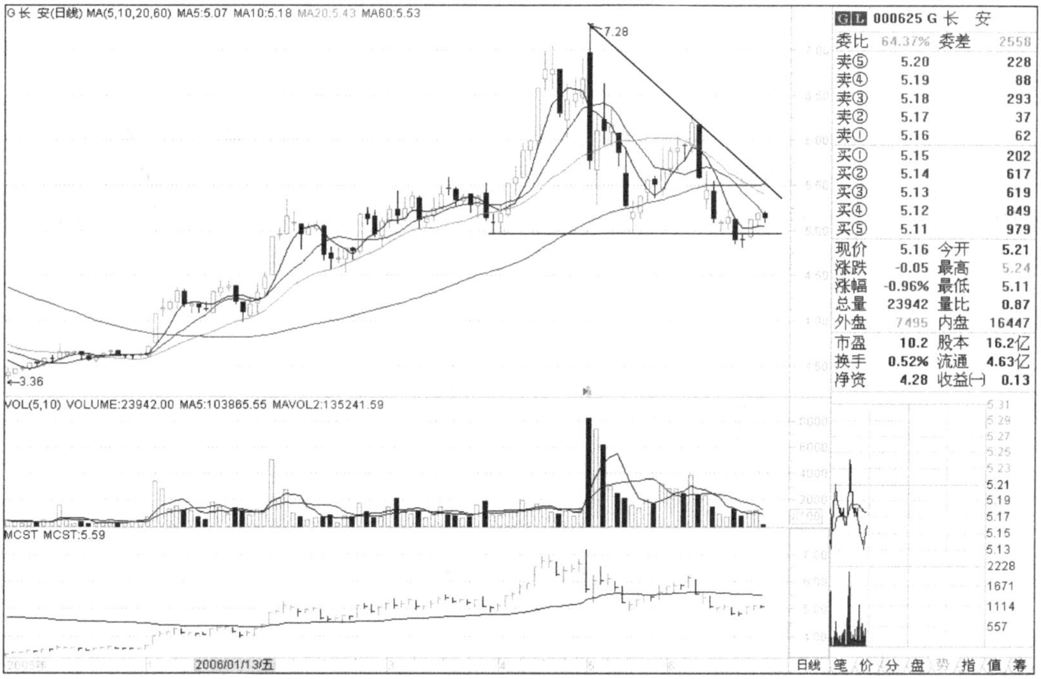

图 6-82　下降三角形

4. 扩散三角形

扩散三角形也称喇叭形，是三角形态的一个变体。它的高点和低点逐渐抬高和降低，结构中的两条趋势分离得越来越远。喇叭三角形表现为巨幅振荡，交易活跃，意味着投资者分歧很大，当它在顶部出现时，则是一种看跌形态，如图 6-83 和图 6-84 所示。

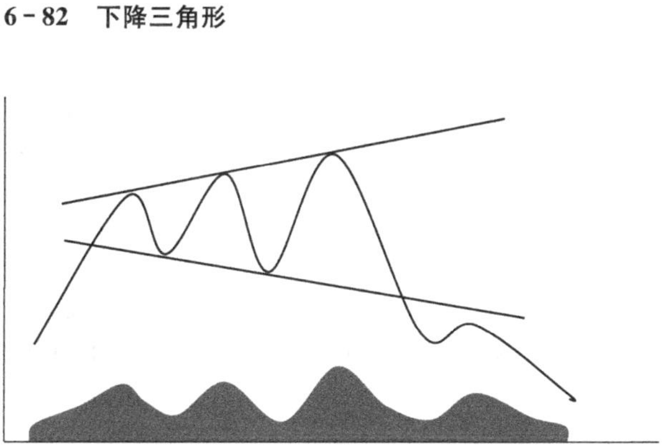

图 6-83　扩散三角形(喇叭形)

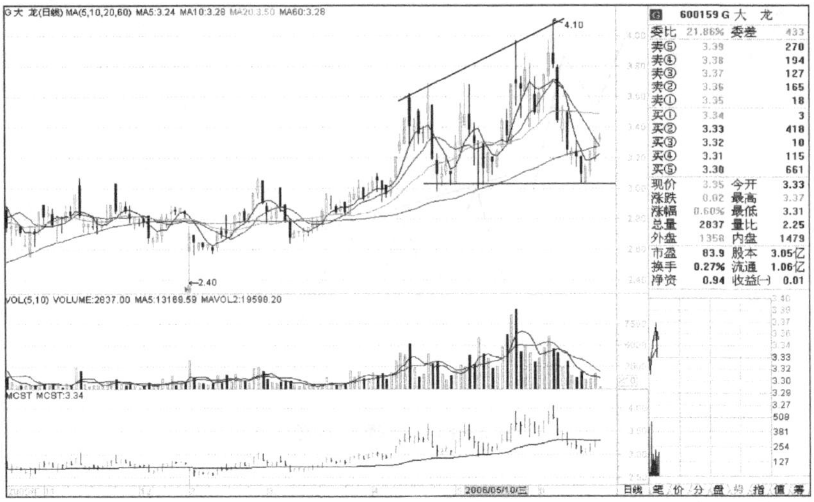

图 6-84 喇叭形

（二）矩形

矩形也称箱形，是一种典型的整理形态（见图 6-85）。股价运行被规限在两条平行直线当中，这种走势也称为箱体运行。需要注意的是，矩形在形成过程中有可能演变为三重顶（底），从而成为反转形态，所以在对矩形进行分析时，通常要等突破之后才能做出判断。股价有效突破矩形后，后市至少将产生相当于形态高度（矩形上下边之间的距离）的升跌幅，如图 6-86 所示。

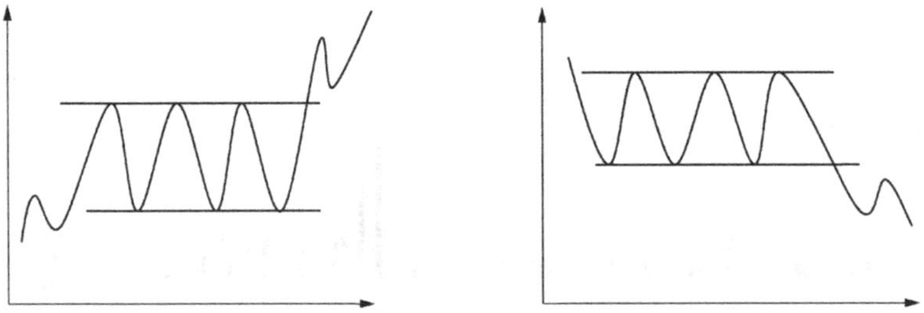

图 6-85 矩形

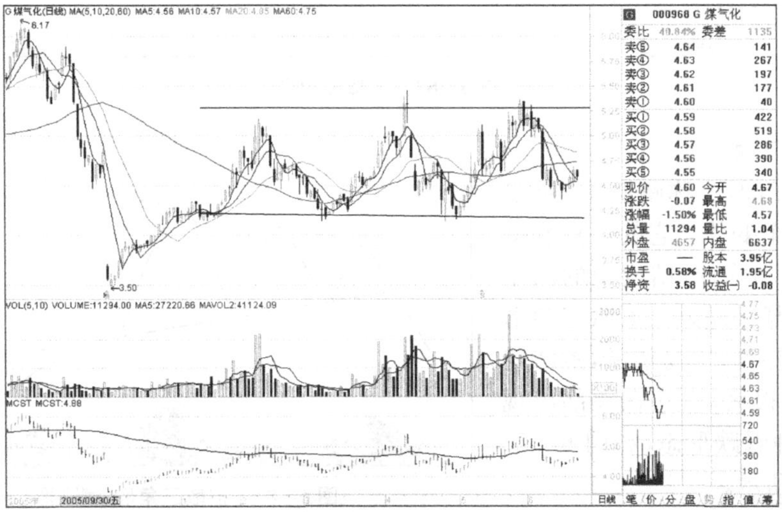

图 6-86 矩形

（三）菱形

菱形又称钻石形，如出现在顶部，是下跌的信号。菱形作为持续整理形态，出现在下跌趋势的中途时，它还是要保持原来的趋势方向，菱形之后的走势仍是下跌。菱形的测算功能是以菱形的最宽处为形态高度，今后下跌的深度从突破点算起，至少下跌一个形态高度，如图 6－87 和图 6－88 所示。

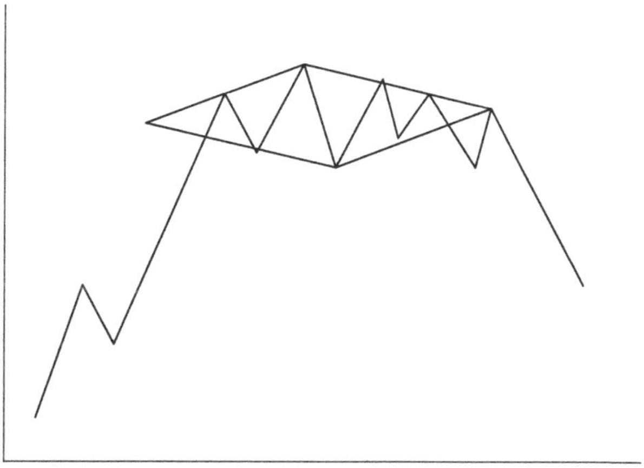

图 6－87　菱形

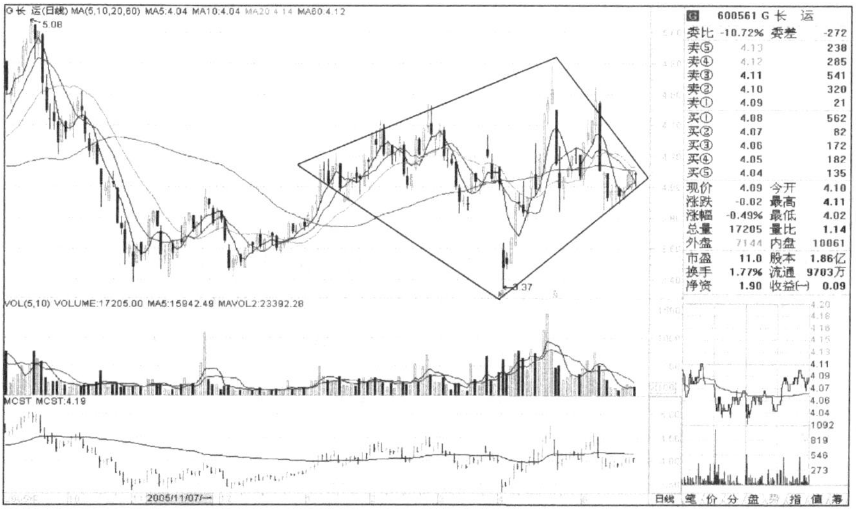

图 6－88　菱形

（四）旗形

旗形为一个倾斜的平行四边形，或者说是一个倾斜的，并且缩小了的矩形形态。它具有以下特征：其一，都是在直线式的上升或下跌走势（形成旗杆）之后出现；其二，成交量在形态之内逐渐缩小，突破之后重新放大；其三，整理时间不能太长，否则股价将难以保持原来的趋势。上升旗形一般出现在下降趋势中，股价整理之后向下突破继续下行；下降旗形一般出现在上升趋势中，股价整理之后向上突破继续上行，如图 6－89 和图 6－90 所示。

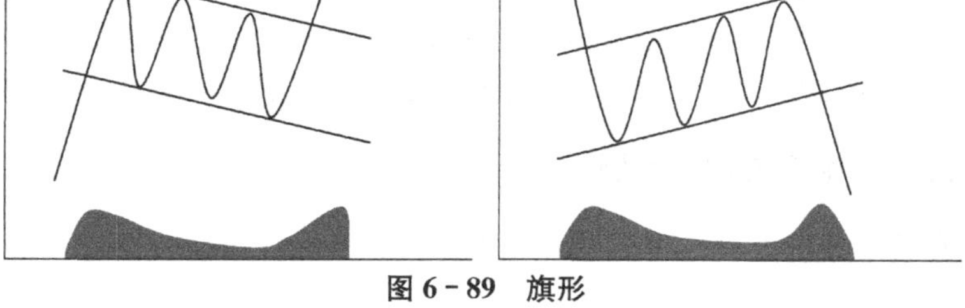

图 6－89　旗形

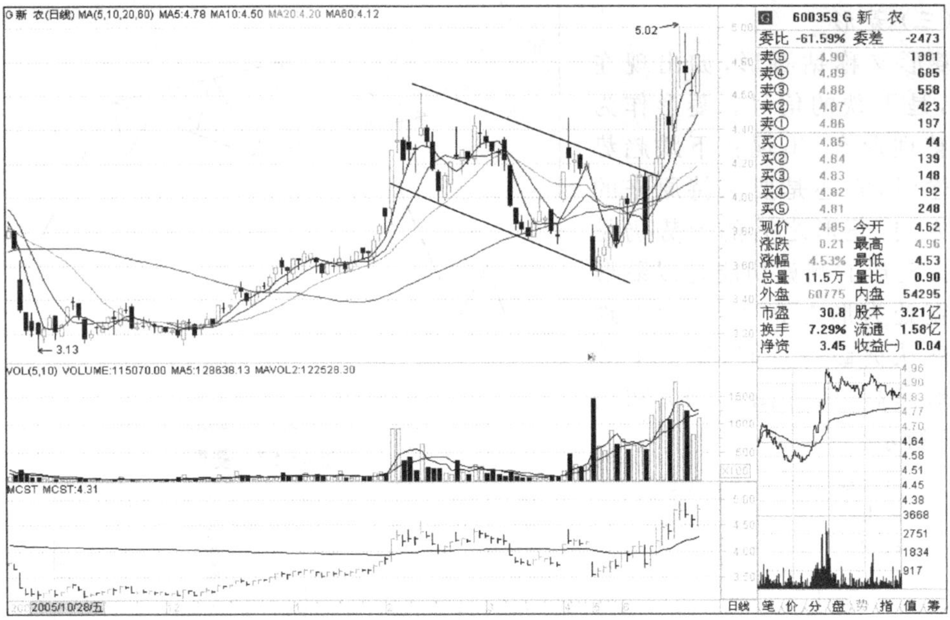

图 6－90　旗形

（五）楔形

楔形也是持续整理形态的一种，当K线图形成两条边同时上倾或下倾的三角形时，一个楔形形态就形成了（见图6－91）。楔形与对称三角形有很大差别。对称三角形形态的上下两条边线是逐渐收敛的，运行方向是对立的，即使是上升三角形或下降三角形的两条边线的运行方向也不相同。但在楔形形态中其上下两条边都是朝着同一方向倾斜，只是由于倾斜比率不同而最终形成交叉。

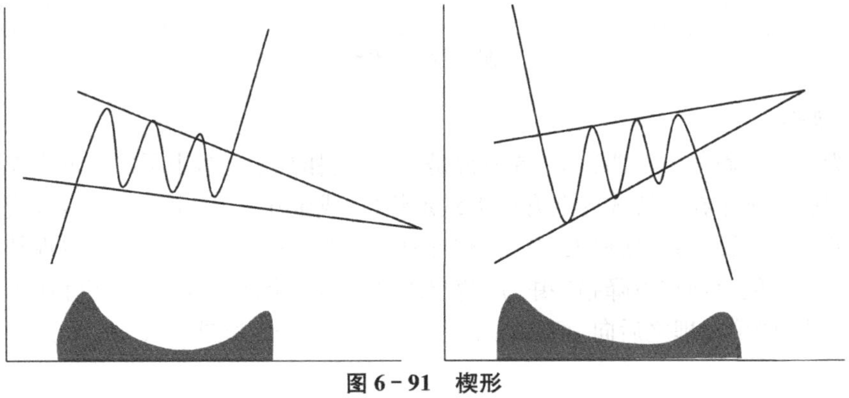

图 6－91　楔形

楔形具备保持原有运动趋势的特性，形成楔形形态后通常经整理后仍将沿原有方向运行。但楔形偶尔也会出现在顶部或底部，从而演变成反转形态，这种情况通常发生在一个趋势经过很长时间运行接近尾声的时候。在成交量变化方面，楔形和旗形相类似。

四、应用形态理论应注意的问题

形态理论在技术分析中较早得到应用，提供了很多价格运动轨迹有用的形态，比较成熟。但是，在应用形态理论的时候，还必须注意以下问题。

（一）形态识别的多样性

从不同的角度和不同时间区间，对同一位置的某个形态可能有不同的解释。例如，一个头肩形可能被认为是某个局部的顶部或底部的反转形态。但是，如果从更大的范围来看，它有可能仅仅是一个更大的波动过程中的中途持续形态。在实际的投资行为中，对这样的形态究竟应该怎样判断呢？这个问题其实是对波动趋势"层次"的判断问题。当然，还是应该使用尽可能宽的时间区间，因为时间区间宽的形态所包含的信息更多。

（二）形态突破真假的判断

在进行实际操作的时候，形态理论要等到形态已经完全明朗后才行动。形态的明朗必须涉及支撑压力线的突破问题，这个问题在支撑压力理论中已经提到了，这里不重复。

（三）形态的滞后性

形态理论需要等到形态明朗后才行动，有时会错失机会。证券投资的重要一点就是能够预测后市走势时，应该立即行动，如果等到突破后才行动，可能错失良机，有时甚至在突破时利用形态分析已经失去意义。

（四）形态规模的大小会影响预测结果

形态是指价格波动所留下的轨迹在时间和空间上的覆盖区域。规模大，表明在形态完成的过程中，价格的上下波动所覆盖的区域大，在技术图形上表现出价格的起伏大，从开始到结束经过的时间跨度长。相反，小规模的形态所覆盖的价格区域小，时间长度也短。对形态的规模大小，可以用几何学中"相似"的概念来解释。规模大的形态是规模小的形态的"放大"。从实际应用的角度讲，规模大和规模小的形态都对行情判断有一定的作用。规模越大所做出的结论越具有战略性，规模越小所做出的结论越具有战术性。从形态的度量功能看，规模大的高度就大，对后市预测的深度就必然大。形态规模越大，其结果越具稳定性和持续性，越不易被改变。

第五节 技术指标分析

一、技术指标概述

技术指标法是技术分析中极为重要的分支，20 世纪 70 年代后，技术指标逐步得到流行。全世界各种各样的技术指标至少有 1 000 个，它们都有自己的拥护者，并在实际应用中取得一定的效果，本节只介绍几种比较流行的技术指标。

（一）技术指标的定义

所谓技术指标法，就是应用一定的数学公式，对证券市场的原始数据进行处理，处理得到的数字就是技术指标值，将连续不断得到的技术指标值制成图表，并根据技术指标值和所制成的图表对市场进行行情研判，这样的方法就是技术指标法。

技术指标要处理的原始数据主要有开盘价、最高价、最低价、收盘价、成交量和成交金额，简称 4 价 2 量。绝大多数的技术指标仅仅涉及这 6 个数据中几个。

原始数据的处理就是，将这些数据的部分或全部进行变形，整理加工，不同的处理方法产生不同的技术指标。

（二）技术指标产生的方法

建立一个数学模型，给出数学上的计算公式，得到一个体现股票市场的某个方面内在实质的数字，这个数字称为指标值。指标值的具体数值和相互间关系，直接反映股市所处的状态，为买卖操作提供指导方向。指标反映的东西大多是从行情报表中直接看不到的。

（三）技术指标的应用

应用技术指标应该主要考虑指标的背离、指标的交叉、指标的取值、指标的形态、指标的转折和指标的盲点等方面。每种技术指标的使用，一定要考虑到这个方面中的至少一种。

1. 指标的背离

指标的背离是指技术指标曲线的波动方向与价格曲线的趋势方向不一致。实际中常见的有顶背离和底背离，如图 6－92 所示。

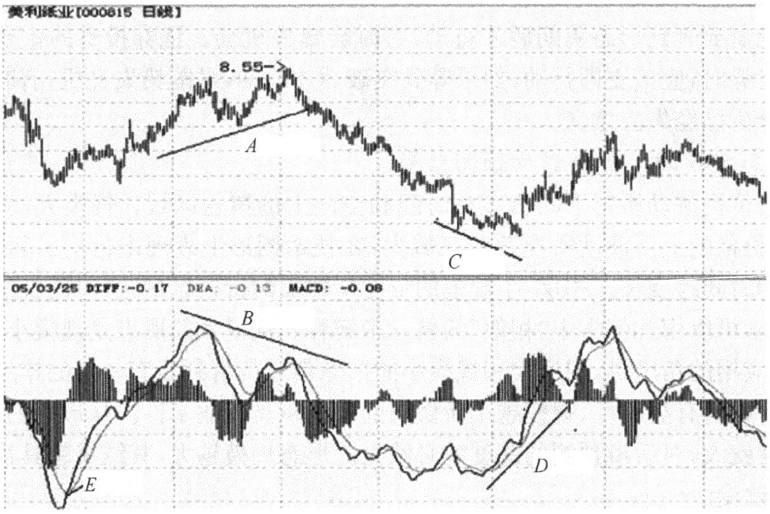

图 6－92　价格与技术指标的背离

2. 指标的交叉

有两种类型的指标交叉：一种是同一个技术指标的不同参数的两条曲线之间的交叉，常说的黄金交叉和死亡交叉；另一种交叉是技术指标曲线与固定的水平直线之间的交叉。黄金交叉是指同一个技术指标的不同参数的两条曲线中的一条曲线从下往上穿破另一条曲线，一条曲线从上往下穿破另一条曲线是死亡交叉，如图 6－93 所示。

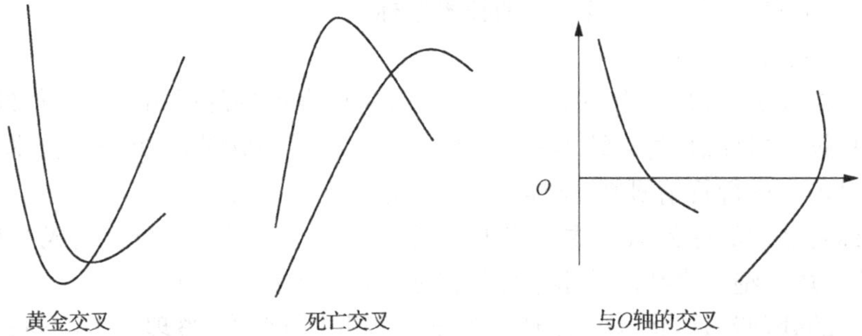

图 6－93　指标的交叉

3. 指标的取值

如果技术指标值的数字太大或太小，就说明市场的某个方面已经达到了极端的地步，被称为技术指标进入“超买区”和“超卖区”，应该引起注意。

4. 指标的形态

技术指标曲线的波动过程中，也会出现形态理论中所介绍的典型形态，可按照形态理论进行分析。

5. 指标的转折

技术指标的转折是指技术指标曲线在高位或低位调头，有时，这种调头表明一个趋势将要结束，而另一个趋势将要开始。

6. 指标的盲点

在大部分时间里，技术指标都不能发出买入或卖出的信号，这就是技术指标的“盲点”，只有在很少的时候，技术指标才能发出信号。“每天都期待技术指标为我们提供有用的信息”是对技术指标的误解，也是极其有害的。

（四）技术指标的本质

每一个技术指标都是从某个特定的方面对市场进行观察，通过一定的模式产生技术指标，这个指标反映了市场某一方面深层的内涵，这些内涵仅仅通过原始数据是很难看出来的。

基本分析只进行定性分析，没有定量分析，技术指标可以进行定量分析，这将使得具体操作时的精确度大大提高，至少能在采取行动之前给予我们数量方面的帮助。

（五）技术指标注意的问题

1. 不能用于对大趋势的判断

技术指标服从趋势分析，只是使投资者的正确决定在更正确的地点和时间具体实现。技术指标只能在某个瞬间指出趋势的短暂方向，许多技术指标只能作为时机选择的工具，对未来价格波动的深度和广度的预测，技术指标一般不能提供有用的建议，不能用于对大趋势的判断。

2. 主观因素在技术指标使用中的作用

主观因素体现在三个方面：

(1) 技术指标选择的主观性。在实际操作中选择什么技术指标，因人而异。

(2) 技术指标参数选择的主观性。计算绝大多数的技术指标都需要设定参数，这就有参数的选择问题，也是主观因素的直接体现。

(3) 技术指标的适用条件。技术指标的结论都有一定的适应范围和适用条件。

3. 每种指标都有自己的盲点

每种技术指标都有失效的时候，遇到某种指标失效，要把它放置一边，去考虑别的指标。众多的技术指标，在任何时候都会有几个能对实际操作提供指导和帮助，尽管这种帮助有时作用不大，但总比没有强。

4. 技术指标之间的结合和调整

通常使用的手法是以四五个技术指标为主，其余的技术指标为辅，依此构建自己的指标体系。随着实战效果的好坏，对所使用的指标体系中的技术指标应该不断地进行调整。调整的内容包括对技术指标的调整和对技术指标参数的调整。不断地对技术指标的效果进行考察是使用技术指标不可缺少的步骤。

技术指标永远是有用的，出问题的是使用技术指标的人。

二、主要的技术指标

（一）移动平均线（MA）

1. 概念

将一定时间内的股票收盘价加以算术平均，并滚动计算，将所有数据一一列出，连接成曲线，就是移动平均线。

2. 移动平均线的计算

先设定一定数量的交易日（n 天）将各个收盘价依次相加，采用算术平均数得出 n 天的平均股价，第 $n+1$ 天的平均值的计算是，在原有 n 天收盘价之和中减去最前一天的收盘价，再加上第 $n+1$ 天的收盘价，然后除以 n 得出。如此循环。其计算公式是：

$$MA(n)=\frac{\sum P}{n}$$

式中，n 为时间参数，取值有 5、10、20、30、60 日等；P 为收盘价格；$\sum P$ 为连续 n 个交易日的收盘价之和。

3. 绘制

先在一个平面直角坐标上以横轴为时间，以纵轴为证券价格，然后再将计算得出的移动平均数逐日绘制在坐标相应的点位上，最后将计算得出的各点用平滑的曲线连接。

例如，某股连续 10 个交易日收盘价分别为（单位：元）8.15、8.07、8.84、8.10、8.40、9.10、9.20、9.10、8.95、8.70

以 5 天为参数为例：

第五天均值＝(8.15＋8.07＋8.84＋8.10＋8.40)/5＝8.31

第六天均值＝(8.07＋8.84＋8.10＋8.40＋9.10)/5＝8.50

第七天均值＝(8.84＋8.10 ＋8.40＋9.10＋9.20)/5＝8.73

第八天均值＝(8.10＋8.40＋9.10＋9.20＋9.10)/5＝8.78

第九天均值＝(8.40＋9.10＋9.20＋9.10＋8.95)/5＝8.95

第十天均值＝(9.10＋9.20＋9.10＋8.95＋8.70)/5＝9.01

移动平均线，如图 6－94 和图 6－95 所示。

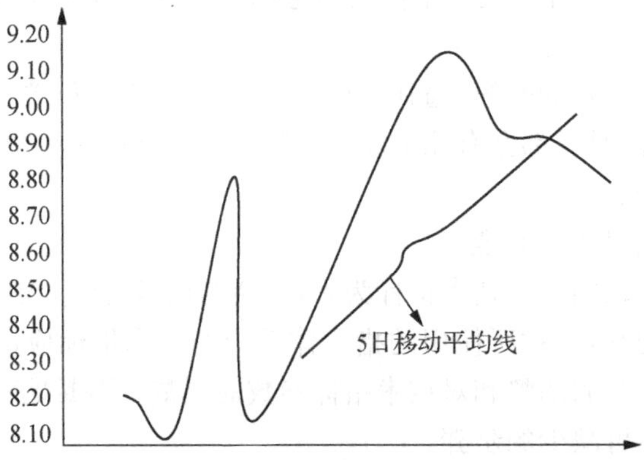

图 6－94　移动平均线

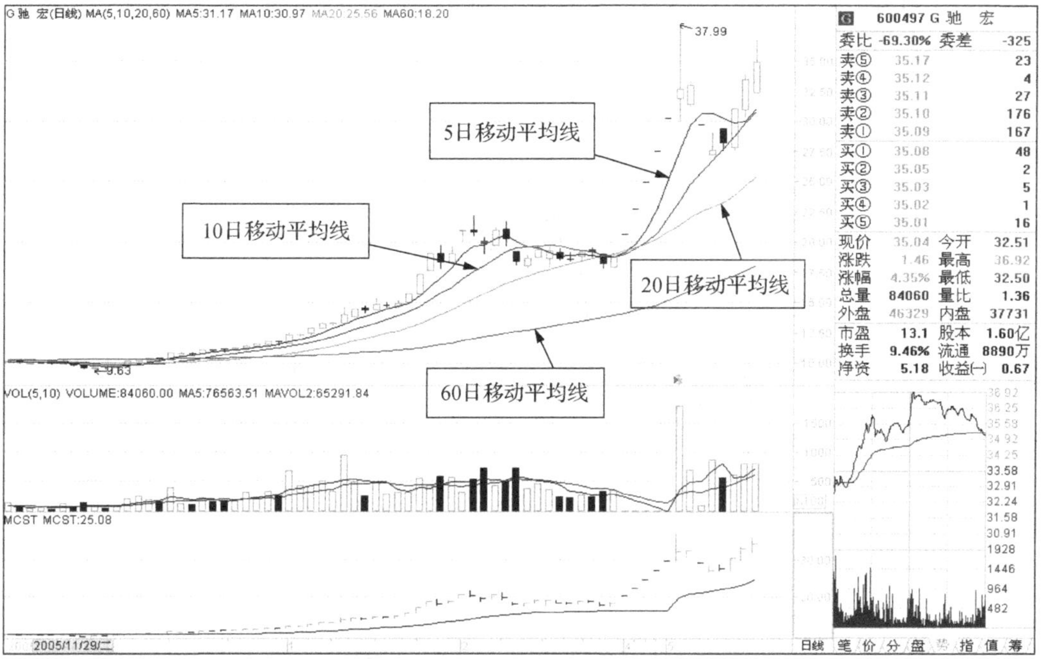

图 6－95　K 线图上的移动平均线

4. 移动平均线的特点

移动平均线的基本出发点就在于消除价格随机波动的影响，以描述价格运动的趋势。它的特点有：

(1) 相对稳定性。移动平均线将若干天的收盘价进行平均化，结果就会使某天大的价格变动“摊小”，某天小的价格变动“摊大”。于是，表现出相对稳定的特征。

(2) 追逐趋势性。移动平均线描述的是价格运动的趋势，这种性质决定了它与价格图形中的趋势线在方向上保持一致，从而表现出追逐趋势的特点。

(3) 滞后性。由于移动平均线追逐趋势的特点，在价格原有趋势发生反转时，移动平均线往往迟缓，调头速度落后于大趋势。

(4) 助涨助跌性。当价格突破移动平均线时，无论是向上突破还是向下突破，股价有继续向突破方向再走一程的愿望。

(5) 支撑和压力线性。移动平均线在价格走势中起支撑压力的作用。移动平均线被突破，实际上就是支撑压力线的突破。分析移动平均线时应与当日股价做一比较，在上升行情中如果均线低于当日股价线，那么该均线就是行情的支撑线。在下跌行情中，一般均线高于股价线，此时，均线则成为行情向上的压力线。

5. 移动平均线运用法则

1) 葛兰维尔八大法则

1962 年，美国投资专家葛兰维尔(Joseph E.Granville)出版的《葛兰维尔投资法则——对付股价变动最有效的策略》一书中揭示了移动平均线法则。移动平均线这一追踪趋势的工具，很快就风靡全球。

一般而言，价格曲线自下而上穿透移动平均线为上升趋势，价格曲线自上而下穿透移动平均线为下降趋势。MA 的运用法则，最有名的是葛兰维尔八大法则，具体内容如下所述。

买入信号的四种情形：

第一，MA 从下降逐渐走平，而股价自下而上穿越 MA 时，是买进信号，如图 6－96 和图 6－97 所示。

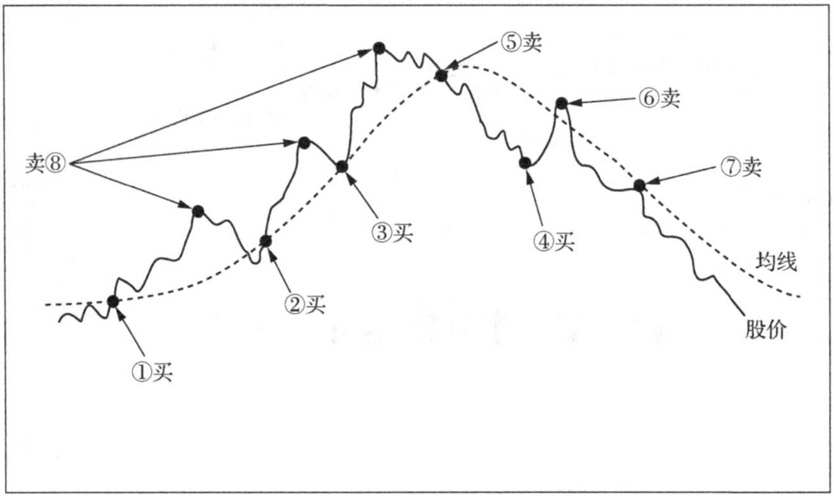

图 6－96　葛兰维尔买卖法则

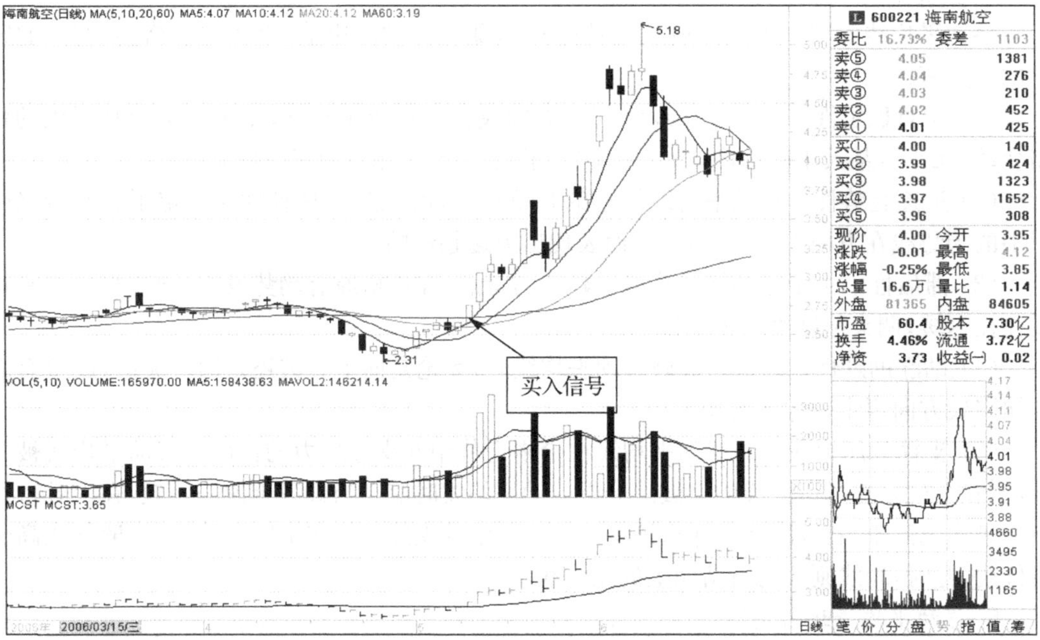

图 6－97　股价上穿 MA 发出的买入信号

第二，股价持续上涨而远离平均线，突然下跌，但在平均线附近又再度上升，此为买进信号，如图 6－98 所示。

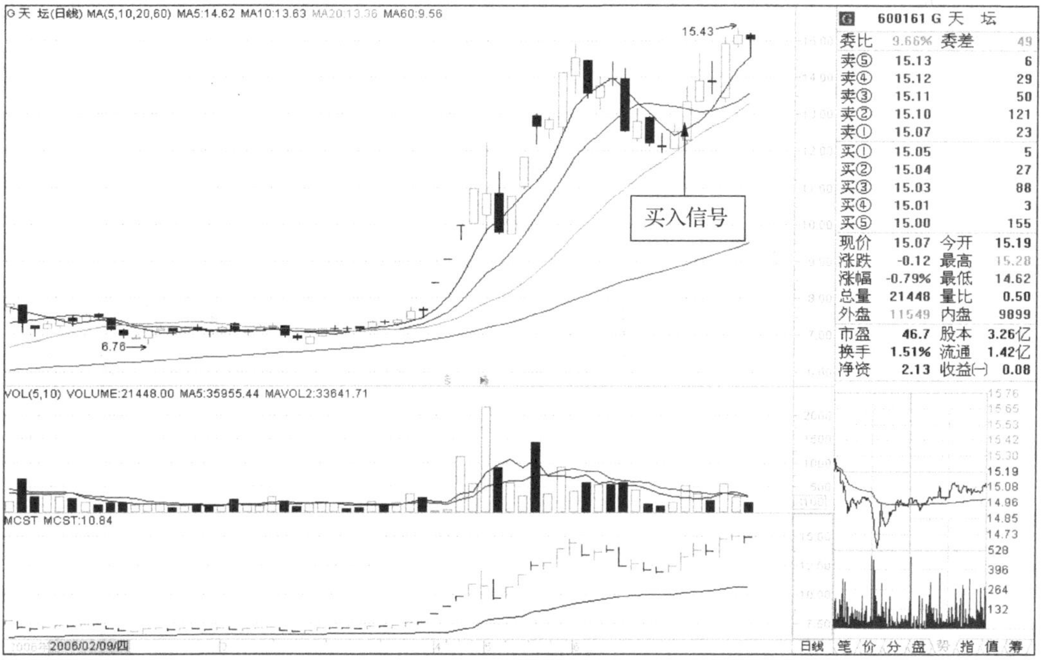

图 6-98　股价在 MA 附近再度上升发出的买入信号

第三，股价虽一度跌至平均线之下，但平均线仍在上扬，且股价不久又向上突破平均线，为买进信号，如图 6-99 所示。

图 6-99　股价在 MA 下方不久后又向上突破 MA 发出的买入信号

第四，股价跌破平均线后连续暴跌，远离平均线时，很可能会反弹，这也是买入信号，如图 6-100 所示。

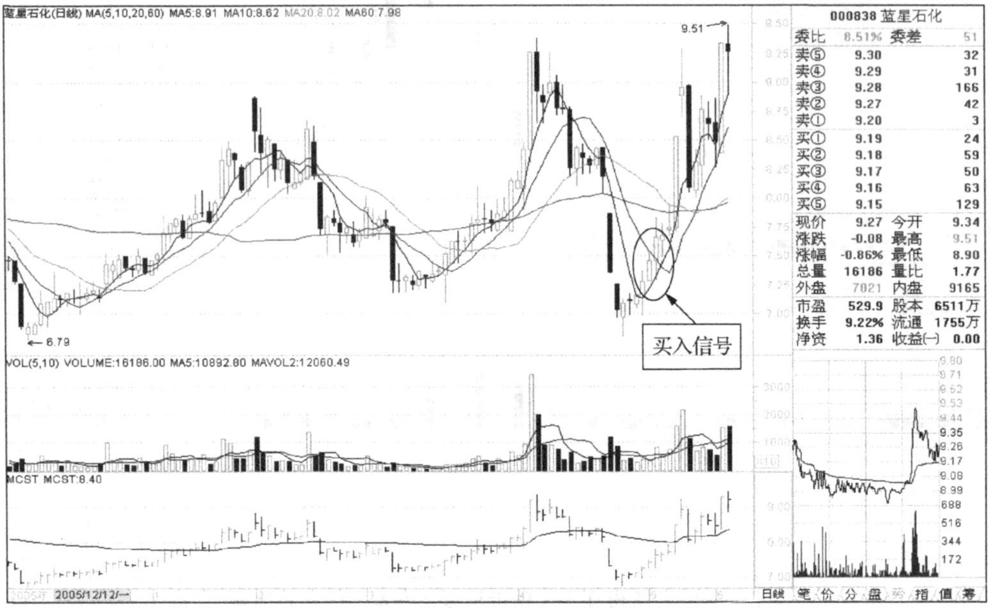

图 6-100 股价在 MA 下方连续暴跌后的买入信号

卖出信号的四种情形：

第一，平均线由上升逐渐变平，而股价从平均线上方向下跌破平均线时，是卖出信号，如图 6-101 所示。

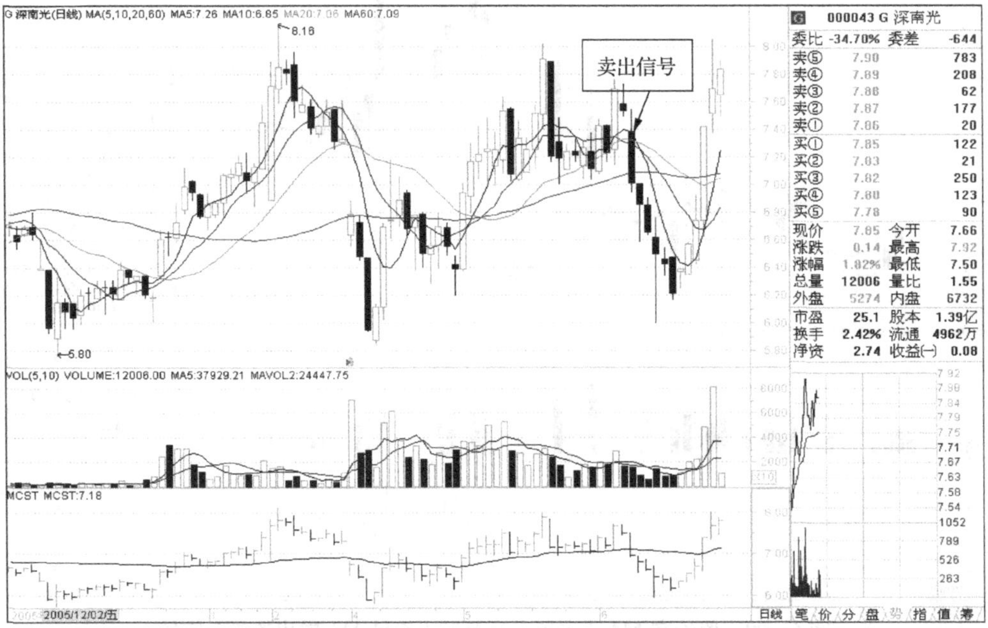

图 6-101 MA 由上升变平缓后股价跌破 MA 的卖出信号

第二，当股价持续下跌远离平均线时，然后突然上涨，但在平均线附近再度下跌，此为卖出信号，如图 6－102 所示。

图 6－102　股价持续下跌后上涨在 MA 附近再度下跌的卖出信号

第三，当股价处于平均线之上，但平均线仍然保持下降趋势，不久股价又向下突破平均线，为卖出信号，如图 6－103 所示。

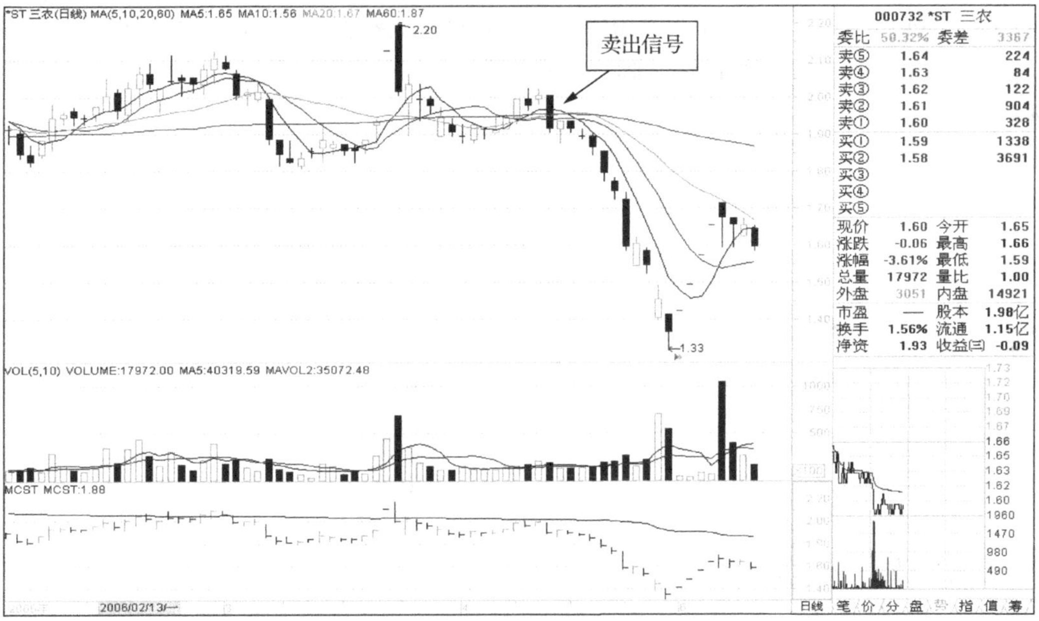

图 6－103　股价在 MA 之上后再度跌破 MA 的卖出信号

第四，股价虽向上突破平均线，并持续暴涨而远离平均线，这也是卖出信号，如图 6－104 所示。

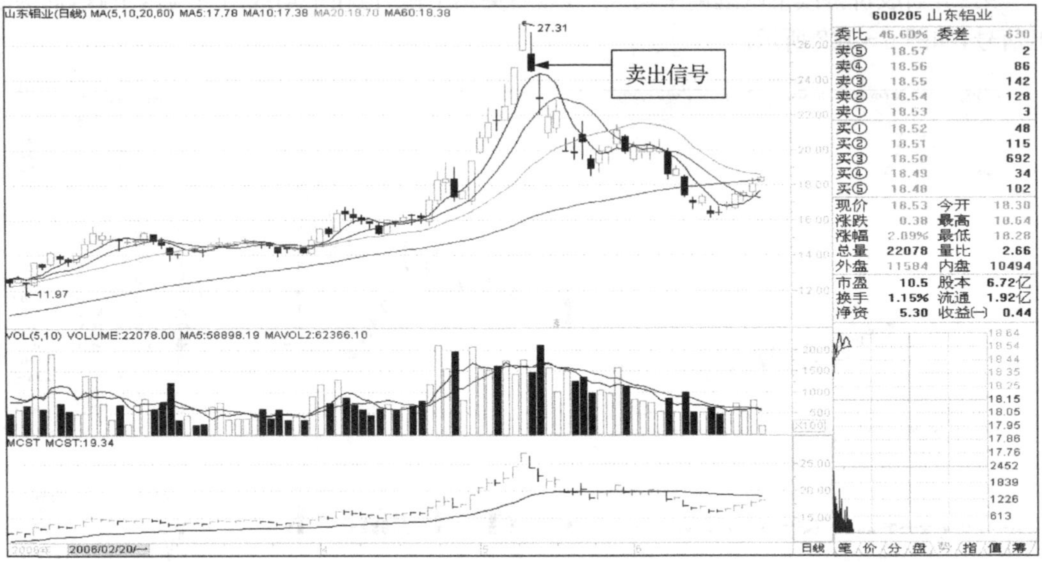

图 6-104 连续暴涨后的卖出信号

2）黄金交叉死亡交叉法则

在即将的上升行情中，较短期的移动平均线，如 5 日线、10 日线从下方向上突破与较长期的移动平均线，如 30 日线、60 日线发生的交叉现象称为黄金交叉。黄金交叉是多头的表现，出现黄金交叉后，后市会有一定的涨幅空间，这是买入信号。在即将下跌行情中，较短期的移动平均线从上方向下突破与较长期的移动平均线发生的交叉现象称为死亡交叉。例如，10 日均线由上往下穿越 30 日平均线，形成 30 日平均线在上，10 日均线在下时，就是死亡交叉。死亡交叉预示空头市场来临，股市将下跌，是卖出信号，如图 6-105 和图 6-106 所示。

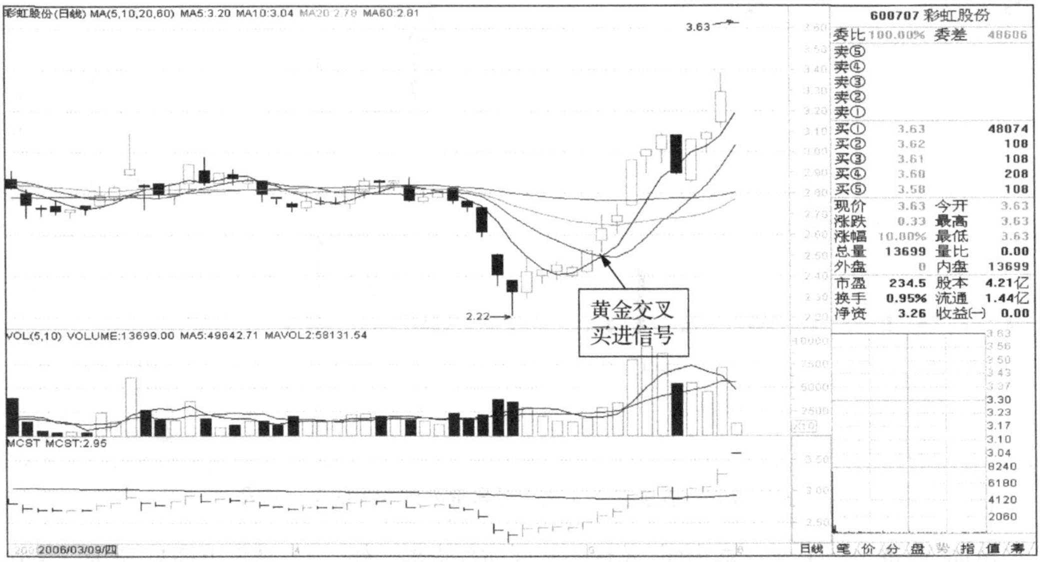

图 6-105 黄金交叉

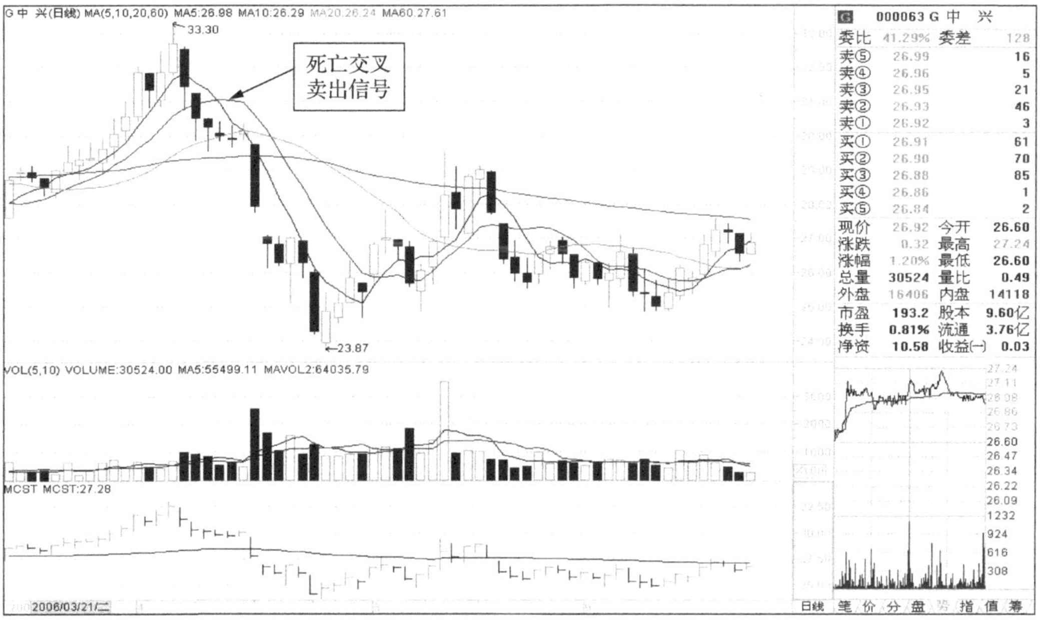

图 6-106　死亡交叉

3）支撑线压力线法则

移动平均线在价格走势中有时起支撑压力的作用，在上涨和下跌的行情中观察哪一条均线是支撑线和压力线，依次做出买卖决策。

6. 运用移动平均线注意的问题

第一，移动平均线会频繁发出买卖信号，有时会无所适从。

第二，在盘整阶段或趋势形成后的中途休整阶段或局部反弹和回调，移动平均线极容易发出错误的信号，这是使用移动平均线最应该注意的问题。

（二）平滑异同移动平均线

1. 平滑异同移动平均线（MACD）的意义

平滑异同移动平均线（简称 MACD）又称离差指标，是移动平均线原理的进一步发展。查拉尔·阿佩尔（Geral Appel）于 1979 年提出，是一种用来研判股票买卖时机、跟踪股价运行趋势的技术分析工具。

MACD 是基于 MA 理论而建立起来的，利用快速（短期）移动平均线和慢速（长期）移动平均线之间不断聚合和分离的特征，来计算两条线之间的离差状况，再计算离差的平均值。它是加以双重平滑运算后，用以研判买卖时机的方法。通常，快速线和慢速线的时间参数分别取 12 天和 26 天，而离差平均值的时间参数取 9 天。下面介绍 MACD 的计算时，就用这些参数。

2. MACD 的计算

MACD 指标由 DIF 线、DEA 线、MACD 柱线和零轴组成。DIF（正负差）是收盘价短期平滑移动平均线（EMA）与长期平滑移动平均线（EMA）的差，DEA（异同平均数）是连续数日的 DIF 数值的平均值，MACD 柱线是由 DIF 与 DEA 的差而画的。MACD 的计算过程分为三步。

第一步，计算平滑移动平均值(EMA)：

EMA(12)＝前一日 EMA(12)×11/(12＋1)＋今日收盘价×2/(12＋1)

EMA(26)＝前一日 EMA(26)×25/(26＋1)＋今日收盘×2/(26＋1)

第二步，计算离差值(DIF)：

DIF＝EMA(12)－EMA(26)

第三步，根据离差值计算其 9 日的离差平均值(DEA)：

DEA＝(前一日 DEA×8/10＋今日 DIF×2/10)

用(DIF－DEA)×2 即为 MACD 柱状图。

3. 运用法则

(1) DIF、DEA 均为正值，DIF 向上突破 DEA，买入信号。

(2) DIF、DEA 均为负值，DIF 向下突破 DEA，卖出信号。

(3) DEA 与 K 线发生背离，行情反转信号。

(4) MACD 柱状线由红变绿，卖出信号；由绿变红，买入信号。

MACD 的运用，如图 6－107 所示。

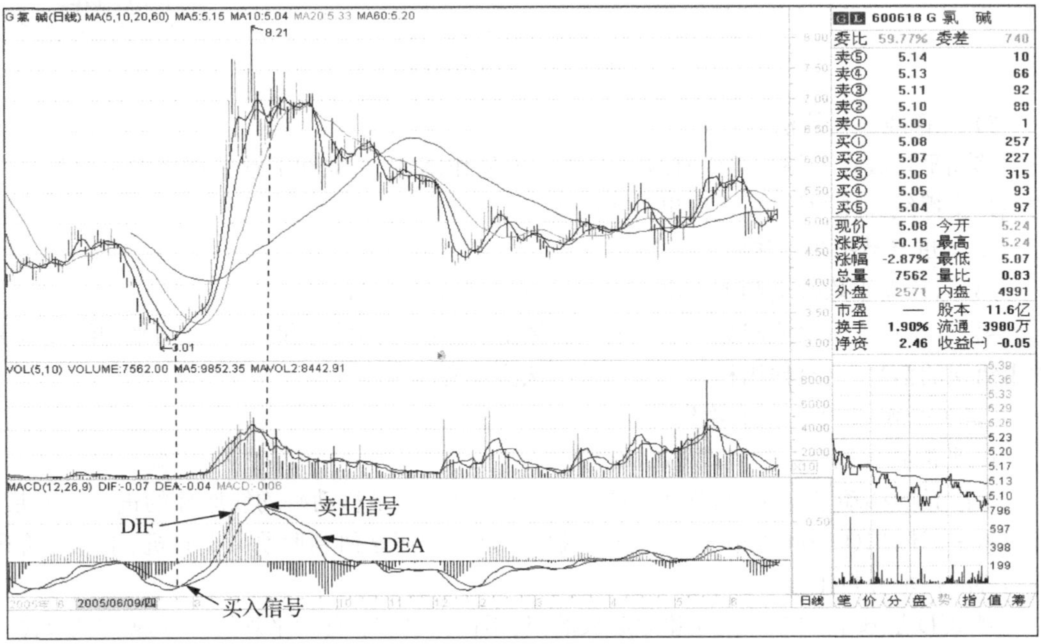

图 6－107　MACD 的运用

4. 运用 MACD 注意的问题

(1) MACD 的优点是除掉了 MA 频繁出现的买入卖出信号，使发出信号的要求和限制增加，用起来比 MA 更有把握。

(2) 在没有明显的趋势而进入盘整时，MACD 与 MA 一样，失误的时候较多。MACD 对于几天的短线行情或者盘整行情缺乏技术意义，较适合时间较长行情的研判。

(3) MACD 对于未来价格的上升和下降的深度不能进行有帮助的研判。

（三）威廉指标

1. 基本含义

威廉指标（WR）是拉瑞·威廉创造的，于 1973 年首次在他的著作《我如何赚取百万美元》中做了介绍。威廉超买超卖指标（Williams%Rate，简称 WR）是常用的技术分析指标之一。威廉指标应用摆动原理来研判股市是否处于超买或超卖的现象，可以测量股市同期循环内的高点或低点，而发出有效的买卖信号。威廉指标是一个短线指标，敏感性强，简单实用，是较好的技术分析工具。

2. 计算公式

若选择计算参数为 n 日，下一步则需找出最近 n 日内的最高价与最低价，将它们与当日的收盘价做比较，便得到威廉指标，具体计算公式如下：

$$威廉指标(WR)=(Hn-C)/(Hn-Ln)\times 100$$

式中：n 为时间参数，在实际运用中通常取 10 日；Hn 为 n 日内的最高价；Ln 为 n 日内的最低价；C 为当日的收盘价。

3. 运用法则

(1) WR 波动于 0～100，100 置于顶部，0 置于底部。一般来说，WR 进入 80～100 区域为超买区，进入 0～20 区域为超卖区。当 WR 值高于 80 时，股市呈现超买现象时，行情即将见顶，是卖出的信号；反之，当 WR 值低于 20 时，股市呈现超卖现象时，行情即将见顶，是买入信号。

(2) 本指标以 50 为中轴线，是行情强弱的分界线。高于 50 行情转强，低于 50 行情转弱。

(3) 在实际操作中，WR 值会经常触底（WR＝0）或触顶（WR＝100），而且有时是多次触顶或触底，增加了判断的难度。一般情况下，WR 值反复触顶或触底达到 3 次以上，则第四次触顶或触底后是非常好的卖点和买点。

4. 运用 WR 注意的问题

威廉指标是一种对市场的超买与超卖情况进行分析的指标，同时也是对市场的强弱分界进行分析的指标，属于分析市场短期买卖走势的技术指标。该指标可以指示股市的发展趋势，但在判断股市是否处于超买超卖的极端状态时比较模糊。WR 在 80～100 之间变化时，只表示市场处于较强的上升趋势中，有时并不一定反映市场处于超买状态；反之，WR 在 0～20 之间变化时，只表示市场处于较强的下跌趋势中，有时也不一定反映市场处于超卖状态，如图 6－108 所示。

（四）随机指标

1. 指标简介

随机指标（KDJ）是由美国人乔治·莱恩（George·Lane）首创的。随机指标的设计思路与计算公式起源于威廉指标（WR），但却比 WR 指标更具使用价值。WR 指标一般只限于用来判断股票的超买和超卖现象，而随机指标却融合了移动平均线的思想，对买卖信号的判断更加准确。它是波动于 0～100 之间的超买超卖指标，由 K、D、J 三条曲线组成，在设计中综合了动量指标、强弱指数和移动平均线的一些优点，在计算过程中主要研究高低价位与收盘价的关系，即通过计算当日或最近数日的最高价、最低价及收盘价等价格波动的真实波幅，

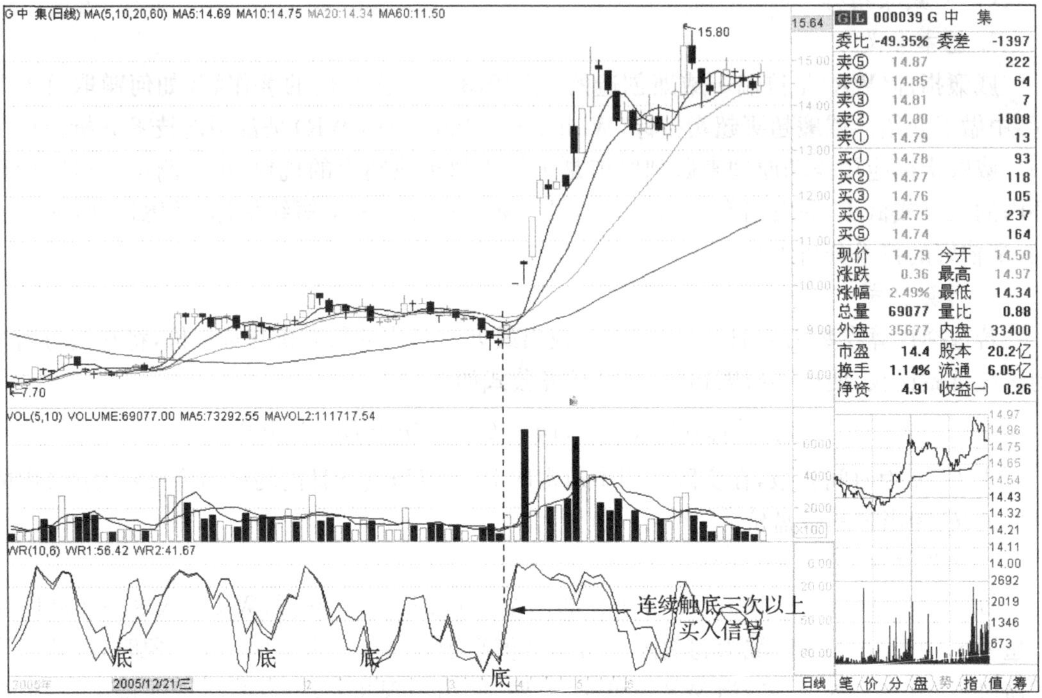

图 6-108 WR 连续触底发出的买入信号

充分考虑了价格波动的随机振幅和中短期波动的测算，使其短期测市功能比移动平均线更准确有效，在市场短期超买超卖方面，又比相对强弱指标 RSI 敏感，总之 KDJ 是一个随机波动的概念，反映了价格走势的强弱和波段的趋势，对于把握短期的行情走势十分敏感。

2. 计算公式

先产生未成熟随机值 RSV(Row Stochastic Value)。其计算公式为：

今(N)日 RSV=(今日收盘价－N 日内最低价)/(N 日内最高价－N 日内最低价)×100

然后计算 K、D、J 的值：

今日 K 值=2/3 昨日 K 值+1/3 今(N)日 RSV

今日 D 值=2/3 昨日 D 值+1/3 今(N)日 K 值

J=3D－2K

3. 运用法则

KDJ 指标是三条曲线，在应用时主要从四个方面进行考虑：KD 曲线的形态、KD 指标的交叉、KD 指标的背离、J 指标的取值大小。

1) 从 KD 的取值方面考虑

KD 的取值范围都是 0～100，将其划分为超买区、超卖区和徘徊区区域。按一般的划分法，80 以上为超买区，20 以下为超卖区，其余为徘徊区。根据这种划分，KD 超过 80 就应该考虑卖出，低于 20 就应该考虑买入。J>100 时，行情易反转下跌，J<0 时行情易反转上涨。应该注意的是，上述对 0～100 的划分只是一个应用 KD 指标的初步过程，仅仅是可能的信号。

2) 从 KD 指标曲线的形态方面考虑

当KD指标在较高或较低的位置形成了头肩形和多重顶(底)时，是采取行动的信号。注意，这些形态一定要在较高位置或较低位置出现，位置越高或越低，结论越可靠，越正确。操作时，可按形态分析的原则进行。对于KD的曲线我们也可以画趋势线，以明确KD的趋势。在KD的曲线图中，仍然可以引进支撑线和压力线的概念。某一条支撑线或压力线的被突破，也是采取行动的信号。

3) 从KD指标的交叉方面考虑

K与D的关系就如同股价与MA的关系一样，也有死亡交叉和黄金交叉的问题，不过这里交叉的应用是很复杂的，还附带很多其他条件。K上穿D是金叉，为买入信号，这是正确的。但是出现了金叉是否应该买入，还要看别的条件:第一个条件是金叉的位置应该比较低，是在超卖区的位置，越低越好。第二个条件是与D相交的次数。有时在低位，K、D要来回交叉好几次。交叉的次数以2次为最少，越多越好。第三个条件是交叉点相对于KD线低点的位置，这就是常说的“右侧相交”原则。K是在D已经抬头向上时才同D相交，比D还在下降时与之相交要可靠得多。换句话说，右侧相交比左侧相交好。如果每个条件都满足，尽管比较安全，但也会错过很多机会。对于K从上向下穿破D的死叉，是卖出信号，这里就不重复了。

4) 从KD指标的背离方面考虑

在KD处在高位或低位，如果出现与股价走势背离，则是采取行动的信号。当KD处在高位，并形成两个依次向下的峰，而此时股价还在一个劲地上涨，这叫顶背离，是卖出的信号；与之相反，KD处在低位，并形成一底比一底高，而股价还继续下跌，这构成底背离，是买入信号，如图6-109所示。

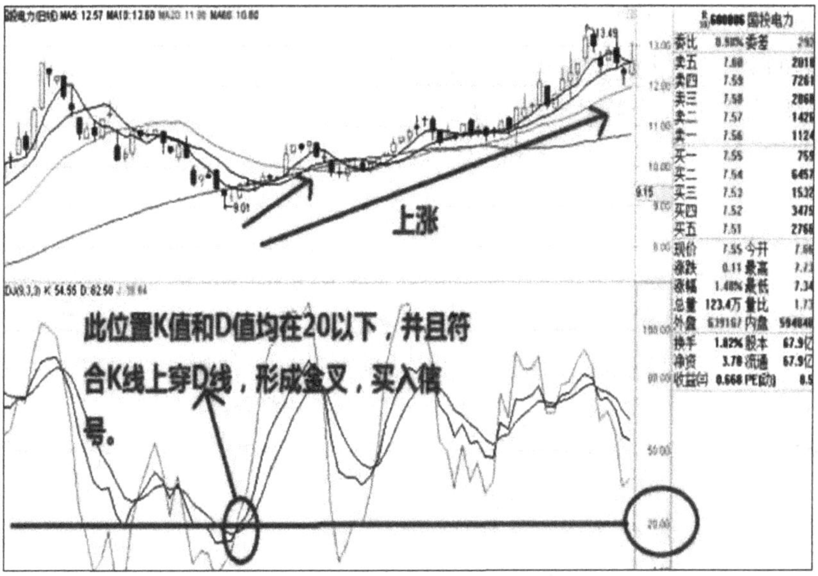

图6-109 KDJ的应用

4. 运用KDJ注意的问题

KDJ是一个敏感指标，变化快，随机性强，经常发生虚假的买、卖信号，使投资者无所适从。在运用中可考虑放大一级来确认这个信号的可操作性，将会有较好的效果。如在日K线图上产生KDJ指标的低位黄金交叉，可以把它放大到周线图上去看，如果在周线图上也是在低位产生黄金交叉，将认为这个信号可操作性强，可以大胆去操作。如果周线图上显示的是在下跌途中，那么日线图上的黄金交叉可操作性不强，这时候可以采用观望的方法。

由于KDJ指标的敏感，它给出的指标经常超前，因此，可以通过KDJ指标的形态来帮助找出正确的买点和卖点，KDJ指标在低位形成W底，三重底和头肩底形态时再进货；在较强的市场里，KDJ指标在高位形成M头和头肩顶时，出货的信号可操作性将加强。

（五）相对强弱指标

1. 指标简介

相对强弱指标（Relative Strength Index，缩写RSI）是与KDJ指标齐名的常用技术指标。它是基于供需平衡的原理而产生的，用以测量买卖力量的强弱程度，它通过特定时期内股价的变动情况推测价格未来的变动方向，并根据股价涨跌幅度显示市场的强弱。相对强弱指标是由技术大师威尔德所提出并设计的技术工具。

2. 计算公式

$$RSI = [A / (A + B)] \times 100$$

式中：A 为连续N日内收盘上涨日价差之和；B 为 N 日内收盘下降日价差之和的绝对值；N 为参数。

RSI指标参数设定有很大的讲究，如果统计的天数过多，将失去参考意义，时间过短则波动过于频繁，通常设为6天、12天和24天。乾隆证券行情交易系统默认的参数为6天、12天和24天。在乾隆系统中RSI图形中有三条曲线，RSI(6)线可视为快线，RSI(12)线可视为适中线，RSI(24)为慢线。

先找到包括当天在内连续N天的收盘价，用每一天的收盘价减去上一天收盘价，我们就会得到N个数字。这N个数字中有正（比上一天价高）有负（比上一天价低）。A＝N个数字中正数之和；B＝N个数字中负数之和×(−1)。

3. 运用法则

1）不同参数的两条或多条RSI曲线研判

依据不同参数的两条或多条RSI曲线的联合使用来进行判断。同MA一样，天数越多的RSI考虑的时间范围越大，结论越可靠，但速度慢，这是无法避免的。参数小为短期RSI，参数大为长期RSI。这样，两条不同参数的RSI曲线的联合使用法则可以完全照搬MA中的两条MA线的使用法则。即：

短期RSI＞长期RSI，则属多头市场；

短期RSI＜长期RSI，则属空头市场。

当然，这两条只是参考，不能完全照此操作。

2）根据RSI取值的大小判断行情

由算式可知，0≤RSI≤100，RSI＝50为强势市场与弱势市场分界点，大于50为多头行情，小于50为空头行情。RSI上穿50分界线为买入信号，下破50分界线为卖出信号。通常设RSI＞80为超买区，市势回挡的机会增加；RSI＜20为超卖区，市势反弹的机会增加。将100分成四个区域，根据RSI的取值落人的区域进行操作。分划区域的方法如下：

RSI 值	市场特征	投资操作
80～100	极强	卖出
50～80	强	买入
20～50	弱	卖出
0～20	极弱	买入

“极强”与“强”的分界线和“极弱”与“弱”的分界线是不明确的，换言之，这两个区域之间不能画一条截然分明的分界线，这条分界线实际上是一个区域。我们在其他的技术分析书籍中看到的 30，70 或者 15，85，这些数字实际上是对这条分界线的大致描述。应该说明的是，这条分界线位置的确定与以下两个因素有关：

第一，与 RSI 的参数有关。不同的参数，其区域的划分就不同。一般而言，参数越大，分界线离中心线 50 就越近，离 100 和 0 就越远。

第二，与选择的股票有关。不同的股票，由于其活跃程度不同，RSI 所能达到的高度也不同。一般而言，越活跃的股票，分界线离 50 就应该越远；越不活跃的股票，分界线离 50 就越近。

3）从 RSI 的曲线形状判断行

一般而言，RSI 掉头向下为卖出讯号，RSI 掉头向上为买入信号。但应用时宜从整体态势的判断出发，在顶部和底部较为可靠。当 RSI 在较高或较低的位置形成头肩形和多重顶（底），是采取行动的信号。RSI 的 M 形走向是超买区常见的见顶形态；W 形走向是超卖区常见的见底形态。这些形态一定要出现在较高位置和较低位置，离 50 越远越好，越远结论越可信，出错的可能性就越小。

与形态学紧密相联系的趋势线在这里也有用武之地。RSI 在一波一波的上升和下降中，也会给我们提供画趋势线的机会，RSI 由下往上走，一个波谷比一个波谷高，构成上升支持线；RSI 由上往下走，一个波峰比一个波峰低，构成下降压力线。跌破支持线为卖出信号，穿破压力线为买入信号。

4）从 RSI 与股价的背离方面判断行情

RSI 处于高位，并形成一峰比一峰低的两个峰，而此时股价却对应的是一峰比一峰高，这叫顶背离。股价这一涨是最后的衰竭动作（如果出现跳空就是竭尽缺口），这是比较强烈的卖出信号。与这种情况相反的是底背离。RSI 的低位形成两个依次上升的谷底，而股价还在下降，这是最后一跌或者说是接近最后一跌，是可以考虑建仓的信号。相对而言，用 RSI 与股价的背离来判断行情的转向成功率较高，如图 6－110 所示。

4. 运用 RSI 注意的问题

第一，在实际应用中，RSI 的灵敏度要比 KDJ 逊色一筹，但稍稍慢了半拍却正好弥补了 KDJ 过于敏感的反应，从而降低短线快进快出可能造成的踏空或套住风险。可以说，RSI 是 KDJ 的重要补充，因而 RSI 是一个短线指标。

第二，RSI 的参数 N 值愈大趋势感愈强，但有反应滞后倾向，称为慢速线；N 值愈小对变化愈敏感，但易产生飘忽不定的感觉，称为快速线。因此，可将慢速线与快速线比较观察，若两线同向上，升势较强；若两线同向下，跌势较强；若快速线上穿慢速线为买入信号；若快速线下穿慢速线为卖出信号。

第三，由于 RSI 设计上的原因，RSI 在进入超买区或超卖区以后，即使市势有较大的波

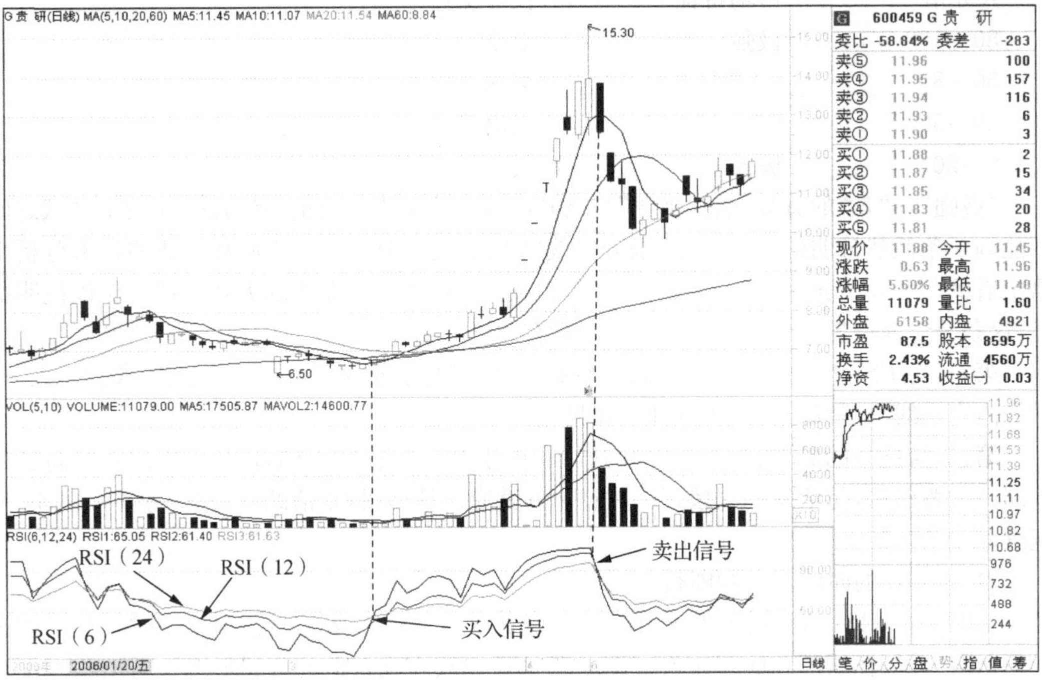

图 6－110 RSI 的应用

动，而 RSI 变动速率渐趋缓慢，波幅愈来愈微，即出现所谓钝化问题。尤其是在持续大涨或大跌时，容易发生买卖“操之过急”的遗憾。解决这个问题的办法，仅就 RSI 指标本身而言，一是调整超买区或超卖区的界定指标，如 90 以上、10 以下；二是加大 N 的取值。在 RSI 发生指标钝化现象时，也应结合其他技术指标加以综合研判。

（六）能量潮指标

1. 基本含义

能量潮指标(On Balance Volume，缩写 OBV)即平衡交易量，人们更多地称其为能量潮，是由美国著名技术大师葛兰维尔创立的。该指标的理论基础是市场价格的有效变动必须有成交量配合，将成交量值予以数量化，制成趋势线，配合股价趋势线，从价格的变动及成交量的增减关系，推测市场气氛，预测股价趋势。前面的几个指标基本上是针对价格的，没有考虑成交量，而技术分析就是价量分析。价格只是一种外在表现，成交量才是决定价格升降的动因。量比价先行，如果买卖双方交易情绪高，成交量的增加必定导致价格的上升；反之，则下降。OBV 是将股市的人气——成交量与股价的关系数字化、直观化，以股市的成交量变化来衡量股市的推动力，从而研判股价的走势。关于成交量方面的研究，OBV 指标是一种相当重要的分析指标之一。

股市的波动像潮水一样有起有落，潮水大小的衡量标准是成交量。但向上向下还是保持原来的方向，在股市中是由当天的收盘价与昨天的收盘价大小比较而决定的。

2. OBV 计算公式

计算 OBV 所需资料为收市价及当日成交量。其基本方法为：

$$今日的\ OBV = 昨天\ OBV + sgn \times 今日的成交量$$

Sgn 可能是＋1，也可能是－1。

当今日收盘价≥昨日收盘价，Sgn＝＋1；

当今日收盘价<昨日收盘价，Sgn＝－1。

基准日的 OBV 值即当日的成交量，把各个交易日的 OBV 值连线就形成了 OBV 线。

3. 运用法则

1) OBV 的一般研判法则

(1) 当 OBV 曲线在一定的水平位置横向运行了很长一段时间以后，一旦 OBV 曲线快速向上运行突破前期平台，并且股价也带量向上突破中长期均线时，说明多头力量开始占据优势，股价将在大的量能的配合下快速上涨，这是买入信号(见图 6－111)。

图 6－111　OBV 的应用(1)

(2) 当 OBV 曲线快速向上升到一定高位后，又快速下滑，一旦股价也向下突破中长期均线时，说明股价上涨量能短期内释放过快，空头力量开始占据优势，股价短期内将下跌，这是卖出信号(见图 6－112)。

(3) 当 OBV 曲线呈缓慢上升而股价也同步上涨时，表示行情稳步向上，中长期投向好，股价仍有上升空间，投资者可持股待涨。

(4) 当 OBV 曲线呈缓慢下降而股价也同步下跌时，表示行情逐步盘跌，中长期趋势不佳，股价仍有下跌空间，投资者应以卖出股票或持币观望为主。

(5) 一般情况下，当 OBV 曲线出现急速上升的现象时，表明市场上大部分买盘已全力涌进，而买方的能量的爆发不可能持续太久，行情可能将会出现回档，投资者应考虑逢高卖出。尤其是 OBV 曲线急速上升后不久，在盘面上出现锯齿状曲线并有掉头向下迹象时，表明行情已经上升乏力，行情即将反转，为更明显的卖出信号。这点对于短期急升并涨幅较大的股票的研判更为准确。

图 6-112　OBV 的应用(2)

(6) 一般情况下，当 OBV 曲线出现急速下跌时，表明市场上大量卖盘汹涌而出，股市行情已经转为跌势，行价将进入一段较长时期的下跌过程中，此时，投资者还是应以持币观望为主，不要轻易抢反弹。只有当 OBV 曲线经过急跌后，在底部开始形成锯齿状的曲线时，才可以考虑进场介入，作短期反弹行情。

(7) OBV 曲线经过长期累积后的大波段的高点(即累积高点)，经常成为行情再度上升的大阻力区，股价常在这个区域附近遭受强大的上升压力而反转下跌。而一旦股价突破这长期阻力区的话，其后续涨势将更加强劲有力。

(8) OBV 曲线经过长期累积后的大波段的低点(即累积低点)，则常会形成行情下跌的大支撑区，股价会在这个区域附近遇到极强的下跌支撑而止跌企稳。而一旦股价向下跌破这个长期支撑区的话，其后续跌势将更猛。

2) 利用 OBV 值的正负转换进行研判

(1) 一上市就下跌的股票，经过一段时间下跌后，其 OBV 曲线(或值)就会变成负的，而且下跌时间越长、幅度越大，其负值将越大。经过一段时间小幅上升行情后，当负值逐渐变小并向零靠拢时，说明买方力量越来越强，而当 OBV 曲线一旦从负的积累值转为正值时，意味着买方已经取得了决定性的优势，股价有可能开始一波上涨行情，是较好的买入信号。

(2) 对于上市 2 年内但股价已经经过前期大幅炒作又跌回历史低位(或创历史新低)时的次新股。如果其 OBV 线从负的积累值转为正值时，也只能说明多空双方又暂时取得平衡，股价未来的运行方向还不明朗。投资者可进行短线买入，等待股价的反弹行情，或者持币观望，静待行情的发展。

(3) 对于上市 2 年内但股价涨幅很小的次新股，如果其 OBV 线从负的积累转为正值时，说明多空双方经过一段事情的较量，多方渐渐占据优势，投资者可开始中短线建仓，一旦股价再次放量上升，OBV 线也开始从负值以下急速上升，是中线买入信号，投资者可及时买入股票，持股待涨。

（4）对于上市时间超过两年，而且股价经过前期大幅炒作后，经过送股除权后，其股价又回到历史低位或创新低，但如果从整体来看，股价还是处于其相对的历史较高位。即使这时 OBV 线变成负值，然后再由负变正时，这时 OBV 指标由负变正的研判功能就不再适用，投资者应选择其他指标对其研判。对于一上市就上涨而股价没有大幅下跌的股票和上市时间超过两年的股票，OBV 指标由负变正的研判功能也不适用。

3）利用 OBV 曲线的背离和形态进行研

（1）当 OBV 曲线下降而股价却上升，预示股票上升能量不足，股价可能随时下跌，是卖出信号；当 OBV 曲线上升而股价却下降，预示股价可能随时上涨，是买入信号。如果经过前期一段较大的上涨行情后，股价继续上升，而 OBV 曲线却开始掉头向下，表明股价高档买盘乏力，是短线卖出的信号。如果经过前期一段较大的下跌行情后，股价继续下跌，而 OBV 线却开始掉头向上，表明股票低价位买盘较积极，买方力量开始加大，是短线买入信号。

（2）当股价波动形态有可能形成 M 头（或三重顶等顶部形态）时，OBV 曲线会发出很强的警示信号。当股价经过一段回落调整再次到达前期顶部附近小幅盘整时，而此时的 OBV 曲线也无力上扬，成交量萎缩，股价很容易再次下跌形成 M 头，此时投资者应倍加警惕。如果 OBV 曲线与股价形态几乎同时形成三重顶形态，更应短线卖出。当股价波动形态有可能形成 W 底（或三重底等底部形态）时，OBV 线也会发出较强的警示信号。当股价形态即将形成 W 底时，如果与之相对应的 OBV 曲线领先上扬，成交量放大，是短期见底的信号。如果 OBV 曲线与股价形态几乎同时形成三重底时，股价阶段性的底部特征将更明显。

4. 运用 OBV 注意的问题

（1）OBV 指标适用于短期，是预测股价短期波动的重要分析方法，它能帮助投资者确定股价突破盘局后的发展趋势。OBV 指标一个重要的功能在于可以局部显示市场内主力资金的动向。虽然 OBV 指标无法提出资金移动的理由，但是，当突然放大或缩小的成交量出现在低价位或高价位时，可以提醒投资者注意成交量的变化，从而提前研判市场内的多空倾向。

（2）由于 OBV 指标根据计算累积成交量的而成的，因此，对于周 OBV 指标和月 OBV 指标等这些周期比较长的研判指标来说，在实际操作中就失去了研判功能，这点是和其他技术分析指标是有着本质的不同。投资者在实际操作中应注意这点，尽量少用周 OBV 及月 OBV 等指标来研判行情，以免研判失误。同样道理，OBV 指标没有原始参数值，它不能根据修改参数值来从更多角度和不同周期去对行情进行多方位研判，因此，OBV 指标的分析方法比较简单、研判功能比较单一。

（3）由于 OBV 指标计算原理过于简单，并且在 OBV 值的计算公式中，仅用收盘价的涨跌来做依据，则存在着失真的现象，因此，OBV 指标的适用范围仅限于短期操作，而不能用于中长期投资的研判。OBV 指标对于上市在 2 年内并从上市之日起一路下跌的次新股的研判，有其独特的优势。OBV 指标对于上市在 2 年以上并经过前期大幅炒作过的股票的研判已经没有什么实质的参考意义。

（七）乖离率

1. 基本含义

乖离率（BIAS）又称偏离率，简称 Y 值，是通过计算市场指数或收盘价与某条移动平均线之间的差距百分比，以反映一定时期内价格与其MA偏离程度的指标，从而得出价格在剧烈波动时因偏离移动平均趋势而造成回档或反弹的可能性，以及价格在正常波动范围内移动而形成继续原有势的可信度。

乖离度的测市原理：如果股价偏离移动平均线太远，不管股价在移动平均线之上或之下，都有可能趋向平均线的这一条原理上。乖离率则表示股价偏离趋向指标占百分比值。

2. 计算公式

乖离率是股价离开移动平均线的比率，其公式为：

$$N\text{日的乖离率}=[(\text{当日收盘价}-N\text{日平均价})/N\text{日平均价}]\times 100$$

N的取值通常为6日、12日、24日。

3. 运用法则

1）从乖离率的值进行判断

（1）若股价在移动平均线之上，则为正乖离率；股价在移动平均线之下，则为负乖离率；当股价与移动平均线相交，则乖离率为零。正的乖离率越大，表明短期股价涨幅过大，股价再度上涨的压力加大，股价受短线获利盘的打压而下跌的可能性越高。反之，负的乖离率越大，空头回补而使股价反弹的可能越大。一般而言，当BIAS过高或由高位向下时，为卖出信号，当BIAS过低或由低位向上时，为买入信号。

（2）在上涨趋势中，BIAS在零轴上方波动，零轴是多方市场调整回档的支持线，BIAS在零轴线附近掉头向上为买入信号。在下降趋势中，BIAS在零轴下方波动，零轴是空方市场调整反弹的压力线，BIAS在零轴线附近掉头向下为卖出信号。BIAS若有效上穿或下破零轴线，则是中长线投资者入场或离场的信号。

2）从乖离率的交叉进行判断

（1）当快速和慢速BIAS曲线始终围绕着0度线，并在一定的狭小范围内上下运动时，说明股价是处于盘整格局中，此时投资者应以观望为主。

（2）若快速与慢速BIAS曲线同向上，升势较强；若两线同向下，跌势较强；若在高位快速线上穿慢速线为买入信号；若快速线下穿慢速线为卖出信号。当快速BIAS曲线在高位下穿慢速BIAS曲线时，是卖出信号；快速BIAS曲线在低位上穿慢速BIAS曲线时是买入信号。

（3）当快速BIAS曲线向上突破快速BIAS曲线，并迅速向上运动，说明股价上涨行情已经开始，可以追加买入。当快速和慢速BIAS曲线开始摆脱前期窄幅盘整的区间，并同时向上快速运动时，说明股价已经进入短线上升行情，可买入或持股待涨。

3）根据BIAS曲线的形态进行研判

（1）当BIAS曲线在高位形成M头或三重顶等顶部反转形态时，可能预示着股价由强势转为弱势，股价即将大跌，应及时卖出。如果股价的曲线也出现同样形态则更可确认，其跌幅可以用M头或三重顶等形态理论来研判。

（2）当BIAS曲线在低位出现W底或三重底等底部反转形态时，可能预示着股价由弱势转为强势，股价即将反弹向上，可以逢低买入。如果股价曲线也出现同样形态更可确认，其涨幅可以用W底或三重底形态理论来研判。BIAS曲线的形态中M头和三重顶形态的准确性要大于W底和三重底。

4）BIAS曲线与股价运行曲线的配合进行研判

(1) 当股价曲线与 BIAS 曲线从低位同步上升，表示短期内股价有望触底反弹或继续上涨趋势。此时，投资者可逢低买入或持股待涨。当 BIAS 曲线从下向上突破 0 度线，同时股价也突破短期均线的压力时，表明股价短期将强势上涨，投资者应及时买入。

(2) 当股价曲线与 BIAS 曲线从高位同步下降，表示短期内股价将形成头部或继续下跌趋势。此时，投资者应及时逢高卖出或持币观望。当 BIAS 曲线从上向下突破 0 度线，同时股价也跌破中长期均线的支撑时，表明股价的中长期下跌行情已经开始，投资者应及时卖出。

(3) 当 BIAS 曲线开始从高位向下回落，形成一峰比一峰低的走势，而股价曲线却还在缓慢上升，形成一峰比一峰高的走势，则可能意味着股价走势出现“顶背离”现象，是抛出的信号。当 BIAS 曲线开始从低位向上扬升，形成一底比一底高的走势，而股价曲线却还是缓慢下降，形成一底比一底低的走势，则可能意味着股价走势出现“底背离”现象，是买入的信号，如图 6 - 113 所示。

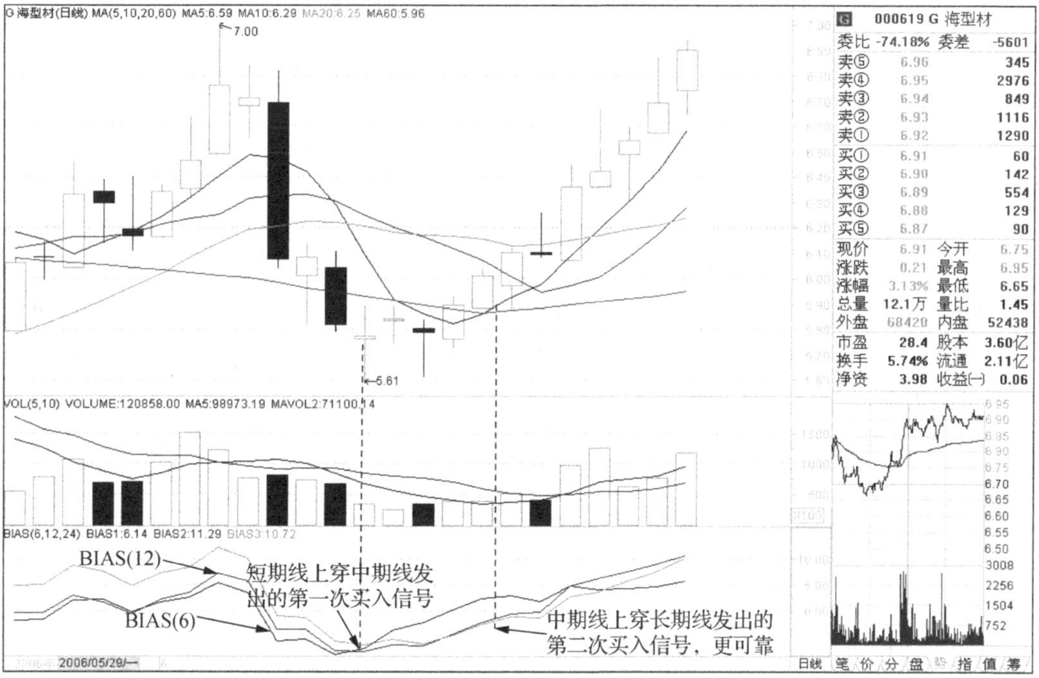

图 6 - 113 BIAS 的应用

4. 运用 BIAS 注意的问题

第一，乖离率的特性是当价格距平均线太远时，便会向平均线靠近，但不明示距离多远，才会向平均线靠近。

第二，当 BIAS 迅速达到第一峰或第一谷时，最容易出现操作错误，应当特别注意。

第三，运用 BIAS 时，应同移动平均线(MA)结合在一起来综合研判短线的买入、卖出时机，这样可能效果更好。

(八) 心理线

1. 基本含义

心理线(Psychological line，缩写 PSY)，是一种建立在研究投资人心理趋向基础上，将某段时间内投资者倾向买方还是卖方的心理事实转化为数值，作为买卖股票的参数，用以分析股价未来走势。通常认为，一段时间内，上涨是多方的力量，下跌是空方的力量。通过计算在一个时间段内上涨的天数与总天数的比值，其值的大小能够反映出市场投资是趋向于买方还是趋向于卖方。

2. 计算公式

$$PSY(N)=N\text{ 日内股价上涨天数}\div N\times 100$$

PSY 的取值以 50 为中心，50 以上是多方市场，50 以下是空方市场。多空双方力量的对比就这样被简单地描述出来了。心理线 PSY 既可应用于大盘，也可应用于个股。

3. 运用法则

其一，在盘整阶段，PSY 的取值应该在以 50 为中心的附近，上下限一般定为 25 和 75。PSY 取值在 25～75 之间，属于正常状态，为观望信号，一般不宜采取行动，应持观望态度。如果 PSY 的取值超出了这个平衡状态，就是超买或超卖。通常，PSY 低于 25 表明卖方心理浓重，股价已进入谷底，投资者可适时买入。PSY 为 50 左右时，表明买卖人气均衡，投资者应伺机而动。PSY 高于 75 时，表明股价已到顶，投资者应考虑卖出。

其二，PSY 的取值如果过高或过低，都是行动的信号。一般说来，如果 PSY 在 10 或 90 附近，可以果断地采取买入或卖出的行动。

其三，PSY 的曲线如果在低位或高位出现大的 W 底或 M 头，也是买入或卖出的行动信号。

其四，当股价或指数不断创新高，而 PSY 却不再创新高，此为顶背离，预示着股价见顶，应考虑卖出；当股价或指数不断创新低，而 PSY 却不再创新低，此为底背离，预示着股价见底，可考虑买入，如图 6－114 所示。

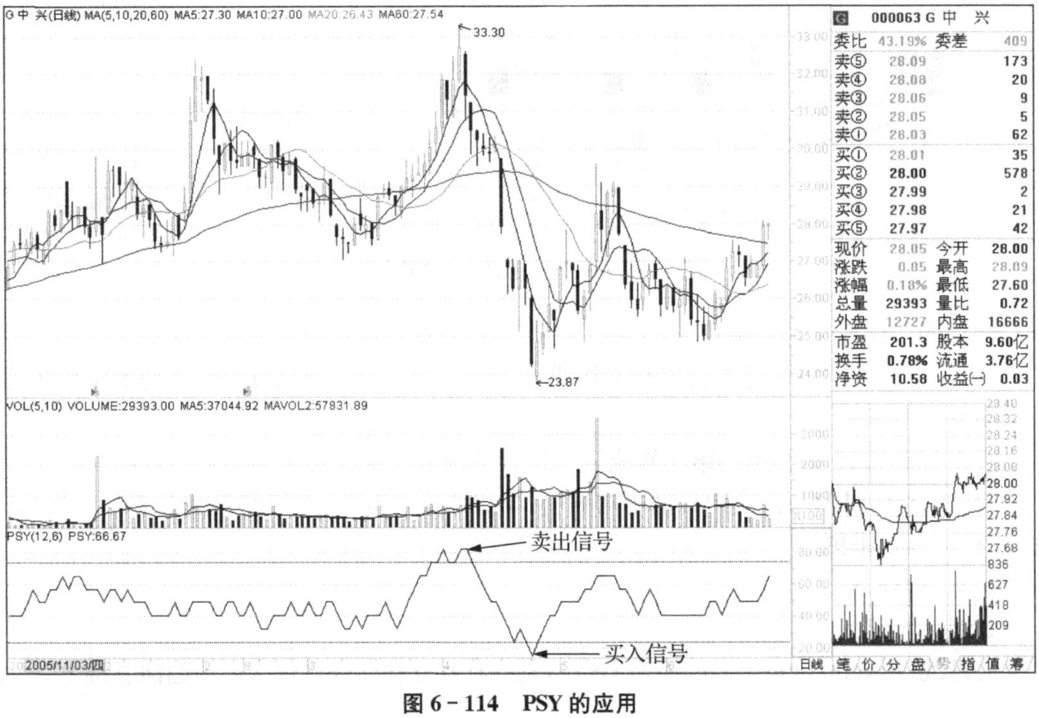

图 6－114　PSY 的应用

4. 运用PSY注意的问题

第一，心理线只计算上涨天数，股价持平或下跌均不予考虑，选取的参数、条件过于简单，最好不要单独使用，而是结合其他指标一并使用。

第二，根据心理线的数值，超过75时为超买，低于25时为超卖。但在涨升行情时，可将卖点提高到85之上；在下跌行情时，可将买点降低至15以下，不可机械照搬。

第三，无论上升还是下跌行情展开前，心理线通常会出现两次以上的买点或卖点，有比较充分的时间和机会来进行判断、决策。当PSY值第一次进入采取行动的区域时，往往容易出错，要等到第二次出现行动信号时，采取行动才比较可靠。

（九）涨跌比率指标

1. 基本含义

涨跌比率指标(Advance Decline Ratio，缩写ADR)，又称上升下降比指标和ADL指标一样，是专门研究股票指数走势的技术分析工具。ADR是将一定时期内上市交易的全部股票中的上涨家数和下跌家数进行比较，得出上涨和下跌之间的比值，并推断市场上多空力量之间的变化，进而判断未来股票市场的趋势。

2. 计算方法

$$ADR(N)=P_1 \div P_2$$

式中，$P_1=\sum NA$，N 日内股票上涨家数之和，$P_2=\sum ND$，N 日内股票下跌家数之和，N 为选择的天数。

3. 运用法则

1）取值分析

ADR的取值范围在0以上，在实际中一般都小于3。一般而言，由ADR的大小可以把大势分为几个区域：在0.5～1.5之间是正常区域，表明多空双方大体势均力敌，股市大势属于一种盘整行情；在1.5～2之间的非正常区域时，表明多头力量占据优势，大盘开始上涨，股市大势属于一种多头行情；在0.3～0.5之间的非正常区域时，表明空头力量占据优势，大盘开始下跌，股市大势属于一种空头行情。当ADR值在0.3以下或2以上时，是极不正常区域，主要是突发的利多、利空消息引起股市暴涨暴跌的情况。

2）ADR曲线与股价综合指数曲线的配合分析

(1) ADR曲线向上攀升，而股价综合指数曲线也同步上升，则意味着整个股票市场是处于整体上涨的阶段，股市大势将维持向上攀升的态势，市场上人气比较活跃，投资者可积极进行个股的投资决策。

(2) ADR曲线继续下跌，而股价综合指数曲线也同步下跌，则意味着整个股票市场是处于整体下跌的阶段，股市大势将维持下跌的态势，市场上人气比较低落，此时，投资者应以持币观望为主。

(3) ADR曲线开始从高位向下回落，而股价综合指数曲线却还在缓慢向上扬升，出现“顶背离”现象，特别是大盘已经经过了一轮比较长时间的上升行情以后出现的，上升行情难以持续。

(4) ADR曲线从底部开始向上攀升，而股价综合指数曲线却继续下跌，则意味着股市大势出现“底背离”现象，特别是大盘已经经过了一轮比较长时间的下跌行情以后出现的，整个大势可能将止跌反弹。

3）ADR 曲线的形态分析

（1）当 ADR 曲线在高位形成 M 头或三重顶等顶部反转形态时，可能预示着大盘由强势转为弱势，大盘即将大跌，如果股价指数也出现同样形态则更可确认，其跌幅可以用 M 头或三重顶形态理论来研判。

（2）当 ADR 曲线在低位出现 W 底或三重底等低部反转形态时，可能预示着大盘由弱势转为强势，大盘即将反弹向上，如果股价综合指数也出现同样形态更可确认，如图 6－115 所示。

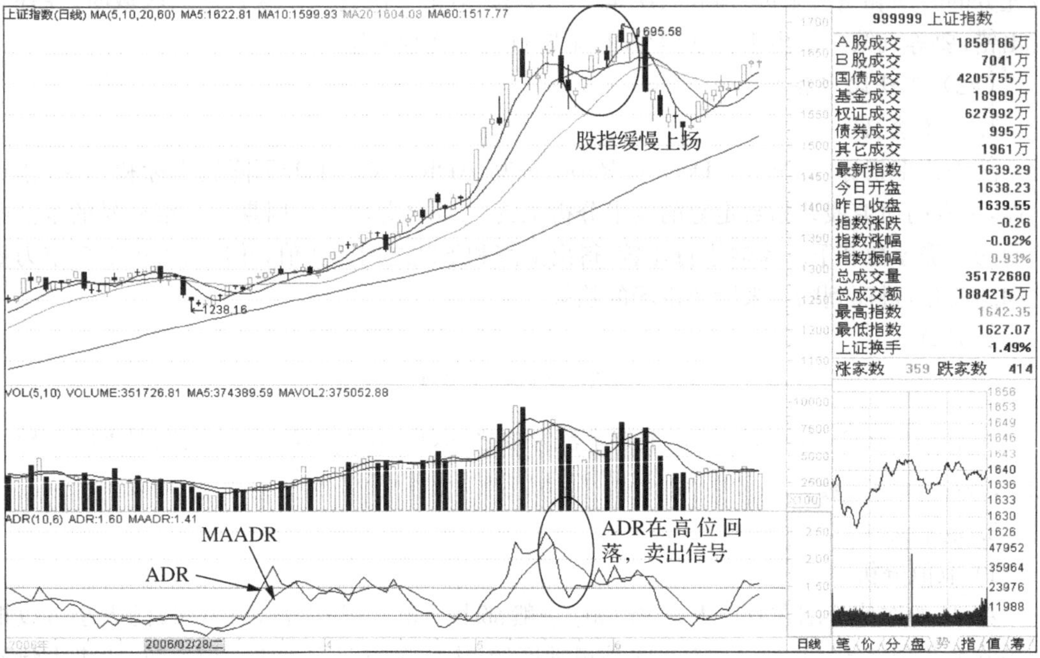

图 6－115 ADR 的应用

（十）腾落指标

1. 基本含义

腾落指数（Advance Decline Line，缩写 ADL）又称涨跌线指标，是专门研究股票指数走势的技术分析工具。

ADL 是将在市场上交易的所有股票家数中，每日上涨的股票家数减去下跌股票家数所得到的余额的累计。即将第一天上涨股票的家数减去第一天股票下跌的家数所得到的差数为第一天的 ADL，第二天也是将上涨股票的家数减去下跌股票的家数，然后将所得到的差数与第一天的 ADL 值相加，所得到的累计额即第二天的 ADL 值，依次类推。因此，ADL 是利用简单的加减法计算每天股票上涨家数和下跌家数的累计结果，与股市大势综合指数相互对比，对股票大势未来进行预测。由于其计算方式，是累计市场上所有交易的个股中上涨家数和下跌家数的差额，因此，只有大盘指数才有 ADL 指标值，而对个股来说就没有该指标。ADL 指标计算方便、原理简单，对于观察大盘的实际人气具有独特的功能。

2. 计算方法

$$腾落指标(ADL) = \sum(上涨家数 - 下跌家数)$$

和其他指标完全不同的，ADL 既没有周 ADL、月 ADL、年 ADL，也没有分钟 ADL 等各种类型指标，它只有日 ADL 这一种指标。

3. 运用法则

其一，ADL 曲线与股指曲线同步上升，并创新高，则可以判断大势的上升趋势将继续，大势短期内向下反转的可能性不大。ADL 曲线与股指曲线同步下跌，并创新低，则可以判断大势的下降趋势将继续，大势短期内向上反转的可能性不大。

其二，在长期上涨的多头行情里，如果股指已经进入高位时，而 ADL 曲线并没有同步上升，而是开始走平或下降，这是大势的向上趋势可能将结束的信号。在长期下跌的空头行情里，如果股指已经进入低位时，而 ADL 曲线并没有同步下跌，而是开始走平或调头上升，这是大势的向下趋势可能进入尾声的信号。

其三，ADL 指标的背离、ADL 曲线的形态与其他指标的分析类似，如图 6－116 所示。

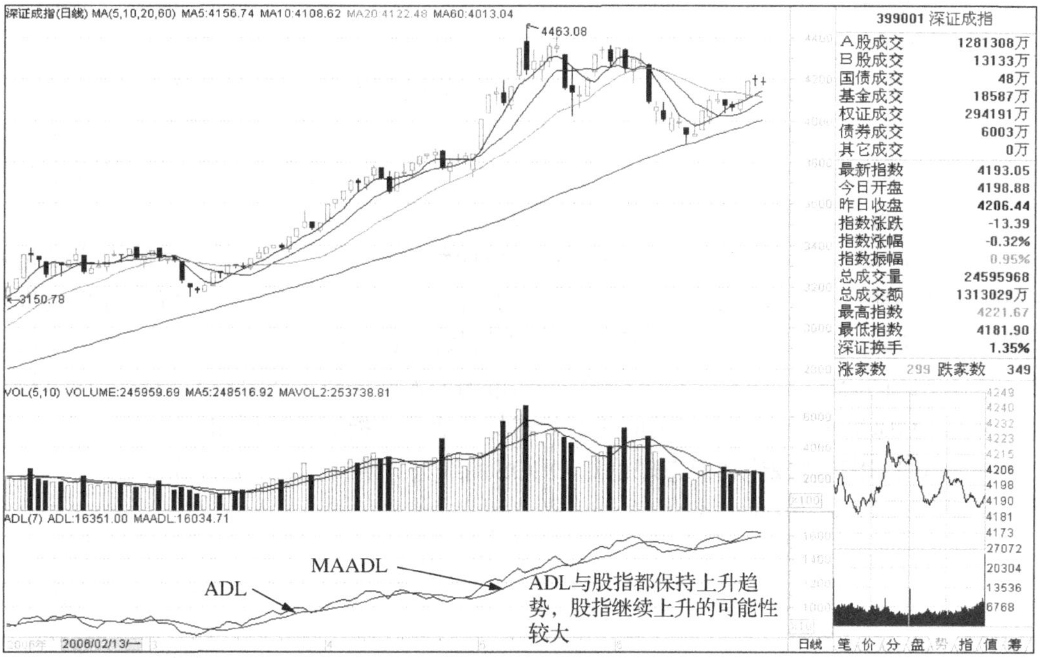

图 6－116 ADL 的应用

(十一) 超买超卖指标

超买超卖指标(Over Bought Over Sold，缩写 OBOS)和 ADR、ADL 一样是专门研究股票指数走势的技术分析工具。

1. 基本含义

OBOS 主要是运用一段时间内整个股票市场中涨跌家数的累积差关系，来测量大盘买卖气势的强弱及未来演变趋势，以作为研判股市呈现超买或超卖区的参考指标。OBOS 和 ADR 一样，是用一段时间内上涨和下跌股票家数的差距来反映当前股市多空力量的对比和强弱。ADR 选择两者相除，OBOS 选择两者相减。ADR 指标侧重于多空双方力量的比值变化，而 OBOS 指标是侧重于多空双方力量的差值变化。

2. 计算方法

OBOS分为N日OBOS、N周OBOS、N月OBO等很多种类型。虽然它们计算时取值有所不同，但基本计算方法是一样。以日OBOS指标为例，其计算公式为：

$$OBOS(N\text{日}) = \sum NA - \sum NB$$

式中，$\sum NA$ 为 N 日内股票上涨家数之和；$\sum NB$ 为 N 日内股票下跌家数之和；N 为选择的天数。

3. 运用法则

其一，OBOS取值为0时，表示多空平衡，市场处于盘整市场阶段，取值为正数时，处于多头市场，取值为负数时，处于空头市场。一般而言，OBOS值距离0的远近说明市场上多空双方中的某一方力量比较强大。当OBOS值为正值且距离0越远时，说明市场上的多头力量就越强大，多方的优势就越明显；当OBOS值为负值且距离0越远时，说明市场上的空头力量就越强大，空方占据的优势就越明显。

其二，OBOS值过大或者过小，都说明市场的涨势或跌势走到了极端，物极必反，这是市场可能将向相反的方向运动、趋势将发生转折的信号。至于OBOS的超买和超卖区域的确定，在世界各地的股票市场都不一样。它主要取决于上市股票总数、参数的选择的大小和投资者个人的偏好以及分析软件的不同版本来决定。

其三，OBOS曲线持续向上攀升，而股价指数曲线也同步上升，则意味着整个市场是处于整体上涨的阶段，后市将维持向上攀升的态势，市场上人气比较活跃，投资者可积极进行个股的投资决策。OBOS曲线持续下跌，而股价指数曲线也同步下跌，则意味着整个市场是处于整体下跌的阶段，后市将维持下跌的态势，市场上人气比较低落，此时，投资者应以持币观望为主。OBOS曲线与股价指数曲线的背离与其他技术指标的分析相同。

同样，可以用趋势理论和形态理论对OBOS曲线进行研判，如图6－117所示。

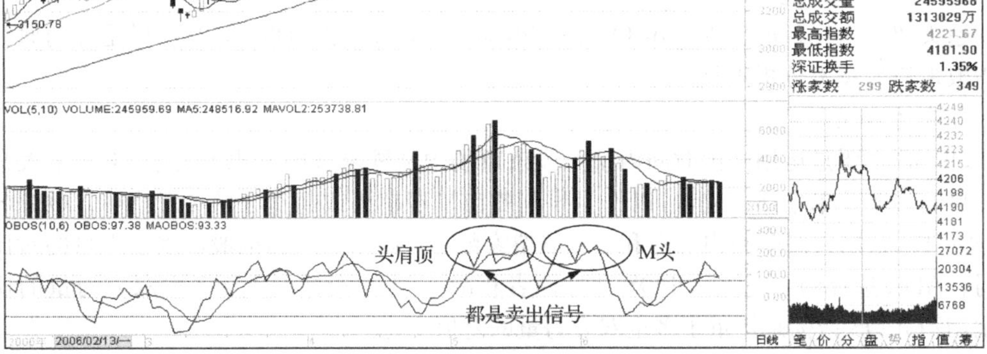

图6－117 OBOS的应用

（十二）人气指标、意愿指标和中间意愿指标

股票市场的每一个交易日都要进行多空双方的较量。即使在一个明显大涨的行情中，也存在空方打压的过程，只不过它的力量大小不同而已。如何正确地描述每个交易日全天的多空双方力量的对比，已经成为正确分析当前形势，合理地预测未来股价变动方向的一个比较重要的课题。正确、合理、全面地反映每天的多空力量对比或者是某一段时期内多空双方力量的对比，是不容易的事情。人气指标（AR）、意愿指标（BR）和中间意愿指标（CR）是描述多空双方力量对比的方法之一。它们从不同的角度对多空双方的力量进行了描述，效果各有千秋，应用时应当结合使用。

1. 构造人气指标，意愿指标和中间意愿指标的基本原理

股市上只要进行交易，就有买进和卖出，多空双方的争斗就开始了。一天之中，如果多方力量强，股价就会上升，如果空方的力量强，股价会下跌。AR、BR 和 CR 的出发点正是从这个角度进行考虑的。

多空双方的争斗往往是从某一个基点（或者是均衡点）开始的。正确恰当地找到这个基点水平是非常重要的。基点水平反映的是多空双方处在均衡状态的水平，随后打破这一均衡，使股价向上或向下偏离这一基点水平，偏得越远，说明一方力量越大，偏离得越近，说明双方力量相差越小。

AR，BR 和 CR 这三个技术指标从各自不同的角度选择了基点水平，也就是多空双方处于均衡时的水平。它们最初构造的原理是相同的，都是用距离基点水平或均衡价位的远近描述多空的实力对比。所不同的是基点或者说是均衡点的选择不同罢了。这种选择的不同不会导致严重的偏离和误断，AR、BR 和 CR 的结合使用是可以相互弥补各自的不足和有助于别的指标的判断的。

2. 人气指标

1）基本含义

AR 又称买卖气势指标，是指利用一定周期内每日股价最高点、最低点及开盘价的差异以及比值反映出股市强弱、买卖气势的指标。AR 选择了以开盘价作为多空双方事先业已接受的均衡价位，简化了多空双方在争斗中的演变过程，以最高价到开盘价的距离描述多方向上的力量，以开盘到最低价的距离描述空方向下的力量。这样，多空双方在当日的强弱程度就简单地被描述出来了。

2）计算公式

$$AR(n)=\sum(\text{当日最高价}-\text{当日开盘价})\div\sum(\text{当日开盘价}-\text{当日最低价})\times 100$$

3）运用法则

AR 曲线一般可反映出市场的买卖气势，并且可先于股价到达峰顶或谷底，所以具有一定预警功能。AR 值以 100 为中心上下波动，当 AR 值在 80～120 之间时，股价不会剧烈波动，走势平稳，是盘整行情。当 AR 值升高时，说明股市人气旺盛，交投活跃，但若其过高则说明已进入高价区，应及早出货。至于 AR 值的高度则没有具体标准，一般认为，若 AR 高于 150 时，股价就可能随时回挡下跌。当 AR 值较低时，说明人气不旺，但若 AR 值过低，则往往说明股价下跌已快到尽头，可抄底进货。一般认为，当 AR 值小于 70 时，股价很有可能反弹。AR 有领先股价达到峰顶和谷底的功能，这就为应用背离原则提供了方便。一般来

说，AR到达峰顶并回头时，如果股价还在上涨，这就是进行获利了结的信号，如果这时AR的取值已经到了该考虑抛出的时候则更是如此。同理，AR达到低谷时并回头向上，而股价还在继续下跌，就是买入时机。

3. 意愿指标

1）基本含义

BR又称买卖意愿指标，同AR一样也是反映多空双方相互较量结果的指标之一。与AR不同的是，BR选择的是收盘价格，研究最高价、最低价与收盘价的关系，反映的是市场买卖意愿的程度。BR是以昨日收市价为基础，分别与当日最高，最低价相比，反映市场买卖意愿的程度。

2）计算公式

$$BR(n)=\sum(\text{今日最高价}-\text{昨日收盘价})\div\sum(\text{昨日收盘价}-\text{今日最低价})\times 100$$

3）运用法则

BR取值在100附近则多空双方力量相当。在70～150之间时为盘整状态，不必急于入市。BR值大于400时，可能要见顶下跌，卖出信号。BR低于40时，股市反弹的可能性很大，可以考虑逢低买入。BR也有领先股价达到峰顶和谷底的功能，这就是背离原则的应用基础。BR达到峰顶并回头时，如果股价还在上涨，这就形成了顶背离，是比较强的获利了结信号。BR达到谷底并回头向上，如果股价还在下跌，这是底背离，是买入信号。

AR和BR应结合起来使用。一般而言，BR指标的取值比AR大一些，上下波动的范围要大一些。从图形上看，BR指标总在AR指标的上方或下方，说大，比AR取值大，说小，也比AR取值小。如果AR，BR都急剧上升，则说明股价离顶峰已经不远了，持股者应考虑获利了结。如果BR急剧上升，而AR指标未配合上升，则可能盘整或回调，是逢高出货的信号。

4. 中间意愿指标

1）基本含义

CR找到的多空双方的均衡点既不是AR指标中的今日开盘价，也不是BR指标中所用的昨日收盘价，为避免AR，BR指标的不足，选择了昨日的中间价。中间价其实也是技术指标（按本书的定义），它是由开盘价、最高价、最低价和收盘价这四个价格通过加权平均得到的。

2）计算公式

$$CR(N\ \text{日})=P_1\div P_2\times 100$$

式中，$P_1=\sum(H-YM)$，表示N日以来多方力量的总和；$P_2=\sum(YM-L)$，表示N日以来空方力量的总和；H表示今日的最高价；L表示今日的最低价；YM表示昨日（上一个交易日）的中间价。

*CR*计算公式中的中间价其实也是一个指标，它是通过对昨日交易的最高价、最低价、开盘价和收盘价进行加权平均而得到的，其每个价格的权重可以人为地选定。目前比较常用地中间价（M）计算方法有四种：

$$M=(2C+H+L)\div 4$$
$$M=(C+H+L+O)\div 4$$
$$M=(C+H+L)\div 3$$
$$M=(H+L)\div 2$$

式中，C 为收盘价；H 为最高价；L 为最低价；O 为开盘价。

从四种中间价的计算方法来看，对四种价格的重视程度是不一样的，三种都是选用了收盘价，可见，收盘价在技术分析中的重要性。

3）运用法则

CR 很容易出现负值，但按通行的办法，在 CR 指标研判中，一旦 CR 数值出现负值，一律当成 0 对待。和 AR，BR 指标一样，CR 值为 100 时也表示中间的意愿买卖呈平衡状态。当 CR 数值在 75～125 之间（有的设定为 80～150）波动时，表明股价属于盘整行情，投资者应以观望为主。在牛市行情中（或对于牛股），当 CR 数值大于 300 时，表明股价已经进入高价区，可能随时回挡，应择机抛出。对于反弹行情而言，当 CR 数值大于 200 时，表明股价反弹意愿已经到位，可能随时再次下跌，应及时离场。在盘整行情中，当 CR 数值在 40 以下时，表明行情调整即将结束，股价可能随时再次向上，投资者可及时买进。在熊市行情末期，当 CR 数值在 30 以下时，表明股价已经严重超跌，可能随时会反弹向上。投资者可逢低吸纳。

CR 曲线的形态以及 CR 与股价曲线的背离的运用，与其他指标的分析基本相同。

第六节　波浪分析

一、波浪理论简介

波浪理论是技术分析大师艾略特（R · E · Elliot）发明的一种分析工具，与其他追随趋势的技术方法不同，波浪理论可以在趋势确立之时预测趋势何时结束，是一种较好的预测工具。波浪理论是技术分析中运用最多，而又最难了解和精通的分析工具。波浪理论既可分析指数也可分析个股，但主要用于分析指数。

股票价格的波动，与大自然的潮汐、波浪一样，一浪跟着一浪，周而复始，具有规律性，以一种“可识别的模式”前进和反转，这些模式在形态上不断重复（不一定在时间和幅度上重复）被称为“波浪”。波浪理论的两个出发点是：人类群体的行为是可以预测的；股市反映的就是人类的群体行为。

二、波浪理论的基本内容

波浪理论主要包括三方面内容：型态、比率及时间，其重要性依次排列。

波浪形态是指波浪的形状和构造，是波浪理论赖以生存的基础。比例是指各浪之间呈现一定比例关系，也就是高点与低点所出的相对位置。通过计算这些位置，可以分析回撤点和价格目标。形态完成的时间之间也存在一定的联系，是有节奏的重复运动，时间可验证波浪形态是否已经完成。

（一）波浪的形态

波浪在市场中反复出现，艾略特对它们一一命名、逐个定义、分别图解，并解释了它们如何连接在一起构成自身的大型图形，这就是形态。

1. 波浪的基本形态——八浪周期波动

艾略特通过多年的实践，发现一个周期（无论是上升还是下降）可以分为八个过程，这八个过程一结束，一个周期就结束了，紧接着是下一个周期。在上升趋势中，五浪上升、三浪下跌，下降趋势中，五浪下跌，三浪上升，循环往复。以下都以上升浪为例进行说明。在上升趋势中，可分为推动浪和调整浪两个最基本型态，而推动浪可以再分割成五个小浪，一般用第1浪、第2浪、第3浪、第4浪、第5浪来表示，调整浪也可以划分成三个小浪，通常用a浪、b浪、c浪表示，如图6-118所示。

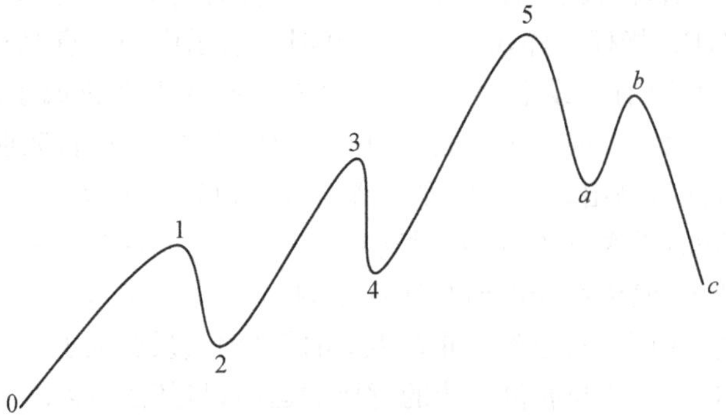

图6-118　波浪的基本形状

0～1为第1浪。几乎半数以上的第1浪，是属于营造底部型态的第一部分，第1浪是循环的开始，由于这段行情的上升出现在空头市场跌势后的反弹和反转，买方力量并不强大，加上空头继续存在卖压，因此，在此类第1浪上升之后出现第2浪调整回落，其回档的幅度往往很深。另外，半数的第1浪，出现在长期盘整完成之后，在这类第1浪中，其行情上升幅度较大，经验看来，第1浪的涨幅通常是5浪中最短的。

1～2为第2浪。这一浪是下跌浪，由于投资者误以为熊市尚未结束，其调整下跌的幅度相当大，几乎吃掉第1浪的升幅，当行情在此浪中跌至接近底部(第1浪起点)时，市场出现惜售心理，抛售压力逐渐衰竭，成交量也逐渐缩小，第2浪调整才会宣告结束，在此浪中经常出现反转型态，如双底等。

2～3为第3浪。第3浪的涨势往往是最大、最有爆发力的上升浪，这段行情持续的时间经常是最长的，市场投资者信心恢复，成交量大幅上升，常出现突破信号，如缺口跳升等，这段行情走势非常激烈，一些图形上的关卡，非常轻易地被穿破，尤其在突破第1浪的高点时，是最强烈的买进信号，由于第3浪涨势激烈，经常出现“延长波浪”的现象。

3～4为第4浪。第4浪是行情大幅劲升后调整浪，通常以较复杂的型态出现，如倾斜三角形的走势，但第4浪的底点不会低于第1浪的顶点。

4～5为第5浪。在股市中第5浪的涨势通常小于第3浪，且经常出现失败的情况，在第5浪中，二三类股票通常是市场内的主导力量，其涨幅常常大于一类股(绩优蓝筹股、大盘股)，此期市场情绪表现相当乐观。

第a浪：在a浪中，市场投资者大多数认为上升行情尚未逆转，此时仅为一个暂时的回档现象，实际上a浪的下跌，在第5浪中通常已有警告讯号，如成交量与价格走势背离或技术指标上的背离等，但由于此时市场仍较为乐观，a浪有时出现平势调整或者“之”字型态运行。

第b浪：b浪表现经常是成交量不大，一般而言是多头的逃命线，然而由于是一段上升行情，很容易让投资者误以为是另一波段的涨势，形成“多头陷阱”，许多人在此期惨遭套牢。

第c浪：是一段破坏力较强的下跌浪，跌势较为强劲，跌幅大，持续的时间较长久，而且出现全面性下跌，如图 6－119 所示。

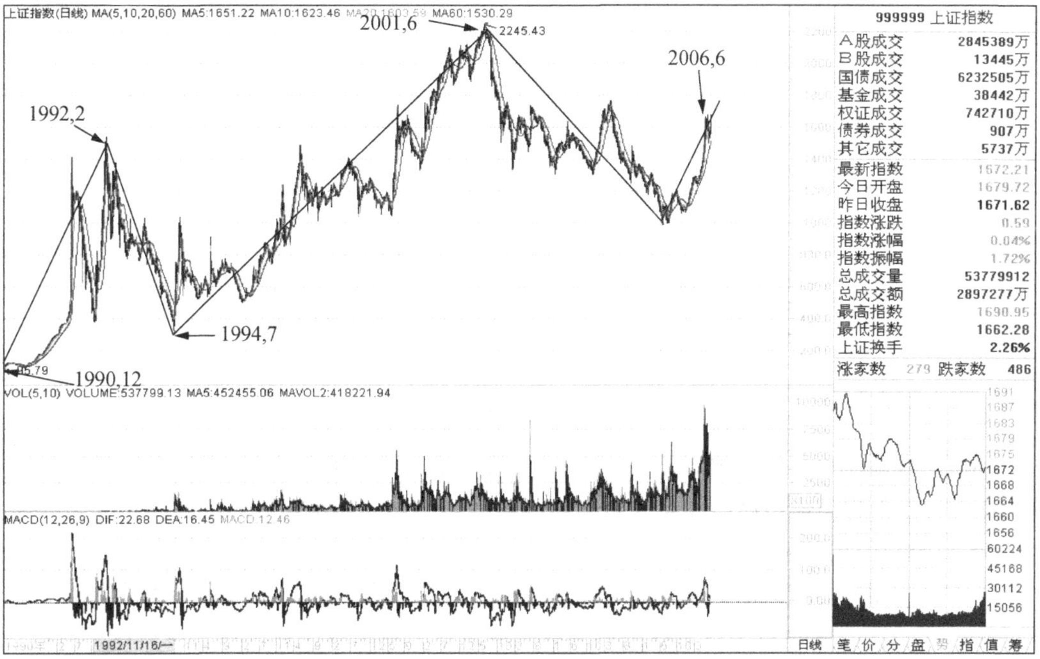

图 6－119 1990—2006 年上证指数的走势

2. 波浪的级别和层次

从以上看来，波浪理论似乎颇为简单和容易运用，实际上，由于其每一个上升（下跌）的完整过程中均包含有一个八浪循环，大循环中有小循环，小循环中有更小的循环，即大浪中有小浪，小浪中有细浪，因此，使数浪变得相当繁杂和难于把握。再加上其推动浪和调整浪经常出现延伸浪等变化型态和复杂型态，使得对浪的准确划分更加难以界定，这两点构成了波浪理论实际运用的最大难点。艾略特将趋势划分为九个层次，每个层次的浪有不同的名称和标志，分别以三套阿拉伯数字和罗马数字大、小写交替标示，如表 6－2 所示。

表 6－2 浪的级别与层次划分

波浪等级	五个方向波	三个调整波
超级大循环	[Ⅰ] [Ⅱ] [Ⅲ] [Ⅳ] [Ⅴ]	[A] [B] [C]
超级循环级	(Ⅰ) (Ⅱ) (Ⅲ) (Ⅳ) (Ⅴ)	(A) (B) (C)
循环级	Ⅰ Ⅱ Ⅲ Ⅳ Ⅴ	A B C
基本级	① ② ③ ④ ⑤	[a] [b] [c]
中型级	(1) (2) (3) (4) (5)	(a) (b) (c)
小型级	1 2 3 4 5	a b c
细级	[ⅰ] [ⅱ] [ⅲ] [ⅳ] [ⅴ]	[a] [b] [c]
微级	(ⅰ) (ⅱ) (ⅲ) (ⅳ) (ⅴ)	(a) (b) (c)
次微级	ⅰ ⅱ ⅲ ⅳ ⅴ	a b c

上述标记符号并不是唯一的,也可以使用其他的标记符号,如图 6-120 所示。

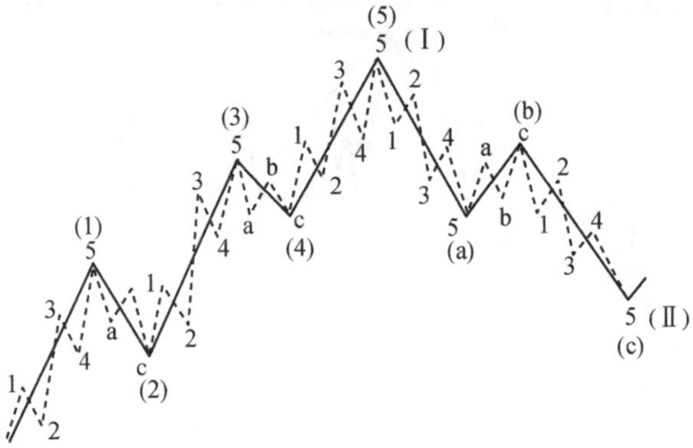

图 6-120 波浪的细分

任何上升主浪和调整浪都可以进行波浪细分,如图 6-121 所示。大的趋势是 2 浪,上升主浪和调整浪。上升住浪趋势可分为 5 浪,调整浪可分为 3 个浪,共 8 浪。主浪的 5 浪又可分为 21 个浪,调整的 3 浪又分 13 个小浪,共 34 浪。在 34 个小浪中,主浪的 21 浪再分为 89 个微浪,调整的 13 个小浪再分为 55 个微浪,这样构成一个由 144 个微浪组成的完整的大周期。

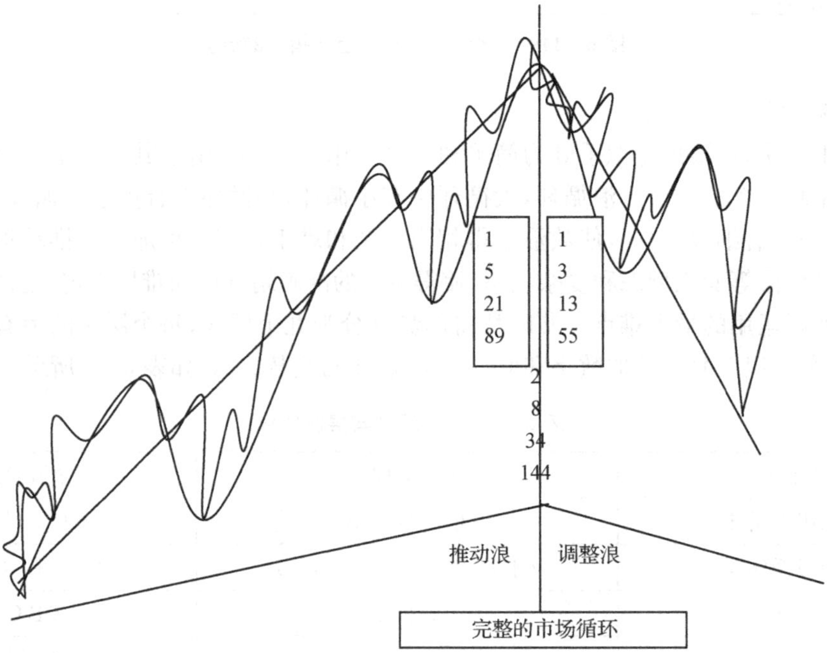

图 6-121 完整的大周期

每一个波浪的长度并不是相等的,它可以压缩,可以延长,可以简单,可以复杂,一切应以型态为准。

(二) 波浪的比例

波浪理论认为,各浪之间存在一定的比例关系。这种关系以菲波纳奇数列为基础,可以推测波浪的目标和回吐比例。例如,一个上升浪可以是上一次高点的 1.618,再一个高点则再乘以 1.618，以此类推。另外，下跌浪也是这样，一般常见的回吐比率有 0.236（0.382×0.618），0.382，0.5，0.618 等。

1. 波浪理论的数学基础——菲波纳奇数列

菲波纳奇数列是 13 世纪的数学家菲波纳奇发现的一组数列，最初用于兔子繁殖问题的解答。这组神奇的数字是 1，1，2，3，5，8，13，21，34，57，89，144…这组数字间有许多有趣的联系。

（1）任意相邻两数字之和等于其后的那个数字，如 3＋5＝8，5＋8＝13 等。

（2）除了最初四个数字外，任一数和相邻的后一数之比都接近 0.618。越往后，其比率越接近 0.618。

1÷5＝0.618　　8÷13＝0.618　　21÷34＝0.618

（3）任一数和相邻的前一数之比都趋向于 1.618。有趣的是 1.618 的倒数是 0.618。间隔一个数字相邻的两个数字的比值趋向于 2.618 或其倒数 0.382。

13÷8＝1.625　21÷13＝1.615

34÷21＝1.619　34÷13＝2.618

（4）除 1，2 外，任何数列中的数字乘 4 再加一个数列中的数字可得另一个菲波纳奇数列。

3×4＝12＋1＝13

5×4＝20＋1＝21

（5）前相邻数字之和＋1＝最后一个加数后隔一个的菲波纳奇数字。

1＋1＋2＋3＋5＋8＝20＋1＝21

1＋1＋2＋3＋5＋8＋13＝33＋1＝34

（6）交替原则。

3×3＝2×5－1　5×5＝3×8＋1　8×8＝5×13－1　13×13＝8×21＋1

2. 浪的比例与菲波纳奇数列有关

1）推动浪的比率关系

各浪长度呈菲波纳奇比率关系：1.618，2.618，0.618，0.382 倍

第 3 浪最小目标涨幅＝（1 浪涨幅×1.618）＋2 浪底

由 1 浪涨幅测算出 5 浪上涨目标区域的公式：

5 浪最低理论高度＝1 浪底点＋1 浪涨幅×2×1.618

5 浪最高理论高度＝1 浪顶点＋1 浪涨幅×2×1.618

由 1 浪至 3 浪测算出 5 浪上涨目标区域的公式：

5 浪最低理论高度＝3 浪顶＋（3 浪顶点－1 浪底点）×0.382

5 浪最高理论高度＝3 浪顶＋（3 浪顶点－1 浪底点）×0.618

（2）调整浪的比例关系

果调整浪以“3－3－5”平坦型回落，浪 c 幅度通常是 a 浪幅度的 1.618 倍。如果调整浪以“5－3－5”曲折型回落，则 c 浪幅度通常等于 a 浪幅度，如图 6－122 所示。

调整浪对推动浪的回吐幅度是推动浪的菲波纳奇百分比，常见的有：0.236（0.618×0.382），0.382，0.5，0.618。另外，1/1，1/3，2/3 的比例也常见到。

区分：① 强势的回档多为 0.382 及 0.236；4 浪多见；② 弱势市场的回档可达 0.618，2/3

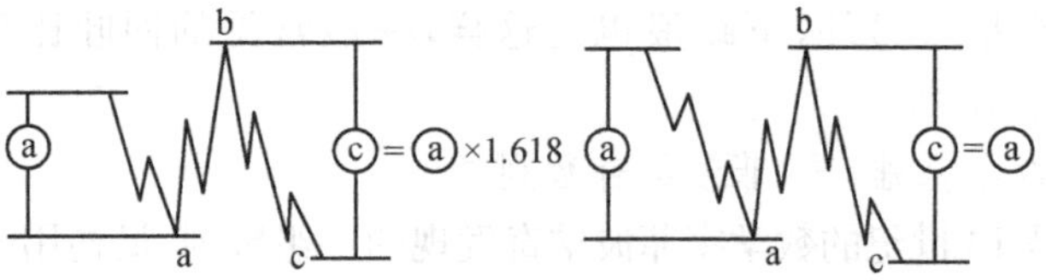

图 6－122 调整浪的比例

及 1/1，2 浪，b 浪多见，如图 6－123 所示。

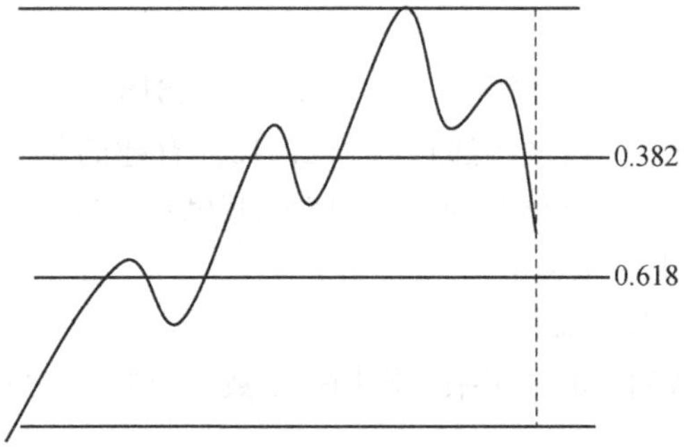

图 6－123 调整浪对推动浪的回吐幅度

（三）波浪理论的时间

各浪的运行在时间上也与菲波纳奇数字有关。市场出现转折的日期可能为上一个重要顶（底）部的 8，13，21 周。在日线图上，从重要的转折点出发，向后数到第 13，第 21，第 34，第 55 或者第 89 个交易日，未来的顶或底就可能出现在这些"菲波纳奇日期"上。在周线图、月线图，甚至年线图上，这些神奇的数字依然管用。在周线图上，市场出现转折的日期可能为上一个重要顶（底）部的第 8，第 13，第 21 周。

三、波浪理论的缺陷

表面上看，波浪理论在实际分析中很有用，但是从波浪理论自身的构造会发现它的众多不足，如果使用者过分机械、过分教条地应用波浪理论，肯定会招致失败。

（一）数浪难度大

波浪理论最大的不足是应用上的困难，也就是学习和掌握上的困难。从理论上讲，8 浪结构完成一个完整的过程，但是，主浪的变形和调整浪的变形会产生复杂多变的形态，波浪所处的层次又会产生大浪套小浪、浪中有浪的多层次形态，这些都会使应用者在具体数浪时发生偏差。浪的层次的确定和浪的起始点的确认是应用波浪理论的两大难点。

（二）结论的多样性与易变性

波浪理论的第二个不足是面对同一个形态，不同的人会产生不同的数法，而且，都有道理，谁也说服不了谁。不同的数浪法产生的结果可能相差很大。这种现象主要是由两方面因素引起的：第一，价格曲线的形态通常很少按 5 浪加 3 浪的 8 浪简单结构进行，对于不是这种规范结构的形态，不同的人有不同的处理方式，主观性很强。对有些小波动，有些人可能不计入浪，有些人可能又计入浪。由于有延伸浪，5 浪可能变成 9 浪。波浪在什么条件下可以延伸，什么条件下不可以延伸，没有明确的标准，用起来随心所欲，仁者见仁，智者见智。

第二,波浪理论中的大浪小浪是可以无限延伸的,长的可以好多年,短的可能仅几天。上升可以无限地上升,下跌也可以无限制地下跌,因为总是可以认为目前的情况不是最后的浪。

（三）忽视成交量

波浪理论只考虑了价格形态上的因素,而忽视了成交量方面的影响,这给人为制造形状提供了机会。这正如在形态学有假突破一样,波浪理论中也可能造成一些形态让人上当。当然,这个不足是很多技术分析方法都有的。在应用波浪理论时,我们会发现,当事情过去以后,回过头来观测已经走过的图形,用波浪理论的方法是可以很完美地将其划分出来的。但是,在形态形成的途中,对其进行波浪的划分是一件很困难的事情。

（四）一种主观分析工具

波浪理论从根本上说是一种主观的分析工具,毫无客观准则。波浪的起点不能定量、客观地精确化确定,这给我们增加了应用上的困难。波浪理论更适用于事后验证。

波浪理论是每个涉足证券市场的人都必须了解的理论。实战中,我们可以很好地借用波浪理论的股价空间比例和时间比例关系,用以将投资行为的可能风险和收益进行对比,以确定投资活动是否展开和所用的大概时间。实战中,切忌将该理论的预测结果用来确定自己的实战操作行为。投资者必须牢牢记住实战投资要追踪市场,其一切实战操作战术行为都必须是以市场发出的客观信号为准,绝对不是以自以为是的预测结论为准。也就是说,艾略特理论在投资实战中只具有参考作用,不具备操作时的决定作用。

本章小结

1. 技术分析就是通过对市场行为的分析,据此预测证券价格的未来变动趋势。由市场行为得到的各种数据产生的图形、指标,是进行技术分析所要使用到的最为基本的东西。价、量、时、空是技术分析的基本要素,其中,成交量和价格的变化是最重要的。

2. 技术分析的结论都只是可能,而不是必然。技术分析是历史经验的总结,其有效性是以概率的形式出现,技术分析必须与基本分析相结合,有效性才能得到提高。

3. 技术分析分为K线法、切线法、形态法、指标法和波浪法等几大类。每一种分析方法各有所长和不足,运用时应互相参照,取长补短。

思考题

1. 技术分析的理论基础是什么?
2. 技术分析的优点和缺点是什么?
3. 从哪几个方面进行K线分析?
4. 趋势分析的主要内容是什么?
5. 支撑线和压力线起什么作用?
6. 速度线和百分比线的主要思想是什么?
7. 什么是反转突破形态?有哪些类型?
8. 运用技术指标需要注意哪些问题?
9. 简述波浪理论的主要内容。

第七章　证券投资组合

学习目的

投资者在进行证券投资时，总是试图使风险最小化及利润的最大化。证券投资组合理论解释了投资者如何通过投资于不同的证券来达到上述目的。读者通过本章的学习，了解证券投资组合管理的意义、证券投资组合的风险与收益、资产的收益和风险之间的定量关系，掌握证券投资组合理论、资本资产定价模型、套利定价模型、投资组合的业绩评估。

第一节　证券投资组合理论

一、证券投资组合概述

（一）证券投资组合的含义

证券投资组合是为了避免证券投资风险，确保证券投资的盈利性、流动性和安全性而对各种证券投资进行的合理搭配。

证券投资具有诸多风险因素，投资者为了避免单独投资于某一种证券而遭受绝对风险，通常采用分散投资策略，即将资金分散投向若干种证券，并根据其风险的大小、盈利的多少、流动能力的强弱进行合理的搭配组合，从而把证券投资的风险降到最低限度。

（二）证券投资组合的必要性

证券投资者构建证券组合的目的就是为了在最大限度地降低风险的基础上，提高投资收益。

1. 最大限度地降低投资风险

投资者把资金按一定比例分别投资于不同种类的有价证券或同一种类有价证券的多个品种上，通过投资组合可以分散风险，即“不能把鸡蛋放在一个篮子里”，万一这个篮子不小心掉在地上，所有的鸡蛋就都可能摔碎；而如果把鸡蛋分放在不同的篮子里，一个篮子掉了，不会影响到其他篮子里的鸡蛋。证券投资组合能最大限度地降低投资风险，将风险控制在投资者可以承受的范围内。证券投资组合可以最大限度地降低风险，是指那些合理有效的证券投资组合。

2. 提高投资收益

理性的投资者都是厌恶风险的，同时又追求收益的最大化。就单个资产而言，风险与收益是成正比的，高收益总是伴随着高风险。一个有效的证券资产组合可以在一定的风险条件下实现收益的最大化或在一定的收益上使投资风险最小化。

（三）证券投资组合的基本步骤

投资组合的目标是实现投资收益的最大化，也就是使组合的风险和收益特征能够给投资者带来最大满足。具体而言,就是使投资者在获得一定收益水平的同时,承担最低的风险,或在投资者可接受的风险水平之内,使其获得最大的收益。不言而喻,实现这种目标有赖于有效和科学的组合内部控制。从控制过程来看,证券组合通常包括以下几个基本步骤。

1. 确定证券投资组合的目标

建立并管理一个"证券组合",首先必须确定组合应达到的目标。证券组合的目标,不仅是构建和调整证券资产组合的依据,同时也是考核组合管理业绩好坏的基准。总体上而言,证券组合的目标包括两个方面:一是收益目标,包括保证本金的安全,获得一定比例的资本回报以及实现一定速度的资本增长等;二是风险控制目标,包括对资产流动性的要求以及最大损失范围的确定等。

2. 构建证券组合

这是实施证券组合管理的核心步骤,直接决定组合效益和风险的高低。证券组合的构建过程一般包括如下环节:

第一,界定证券组合的范围。

第二,分析判断各类证券的预期回报率及风险。在分析比较各证券投资收益和风险的基础上,选择何种证券进行组合则要与投资者的目标相适应。

第三,确定各种证券资产在证券资产组合中的权重。这是构建证券组合的关键性步骤。

3. 证券组合的调整

证券市场是复杂多变的,每种证券的预期收益和风险,都要受到多种内外因素变动的影响。为了适合既定的投资组合目标要求,必须选择恰当时机,对证券组合中的具体证券品种做出必要的调整变换,包括增加有利于提高证券组合效益或降低证券组合风险的证券品种;剔除对提高证券组合效益或降低证券组合风险不利的证券品种。

4. 投资组合业绩评估

证券组合业绩评估不仅是证券组合管理过程的最后一个阶段,同时也可以看成是一个连续操作过程的组成部分。说得更具体一点,可以把它看成证券组合管理过程中的一种反馈与控制机制。由于投资者在投资过程中获得收益的同时,还将承担相应的风险,获得较高收益可能是建立在承担较高风险的基础之上,因此,在对证券投资组合业绩进行评估时,不能仅仅比较投资活动所获得的收益,而应该综合衡量投资收益和所承担的风险情况。

二、证券投资组合理论产生与发展

证券投资组合理论按照研究方法的不同可以分为两类:一种是传统的投资组合理论,它依靠非数量化的方法,即基础分析和技术分析来选择证券,构建和调整证券组合,以满足投资者的目的;另一种是现代投资组合理论,它采用定量分析方法,从证券的预期收益与风险相联系方面来研究如何进行投资组合的管理。

(一) 传统投资组合理论

投资组合理论的核心思想是利用组合,达到风险分散化,追求收益最大化和风险最小化。20 世纪 50 年代以前,分散投资的理念早已存在,虽然已经提出了投资组合管理的思想,但是有形成完整的体系,特别是其往往停留于纯文字论述或表达上,缺乏一个计量的模型来做进一步精确的论证。例如,威廉姆森(1938)提出了"分散折价模型",认为通过投资于足够多的证券,就可以消除风险,并假设总存在一个满足收益最大化和风险最小化的组合。

传统的投资组合理论，已经提出了考虑不确定条件下，通过组合追求风险最小化和收益最大化的基本思想，这其实也是现代投资组合理论的精髓，但在方法上需要量化。

（二）现代投资组合理论的产生和发展

现代投资理论主要由资产组合理论、资本资产定价模型（CAPM 定价模型）、基于 CAPM 模型的投资组合管理理论以及投资组合理论的新发展等部分组成，它们的发展极大地改变了过去主要依赖基本分析与技术分析的传统投资管理实践，使现代投资管理日益朝着系统化、科学化、组合化的方向发展。

1. 现代投资组合理论的产生

传统投资组合理论在选择证券组成投资组合时，多由投资者凭自己的主观意见或直觉判断决定，没有一套精密科学的计算比较方法，缺乏定量分析。投资者最关心证券的收益和风险的关系，有时也利用许多资料对收益和风险进行估计，但是他们所预期的最高收益和所能负担的最大风险是无法确定的。并且，传统的投资组合理论无法回答投资组合中的证券要如何分散才能达到高收益、低风险的最佳配合。

1952 年，美国经济学家马可维茨（Harry M. Markowit）在《资产选择：有效的多样化》中，首次应用资产组合报酬的均值和方差这两个数学概念，从数学上明确地定义了投资者偏好，并以数学化的方式解释投资分散化原理，系统地阐述了资产组合和选择问题，标志着现代资产组合理论（Modern Portfolio Theory，简称 MPT）的诞生。该理论认为，投资组合能降低非系统性风险，一个投资组合是由组成的各证券及其权重所确定，选择不相关的证券应是构建投资组合的目标。它在传统投资回报的基础上第一次提出了风险的概念，认为风险而不是回报，是整个投资过程的重心，并提出了投资组合的优化方法，马可维茨因此而获得了 1990 年诺贝尔经济学奖。

2. 现代投资组合理论的发展

利用马柯维茨的投资组合理论，对投资组合的收益与风险提供了一种计算的方法。但是这一方法涉及所有证券的协方差矩阵，需要大量而复杂的计算，尤其在给定的时间条件下，难度就更大了。1963 年，威廉·夏普（William Sharpe）提出了一个可以对协方差矩阵加以简化估计的单因素模型（Single-index Model），极大地推动了投资组合理论的实践应用。

20 世纪 60 年代初，在寻求投资组合理论如何才能被方便地应用于投资管理实践的同时，风险证券的均衡定价这一与马柯威茨模型相关的问题也开始受到人们的重视。对这一问题的研究导致资本资产定价模型（Capital Asset Pricing Model，简称 CAPM）的产生。该模型不仅提供了评价收益、风险相互转换特征的可运作的框架，也为投资组合分析、基金绩效评价提供了重要的理论基础。

1976 年，针对 CAPM 模型所存在的不可检验性问题，罗斯（Stephen Ross）提出了一种替代性的资本资产定价模型——套利定价模型（Arbitrage Pricing Theory，简称 APT）。APT 模型建立在比 CAPM 模型更少和更合理的假设之上，发展至今，其地位已不亚于 CAPM 模型。APT 模型直接导致了多因素投资组合分析方法在投资实践上的广泛应用。

资产组合理论及 CAPM 模型至今为止仍然在证券及投资组合的收益与风险关系的学术研究方面处于绝对的统治地位。然而，CAPM 模型的解释力并不完美且时常遇到来自资本市场现实的挑战，因此，从事金融研究的学者们在 CAPM 模型的基础上通过修改、放松假设条件等方式拓展了 CAPM 模型以加强其对现实的解释力。由于这些模型都是基于

CAPM 模型拓展开来的，因而，被称为基于 CAPM 模型的投资组合管理理论。

随着人们对投资组合管理理论的认识和研究的不断深入，投资组合管理理论研究得到了长足的进展，并取得了许多新的理论成果。

第二节 马柯威茨资产组合理论

一、证券投资组合理论的假设

马柯维茨等人创立和发展的证券投资理论是建立在一系列的假设条件基础之上的，主要有以下几点：

第一，市场是完全的，信息是有效的。

第二，投资者是风险回避者，追求期望效用最大化。

第三，投资者根据收益率的期望值与方差来选择投资组合。

第四，所有投资者处于同一单期投资期。

二、单个证券的收益率与风险

（一）证券收益率的期望值

收益率的期望值即期望收益率，是指各种可能的收益率和其发生概率计算出来的加权平均收益率。其计算公式为：

$$E(R)=\sum_{i=1}^{N}P_iR_i$$

式中：$E(R)$ 为期望收益率；R_i 为第 i 个可能的收益率；P_i 为第 i 个可能的收益率发生的概率；N 为各种可能结果的总数。

（二）方差

方差是各种可能的收益率偏离期望报酬率的总和差异，它是各种可能的收益率与期望收益率之差的平方和。具体公式如下：

$$\sigma^2=\sum_{i=1}^{N}[R_i-E(R)]^2P_i$$

（三）证券收益率的标准差

标准差是各种可能的收益率偏离期望报酬率的综合差异，是方差的算术平方根，标准差越大，证券的风险也就越大。标准差的计算公式如下：

$$\sigma=\sqrt{\sum_{i=1}^{N}[R_i-E(R)]^2P_i}$$

式中，σ 表示某种证券收益率的标准差，其余符号的含义同前述期望收益率的计算公式。

一般来讲，在相同的期望值下，证券收益率的标准差越大说明其风险也越大。

三、证券组合的预期收益率与风险

投资者在进行投资时，一般不会把所有资金都集中投资于一种证券上，而是把资金按照不同的比例分成许多份，把每一份资金投向不同的证券，这样，他得到的是一个证券组合。投资组合理论认为，若干种证券组成的投资组合，其收益是这些证券收益的加权平均数，但是其风险不是这些证券风险的加权平均风险，投资组合能降低风险。

（一）证券组合收益率的期望值

证券组合的预期报酬率也就是期望收益率，即将证券组合中各种证券的期望收益率加权平均而得到，其权数就等于每一个证券在组合中所占的比重。其公式如下：

$$E(R_p)=\sum_{i=1}^{N}W_iE(R_i)$$

式中，$E(R_p)$ 为证券组合的期望收益率；$E(R_i)$ 为第 i 种证券的期望收益率；W_i 为权数，即各项证券投资金额在组合总投资金额中所占的比重；N 为组合中所包含的证券总数。

（二）证券组合的风险

证券投资组合的风险不是各种证券标准差的简单加权平均数，证券投资组合报酬率概率分布的标准差是：

$$\sigma_p=\sqrt{\sum_{i=1}^{N}\sum_{j=1}^{N}W_iW_j\sigma_{ij}}$$

其中：N 是组合内证券种类总数；W_i 是第 i 种证券在投资总额中的比例；W_j 是第 j 种证券在投资总额中的比例；σ_{ij} 是第 i 种证券与第 j 种证券报酬率的协方差。

（三）证券组合风险分散化原理

证券投资组合原理认为，随着组合中证券种类的增加，证券组合的风险将逐步降低，下面将通过简单的数学推导来证明这一结论。

为了简化推导，我们做出如下的假设：证券组合中有 N 种证券；每种证券的方差 σ_i^2 均相等，设为 σ^2；每种证券的投资比例 W_i 均相等，为 1/N；σ_{ij} 表示组合中证券之间协方差的均值。将证券组合的方差公式展开得：

$$\sigma_p^2=W_1^2\sigma_1^2+W_2^2\sigma_2+\cdots+W_N^2\sigma_N^2+2W_1W_2\sigma_{12}+2W_1W_3\sigma_{13}+\cdots+2W_NW_{N-1}\sigma_{N,N-1}$$

式中，方差项的数目为 N 项；协方差项的数目为 $N(N-1)$ 项。

将有关假设条件代入上述展开式中得：

$$\sigma=\frac{1}{N^2}N\sigma^2+\frac{1}{N^2}N(N-1)\sigma_{ij}=\frac{1}{N}\sigma^2+(1-N)\sigma_{ij}$$

当证券组合中证券的种类 N 增大并趋向于无穷大时，$\frac{1}{N}$ 趋向于零，所以 $\frac{1}{N}\sigma^2$ 趋向于零，$\left(1-\frac{1}{N}\right)\sigma_{ij}$ 趋向于σ_{ij}，证券组合的风险 σ_p^2 收敛于一个有限数即组合中证券之间协方差的均值σ_{ij}。

上述简单的推导说明，随着组合中证券种类的增加，单个证券的方差对组合的方差的影响越来越小，当证券种类很多时，可以忽略不计，而证券之间协方差对组合的方差的影响越来越大。因此，我们可以得出结论：单个证券的方差衡量的是非系统风险，它可以通过合理的组合被分散掉，使总风险的水平降低；证券之间的协方差衡量的是系统风险，它无法通过证券组合加以分散化。

四、有效边界理论

前面我们分析了证券组合的收益和风险以及它们的衡量方法，并且指出了证券组合具有分散投资风险的作用。那么，什么样的证券组合才是最有效的组合呢？换句话说，投资者面临众多可以选择的证券时，如何进行组合，改变不同证券的投资比例，才能实现既定期望收益率下风险最小或者既定风险下期望收益最大的目标？马柯维茨采用“期望收益率——方差投资组合模型”来解决证券的确定和选择问题。本节主要讨论不存在无风险资产并且不允许卖空的情况下证券组合的选择问题。

（一）可行集

投资者面临N种证券，随着投资者在每种证券上的投资比例的变动，可以得到无限多的证券组合形式，每种组合形式都有相应的期望收益率和风险（用标准差表示）。可行集（The Feasible Set）就是N种证券可能形成的所有组合的集合，也称为投资机会值。在以标准差为横轴，期望收益率为纵轴组成的期望收益率——标准差平面上，可行集一般呈伞状，所有可能的证券组合位于可行集的边界上或者内部，如图7－1所示。

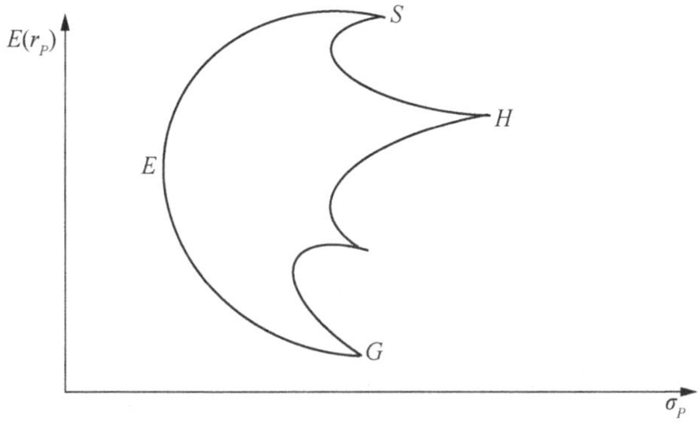

图7－1　可行集

（二）有效边界的确定

可行集中包含无数种证券组合形式，但是投资者并不需要对所有的组合进行分析和评价，只需要考虑可行集的一个子集——有效组合就可以了。有效组合是指同时满足以下两个条件的证券组合：

第一，对于每一风险水平，提供最大的期望收益率。

第二，对于每一期望收益率水平下，提供最小的风险。

下面将讨论如何在可行集中确定有效组合。首先，确定满足第一个条件的组合。如图7－1所示，在所有的证券组合中，E点的风险是最小的，因为过E点做横轴的垂线，可行集中没有哪一点在这条线的左边；H点是风险最大的，因为过H点做横轴的垂线，可行集中没有哪一点在这一点的右边。所以，E点到H点界定了各种证券组合所能提供的风险水平的范围。在这个范围内，任做一条横轴的垂线，我们发现在给定的风险水平下，期望收益率最大的组合总是位于从E点到H点的曲线上。因此，满足第一个条件的组合位于可行集中从E点到H点的左上方边界上。

同样道理，我们可以确定满足第二个条件的组合。在所有的证券组合中，G点的期望收益率是最小的，因为，过G点做纵轴的垂线，可行集中没有哪一点在这条线的下方；S点的期望收益率是最大的，因为，过S点做纵轴的垂线，可行集中没有哪一点在这条线的上方。所以，G点到S点界定了各种证券组合所能提供的期望收益率的范围。在这个范围内，任做一条纵轴的垂线，我们发现在给定的期望收益率水平下，风险最小的组合总是位于从 G 点到 S 点的曲线段上。因此，满足第二个条件的组合位于可行集中从 G 点到 S 点的左边界上。

由于有效组合必须同时满足上述两个条件，所以只有 EH 曲线段和 GS 曲线段的交集，即 ES 曲线段才能同时满足上述两个条件，所以只有 EH 曲线段和 GS 曲线段的交集，即 ES 曲线段才能同行满足两个条件，即可行集中从 E 点到 S 点的证券组合才构成有效组合。投资者可以从有效组合中选择出其最优证券组合，而不必考虑其他不在有效组合中的证券组合。

由所有有效组合组成的曲线段 ES，称为有效边界（The Efficient Frontior ）又称马柯维茨边界。

五、效用函数与无差异曲线

（一）效用函数

投资者将在有效边界上选择他的最优证券组合。至于投资者选择有效边界上的哪一点进行投资，这在很大程度上取决于投资者对风险和收益的偏好。

1. 风险厌恶

在马柯维茨证券投资组合理论的假设中，认为投资者是风险回避的，即假设投资者是厌恶风险的。如果有两个期望收益率相同的证券组合，如图 7－2 所示的 A 和 B 点，投资者将比较两点的风险而选择具有较小风险的 A 点所代表的证券组合。

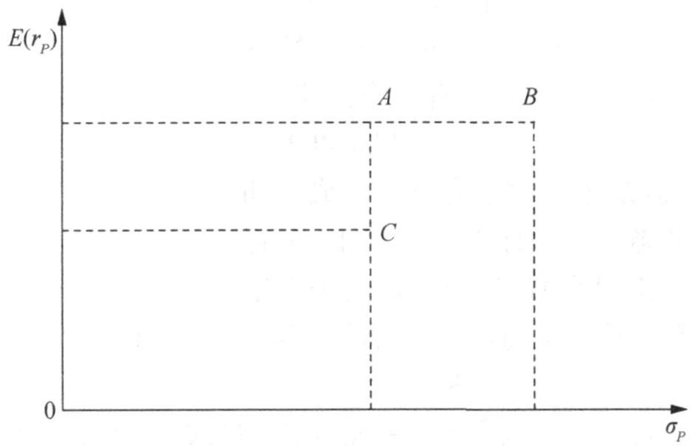

图 7－2　风险厌恶比较

我们假设所有的投资者是风险厌恶的，但是并不否认他们对风险厌恶程度的差异。有的投资者对风险厌恶的程度会大一些，而另外的投资者对风险的厌恶程度可能小一些。

2. 收益偏好

投资者进行投资的目的是获得预期效用的最大化，这种预期效用是投资者在投资过程中所获得的满意程度，满足程度越高，获得的效用越大。在确定性的条件下，投资者预期效用最大化等价于期望收益率最大化，在不确定性条件下，投资者必须在风险和收益之间进行权衡。此时，预期效用可以表示为风险和收益的函数，即效用函数，表示如下：

$$E(U_P)=f[E(R_P),\sigma_P]$$

式中：$E(U_P)$ 为证券组合的预期效用；f 为函数符号。

一般来说，在风险给定的情况下，效用函数的值随着期望收益率的增加而增加；在期望收益率给定的情况下，效用函数的值随着标准差的增加而减少。

（二）无差异曲线

无差异曲线是指使投资者得到相同预期效用的各证券组合点的轨迹，它反映了投资者对风险和收益的偏好，可以在预期收益率——标准差平面上表示出来，如图 7－3 所示。

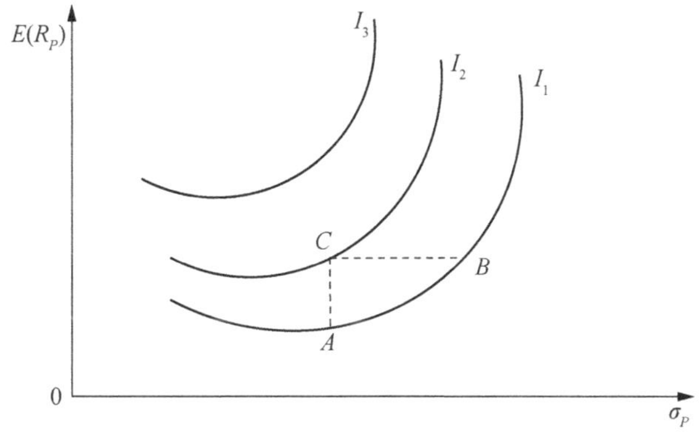

图 7-3　无差异曲线

无差异曲线具有以下几条重要的性质：

第一，无差异曲线的斜率为正值，并且一般凸向右下方。

第二，在同一个期望收益率——方差平面上，有无数条无差异曲线，在同一条无差异曲线上的所有证券组合给投资者带来的预期效用相同。例如，图 7-3 中 I_1 曲线上的 A 点和 B 点，所代表的组合，它们虽然具有不同的期望收益率和方差，但是因为它们处于同一条无差异曲线上，它们对投资者来说预期效用是相同的。

第三，在平面坐标系中，无差异曲线从右下方到左上方，代表投资者的预期效用越来越大。如图 7-3 中的三条无差异曲线 I_1, I_2, I_3，它们所代表的证券组合的预期效用逐渐增大。C 点所代表的组合比 A 点和 B 点所代表的组合的预期效用要大，因为 C 点位于曲线 I_2 上，相对于 A 点的组合，A 点的组合有更大的期望收益率，而相对于 B 点的组合，C 点的组合有更小的标准差，因此投资者更偏好于 C 点的证券组合。

在前面讨论投资者对风险的态度中，我们曾指出，有的投资者对风险厌恶的程度较大，反映在期望收益率——标准差平面图中，对应的无差异曲线比较陡峭，而风险厌恶程度低的投资者，其无差异曲线就相对平缓一些。

六、最优证券组合的选择

投资者将在有效边界中选择他的最优证券组合，至于选择哪一个点进行投资，是由他对收益和风险的偏好决定的。投资者可以借助有效边界和无差异曲线来进行最优证券组合的选择。如图 7-4 所示，无差异曲线 I_2 与有效边界的切点 P 就是投资者的最优证券组合。

从图 7-4 中可以看出，无差异曲线 I_1 与有效边界交于 P_1 和 P_2 两点，说明 P_1 和 P_2 所代表的证券组合是有效的，但与 P 点的证券组合相比，由于 I_2 位于 I_1 的左上方，即 P 点证券组合的预期效用大于 P_1 或 P_2 点证券组合的预期效用，因此，投资者将选择 P 点的组合。虽然投资者更偏好无差异曲线 I_3 上的证券组合，但由于它远离有效边界，对投资者而言，能带来这么大预期效用的证券组合是不存在的。因此，投资者的最优证券组合是无差异曲线与有效界面的切点。

由于无差异曲线的斜率为正值，并且凸向右下方，而有效边界的斜率为正值，并且凸向左上方(证明略)，因此投资者的无差异曲线与有效边界之间有且只有一个切点，即最优证券组合是唯一的。

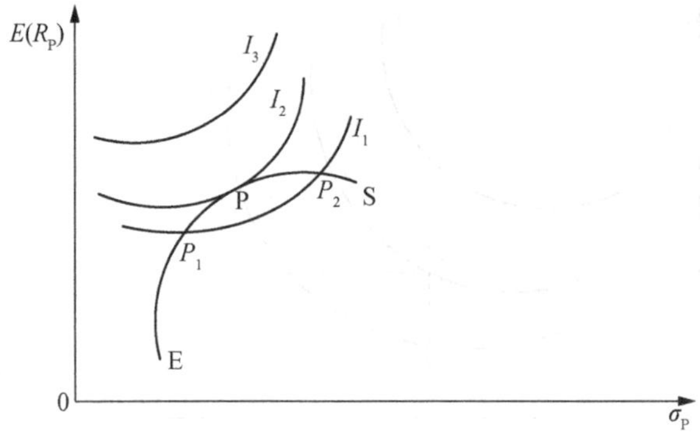

图 7-4　最优证券组合的选择

七、证券投资组合理论的应用

对于两种证券的组合，它们之间相关系数为 $0 \leqslant |\rho_{AB}| \leqslant 1$，用一个例子讨论以下两种证券组合时，组合 P 的预期收益率 μ_P 和收益率标准差 σ_P 之间有什么样的关系。

例如，假设有两种风险证券 A 和 B，它们的收益率标准差 σ 和预期收益率 μ 分别为 (5%，6%) 和 (15%，12%)，可在 σ、μ 坐标上标出 A、B 所在的位置。如果这两种证券的相关系数 $\rho=1$，则组合的预期收益和标准差分别为：

$$\begin{cases} E(r_p)=x_A E(r_A)+x_B E(r_B) \\ \sigma_P=|x_A\sigma_A+(1-x_A)\sigma_B| \end{cases}$$

在投资比例 $x_A>0$，$x_B>0$ 时，$\sigma_P=x_A\cdot\sigma_A+x_B\cdot\sigma_B$，组合的风险是两种证券风险的线性和。投资比例 $x_A>1$，$x_B<0$ 时，组合卖空证券 B，用自有资金和卖空所得投入证券 A，小风险小收益。根据前面两种证券组合的讨论可知，在 $x_A=\dfrac{\sigma_B}{\sigma_B-\sigma_A}$，$x_B=1-x_A=\dfrac{-\sigma_A}{\sigma_B-\sigma_A}$ 时，有零风险组合。

投资比例 $x_A<0$，$x_B>1$ 时，组合卖空证券 A，用自有资金和卖空所得投入证券 B，大风险大收益。利用例子中证券 A、B 的数据，可以得结果数据，如表 7-1 所示。

表 7-1　结果数据

x_A	x_B	$E(r_P)$	标准差
1	0	6%	5%
0	1	12%	15%
0.5	0.5	9%	10%
1.2	−0.2	4.8%	3%
1.5	−0.5	3%	0%
−0.2	1.2	13.20%	17%
−0.5	1.5	15%	20%

两种证券组合的预期收益与风险，如图 7-5 所示。

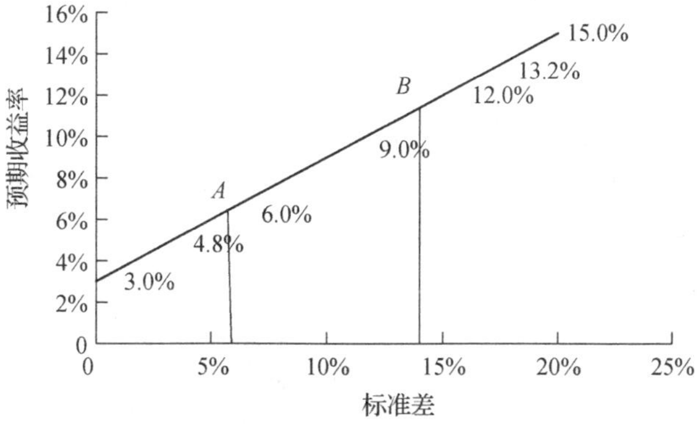

图 7－5 两种证券组合的预期收益与风险

所以，两种完全正相关的风险证券进行组合时，组合的预期收益与风险的平面图形只能是一条直线，这种组合后可能的预期收益率与标准差的点的轨迹称为组合的可行域。由此类推，几种极端相关状态下的投资组合可行域，如图 7－6 所示。

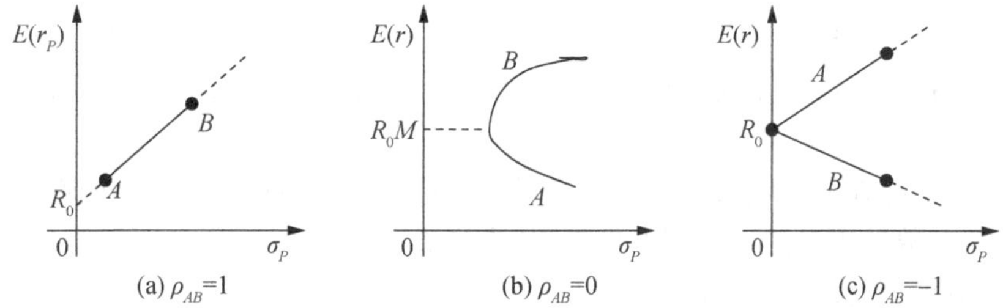

图 7－6 两种证券的收益风险坐标曲线

a，b，c 三图中的实线部分表示非卖空状态的组合可行集，虚线部分表示卖空状态下的可行集，a，c 两图表明，存在零风险组合，b 图存在最低风险组合。较常见的两证券组合可行集图，如图 7－7 所示。

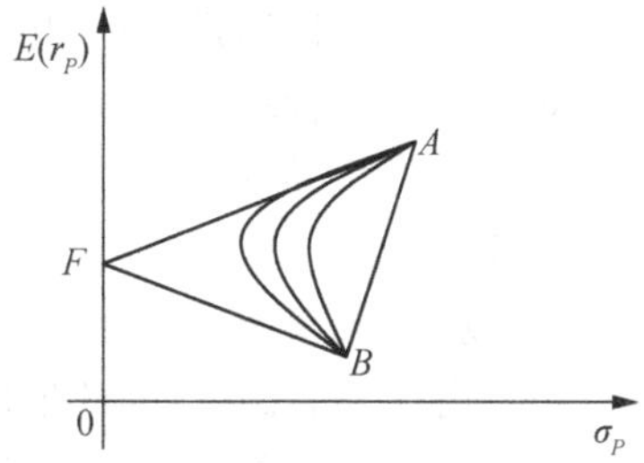

图 7－7 一般情形的两种证券组合曲线（不同的相关系数下）

不卖空情况下的可行集，讨论几种关系。折线 AFB 表示证券 A 与证券 B 相关系数为－1 时的情形；直线 AB 为完全正相关时的情形；三角形内的曲线表示两种证券既不完全正相关，也不完全负相关时的情形，即一般的情形的收益风险关系，可以看出，它们有最小风险组合。

第三节 资本资产定价理论

现在金融经济中的一个重要问题就是风险与收益之间的权衡的定量化问题。虽然从直观上讲，类似于股票市场的风险投资所带来的收益要比无风险投资所带来的收益高，但是直到资本资产定价模型(CAPM)的创立，经济学家们才能够将风险和承担风险所带来的回报之间进行定量化分析。资本资产定价模型最早是由夏普(William Shape)、林特尔(John Lintner)、特里诺(Jack Treynor)和莫森(Jan Mossin)等人在资产组合理论的基础上提出的，被认为是金融市场现代价格理论的支柱，广泛应用于投资决策和公司理财领域。

资本资产定价模型是现代金融学的奠基石。该模型对于资产风险以及其预期收益率之间的关系给出了精确的预测。这一关系给出了两个极富创造力的命题，首先，它提供了一种对潜在投资项目估计其收益率的方法。举例而言，投资人在分析证券时，极为关心股票在给定风险的前提下其期望收益同其"正常应有"的收益之间的差距。其次，该模型使得我们对不在市场进行交易的资产同样能做出合理的估计。譬如说，证券一级市场的发行应如何定价？投资者通过什么途径将一个新的投资项目反映在股票价格的要求收益率上？尽管资本资产定价模型同实证检验并不完全一致，但由于该模型的简单明了和该模型在诸多重要应用中的高精确度，他仍然得到了广泛的应用。

一、资本资产定价模型的假设条件

威廉·夏普等经济学家提出的资本资产定价模型(CAMP)的假设条件包括：

第一，所有投资者都处于同一单期，即认为投资者行为短视，不考虑投资决策对该期之后的影响。

第二，市场上存在一种收益大于0的无风险资产，所有投资者都可以按该无风险资产的收益率进行任何数量资金的无限制的借贷，从事证券买卖。

第三，没有税负，没有交易成本。

第四，每个资产都是无限可分割，也就是说，投资者可以买卖单位资产或组合资产的任意部分。

第五，投资者使用预期收益率和标准差这两个指标来选择投资组合，也就是说，投资者遵循 Markowitz 的组合理论。

第六，所有投资者都具有风险厌恶特征，在一个时期内追求效用最大化，当面临其他条件相同的两种组合时，他们将选择具有较低风险也就是标准差较小的组合。

第七，市场是完全竞争的，存在大量的投资者，每个投资者所拥有的财富在所有投资者的财富总和只占很小的比重，因此他们都是价格的接受者(price-takers)；每个投资者拥有相同的信息，信息充分、免费并且立即可得。

第八，所有投资者都具有相同的预期，具体而言，所有投资者的投资水平是相同的，他们对风险资产的预期收益、方差和协方差的估计是同一的；投资者选择资产和资产组合的决策过程是一样的。

二、资本市场线

资本市场处于均衡状态下，人们依据证券组合理论进行决策，通过对投资者集体行为的分析，求出所有有效证券和有效证券组合的均衡价格。不存在无风险利率时，投资组合理论认为可以基于期望收益率和方差构造 Markowitz 有效组合，最优组合则是与投资者的无差异曲线相切的那个组合。一旦引入了无风险资产，并假设投资者可以按无风险利率借款和贷款，无风险资产与 Markowitz 有效组合的每一个结合点都在资本市场上。资本市场线(CML)描述的是均衡的资本市场上任一投资组合的预期收益率与其风险之间的关系。

将无风险资产与风险资产组合 T 结合形成一个新的投资组合 P，以 $E(r_T)$ 表示风险资产组合的预期收益率，σ_T^2 表示风险资产组合的方差，r_f 表示无风险资产的收益率，则无风险资产与风险资产组合再组合后的预期收益率和方差计算公式为：

$$E(r_p)=x_f r_f+(1-x_f)\cdot E(r_T)$$

$$\sigma_p=[x_f^2\sigma_f^2+(1-x_f)^2\cdot\sigma_T^2+2x_f(1-x_f)\mathrm{cov}_{fT}]^{\frac{1}{2}}$$

由于 $\sigma_f=0,\mathrm{cov}_{fT}=0$，所以，$\sigma_p=(1-x_f)\cdot\sigma_T$，将 $\sigma_p=(1-x_f)\cdot\sigma_T$ 代入新资产组合预期收益，得组合线方程如下：

$$E(r_p)=r_f+\frac{E(r_T)-r_f}{\sigma_T}\sigma_p$$

无风险资产与风险资产的组合进行再组合的组合线是直线，该直线的截距为 r_f，斜率为 $\frac{E(r_T)-r_f}{\sigma_T}$，由于 r_f 是常量，所以组合的截距是固定的，而斜率则取决于风险资产组合的选择。

如图 7－8 所示，竖轴表示期望收益率，横轴表示收益的标准差。从无风险资产的收益率(Y 轴的 R_f)开始，做有效边界的切线，切点为 M，该直线被称为资本市场线(Capital Market Line，缩写 CML)。

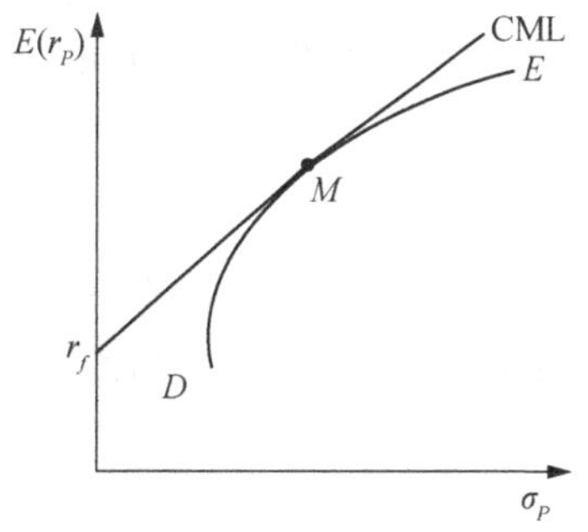

图 7－8 资本市场线

现将资本市场线的有关问题说明如下：

第一，假设存在无风险收益资产。当市场处于均衡状态下，即全部资本资产的供给总量必然等于其需求总量，好比在一个证券市场中，人们买入全部证券的资产总量必然等于人们卖出全部证券的总量。市场处于均衡状态，那么人们投资证券的组合就应该不仅包括风险证券，还要包括无风险证券。人们通过风险证券和无风险证券的结合，得到一种更完善的有效组合。无风险证券投资可以是购买 3 个月的短期国库券，或商业银行的定期存款等，这种投资称为无风险贷出。反之，以固定利率借入资金并投入风险证券，则称为无风险借入。无论借入和贷出，利息都是固定的无风险资产的报酬率。r_f 代表无风险资产的收益率，它的标准差为零，即收益率是确定的。

第二，存在无风险资产的情况下，投资者可以通过贷出资金减少自己的风险，当然也会降低预期收益率。最厌恶风险的人可以将资金全部贷出，如购买证券债券并持有到期。偏好风险的人可以借入资金，增加购买风险资产，以使预期收益率增加。

第三，资本市场线是有效资产组合的集合，理性投资者可选择上面任意一种组合投资，具体如何选择取决于投资者的风险偏好。风险厌恶程度强的投资者选择靠近 r_f 的资产组合，风险偏好者选择 M 点右上方的资产组合。

下面举一个例子以增加对资本市场线的理解。

投资者张某很年轻而且没有耐心，他观察到市场无风险利率为 6%，而市场上风险资产投资组合的期望收益率为12%，标准差M为15%，他计算出如果投资以市场收益率计算的话，则他投入1 000美元资本，要等60年才能增加到100万美元。投资者张某是很没有耐心的，因此他无法等待那么长时间，他希望以10年时间将1 000美元增加到100万美元。请评价他是否可以比较确定地达到目的。

简析：投资者张某很容易算出为达到目的他必须每年得到100%的平均收益率(2的十次方为1 024，1 000美元增加到100万美元大约是增加1 000倍)。这样根据资本市场线的函数表达式，$1.0=0.06+[(0.12-0.06)/0.15]\times\sigma$，其中$\sigma$为组合年收益率的标准差，算出来为10(1 000%)，而预期平均收益率不过为1.0，所以，投资者张的投资收益是高度不确定的，他无法比较确定地达到投资预期目的。

如果资本市场是均衡的，这就意味着资本市场上的资产总供给等于总需求，且每种资产都有一个市场均衡价格。由于投资者都将持有风险资产组合，市场处于均衡状态就意味着市场上所有投资者的风险组合必须包括市场上所有风险资产在内。这是因为，只要有一项风险资产没有人要，市场供求就不是均衡的。此时，市场上任何一个投资者对该风险资产的需求为0，进而加总后的总需求也为0，而供给却是给定的(不为0)，这将导致该资产价格下跌，而当价格变得非常低时，对投资者就有了吸引力(产生了需求)。这种价格调整过程实际上保证了市场组合是由所有证券构建的一个组合(市场组合用m表示)。市场证券组合是将市场上的所有证券按照它们各自在整个证券市场总额中所占的比重组成的证券组合。

以m替换T后，CML的公式就可表示为：

$$E(r_p)=r_f+\frac{E(r_m)-r_f}{\sigma_m}\sigma_p$$

这是在市场均衡状态下的资本市场线的表达式，反映的是市场均衡条件下，无风险资产与市场组合经过再组合后产生的新有效组合的收益与风险的关系，如图7-9所示。

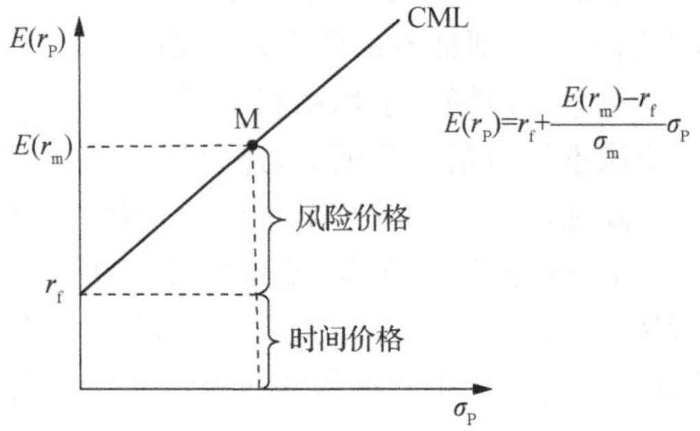

图7-9　市场均衡下的资本市场线

三、证券市场线

资本市场线(SML)对有效组合的风险(标准差)与预期收益率的关系给予完整地描述，随着风险的增加，预期收益率将成比例地增加，这种关系与人们通常的朴素观念“风险越大，收益亦越大”是一致的。然而，这种朴素观念存在含糊的地方，那就是风险究竟用什么衡量，在资本资产定价模型的假设下，资本市场线揭示了有效组合的收益风险的均衡关系，这一点得到了精确的表示。但是，资本市场线没有给出任意证券或证券组合的收益风险关系。因此,要引入证券市场线,对一般情况下的单个证券或证券组合的收益风险进行讨论。这是本节的主题,也是资本资产定价模型的核心内容。

在资本定价模型 $E(r_P)=r_f+\frac{E(r_m)-r_f}{\sigma_m}\sigma_P$ 中,组合期望收益率 $E(r_P)$ 由纯利率 r_f 和风险溢价 $\frac{E(r_m)-r_f}{\sigma_m}$ 及 σ_p 两部分组成,σ_P 越大,$E(r_P)$ 越高。现在的问题是单个证券对 σ_P 的贡献有多大,进而对 $E(r_P)$ 有多大的贡献。为了揭示单个证券 i 对市场组合方差的贡献与其带来的收益率之间的关系,需讨论单个证券 i 与市场组合 m 的关系来解释这样的问题:证券 i 的收益率与 β_i 之间存在何种关系? β 系数是美国经济学家威廉·夏普提出的系统风险衡量指标,是度量单个证券价格的变动受市场上所有证券价格平均变动影响程度的指标。单个证券对市场组合方差 σ_m^2 的贡献部分为 $\text{cov}(r_i, r_m)$,用 β 系数表示则有:

$$\beta_i=\frac{\text{cov}(r_i,r_m)}{\sigma_m^2}$$

若建立一个风险资产 i 和市场组合 m 的新组合 P,则有:

$$r_P=x_ir_i+x_mr_m$$

$$E(r_P)=x_iE(r_i)+x_mE(r_m) \quad x_i+x_m=1$$

证券 i 与市场组合 M 的组合 P 满足:

$$E(r_P)=x_iE(r_i)+(1-x_i)E(r_m)$$
$$\sigma_P^2=x_i^2\sigma_i^2+(1-x_i)^2\sigma_m^2+2x_i(1-x_i)\text{cov}(r_i,r_m)$$

i 与 m 的组合构成了曲线 iMi,这条曲线含有 i 与 m 的所有可行组合,所以肯定落在所有市场证券组合的可行域中(由曲线 L 围成),又因 iMi 经过 M 点,且又不能越过资本市场线 CML,所以 iMi 在 M 点处只能与 CML 相切(见图 7-10),故有相同的斜率 $\frac{E(r_m)-r_f}{\sigma_m}$。

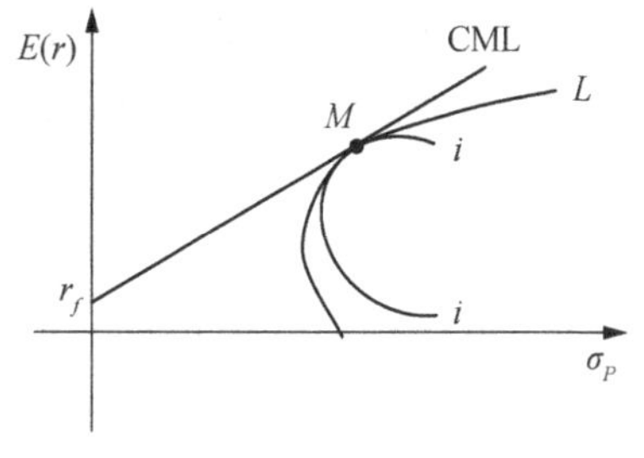

图 7-10 资产 i 与 m 的组合

在切点 M,iMi 的斜率等于资本市场线的斜率,即:

$$\frac{\partial E(r_p)}{\partial \sigma_p}=\frac{\partial E(r_p)}{\partial x_i}\div\frac{\partial \sigma_p}{\partial x_i}$$

推导出:

$$\frac{\partial E(r_p)}{\partial x_i}\div\frac{\partial \sigma_p}{\partial x_i}=\frac{E(r_i)-E(r_m)}{x_i\sigma_i^2-\sigma_m^2+x_i\sigma_m^2+(1-2x_i)\text{cov}(r_i,r_m)}\sigma_p$$
$$=\frac{E(r_m)-r_f}{\sigma_m}$$

由于在切点 M 处,$x_i=0$,$\sigma_p=\sigma_m$,所以,上式可变为:

$$\frac{E(r_i)-E(r_m)}{\text{cov}(r_i,r_m)-\sigma_m^2}\sigma_m=\frac{E(r_m)-r_f}{\sigma_m}$$

$$E(r_i)=r_f+[E(r_m)-r_f]\times\frac{\text{cov}(r_i,r_m)}{\sigma_m^2}$$

由 $\beta_i=\dfrac{\text{cov}(r_i,r_m)}{\sigma_m^2}$，可以得到：

$$E(r_i)=r_f+[E(r_m)-r_f]\beta_i$$

这便是传统 CAPM 的最普通形式——期望收益-贝塔关系。该表达式意味着当资本市场处于均衡状态时，任何一种资产（包括风险资产和无风险资产）的预期收益与其所承担的与市场风险相关的 β 值之间呈现线性关系。把这一线性关系表示在以预期收益和 β 为坐标轴的坐标平面上，就是一条以 r_f 为起点的射线（见图 7－11）这条射线就是证券市场线（Securities Market Line，缩写 SML）。由于 β 是资产的市场风险的一个测度指标，所以 SML 反映的是资产的市场风险与其预期收益之间的关系，其斜率为 $E(r_m)-r_f$（即市场组合风险溢价），横轴为 β。这一线性关系适用于所有风险资产的收益-风险关系的说明。

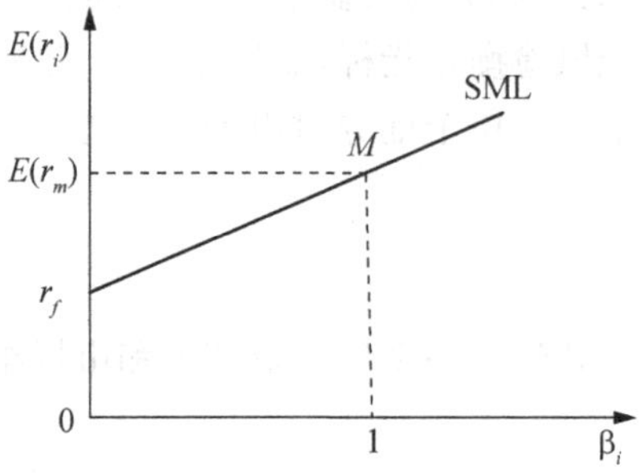

图 7－11　证券市场线 SML

证券市场线方程对任意证券或组合的期望收益率和风险之间的关系提供了十分完整的阐述，体现了“高风险，高收益”的基本原则。任意证券或组合的期望收益率由两部分构成：一部分是无风险利率，它是由时间创造的，是对放弃即期消费的补偿；另一部分则是对承担风险的补偿，通常称为“风险溢价”，它与承担的风险的大小成正比。其中的代表了对单位风险的补偿，通常称之为风险的价格。当 $E(r_i)=r_f$ 时，$\beta_i=0$；$E(r_i)=E(r_m)$ 时，$\beta_i=1$；$E(r_i)>E(r_m)$ 时，$\beta_i>1$；$E(r_i)<E(r_m)$ 时，$\beta_i<1$。

对于任一证券组合 P，同样可导出：

$$E(r_P)=r_f+[E(r_m)-r_f]\cdot\beta_P$$

第四节　套利定价理论

一、套利定价理论的概述

套利定价理论（Arbitrage Pricing Theory，缩写 APT）是由美国经济学家斯蒂芬·罗斯于 1976 年提出的。套利定价理论以收益率形成过程的多因子模型为基础，认为证券收益率与一组因子线性相关，这组因子代表证券收益率的一些基本因素。事实上，当收益率通过单一因子（市场组合）形成时，将会发现套利定价理论形成了一种与资本资产定价模型相同的关系。因此，套利定价理论可以被认为是一种广义的资本资产定价模型，为投资者提供了一种替代性的方法，来理解市场中的风险与收益率间的均衡关系。

套利定价理论的出发点是假设的收益率与未知数的未知因素相联系，核心思想是对于一个充分多元化的大组合而言，只需几个共同因素就可以解释风险补偿的来源以及影响程度。此外，每个投资者都想利用套利组合在不增加风险的情况下增加组合的收益率，但在一个有效的均衡市场中，不存在无风险的套利机会。

套利定价理论认为，套利行为是现代有效市场形成(即市场均衡价格形成)的一个决定因素。所谓套利行为，是指利用同一实物资产或证券资产的不同价格来赚取无风险利润的行为。当投资者可以构建一个能产生无风险利润的零投资证券组合时，套利机会就出现了。

如果市场未达到均衡状态的话，市场上就存在无风险套利机会。由于理性投资者都厌恶风险和追求收益最大化，只要发现有套利机会就会设法利用。随着套利者的买进卖出，有价证券的供求状况将随之改变，套利空间逐渐减少直至消失，有价证券的均衡价格得以实现。套利机会不仅存在于单一证券上，还存在于相似的证券或组合中。投资者可以对一些相似的证券和组合通过部分买入、部分卖出来进行套利。

对于套利行为可以有多种定义方式，其中之一是用广泛影响证券价格的因素来解释。因素模型表明，具有相同因素敏感性的证券或组合，除了非因素风险外，将相同的方式行动。所以，具有相同因素敏感性的证券或组合必然要求有相同的预期收益率，如若不然，套利机会便存在，投资者必将利用这一机会，而他们的行动最终将会使套利机会消失，均衡价格得以形成。这就是套利定价理论的核心。

二、因素模型与套利组合

(一) 因素模型

因素模型的核心就是把实际中的一些主要的经济因素，诸如经济周期、通货膨胀率、技术革新、劳动力成本、原材料价格等因素的变化影响着整个证券市场，进而是影响证券之间相关性的经济来源，如果这些变量发生了非预期的变化，那么整个市场的收益也会发生变化。因素模型又分为单因素模型和多因素模型。

1. 单因素模型

单因素模型把证券收益率的非预期变化看作是某一宏观经济因素变化的结果(如GDP增长率)。其计算公式为：

$$r_i = \alpha_i + \beta_i I_i + \varepsilon_i$$

其中，r_i 是第 i 种证券的收益率；α 为影响因素均值为零时的收益率(即无风险收益)；I 为单一影响因素的值；β 为风险因素敏感系数；ε_i 为随机误差项；其期望值为0。

2. 多因素模型

单一因素模型假定影响证券收益的因素只有一个，不足以表述证券市场与现实世界的复杂联系。而实际上，GDP、利率波动、通货膨胀率、原材料价格等，都可能影响股票的因素，从而影响这种股票的期望收益。因此，多因素模型的表达式为：

$$r_i = \alpha_i + \beta_{i1} I_1 + \beta_{i2} I_2 + \beta_{i3} I_3 + \cdots + \beta_{in} I_n + \varepsilon_i$$

(二) 套利证券组合

根据套利定价理论，投资者会竭力发掘构建一个套利组合的可能性，以便在不增加风险的情况下，增加组合的预期收益。根据套利的含义，投资在实施套利时，并不需要额外的资金。因为套利组合中对一种证券的购买所需资金由卖出别的证券之所得来提供。套利证券组合是预期收益增加而风险没有增加，因而套利证券组合要满足三个条件：

第一，组合不需要投资者增加任何额外资金。假设投资者持有 N 种证券，x 表示在套利证券组合中证券 i 的权重变化，那么要求：

$$x_1+x_2+x_3+\cdots+x_n=0$$

第二，根据套利的含义，套利组合不承担因素风险，套利证券组合对任何因素的敏感度为零，即：

$$x_1\beta_1+x_2\beta_2+x_3\beta_3+\cdots+x_n\beta_n=0$$

存在多因素的情况下，可表示为一个方程组：

$$\begin{cases}x_1\beta_{11}+x_2\beta_{21}+x_3\beta_{31}+\cdots+x_n\beta_{n1}=0\\x_1\beta_{12}+x_2\beta_{22}+x_3\beta_{32}+\cdots+x_n\beta_{n2}=0\\\cdots\\x_1\beta_{1k}+x_2\beta_{2k}+x_3\beta_{3k}+\cdots+x_n\beta_{nk}=0\end{cases}$$

第三，套利组合的预期收益率必须为正，即：

$$x_1E(r_1)+x_2E(r_2)+x_3E(r_3)+\cdots+x_nE(r_n)>0$$

当一个投资组合可以同时满足以上三个条件要求时，该组合就是一个套利组合。它不需要任何额外资金，没有任何因素风险，却可以带来正的预期收益率。

三、套利定价模型

（一）套利定价模型的假设

TAP 与 CAPM 存在较大差异，它既不像 CAPM 那样依赖于市场组合，也没有假设只有市场风险影响资产的预期收益，而是认为资产的收益可能会受多种风险的影响。TAP 的基本假设就是证券的收益受多种因素的影响，它的限制条件没有 CAPM 那样严格。同时，TAP 也没 CAPM 所需要的一些假设：投资者根据预期收益和方差选择资产组合；以无风险利率借贷；不考虑税收因素；只是一个时期的投资水平。但 TAP 与 CAPM 也有相同的假设：投资者有相同的投资理念；投资者时非满足的，追求效用最大化；市场是完全的；市场上存在无风险资产。

套利定价理论的一个基本假设是，证券收益率与一组指数线性相关，这组指数代表着形成股票回报率的一些基本因素。

（二）套利定价模型

因素模型并未对均衡状态进行分析，若把因素模型转换成一个均衡模型，所需要讨论的就是证券的预期收益。如果市场上所有投资者对因素模型都有相同的估计，那么，当市场存在套利机会，每个投资者都利用这一套利机会，会对证券市场价格产生何种影响呢？套利组合中权数为正的证券，表示投资者新的组合中增加了对该证券的持有，当所有投资者都这样做时，买入必然导致该证券价格上升，而证券价格上升降导致该证券的预期收益率的下降；相反，对于套利组合中权数为负的证券，投资者通过套利组合减少了对该证券的持有，当所有投资者都这样做时，卖出必然导致该证券价格下跌，这将引起该证券的预期收益率的上升。这一过程会持续下去，直到证券市场上各种证券的预期收益率达到某种状态时，套利机会不复存在为止。所以，在一个有效的市场中，当市场处于均衡时，不存在无风险的套利机会，对于一个高度多元化的资产组合来说，只有一些共同因素影响收益。证券 i 与这些共同因素的关系可表述为：

$$E(r_i)=\lambda_0+\lambda_1\beta_{i1}+\lambda_2\beta_{i2}+\cdots+\lambda_k\beta_{ik}$$

这一方程就是套利定价模型，揭示在均衡状态下，证券收益率与因素敏感度之间的线性关系。其中，λ_k 表示第 k 因素风险报酬，β_{ik} 表示风险的大小，任何对因素无敏感性的证券 i，其期望收益率为 λ_0，因而 λ_0 等于无风险收益率。

第五节 证券投资组合业绩的评价模型

一、证券投资组合业绩评价概述

在证券投资活动中，投资组合的业绩评价问题是至关重要的一个环节。投资组合业绩评价的基本目的有两个：一是评价投资计划能在多大程度上实现投资目标，进而评价投资经理执行投资计划的结果，或者说投资经理以往取得的投资业绩是好是坏；二是试图确定投资组合管理者的这以业绩是来自技巧还是来自单纯的运气。从 20 世纪 60 年代(尤其是 90 年代)以来，国外对基金业绩评价的研究浩如烟海，并积累了大量丰富的研究成果。随着国内证券投资基金的快速发展，对不同基金的业绩进行准确而合理的评价也变得迫在眉睫。

（一）投资组合业绩评价的意义

1. 从投资者角度来看

依据对风险收益的不同偏好，证券市场上投资者可以分为三种，即风险厌恶型、风险中性型和风险偏爱型。随着基金的数量越来越多、规模越来越大，各自的投资风格日益呈现。如何确定具有不同投资风格基金的风险和收益，为不同风险收益偏好的投资者提供不同的新基金品种变得十分重要。通过基金业绩的评价，可以给证券投资基金进行分类排序，便于不同(风险)偏好的投资者进行选取。

2. 从基金管理公司角度来看

基金业绩的评价是其内部管理的需要。一方面，通过基金业绩评价可以对基金经理的工作成果做出正确的评价，以便于实施奖惩；另一方面，通过基金业绩评价，基金管理公司找出自己投资成功或失败的原因所在，从而完善投资方式，增长投资经验，并且加速提升基金业产品设计、投资运作及风险管理水平。

3. 从基金市场角度来看

科学公正的基金业绩评价为基金合理市场定价提供依据，并且可以引导市场进入有序竞争，避免出现一些对基金产品不客观的宣传，在一定程度上避免基金业恶性竞争，引导和促进基金管理公司建立长期、理性的投资理念，规范基金运作。

4. 从基金监管当局角度来看

基金业绩评价可以为基金监管当局提供基金投资决策和业绩的信息，便于其了解基金市场和证券市场的实际情况、基金的投资效果等，为进一步制定基金监管方面的政策和法规提供依据。

（二）投资组合业绩评价的原则

1. 以业绩为核心原则

投资者进行投资的最终目的就是要获取尽可能高的收益，所以，对基金评价就要以业绩指标为核心，这利于在业绩评价体系中确定主次，在给各类指标分配权重时具有科学依据。

2. 同类比较原则

基金按照不同的标准可以分为多种类型，不同类基金在投资目标或投资风格上的不同可以导致基金业绩的差异，而且在不同时期可能业绩相差很大，所以需要进行同类比较。

3. 全面性原则

全面性原则体现在综合考虑基金风险和收益的广度上，从系统论的角度看，作为一个业绩评价体系需要包括较多的指标，这些指标应尽量包括基金绩效的各个重要方面，要有基金在正常运营情况下的收益和风险，要有度量基金的总体风险，等等。

4. 评价期间适当原则

在投资组合业绩评价中，短期的优异业绩可能来源于运气等非主观因素，可能掩盖基金真实的投资价值，因此基金业绩评价应该着眼于长期的业绩，一般选取成立 3 年以上的基金。

（三）投资组合业绩评价的内容

基金的业绩评价主要包括以下几方面的内容：

第一，对基金的总业绩进行度量，判断其是否超过市场平均收益。

第二，寻求合适的基准对基金业绩进行评价，并判别不同基准对业绩评价结果的影响。

第三，将基金的总业绩进行分解研究，以判断基金经理的证券选择能力和时机判断能力等投资才能的好坏。

第四，研究基金总收益是否存在持续性。

针对以上研究内容，基金业绩评价的指标主要从两个方面进行构造。对消极管理的基金来说，主要是评价市场一般收入水平和基金的风险水平；对积极管理的基金来说，除了以上两个指标以外还包括基金管理人员的投资才能和运气。基金经理的投资才能又包括市场时机判断能力（Market Timing Ability）、证券选择能力（Securities Selection Ability）和组合的分散化程度（Portfolio Diversification）等三个指标。这三个指标分别度量了基金经理判断市场的发展趋势，并据此采取相应策略的能力、识别价格被低估的证券的能力及控制风险的能力。

二、单因素投资组合业绩评价模型

（一）财务评价方法

1. 单位净资产

单位净资产（NAV）表示某一时点每份基金的市场价值，为该基金的净资产总值除以发行在外的基金总份数，即：

$$NAV = \text{基金净资产总值} / \text{发行在外基金总份数}$$

其中,总资产等于计算日该基金持有的证券市价总值和持有现金之和。然后,从总资产中扣除各种费用和负债总额,所得即净资产总值。其费用包括:发行费、应摊费、交易费、律师费、宣传广告费和税金等。

2. 投资收益率

投资收益率(R)是反映投资收益与投入的指标,表示单位净资产的变动程度。其计算公式为:

$$R_t = \frac{NAV_t + C_t - NAV_{t-1}}{NAV_{t-1}}$$

其中,R_t 为单期投资收益率;NAV_t 为当期单位净资产;C_t 为当期每股收益分配;NAV_{t-1} 为基期单位净资产。

(二) 夏普指数

夏普(Sharpe)指数(I_s)把资本市场线作为评估标准,是在对总风险进行调整基础上的基金业绩评估方法。

将资本市场线(CML) $E(r_p) = r_f + \frac{E(r_m) - r_f}{\sigma_m}\sigma_p$

改写为: $\frac{E(r_p) - r_f}{\sigma_p} = \frac{E(r_m) - r_f}{\sigma_m}$

由上式左边,得出夏普指数:

$$S_P = \frac{r_p - r_f}{\sigma_p}$$

相应地,S_P 为夏普指数;r_p 为 P 投资基金组合在样本期内的平均收益;r_f 为无风险利率;σ_p 为投资基金组合收益的标准差,也就是基金投资组合所承担的总风险(包括系统风险和非系统风险)。

夏普指数以无风险利率为基准,度量了每单位总风险(系统风险和非系统风险)的风险资产的超额报酬率。在实际运用中,当采用夏普指数评估模型时,首先要计算市场上各种组合在样本期间内的夏普指数,然后再进行比较,较大的夏普指数表示较好的绩效。夏普指数和特雷诺(Treynor)指数一样,能够反映投资管理经理人的市场调整能力。然而,特雷诺指数只考虑系统风险,而夏普指数同时考虑了系统风险和非系统风险,即总风险。因此,夏普指数还能反映经理人分散和降低非系统风险的能力。在现实中,每位证券投资者均持有市场证券有效组合是不可能的,所以,非系统风险不能通过组合投资完全分散掉。显然,夏普指数更接近证券市场的实际情况。

(三) 特雷诺指数

特雷诺指数给出了单位风险的超额收益,但它用的是系统风险而不是全部风险。

将证券市场线(SML) $E(r_p) = r_f + [E(r_m) - r_f]\beta_p$

改写为:

$$\frac{E(r_p) - r_f}{\beta_p} = [E(r_m) - r_f]$$

由上式左边得出特雷诺(T_p)指数为：

$$T_p=\frac{r_p-r_f}{\beta_p}$$

式中，T_p 为特雷诺指数；r_p 为 P 投资基金组合在样本期内的平均收益；r_f 为无风险利率；β_p 为 P 投资基金组合的贝塔系数。

特雷诺假设投资组合的非系统风险完全分散掉，只考虑系统风险。以无风险利率作为比较的基准，为每单位风险(系统风险)的风险资产的超额报酬。其评估方法是首先计算样本期间内各种基金和市场的特雷诺指数，然后进行比较，较大的特雷诺指数意味着较好的绩效。特雷诺指数评估法隐含了非系统风险已全部被消除的假设，在这个假设前提下，因为特雷诺指数是单位系统风险收益，因此，它能反映投资组合经理的市场调整能力。不管市场是处于上升阶段还是下降阶段，较大特雷诺指数总是表示较好的绩效，这是特雷诺指数比詹森指数优越之处。但是，如果非系统风险没有全部消除，则特雷诺指数和詹森指数一样可能给出错误信息。因此，在这种情况下，特雷诺指数模型同样不能评估经理人分散和降低非系统风险的能力。

(四) 詹森指数

詹森(Jensen)指数是衡量基金超额收益大小的一种指标，通过比较考察期基金收益率与由定价模型 CAPM 得出的预期收益率之差，即基金的实际收益超过它所承受风险对应的预期收益的部分。其计算公式为：

$$\alpha_p=r_p-[r_f+\beta_p(r_m-r_f)]$$

式中，α_p 为詹森指数；r_p 为基金投资组合 p 的收益率；r_m 为市场投资组合(或者基准投资组合)的收益率；r_f 为无风险收益率；β_p 为基金投资组合 p 所承担的系统风险。

詹森指数为绝对绩效指标，表示基金投资组合收益率与相同系统风险水平下市场投资组合收益率之差。詹森指数代表的是基业绩中超过市场基准组合所获得的超额收益率，当詹森指数的数值大于零时，表示该投资组合的绩效优于市场投资组合的绩效，如果詹森指数显著小于零，则投资组合的业绩劣于市场。詹森指数实际上是对基金超额收益大小的一种衡量。这种衡量综合考虑了基金收益与风险因素，比单纯的考虑基金收益大小要更科学。

三、多因素整体业绩评估模型

依据 APT 理论，股票的投资收益率受到多个因素的影响，投资组合的收益也同样受到这些因素的影响。但以 CAPM 模型为基础的单因素评估模型无法解释按照股票特征(如市盈率、股票市值、过去收益、账面价值比市场价值等)进行分类的基金组合的收益之间的差异，所以研究者用多因素模型来代替单因素模型进行基金业绩的评价。多因素模型的一般数学表达式如下：

$$R_i=a_i+b_{i1}I_1+b_{i2}I_2+\cdots+b_{ij}I_j+\varepsilon_i$$

式中，I_1，I_2，…，I_j 为影响 i 证券收益的各因素值；b_{i1}，b_{i2}…b_{ij} 为各因素对证券收益变化的影响程度；a_i 为证券收益率中独立于各因素变化的部分。

该模型有两个基本假设：其一，任意两种证券剩余收益 ε_i，ε_j 之间均不相关；其二，任意两个因素 I_i，I_j 之间及任意因素 I_i 和剩余收益 ε_i 之间均不相关。

多因素模型虽然部分地解决了单因素模型存在的问题，模型的解释力也有所增强，但在实证研究中，模型要求能识别所有的相关因素，而投资定价理论并没有明确地给出对风险资产定价所需要的所有因素或因素的个数。所以，在实证时，因素的选择就受到个人主观判断的影响。并且多因素模型仍然无法解释资产收益的实质性差别，绩效的评估结果对因素的选取十分敏感。单因素模型和多因素模型孰优孰劣，还存在这争论。

本章小结

1. 马柯维茨1956年提出的组合投资理论开创了现代投资理论，是现代金融学的一个重要的理论基础。在本章中首先介绍了投资组合管理理论的基本内涵及其种类的基础上，较为完整地描述了马柯维茨投资组合管理理论的基本内容。

2. 在马柯维茨投资组合管理理论中，数学期望代表预期收益，方差或标准差代表风险，协方差代表资产之间的相互关系，进而资产组合的预期收益是资产组合中的所有资产收益的简单加权平均值，而资产组合的方差则为资产各自方差与他们之间的协方差的加权平均。

3. 利用马柯维茨的投资组合理论确定最小方差资产组合。首先，要计算构成资产组合的单个资产的收益、风险和资产之间的相互关系。然后，计算资产组合的预期收益和风险。在此基础上，依据理性投资者的投资决策准则确定最小方差资产组合。

4. 现代投资组合理论的主要贡献在于，它阐明了组合的风险并不取决于各个资产的风险的平均值，而是个资产的协方差，资产间的相互关系。运用马柯维茨关于组合投资的基本思想，我们可以看到，在资产完全不相关的情况下，资产组合的风险会随着资产数量的增加而消失。由于现实中，资产完全不相关或完全负相关的情况不多，大部分处于不完全正相关状态，所以资产之间的协方差就成为资产组合方差的决定因素，而协方差是不能靠资产组合多元化来降低的。

5. 资本资产定价模型(CAPM)是现代金融学的奠基石。该模型对于资产风险以及其预期收益率之间的关系给出了精确的预测。基于资本资产定价模型(CAPM)的其他投资组合管理理论是对资本资产定价模型的补充和完善。这些模型旨在解决的问题是，假设资本市场中的投资者都采用马柯维茨资产组合选择理论，那么资产的均衡价格是如何在风险和收益的权衡中形成的，或者说，在市场均衡状态下，资产的价格是如何依风险而确定的。

6. 无论是理论界还是实务界，对投资组合业绩进行评价的主要手段是借助一些评价指标，将各个组合与设定的标准，或者是各个组合之间进行横向与纵向的比较，并以此来鉴定足额和之间的优劣。因此，科学合理的评价各组合的业绩需要建立恰当的组合业绩评价指标。

7. 考察投资组合管理业绩的一个重要出发点是观察其是否具有超额收益能力，而超额收益能力的存在与否以及能力大小的衡量与所选择的评价基准紧密相关。许多评价指标在不同的评价基准上具有不同的形式和含义。特雷诺指数使用投资组合的风险溢价除以表示系统风险的系数，以此反映该投资组合承担的每单位系统风险所带来的风险收益；夏普指数是将组合的风险溢价与组合投资的总风险相对应，然后经过调整而得到的；詹森指数是绝对绩效指标，表示投资组合收益率与相同系统风险水平下市场投资组合收益率的绝对差异。

思考题

1. 马柯维茨资组合理论的主要内容是什么?
2. 为什么证券组合能够分散风险?通过有效的组合能将风险全部分散掉吗?
3. 如果允许进行无风险借贷,有效边界及最优证券组合的确定将发生什么变化?
4. 如果两项资产完全正相关,你能把它们组成一个方差为零的资产组合吗?
5. 资本市场线与证券市场线有何区别?
6. 证券投资组合业绩评价的主要内容是什么?
7. 比较夏普指数、特雷诺指数、詹森指数的不同。
8. 单因素业绩评价模型与多因素业绩评价模型的区别是什么?

主要参考文献

[1] 吴晓求.证券投资学(第四版)[M]. 北京:中国人民大学出版社,2014.

[2] 李多全.证券投资实务[M].北京:北京大学出版社,2005.

[3] 张亦春,郑振龙.证券投资理论与技巧[M].厦门:厦门大学出版社,2004.

[4] 孟丽莎,杨育生,黄力.证券投资理论与实务[M].北京:机械工业出版社,2005.

[5] 何孝星,邱杨茜,朱小斌.证券投资基金管理学[M].大连:东北财经大学出版社,2018.

[6] 王明涛.证券投资分析[M].上海:上海财经大学出版社,2012.

[7] 周宗安.证券投资课程[M].广州:中山大学出版社,2004.

[8] 孙可娜.证券投资理论与实务[M].北京:高等教育业出版社,2015.

[9] 谢百三.证券投资课程.[M].北京:清华大学出版社,2005.

[10] 谢剑平.现代投资学——分析与管理[M].北京:中国人民大学出版社,2004.

[11] 霍文文.金融市场学教程[M].上海:复旦大学出版社,2005.

[12] 耿明斋.投资学(第三版)[M].上海:上海财经大学出版社,2016.

[13] 谭中明,侯青,黄正清.证券投资课程[M].合肥:中国科学技术大学出版社,2004.

[14] [美]戈登·J·亚历山大,威廉·夏普,杰弗里·A·贝利(赵锡军等译).投资学基础(第三版)[M].北京:中国人民大学出版社,2015.

[15] [美]戈登·J·亚历山大,威廉·夏普(倪克勤等译).证券投资原理[M].成都:西南财经大学出版社,1992.

[16] [美]劳伦斯·J·吉特曼,迈克尔·D·升恩科,斯科特·B·斯马特著(刘园改编).投资学基础(第11版[M].北京:清华大学出版社,2011.